LA HAUTE-SAÔNE
LE GUIDE DE DÉCOUVERTE

Fresse

TEXTES JEAN-CHRISTOPHE DEMARD
GÉRARD FERRAND
FRANK MORZUCH
MARC PAYGNARD

PHOTOGRAPHIES MARC PAYGNARD

ÉDITIONS NOIRES TERRES

Lac de Vesoul - Vaivre et Montoille

8 Place Hippolyte Noiret - 08390 Louvergny

ISBN 978-2-915148-35-0
Distribution et diffusion
SARL L.P.A - 8 place Hippolyte Noiret - 08390 Louvergny
Tél. 03 24 71 98 98 - Fax 03 24 71 98 93
E-mail : jmlecomte.lpa@wanadoo.fr
www.noires-terres.com

Imprimé en CEE

Préface

Année après année, la Haute-Saône s'embellit. Elle séduit à la fois de nombreux visiteurs et de nouveaux résidents qui choisissent ce département pour son charme et sa qualité de vie. Son patrimoine architectural d'exception et ses paysages préservés y sont pour beaucoup. Mais cette attractivité retrouvée, elle le doit d'abord aux hommes qui font vivre et façonnent le territoire. Pour aller à la rencontre de l'autre, visiter les villages et parcourir la campagne, le vélo reste certainement l'un des meilleurs moyens. Dans cet esprit, le Conseil Général a décidé de baliser 20 boucles cyclables qui seront autant de parcours pour découvrir les trésors cachés de notre département.

Les Haut-Saônois sont fiers d'en faire partager les joyaux. La progression en quantité et qualité de l'offre d'hébergement proposée par les gîtes ruraux, les chambres d'hôtes, mais également les nouvelles infrastructures en hôtellerie de plein air témoignent de cette hospitalité spontanée. Elle fait partie intégrante de l'identité de la Haute-Saône et du tempérament des Haut-Saônois.

Du musée de Champlitte à la chapelle Notre-Dame du Haut à Ronchamp, en passant les rives de Saône et la Région des Mille Étangs, toute la Haute-Saône est une invitation au voyage. Ce guide richement illustré et très documenté vous permettra d'apprécier à leur juste valeur chacun de ses plus beaux lieux.

Yves KRATTINGER
Sénateur de la Haute-Saône,
Président du Conseil Général

Bouligney

LA HAUTE-SAÔNE

par Jean-Christophe Demard

Le département de la Haute-Saône occupe le Nord de la Franche-Comté. Les premiers éléments qui viennent à l'esprit sont, bien sûr, l'agriculture développée des vallées mais aussi les plateaux calcaires favorables à la vigne et réserve précieuse d'orchidées sauvages, une forêt très présente, la montagne avec ses étangs et ses tourbières qui gardent toujours leur mystère et enfin une grande histoire métallurgique.

Située entre le massif vosgien au nord, les monts au Jura au sud, le plateau de Langres à l'ouest, la Haute-Saône s'étend sur 5 375 kilomètres carrés dans le prolongement du couloir rhodanien. Le relief culmine à l'altitude de 1 216 mètres au ballon de Servance, tandis que le confluent de l'Ognon avec la Saône se situe vers 191 mètres.

Roche en bord de l'étang de Platepierre

La Saône

En regardant le sol et en rêvant

La Haute-Saône, il y a 350 millions d'années, était recouverte d'une mer peu profonde comme la Mer du Nord actuelle ; puis viennent des éruptions sous-marines. La mer devient plus profonde surtout à l'emplacement des Vosges saônoises. On imagine un peu plus tard la Haute-Saône en marge d'un massif montagneux couvert de forêts luxuriantes dont les restes ont donné la houille de Ronchamp. Le climat devient plus sec et désertique à la fin de l'ère primaire. La mer s'est retirée définitivement à la fin de l'ère secondaire, voici 70 millions d'années. Le fossé d'effondrement de la Saône commence de fonctionner et il est occupé par un lac, comblé au milieu de l'ère tertiaire. C'est à ce moment que les Vosges se soulèvent et que toutes les couches sédimentaires prennent leur inclinaison actuelle.

Pendant les trois derniers millions d'années, l'ère quaternaire voit l'arrivée des hommes et les grandes glaciations qui précèdent l'établissement du climat actuel. La vallée de la Moselle est plusieurs fois encombrée par un énorme glacier qui débordait en Haute-Saône, recouvrant les hautes vallées du Breuchin et de l'Ognon avec le plateau des Mille-Étangs.

Le département de la Haute-Saône

Le département doit son nom à la Saône qui le traverse, mais, c'est en dehors des limites de la Haute-Saône, dans les Vosges, à Vioménil, à quatre cents mètres d'altitude, que naît cette rivière. Ce n'est qu'à partir de Corre, à son confluent avec le Coney, qu'elle prend l'aspect d'une rivière navigable. Pendant cent cinquante kilomètres, la Saône suit un parcours sinueux avant de quitter la Haute-Saône à Broye-les-Pesmes, en même temps que l'Ognon, l'autre rivière de caractère du département.

Sa naissance et sa constitution se situent entre 1790 et 1791. La limite sud-est est bien marquée naturellement par le cours de l'Ognon qui borde le Doubs et le Jura. En effet, vers l'ouest et le nord, ce sont plus sur des critères historiques et administratifs que la répartition de communes s'est faite entre notre département et ses voisins : la Côte d'Or, la Haute-Marne et les Vosges. Dans la partie nord-est, les frontières départementales se dessinent sur des obstacles naturels : la ligne de partage entre les eaux de la Moselle, tributaires de la Mer du Nord et les eaux des affluents de la Saône, destinées à la Méditerranée. À l'est, la ligne de reliefs qui sépare les eaux du Rahin et celles de la Savoureuse crée une limite naturelle qui borde le Territoire-de-Belfort.

La diversité des paysages haut-saônois.

C'est dans la partie nord-est, constituée par la retombée méridionale des Vosges, que se trouvent les reliefs les plus accusés ; aussi désigne-t-on souvent cette région, en grande partie boisée, sous le terme de la Montagne.

À l'ouest, les plateaux de la Saône forment la retombée orientale du plateau de Langres, mais ont aussi un lien avec les plateaux de la Côte d'Or, qu'ils poursuivent en direction du nord. Ils portent des bourgs anciens comme Champlitte et des villages aux maisons serrées, bâties en calcaire gris. Les points culminants de ces plateaux se situent à la Roche Morey.

Les plateaux de Vesoul à l'est, entre Saône et Ognon, sont faiblement inclinés en direction du sud-ouest. Les points culminants se situent surtout dans le nord, vers 450 mètres d'altitude ; ils offrent de belles vues sur la retombée des Vosges et sur les chaînons du Doubs (le Lomont). Ces plateaux sont bordés vers le nord par une corniche découpée, accidentée de petites reculées comme dans la région de Vesoul, à Échenoz-la-Méline, en avant de laquelle se dressent des *buttes témoins,* isolées du plateau par l'érosion et des phénomènes tectoniques. La plus célèbre de ces buttes est la Motte, qui domine Vesoul avec sa chapelle. Vers l'ouest, en direction de la Saône, les monts de Gy, aux reliefs assez caractéristiques limitent ces plateaux ; leurs points les plus hauts offrent des panoramas remarquables sur les vallées de la Saône et de l'Ognon.

Les noms de nombreux villages (Échenoz-le-Sec, Villers-le-Sec) traduisent la rareté des eaux superficielles.

Ces réseaux karstiques peuvent prendre un développement important dans l'espace ; l'un des mieux connus est celui qui alimente la font de Champdamoy, qui fournit une bonne part des eaux utilisées par l'agglomération vésulienne. Il draine un bassin de près de cinquante kilomètres carrés, entre Noroy-le-Bourg et Vesoul. C'est l'un des réseaux les mieux connus et les plus spectaculaires avec la rivière souterraine de Cerre-lès-Noroy. Les eaux qui se sont enfouies un peu partout reviennent au jour grâce à deux systèmes de résurgences : la font de Champdamoy est en eau toute l'année mais le Frais Puits ne coule que par intermittence.

La retombée méridionale du massif vosgien se développe sur plusieurs espaces

Les grès bigarrés

Entre Passavant et Lure, une ceinture de reliefs encore peu vigoureux est formée par les grès. L'essentiel est constitué par les grès bigarrés, une belle roche violette à taches vertes, très utilisée en construction. Facile à tailler au sortir de la carrière, cette roche devient très dure à l'air. C'est à elle que les immeubles de Luxeuil, de Lure et des villages voisins doivent leurs tons roses et violets.

Les eaux qui sortent de ces grès sont pures, peu minéralisées ; le débit des sources reste assez constant, même en période sèche. L'une de ces sources est la fontaine de Saint-Colomban, au dessus de Sainte-Marie-en-Chanois.

Le plateau des Mille Étangs

Entre la vallée du Breuchin et la haute vallée de l'Ognon, jusqu'à la limite départementale, s'étend un plateau criblé d'étangs, où les terres cultivées trouent le manteau forestier. En bas, vers le sud-ouest, ce sont encore les grès qui affleurent.

Plus haut, ce sont des roches plus variées qui forment le sous-sol : des schistes qui forment des plissements, d'autres roches viennent aussi à l'affleurement comme des roches volcaniques variées (le basalte vert sombre, par exemple), des granites, en particulier à la tête des vallées et entre les cols des Croix et du Mont-de-Fourche.

La pierre Mourey

Les Mille Étangs

Voyage d'un glacier dans les Vosges saônoises

Au cours de l'ère quaternaire, des glaciers ont envahi ce plateau des Mille Étangs et les vallées voisines à plusieurs reprises. L'érosion qu'ils ont provoquée a laissé les roches striées ou moutonnées qui dominent les hautes vallées de l'Ognon et du Breuchin. Ces glaces venues de la vallée de la Moselle s'étendaient de la vallée du Breuchin au niveau de Sainte-Marie-en-Chanois, en passant par Les Fessey, puis, sur le plateau, entre La Lanterne et Écromagny ; le glacier redescendait dans la vallée de l'Ognon, au sud de Melisey, où les moraines formaient un bel amphithéâtre, pour remonter ensuite jusqu'en vallée de Fresse.

En regardant attentivement le sol, on observe des dépôts superficiels qui masquent le sous-sol de ce plateau ; aux sables fins se joignent des dépôts très grossiers, mêlés de blocs de taille variée et mal arrondis. Certains de ces blocs dits erratiques restent isolés dans le paysage, comme la fameuse pierre Mourey, entre La Corbière et Les Fessey, ou encore la Pierre-qui-vire, dans le hameau des Granges-Baverey, près de Melisey. La cause primitive de leur existence est le travail des glaces qui ont sculpté cette topographie indécise ou déposé des moraines qui ont fait barrage sur le plateau. L'étonnement suscité par ces blocs étranges se traduit souvent par des légendes.

Un relief vigoureux

La rive gauche de l'Ognon est bordée d'une zone de reliefs vigoureux. Le compartiment surélevé, sur la rive gauche de l'Ognon, est entaillé par de profondes vallées : vallées de la Doue de l'Eau et du Raddon, vallée du Rahin. Au sud de ce massif s'étend le bassin permo-houiller de Ronchamp où la houille fut découverte vers 1750, à l'affleurement.

Un massif boisé

Plus au sud encore, le massif de Chagey très boisé, porte de belles hêtraies ; ses sommets atteignent presque 600 mètres en forêt du Chérimont.

La présence du sel gemme dans les marnes se traduit dans le nom du village de Saulnot, où existait une source salée autrefois exploitée.

La Vallée de la Saône

Entre les deux systèmes de plateaux s'étend la Vallée de la Saône, sur une longueur de plus de cinquante kilomètres. Il s'agit en fait d'un véritable fossé tectonique, limité par des fractures et formant un compartiment effondré entre les plateaux. Le cours de la Saône y décrit ses plus beaux méandres comme à Ovanches ou à Charentenay.

La rivière s'attarde au pied de beaux châteaux, comme ceux de Rupt ou de Ray. Les alluvions récentes déposées dans la plaine inondable sont souvent composées de sables fins, elles supportent des prairies de fauche ou des pâtures. Les forêts qui s'y rencontrent sont souvent des chênaies.

Le saut de l'Ognon à Servance

Durant l'époque romaine, le long de la Saône ou sur les bordures immédiates, se sont établies de nombreuses villae, centres d'exploitation agricole avec un domaine plus ou moins vaste mais aussi une partie résidentielle. Celle de Jonvelle est située à 6 km en amont de Corre. Elle a gardé en particulier une mosaïque qui comporte en son centre un médaillon circulaire enfermant quatre poissons entrecroisés. L'abbaye de Cherlieu, fondée en 1131 et dont on découvre les ruines avec émotion, contrôle les principaux passages de la Saône. Gray est devenu un solide point d'appui sur la rive gauche et bénéficiera des droits de péage sur le fleuve. Si les guerres l'atteignent fortement, la Saône retrouve toute sa vitalité au 16ᵉ siècle : Gray était devenu un grand port de la Saône qui rassemblait un partie des marchandises du département. À elle seule, cette ville symbolise une activité fébrile qui prendra toute sa dimension au 19ᵉ siècle.

L'Ognon, rivière frontière

En Haute-Saône, il y a une autre rivière : l'Ognon. Il naît à Château-Lambert à quelques 950 mètres d'altitude. Ce petit ruisseau du début qui coule de rocher en rocher devient plus tumultueux quand il saute de quatorze mètres à Servance. Il a créé une vallée sauvage qui passe à Melisey ; il reçoit un affluent, le fougueux Rahin. L'Ognon sert de limite entre les départements du Doubs et de la Haute-Saône sur une bonne partie de son cours. En aval de Marnay, il sépare le Jura de la Haute-Saône.

Dès l'époque romaine, des points fortifiés sur l'Ognon ont donné naissance à des bourgs séculaires comme Marnay et Pesmes, avant de rejoindre la Saône.

UNE HISTOIRE INDUSTRIELLE QUI PASSE PAR LA GÉOLOGIE

La géologie a façonné et orienté l'industrialisation de la Haute-Saône. On peut même dire que son histoire en a été profondément marquée.

Les mines polymétalliques

Dès le 15ᵉ siècle, les chartes nomment des localités comme Noidans-le-Ferroux ou Vy-le-Ferroux dont le sous-sol est considéré comme riche en minerai de fer. Le plus ancien fourneau, établi en Franche-Comté, serait celui de la Romaine (commune de Pont-de-Planches), bâti en 1310 par l'abbaye de la Charité. On peut en conclure qu'on devait trouver, à cette époque, non loin de ce village, des gîtes de minerai.

Au 15ᵉ siècle, les textes sont beaucoup plus nombreux et forts intéressants. Ils nous révèlent l'exploitation de filons argentifères à Plancher-les-Mines. Elles étaient la propriété de l'abbaye depuis un temps immémorial qui généra quelques conflits parfois violents ; dès le début, il existait à Plancher, des mines d'argent dont l'exploitation remontait à une époque beaucoup plus reculée.

L'eau est partout en Haute-Saône. Ici Saône Valley à Traves exemple d'une réalisation touristique naturelle

Les Guidons au Pays des Mille Étangs autre exemple d'une magnifique intégration dans le paysage, un gîte à la ferme

En 1494, le mont de Vanne (Saint- Barthélemy) commençait à livrer son minerai de plomb. À l'époque ce métal considéré comme précieux, était utilisé dans les scellements, les vitraux ou les conduites. Au 16e siècle, on fait aussi à Plancher l'extraction du plomb, et plus tard du cuivre et de l'antimoine.

L'église de Château-Lambert est construite en 1616, aux frais de Philippe II, pour l'usage des mineurs. À cette époque une véritable communauté s'est formée autour de mines. Au début du 17e siècle, dans la vallée du Rahin, les mines de Plancher occupent plus de cinq cents ouvriers et donnent jusqu'à 170 kilos d'or par an. Les guerres arrêtent l'exploitation et certains filons noyés sont définitivement abandonnés.

Château-Lambert

Les mines de fer

On exploite aussi le minerai de fer dès le 16e siècle, à Chagey et au Mont-Vaudois, ainsi qu'à Héricourt et dans les villages des environs.

Au 18e siècle, l'extension de l'industrie métallurgique en Franche-Comté relance l'extraction du fer, surtout sous la forme de minières, soit environ cinq cents ateliers d'exploitation. Celles qui étaient souterraines et artificielles sont abandonnées ; mal étagées, elles représentent trop de dangers.

L'exploitation de ces mines s'est dégradée dans la seconde moitié du 19e siècle, lorsqu'il fallut affronter la crise de 1860 sans opérer les conversions nécessaires.

Mines de charbon

La découverte de ce précieux combustible remonte au 16e siècle pour la Haute-Saône : dans un document de cette époque concernant la Saulnière du Saulnot (seigneurie de Granges), il est dit que deux chaudières cuisent avec de la houille et l'autre avec du bois. Dans le même document, on peut remarquer des détails fort curieux : des mineurs tirant la houille de la montagne sont payés en argent et en chandelles. Il y a déjà des accidents, la suffocation par le mauvais air dans les houillères d'Assemont en 1615 ou l'asphyxie de jeunes gens en 1616 aux houillères de Saulnot.

Cognières Montagney

En 1714-1715, une nouvelle veine est découverte au Saulnot et un procès-verbal d'épreuve, pour la cuite du sel au moyen de ce combustible, est dressé par des experts venus de Montbéliard.

Aucune sécurité n'existait à cette époque pour les ouvriers. Cette exploitation n'était pas organisée. C'est seulement l'ordonnance de 1744 qui règle les conditions d'exploitation. En 1757, l'abbaye de Lure obtient la permission d'exploiter une mine de charbon dans le bois du Chavanel, territoire de Champagney, dépendance de la seigneurie de Passavant et propriété de l'abbaye. La même année, le baron de Reinach obtient la permission d'exploiter une mine à Ronchamp. C'est dans le musée de cette ville que l'on découvrira une partie de cette histoire.

La métallurgie

L'histoire de la Haute-Saône est inséparable du développement de la métallurgie qui marque beaucoup ce département. Cette mémoire est encore présente dans de nombreux bâtiments dont certains comme Baignes ou Pesmes sont visitables. Au 19e siècle, la Haute-Saône faisait partie, en bonne place, des départements producteurs de fonte et de fer. À cause de son sous-sol assez riche en métaux divers, l'archéologie démontre que la métallurgie y fut pratiquée très tôt. Ainsi, durant l'Âge du Fer (à partir de 750), les artisans manifestèrent beaucoup d'habileté dans la fabrication d'épées et de bracelets. À l'époque de la Tène, cette industrie se développe. Mais c'est au Moyen Âge que l'on connaît les premiers établissements fixes de production et du travail du fer.

Le puits Arthur de Buyer à Magny d'Anigon

C'est au 16e siècle sous le règne de Philippe II d'Espagne, que cette forme d'industrie va se développer le long de la rivière de la Saône, de la Romaine et de l'Ognon. La Haute-Saône, avec une dizaine de fourneaux et forges, apparaît comme une des grandes régions métallurgiques.

Durant la guerre de Dix Ans (1633-1643), beaucoup de ces établissements furent réduits et arrêtés. En 1790, le département de la Haute-Saône se place parmi les dix départements les plus industrialisés avec 36 hauts fourneaux, 50 feux de forge, 3 tréfileries, 13 marteaux. Par sa production de fonte et de fer, elle arrive au troisième rang.

Mais au milieu du 19e siècle, la concurrence arrive, les hauts fourneaux haut-saônois ne seront plus que trois en 1880.

La verrerie de Passavant la Rochère, cette vielle industrie du verre fondée en 1475, s'est renouvelée avec un éclat artistique et une renommée touristique qui dépassent les frontières. À côté de l'industrie et de la sous-traitance automobile (PSA Vesoul), d'autres entreprises nouvelles sont nées avec un rayonnement parfois mondial, dans les produits pharmaceutiques vétérinaires par exemple (Vétoquinol à Magny-Vernois), mais aussi le domaine alimentaire comme les établissements Milleret ou Bazin.

La plaine de Gray

Les cerisiers de Fougerolles

PAYSAGES HAUT-SAÔNOIS

Agriculture

Sur les sols riches, développés essentiellement sur les limons ou les placages argileux des plateaux calcaires ou dans la vallée de la Saône, les exploitations sont essentiellement basées sur les productions végétales : céréales, maïs, colza et, plus récemment, tournesol et soja. Au printemps, les plantations de colza forment de grandes taches jaunes, au milieu des tons verts des parcelles plantées en céréales d'hiver ou des prairies.

Sur les sols plus pauvres de la région sous-vosgienne, c'est un paysage plus varié qui domine.

Sur le plateau des Mille-Étangs, les sols installés sur les dépôts glaciaires ou sur les grès restent pauvres. Les difficultés sont encore accentuées par le caractère montagnard du climat qui ont formé ces fermes si typées des Vosges saônoises : de petites structures avec des exploitations très morcelées, témoins d'un autre temps. Le maintien d'une activité agricole est essentiel pour garder un paysage ouvert sur ce plateau.

Il faut aussi parler des productions de fruits : la région de Faverney a accueilli de grands vergers de pommiers tandis que Fougerolles garde avec un grand cœur la tradition des cerisiers et du kirsch. À la fin d'avril, la splendeur des cerisiers en fleurs dans cette région de Fougerolles mérite le détour. Les vignes de Charcenne, Bucey-les-Gy, Champlitte, Hugier ou Motey témoignent d'une belle renaissance.

Forêts

Il reste que la Haute-Saône est un des départements les plus boisés de France avec un taux de boisement qui dépasse les 42%. Les essences rencontrées sont variées : les chênes occupent 61% de la surface boisée de production et font de la Haute-Saône un des premiers producteurs de chêne en France. Cette forêt s'inscrit aussi dans une grande histoire : les premiers conifères, arbres porteurs de véritables graines, sont apparu il y a 215 millions d'années.

Au cœur du dépatement : le bois avec 42% de forêt

Avec ses forêts communales (55%), ses forêts privées (42%), ses forêts domaniales (3%), le parcellaire de la forêt haut-saônoise est particulièrement morcelé. Un quart de la production nationale de panneaux à particules est produit par les six entreprises haut-saônoises.

La forêt est aujourd'hui un des éléments forts du tourisme et de la découverte de la nature ; la Haute-Saône propose des découvertes exceptionnelles sur les 8000 hectares de ses forêts domaniales.

La forêt et le bois. De plus en plus d'incidence dans la construction

Les pelouses sèches ou le pays des orchidées

Des monts de Gy aux friches calcaires de Champlitte, en passant par le Sabot de Frotey, c'est la même pelouse rase dont la végétation est à base de graminées rustiques comme le brome dressé.

Ces pelouses sèches sont peu à peu envahies par des buissons comme les prunelliers et les églantiers qui préparent le retour de la forêt, mais elles gardent des espaces aux fleurs mystérieuses. Autrefois parcourues par les moutons ou les vaches, elles rappellent cette grande période des pâturages communautaires où se transmettait une culture liée à la nature. Dans certains endroits, le buis s'y est installé en massifs épais et odorants. Au printemps dans la région de Champlitte, elles offrent la merveilleuse floraison violette des anémones pulsatiles.

La végétation de ces pelouses sèches a fait l'admiration de l'écrivain Joseph Cressot. Les orchidées y règnent dont l'ophrys araignée, l'une des plus rares de ces espaces. L'orchis brûlé, au casque pourpre foncé avec un labelle ponctué de taches rouges, est une des plus gracieuses des orchidées qui émerge vers la fin du mois de mai. Au sommet de l'épi, les fleurs, encore en bouton, donnent un aspect foncé à cet orchis qui semble brûlé. Entre mai et juin, on remarque facilement dans les pentes herbeuses et sur les talus des petites routes des zones calcaires, les petites colonies d'orchis militaires au casque évocateur. L'orchis bouc robuste est très facile à repérer : cette grande orchidée, robuste, exhale le soir, une désagréable odeur qui lui a valu son nom. Il faut enfin citer les plus émouvantes dans leurs similitudes avec les insectes : l'ophrys bourdon, l'ophrys abeille ou le merveilleux ophrys mouche qui fleurit début mai et passe souvent inaperçu.

Dans ces milieux secs et chauds, parsemés de buissons, on pourra entendre le chant de l'alouette lulu ou le bruit de la fuite rapide du lézard vert.

Les fleurs des Vôsges saônoises aux couleurs jaunes et mauves

L'espace des Vosges saônoises mérite aussi une longue découverte. Sur les terrains acides, les terres abandonnées sont occupées par des landes. Quand le sol n'est pas trop appauvri, ce sont des landes à fougères-aigle et à genêts qui s'installent. Cette fougère a une place privilégiée dans la culture traditionnelle, en particulier pour la médecine ; lorsque le

Au pied du clocher de Rupt-sur-Saône

genêt domine, il offre un magnifique spectacle à la fin de mai, en couvrant d'or les Vosges saônoises. Sur les sols les plus dégradés, c'est la lande à callune qui s'étend. De la famille des bruyères, elle couvre, elle aussi, de vastes espaces de tons mauves et peuple les dalles de grès dont le sol est trop pauvre pour recevoir une autre végétation.

Les eaux calmes et mystérieuses

Les marais ont été souvent drainés, il est bien rare qu'il en subsiste en plaine. On peut encore voir quelques grandes roselières, comme à Vy-Le-Ferroux, à Colombe-lès-Bithaine ou encore dans la région de Saulnot. Elles ont l'intérêt d'héberger une faune particulière comme des fauvettes aquatiques au chant puissant. On peut aussi y entendre le cri étrange du râle d'eau.

Belverne

Dans les Vosges saônoises, les tourbières, marais très particuliers, se caractérisent par le grand développement qu'y prennent les sphaignes, sortes de mousses dont les tissus peuvent se gorger d'eau de pluie. Ce sont les parties mortes de ces sphaignes qui forment la tourbe, autrefois exploitée comme combustible. L'intérêt de ces tourbières tient non seulement à l'aspect étrange et créateur de légendes de leurs paysages, mais encore au fait qu'elles hébergent une flore très particulière : plantes insectivores comme les droséras ou ces curieux arbrisseaux nains comme les andromèdes ou les canneberges. Plusieurs tourbières haut-saônoises ont livré des séquences climatiques importantes pour l'Europe, comme au Rosely et surtout à Saint-Germain.

Dans le même secteur, leurs eaux sombres des étangs s'ornent de la floraison des lis d'eau, ou nymphéas. Plus bas, ce sont les nénuphars jaunes aux feuilles ovales qui règnent sur ces eaux calmes. Nous n'oublions pas les oiseaux tellement divers selon les saisons avec la danse étrange des grèbes huppées au printemps et les migrateurs nordiques en hiver. La plupart de ces étangs sont réservés à la pisciculture dont l'histoire commence au Moyen Âge.

La végétation des torrents de montagne est réduite à des algues microscopiques qui rendent les rochers glissants. À l'entrée des plaines, apparaissent les chevelures des renoncules aquatiques qui ondulent dans les courants. Au mois de juin, la rivière disparaît sous leurs fleurs blanches.

DIVERSITÉ D'UN PATRIMOINE

L'eau maîtrisée : fontaines et lavoirs

Une manière originale de découvrir la Haute-Saône dans sa diversité est de flâner dans les villages à la recherche des fontaines et des lavoirs à l'architecture diversifiée.

Ces monuments créés autour de l'eau sont parfois tout simples, d'autres sont grandioses. Multipliés à la suite des campagnes d'hygiène publique et d'urbanisation, fontaines et lavoirs sont l'œuvre d'architectes qui ont marqué de leur propre style de construction tel ou tel site de la Haute-Saône.

Voici d'abord la production exceptionnelle d'Anatole Amoudru : son style marqué par la rigueur des plans et la variété des formes se concrétise d'abord par les pavillons de puisage monumentaux.

Marc Pambet (1753-1837) est un des héritiers. Il propose de petites fontaines avec bassin de source ouvert selon la technique traditionnelle, mais aussi un lavoir de type ovale. Marc Pambet et son fils Jean-Baptiste firent un essai de renouvellement avec leurs lavoirs courbes : avec un souci esthétique, ils voulaient faciliter la circulation du bétail devant l'abreuvoir et protéger les lavandières.

Fondremand : la source de la Romaine

Dans l'arrondissement de Gray, Jean-Claude Disqueux a marqué par son architecture de très nombreux villages ; ses fontaines à lavoirs couverts sont composées en général d'un puisard, d'un abreuvoir ou d'un lavoir. On lui doit aussi les premières fontaines-mairies. Cette production de lavoirs couverts fut poursuivie par Alexandre Ringuelet (1802-1886).

Fontaines découvertes

Le modèle ordinaire des fontaines du 18e siècle était composé d'un bassin de puisage, couvert ou non d'un édicule de pierre, suivi dans un même axe de l'abreuvoir puis du lavoir. La fontaine du Fallon, construite en 1764 sur le captage d'une source, est la plus belle de ce type qui ait subsisté.

À la fin du siècle et au début du 19e siècle, le plan s'enrichit très souvent : lavoir polygonal, ovale ou circulaire, lavoir et abreuvoir accolés et non plus à la suite. C'est ce dernier modèle qui est le plus fréquent au 19e siècle. À Fondremand (1830), l'aménagement de la source de la Romaine commence par un vaste bassin maçonné, une passerelle de pierre, des quais servant au puisage de l'eau et, bien sûr, un grand lavoir ouvert sur la façade. Le style courbe à Bussières (1819) est visible à Noroy-le-Bourg (environ 1835) et Port-sur-Saône (1810).

Les fontaines circulaires découvertes sont souvent des monuments de carrefour, mais elles sont aussi situées au centre de petites places comme à Champlitte (1803) ; elles ont une forme circulaire ou arrondie.

Lavoirs couverts à piliers

Les lavoirs couverts au toit porté par des piliers sont typiques des régions de Gray d'une part et de Vesoul et Lure d'autre part.

Le plus souvent le bassin est relié au lavoir par un abreuvoir de quinze à vingt mètres de longueur et l'ensemble est prolongé par une mare dite égayoir ou bain des chevaux. Quelquefois, bassin de source et de puisage, abreuvoir et lavoir sont groupés sous une halle portée par trois murs et une rangée de piliers. C'est le cas du lavoir d'Écuelle (1827).

À Ray-sur-Saône, une halle très sobre abrite un bassin ovale. Dans les lavoirs de Nantilly, Rigny, Monthureux-lès-Gray ou Authoison, on remarque une composition assez savante avec fronton, pilastres et baies de tailles différentes.

Une architecture antique

Une très belle série de monuments utilise des architectures antiques ; elle se situe entre 1819 et 1845. Le premier de ceux-ci fut mis en place à Boult en 1819 par l'architecte vésulien Costan. À Fontenois-lès-Montbozon, les lavandières allaient travailler dans un petit temple circulaire couvert d'un dôme en forme de casque agrémenté d'écailles métalliques (1828). À Confracourt (1835), deux petits temples (puisard et rinçoir) sont réunis par un abreuvoir en demi-cercle et encadrent le lavoir central. Bouhans-lès-Montbozon (1835) et Semmadon (1845) sont aussi des exemples de circulation rationnelle d'eau entre deux temples. À Héricourt, la fontaine du Savourot (1842) se présente sous l'aspect d'un temple en demi-cercle. Enfin à Étuz (1843), deux temples jumeaux abritent des lavoirs à proximité d'une résurgence.

La Haute-Saône possède quelques beaux exemples de mairies-lavoirs construites au-dessus de la source principale et du grand lavoir. C'est le cas de Bucey-lès-Gy (1827), Dampierre-Sur-Salon (1828), Mailleroncourt-Saint-Pancras (1842). Une des plus caractéristiques est la mairie-lavoir de Beaujeu. Construite en 1828, sur le modèle d'une petite villa italienne, on y accède par un escalier monumental.

La multiplicité et la diversité des fontaines de Haute-Saône rappellent une des grandes préoccupations du 19e siècle : l'eau amenée au cœur du village pour répondre au besoin d'une population rurale abondante et de son élevage.

Châteaux et maisons fortes, maisons bourgeoises, fermes et maisons vigneronnes.

Les invasions et les guerres du 17e siècle ont créé un climat d'insécurité dans une grande partie de la Haute-Saône ; les châteaux et maisons fortes ont été démantelés systématiquement, mais il reste encore des témoignages grandioses.

Les premiers châteaux de Haute-Saône ont été des *mottes,* des constructions de bois situées sur des hauteurs. Les chercheurs situent les premiers à Fouvent (1018-1083), Jonvelle (1135), Apremont.

Les forteresses en pierres apparaissent au 11e siècle comme à Ray-sur-Saône, (1090) ou à Faucogney (1134). Quelques-uns de ces monuments témoignent de ce développement défensif à La Rochelle, Fondremand ou Héricourt. Il faut aussi noter l'installation des maisons fortes comme à Bard-les-Pesmes ou à Chevigney aux alentours de Pesmes.

Pendant ce temps, les bourgs et les villes s'ornent de maisons de notables ; leur architecture est reconnaissable avec leurs portes-baies, les fenêtres et niches abritant des statues. Parfois, une torsade entoure la porte et les principales baies de la façade comme sur la maison Boisselet et l'hôtel de Mongenet à Vesoul. On découvrira de très beaux témoignages de cette époque dans toute la Haute-Saône à Gray, Vesoul, Luxeuil, Gy ou Marnay tandis qu'à Oricourt, Vallerois-le-Bois ou Bourguignon-les-Conflans, on retrouve de très beaux corps de logis de style gothique.

La Renaissance apporte une vie et un art nouveaux. Le magnifique hôtel de Ville de Gray (1556-1558) signe de début de cette heureuse transformation, puis le château des Vergy à Champlitte (1570-1577), celui de Filain (fin 16e) et celui de Frasne-le-Château (1570).

Un art religieux très enraciné. Églises, chapelles et calvaires

Les témoignages de l'architecture religieuse sont une approche originale pour découvrir la Haute-Saône car un effort exceptionnel a été fait dans la conservation de ce patrimoine.

Les premières églises

La christianisation de la Haute-Saône semble assez tardive ; pourtant l'église mérovingienne de Chassey-lès-Montbozon prouve que la Haute-Saône avait déjà un sanctuaire chrétien ancien entouré d'une nécropole. Plusieurs objets découverts attestent que la plus grande partie des édifices est antérieure au 6e siècle. Il faut dire que les moines de Saint-Co-

Oricourt

lomban installés d'abord dans la vallée du Breuchin puis à Luxeuil-les-Bains, vont rayonner. L'ermitage de Saint-Valbert a pris le nom du deuxième successeur de Colomban, qui venait se retirer dans une grotte que l'on peut encore visiter aujourd'hui.

La rose de Bellevaux, plaque de l'église de Chambornay, témoigne du christianisme au 7e siècle.

Églises du Moyen Âge

À partir du 12e siècle, de nombreuses églises s'élèvent dans les campagnes haut-saônoises ; beaucoup disparaissent au fil des guerres, mais on peut encore visiter des monuments au fier passé. L'abbatiale de Faverney fut construite de 1132 à 1160 par les Bénédictins de la Chaise-Dieu, l'église de Grandecourt (1142) et celle de Marast (1150) édifiées par les Augustins de Montbenoît ou de Chaumousey, les églises de Melisey ou de Jonvelle, par les Bénédictins de Luxeuil, Champlitte-la-Ville par ceux de Bèze.

Les églises cisterciennes sont plus importantes, plus riches avec une influence bourguignonne. Elles sont construites par les moines venus de Citeaux ou de Morimond. Les pans grandioses des murs de Cherlieu (1131) en sont un témoignage émouvant qu'il faut admirer au coucher du soleil. Les abbatiales de Bithaine, Bellevaux, Theuley, Clairefontaine, furent pratiquement détruites.

Des Templiers, la Haute-Saône conserve le remarquable tympan de Montseugny (12e siècle). La tour des Antonins d'Aumônières se dresse encore non loin de Pierrecourt, tandis que les Hospitaliers ont laissé la belle chapelle de Saint-Igny (Commune de Villers-le-Sec). Le clocher de Fondremand (11e-12e siècles) rappelle le temps où cet édifice était accolé au chœur.

Les nefs à gros piliers carrés sous chapiteau et le chœur gothique à chevet plat de Jonvelle et de Champlitte-la-Ville laissent deviner l'influence champenoise. Enfin, l'église d'Autrey-les-Gray est le plus bel exemple des constructions de la transition entre le roman et le gothique à la fin du 12e siècle.

Les nouvelles églises des 15e et 16e siècle

La conquête de la Franche-Comté par Louis XI compromet pour un temps les constructions d'églises. Un nouveau départ se situe dans les années 1500 dans le style gothique flamboyant.

L'église d'Anjeux, rebâtie au 15e siècle sur l'édifice du 13e siècle avec son clocher imposant, symbolise la solidité et la vigilance. Il faut regarder dans le même esprit les églises de Bourbevelle, de Montdoré ou du Val-Saint-Éloi.

Autet

Dans la plupart des nouveaux édifices, le clocher est placé en façade ; en forme de clocher-porche à Bourguignon-lès-Conflans (1515) ou à Chaumercenne (1520). Même si la période gothique est modérée, son exubérance s'exprime comme la chapelle Saint-Hubert de Chauvirey-le-Châtel avec sa merveilleuse statue retrouvée.

La plus importante des reconstructions est la collégiale Notre-Dame de Gray, réalisée au début du 16e siècle.

L'armoire eucharistique, intégrée dans l'épaisseur du chœur sous la forme d'une petite rosace apparaît à Corre, Alaincourt, Champlitte-la-Ville et Senoncourt. Son origine vient du Bassigny dans la Champagne toute proche.

Mais la Renaissance s'exprime aussi dans les merveilleux décors sculptés dans la pierre de Sampans et l'albâtre pour les chapelles d'Andelot et Mairot à Pesmes et les chaires de Pesmes et de Gray.

Après la guerre de Dix Ans, le renouveau des constructions

La guerre de Dix Ans a rayé de la carte des villages et détruit une multitude d'églises et de chapelles : il faut reconstruire. Sous l'impulsion de grands archevêques de Besançon, une intense activité se développe dès le premier tiers du 18e siècle. Elle s'accompagne de la mise en place d'un fastueux mobilier.

Les clochers comtois

Mais d'abord durant cette période il faut noter une transformation importante à l'extérieur de nombreuses églises : un nouveau clocher apparaît dans le paysage haut-saônois ; on l'appelle aujourd'hui le clocher comtois. Son origine reste mystérieuse et presque légendaire. Selon la tradition, en effet, à la suite de l'écroulement du toit gothique de la cathédrale Saint-Jean de Besançon, l'archevêque de Besançon avait imposé de revêtir le clocher de la cathédrale d'un dôme qui était comme un souvenir de la Pologne ; le clocher de la cathédrale serait devenu une sorte de prototype dans la reconstruction des églises comtoises.

L'étonnement est bien là quand on lève les yeux et que l'on découvre ces tuiles vernissées au cinq coloris, jaune, rouge, vert, brun-noir et bleu. Disposées en forme d'écailles, rectangulaires, en anse de panier ou en fer de lance, elles révèlent une foule de nuances dans la composition des chevrons.

Une diversité d'églises

De 1770 à 1780, on compte près de quatre-vingts églises en construction. L'architecte bisontin J.-C. Colombot dessine au moins quarante plans d'églises haut-saônoises, tandis que le Dôlois Amoudru en présente vingt-cinq. Plusieurs types sont à retenir de cette période :

- Les églises à nef unique : avec transept et chœur fermé par un chevet à pan coupé ou demi-circulaire. Comme à Gourgeon (1765), la Chapelle-les-Luxeuil (1773), Meurcourt (1777) et Équevilley (1780).
- Certaines de ces églises récemment restaurées possèdent une belle coupole octogonale à la croisée : Mont-lès-Etrelles (1726) ; Igny (1738) ou Frétigney (1751).

Quatre églises d'apparence modeste surprennent par leur plan gracieux : Traves (1746) coiffée d'une coupole portée par quatre colonnes ioniques, Cirey-lès-Bellevaux (1776) à plan centré sur une croisée carrée, Blondefontaine (1782) dont la coupole repose sur huit colonnes et Voray-sur-l'Ognon (1774) due au talent de l'architecte Nicole.

• Les églises halles, à trois vaisseaux d'égale hauteur étaient adaptées aux communautés importantes ; elles eurent beaucoup de succès. C'est le cas de Vesoul (1736-1745) ou de Scey-Sur-Saône (1739-1750).

Une formule grandiose et économique se développe progressivement en Haute-Saône ; elle est basée sur les colonnes à chapiteaux ioniques comme à Jussey (1748). L'influence néoclassique imposée par Amoudru se vérifie à Leffond (1770). Durant cette période, des églises se construisent avec des façades monumentales, à Gevigney (1781), Mailleroncourt-Saint-Pancras (1787) ou Cemboing.

La Haute-Saône des retables

Le centre de restauration des œuvres d'art à Vesoul intervient dans la région et partout en France

Mais ce qui caractérise aussi cette période, ce sont les retables baroques. Né à Rome au 17e, cet art baroque de la réforme catholique gagne toute l'Europe chrétienne. Des retables parfois très originaux sont construits dans de très petits villages et manifestent de cette grande tradition. Il suffit de visiter l'église Saint-Valentin de Lavoncourt pour découvrir cette richesse décorative, l'abondance et la qualité de la statuaire. Ce thème mérite à lui seul une promenade dans les églises de Haute-Saône et a pris la dénomination de *la Haute-Saône des retables*, pour se rendre compte du phénomène extraordinaire de l'art baroque dans ce département.

Les églises du 19 e siècle

La campagne de reconstruction reprend en 1810. L'architecte Moreau, marqué par des modes parisiennes, a la possibilité de construire à Ternuay (1828) une étonnante église à plafond caissonné.

Le néogothique s'est imposé vers 1840. On le retrouvera à Bonnevent (1846), Montureux-les-Gray (1848), Ronchamp (1861), Fontaine-lès-Luxeuil (1862) et Citers (1864). Un des plus beaux monuments de cette époque est Confracourt (1860) dans une interprétation très personnelle du bisontin Marnotte.

Les calvaires

Les calvaires peuvent être une approche très originale de l'architecture populaire de la Haute-Saône ; sculptés dans la pierre calcaire, le grès ou le granit, ces calvaires et ces oratoires sont d'une diversité incroyable ; ils témoignent de la foi des habitants des villages. Certains villages sont couverts de ces monuments qui varient selon la spiritualité du temps mais aussi dont la valeur atteint un heu niveau de perfection. Par exemple, on compte 298 calvaires et oratoires dans le canton de Faucogney dont 70 dans la seule commune de Saint-Bresson. L'éventail va de simples réalisations naïves, dépourvues d'ornement et d'inscriptions, jusqu'à celles, magnifiques, d'une hauteur surprenante et d'une décoration de grande qualité. Ce sont parfois de véritables joyaux d'architecture en pleine nature. Quelle joie simple de découvrir un de ces calvaires dans la région des étangs au milieu des genêts.

Les raisons d'édification des calvaires ou oratoires sont sans doute très diverses.

• Certaines croix apparaissent comme une délimitation du territoire de la paroisse (Sainte-Marie-en-Chanois ou La Grande Résie). C'est auprès d'elles que se faisaient les processions traditionnelles des Rogations (bénédiction des champs et des récoltes).

Le pays des Mille Étangs mais aussi des mille croix

• D'autres sont des points de prières, des sortes d'escales entre le hameau et l'église paroissiale. En été, les familles se réunissaient pour y faire la prière en commun (Mont Dahin, vers Faucogney). Au retour de la messe, on y priait pour les défunts de la communauté à Fresse, (croix du Magny) ou à Servance (croix du Rouille).

• Quelquefois, un calvaire a été le signe de la christianisation d'un culte d'origine païenne. Dans les Vosges saônoises, les blocs erratiques laissés par le glacier étaient entourés de vénération avec des rites qui se déroulaient au solstice d'été. Il semble bien que l'Église voulant dépasser ces habitudes ancestrales ait édifié l'un ou l'autre calvaire : c'est le cas pour la croix de Melay (La Pierre tournante) ou la croix de la Pierre Mourey (la Corbière).

• Parfois des calvaires ont été édifiés en remerciement après la paix et la reconstruction des villages après la guerre de Trente Ans. Il faut ajouter les croix de mission érigées à un moment exceptionnel de rencontre, de prière et d'instruction de la communauté paroissiale.

• On note aussi qu'un calvaire a été élevé pour protéger les fermes contre le mauvais sort ; c'est du moins de la tradition locale pour le calvaire des Aubeux (Saint-Bresson) appelé aussi la croix des Danses. On raconte que le sorciers se réunissaient dans cet endroit pour y danser et pour se protéger contre le mauvais sort. Les habitants y élevèrent ce calvaire ; chaque fois qu'une personne venait y prier, elle gravait une petite croix sur le fût du calvaire. Nombreuses sont celles qui sont encore visibles aujourd'hui.

• Les croix étaient élevées par des familles qui voulaient faire un acte de dévotion comme à Fresse : au-dessus du village, où la vallée s'élargit, s'élève une croix érigée en 1697 par Jean Nicolas Demésy et son épouse. Souvent les calvaires rappelaient un événement malheureux, comme la croix des pestiférés à Saint-Bresson. Après ce fléau qui désola la région, elle fut dressée sur la fosse où l'on enterrait les morts. La croix de la Krejotte fut élevée au Magny (Servance) en 1817, lors d'une famine, par les habitants des fermes en souvenir d'une mendiante, bien connue et aimée. On la trouva morte à cet endroit, la bouche encore remplie d'herbe.

Parmi tous ces calvaires ou oratoires, on verra avec bonheur le calvaire de La Longine (1727), un des plus beaux des Vosges saônoises : un chapiteau abrite quatre statues d'apôtres dont saint Jacques en pèlerin, la Vierge de Pitié, saint Nicolas et les enfants. Aux frontières de la Bourgogne, le calvaire de Vars ; il a été élevé en 1579 en souvenir le l'assassinat de frère Luquet, un moine de l'abbaye de Theuley. Proches de la Champagne, à Leffond, la croix Louvot (1817) érigée en mémoire d'un homme tué par des brigands ou le calvaire d'Ouge (1763), dont le fût est constitué d'une statue colonne sculptée représentant un abbé mitré (saint Bernard) provenant du portail de l'abbaye de Cherlieu.

La chapelle Notre-Dame du haut à Ronchamp, le joyau de la Haute-Saône

Dans ce cheminement qui passe par les églises et les chapelles, il faut noter enfin cette extraordinaire aventure de la Chapelle Notre-Dame du haut à Ronchamp. Après la seconde guerre mondiale et son cortège de destructions dont celui de la chapelle Notre-Dame, l'architecte Le Corbusier bâtit, à partir de 1950, une chapelle où peut s'exercer sa totale liberté de créer, sa science et son inspiration, sans autre programme que de construire, autour de l'image séculaire de la Vierge, une maison de prière. C'est le lieu le plus visité de Haute-Saône.

La Longine

LE PAYS GRAYLOIS

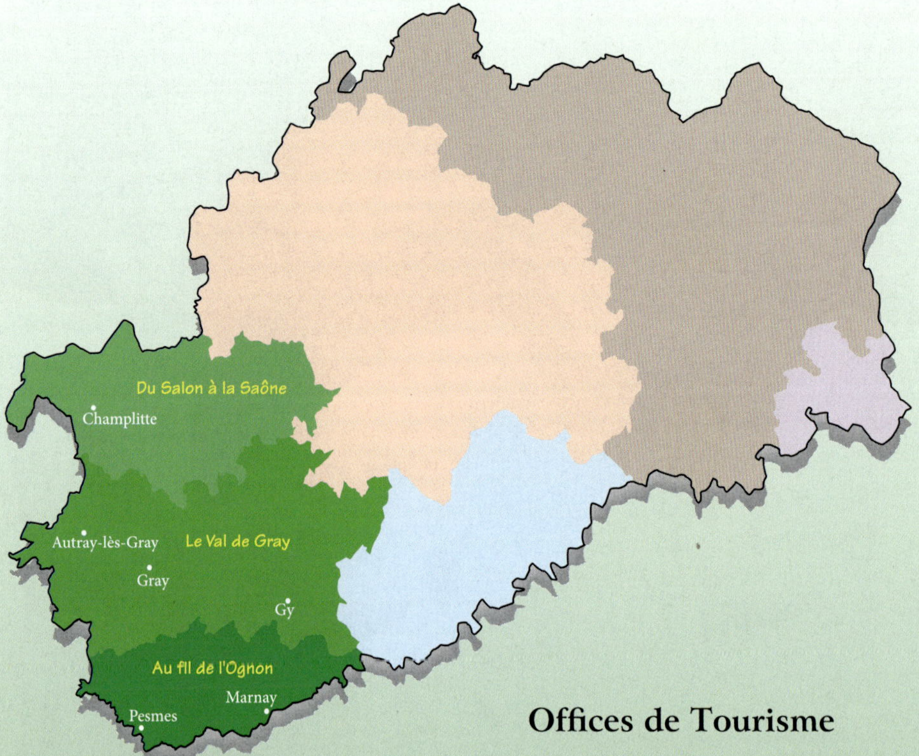

Offices de Tourisme

CHAMPLITTE 70600
33 bis rue de la République
Tél. 03 84 67 67 19
Fax 03 84 67 63 52
ot.champlitte@wanadoo.fr
www.entresaoneetsalon.fr

DAMPIERRE-SUR-SALON 70180
2 bis rue Jean Mourey
Tél. 03 84 67 16 94
Fax 03 84 67 26 54
ot-dampierrois-fresnois@wanadoo.fr
www.entresaoneetsalon.fr

GY 70700
15 Grande Rue - Gy
Tél. : 03 84 32 93 93
Fax : 03 84 32 86 87
ot.montsdegy@wanadoo.fr
www.ot-montsdegy.com

GRAY 70100
Ile Sauzay
Tél. 03 84 65 14 24
Fax 03 84 65 46 26
otsi-gray@wanadoo.fr
www.ville-gray.fr

MARNAY 70150
21 Place de l'Hôtel de Ville
Tél. 03 84 31 90 91
Fax 03 84 31 90 23
otsi.marnay@wanadoo.fr

PESMES 70140
19 rue Jacques Prévost
Tél. 06 87 73 13 05
Fax 03 84 31 23 37
ot.vpesmes@free.fr
otvaldepesmes.fr.gd

Gray

LE PAYS GRAYLOIS

Le Pays Graylois, organisé autour de la ville de Gray et des chefs-lieux de cantons, regroupe 6 communautés de communes : les Monts de Gy, les quatre Rivières, les quatre Vallées, le Val de Gray, le Val de Pesmes, la Vallée de l'Ognon ainsi que quinze communes indépendantes. Il représente une population totale de 42 516 habitants.

Du point de vue économique, ce territoire possède un bon potentiel industriel avec des entreprises dynamiques, mais aussi touristique avec la Saône, les cités de caractères et des sites naturels de très grande qualité. Le premier objectif est de tirer profit de sa situation entre deux capitales régionales avec trois axes stratégiques :

- équiper le territoire pour le rendre plus attractif,
- développer les potentialités du territoire,
- assurer une plus grande cohésion territoriale.

Dans cet esprit, un effort important est consenti à l'amélioration des services à l'enfance ainsi qu'au développement culturel. On pense aussi au développement touristique avec l'amélioration ou la création d'hébergements. La mise en valeur des villages et des bourgs est engagée grâce aux schémas urbains des Petites Cités Comtoises de caractère.

Le contrat prend en compte la gestion des déchets et des ressources naturelles. Il faut aussi noter un projet original : la collaboration avec le pays de Vesoul, Val de Saône pou structurer les filières de chanvre et des huiles végétales. Ces deux pays assurent 62% de la production d'Eurochanvre qui lui-même représente 21% de la production française. Il s'agit de faire des améliorations dans le domaine de la culture, de la récolte, du stockage et de son utilisation après transformation.

AU FIL DE L'OGNON

ACEY
Abbaye Notre-Dame d'Acey
39350 Vitreux
Tél. 03 84 81 04 11
Site : www.acey.eglisejura.com
E.mail : monastere-acey@wanadoo.fr
hotelier.acey@orange.fr
Promenade agréable sur les sentiers de l'abbaye par la liaison de la Mangeotte pour rejoindre Chaumercenne

ACEY

C'est le département du Jura qui abrite le joyau de la contrée mais il suffit de franchir l'Ognon à Bresilley pour aller goûter cette subtile alliance de simplicité et de majesté qu'est l'abbaye d'Acey. Symbole de l'esprit du premier Citeaux de Bernard de Fontaine-lès-Dijon, d'autant plus précieux qu'il reste le seul héritier des treize monastères d'hommes fondés au 12e siècle en Franche-Comté.

Fondée en 1136 par les moines haut-saônois de Cherlieu, l'abbaye connut deux siècles de prospérité rayonnant jusqu'en Hongrie, puis fut victime des coups et contrecoups des guerres entre la France et l'Empire dont elle était à la frontière. La reconstruction fut terminée... juste avant que la Révolution n'en amène la fermeture. La vie monastique reprit peu à peu au 19e siècle grâce à l'abbaye d'Aiguebelle (Drôme) qui lui a redonné sa vitalité actuelle depuis 1937. Elle gère notamment un atelier de traitement de petites surfaces par électrolyse (cuivrage, argentage, dorage...) qui lui permet de faire face à des travaux importants de réhabilitation, d'entretien, d'accueil. C'est en 1950 que se produisit cette reconversion afin de mieux exploiter l'électricité produite par le barrage sur l'Ognon. Aujourd'hui, les terres de la ferme sont mises en location et l'usine offre une quinzaine d'emplois à la population d'alentour. Un service d'hôtellerie permet à la vingtaine de moines d'accueillir des fidèles en retraite spirituelle.

Acey

La sobriété de l'église

La sobriété aide la prière à être cet « entretien simple avec un Dieu simple ». Comment mieux l'exprimer qu'à travers ces verrières d'un seul bloc, vitraux de technique moderne, conçues par le Bisontin Jean Ricardon et réalisées par le maître-verrier dijonnais Pierre-Alain Parot au début des années 1990 : harmonie de gris et d'argent relançant l'élan de la lumière vers les hautes voûtes de pierre aux couleurs chaudes. Il n'est qu'à se trouver par hasard au moment d'une répétition, ou par ferveur à l'instant d'un office, pour que les voix fassent chanter les pierres elles-mêmes. Seule l'église se visite (entrée libre) mais cela suffit pour comprendre la démarche de saint Bernard.

AVRIGNEY-VIREY

Un taureau à trois cornes

La toponymie, noms de villages terminés en «ey» ou «ay», d'origine gauloise, est significative de peuplement ancien, sans doute confirmé ici par la découverte en 1756 du taureau à trois cornes, un bronze du 1er siècle de 80 cm de long. Acquis par l'archevêque de Besançon Antoine de Choiseul, il fut racheté par la Ville de Besançon en 1873. Il est désormais exposé au musée des Beaux-Arts à Besançon ; un moulage est exposé au musée Baron-Martin à Gray.

Un puisoir en entrée de grotte à Avrigney

La mairie-lavoir de 1825 avec un puisard en forme d'entrée de grotte, sert aujourd'hui de salle des archives ; un four banal a été construit à la même époque.

Le taureau d'Avrigney

Imposante église Saint-Étienne. Le retable du maître-autel en bois sculpté et stuc baroque, avec en couronnement un triangle trinitaire. À Virey, chapelle Saint-Léger, 14e, ajout tour et clocher au 16e et 18e. Nombreux tableaux et sculptures, dont une Vierge à l'Enfant en bois en partie marouflée. Croix de chemin, avec une haute couronne ajourée, se rapprochant du style bourguignon (1629).

Les deux communes ont été réunies en 1972.

AVRIGNEY-VIREY

Brocante-antiquités

Thierry Poirey
À Virey, Grande rue,
Tél. 03 84 31 73 28

BONBOILLON

Statues

L'église Saint-Nicolas (1741, clocher-porche à bulbe, retable en bois dont les deux niches latérales protègent des statues de la Vierge, beau lustre en verre) abrite une statue du saint en bois polychrome et doré du 16e. Typique : une ferme de 1773 avec un escalier extérieur couvert.

BONBOILLON

La Marronnière, chalet restauration

Danièle et Pierre Fassenet accueillent les groupes sur réservation dans leur charmante ferme-auberge de la Marronnière, cachée derrière deux marronniers. Le fils s'est lancé dans l'élevage de chevaux, non pas des comtois mais des chevaux de selle qui concourent désormais dans toute la France et en Suisse. Un étalon, une vingtaine de juments et possibilité d'en héberger d'autres pour les saillies.

Tél. 03 84 31 54 65

Meublé de tourisme

Studio 2/3 personnes - Pierre Remillet - Tél. 03 84 31 58 19

BRESILLEY

Seul l'Ognon nous sépare de l'abbaye d'Acey, ancienne propriétaire de ces terres. Mais il n'y eut jusqu'à la fin du 19e qu'un bac pour traverser. Un important moulin subsiste qui fut transformé en usine électrique, exploitée aujourd'hui par un privé. L'Ognon continue à animer le village : baignade aménagée, concours de pêche en juin.

La petite église Saint-Léger possède une curieuse statue de saint Roch en pierre polychrome du 16e, avec un enfant montrant la plaie du saint et un chien. Les traits colorés du jeune homme étaient sans doute destinés à redonner le moral en ces temps de peste intensive.

Le chêne mangeur de vierges

Sur la route D 21, à mi-chemin entre Bard et Bresilley, on ne peut pas manquer de voir un chêne aussi majestueux que tortueux. Huit mètres de circonférence, il aurait près de quatre siècles. Une statuette de la Vierge dont on ne voit plus que l'inscription « Ave Maria » est incrustée dans son tronc. On plaçait ainsi en ex-voto (voir en forêt de Chaux ou à Notre-Dame du Chêne en vallée de Loue) contre les troncs ou entre les branches, des statuettes qui étaient absorbées tour à tour par la croissance de l'arbre. Épargné par les moines d'Acey lors de leurs défrichements, le chêne de Bresilley a aussi résisté aux exigences de la sécurité routière.

BROYE-AUBIGNEY-MONTSEUGNY

On est tout près de la Saône qui limite à l'ouest les trois communes regroupées en 1972.

Aubigney : Château-fort près de la rivière, la Résie. La source protégée par une dalle d'une tonne alimente une fontaine-lavoir et, dans le passé, faisait tourner un moulin devenu restaurant. On a exploité du minerai de fer et produit plus de 6000 m de toile de chanvre par an jusque vers 1870.

Broye : L'église-halle Saint-Pierre Saint-Paul, construite par le Bisontin J.J. Gazelot en 1759, est remarquable pour la minceur de ses piliers doriques.

Montseugny : On a découvert une station mésolithique à silex près du hameau de la Loge et une villa gallo-romaine au nord du terrain d'aviation. De la présence au 12e siècle des Hospitaliers de Saint-Jean de Jérusalem, il reste dans l'église le chœur, la crypte et le tympan. Celui-ci représente le Christ en majesté, entouré des symboles des quatre évangélistes.

Zone de loisirs à Montseugny et camping à résidence de week-end.

Le chêne de Brésilley : près de 400 ans

BRUSSEY

Curieuse histoire que la construction de ce village qui eut jusqu'au milieu du 18e siècle deux parties bien distinctes : Brussey-haut avec une église du 12e et Brussey-bas.

Maison de la nature

Un centre permanent d'initiation à l'environnement et un centre de vacances ou de classes vertes permet de découvrir la rivière, ses oiseaux, sa flore au prix d'efforts d'observation et de silence.

Installée dans un ancien moulin au bord de l'Ognon, la maison est au cœur d'un terrain de sept hectares, bordé de buissons et de roseaux, refuge pour les martins-pêcheurs, canards, fauvettes, butors, engoulevents, poules d'eau et bécassines du marais.
www.cpie-brussey.com

La maison de la nature de Brussey au bord de l'Ognon

Le tympan de Montseugny, finesse des draperies : origine bourguignonne

CHANCEY

De ses carrières de pierre de taille renommée et de ses vignes, le village s'est fait une âme et un caractère qu'il a su conserver. Ainsi le bâti organisé autour de la place centrale est imposant et le matériau de qualité. Chaque maison ou presque a sa cave voûtée en pierre du village, sauf celles, plus humbles... des tailleurs de pierre qui n'avaient pas le loisir de travailler pour eux-mêmes.

Deux curiosités :

- **Le creux de Panans**, un entonnoir de plus de 40 m de diamètre et 25 de profondeur qui se remplit lors de grosses pluies. La fontaine a été restaurée pour mettre en valeur l'inspiration antique en atrium de son lavoir et les quatre pierres de son puisoir où l'on posait les seaux.

- **Le pas de Roland.** Que le neveu de Charlemagne ait posé le pied sur cette roche, c'est du domaine de la légende orale. Que l'on puisse mettre le pied dans ce trou creusé en forme de botte, chaque gamin du village a pu le vérifier. C'était un des buts de sortie dans la lande avec l'instit ! Il reste aussi une empreinte d'un cheval ferré sur une autre roche pour épaissir le mystère.

La Vierge noire

L'église est d'architecture strictement romane mais reprise au 18e par Amoudru et Ducy, éclairée par 10 vitraux dont 6 à personnages remarquablement bien dessinés. Pour la visiter, on peut demander les clés à Mme Breuillard. La chapelle, elle, bénéficie d'une claire-voie qui permet d'en admirer l'autel.

CHARCENNE

Vin et fromage

Quinze millions de pieds de vigne vendus chaque année dans le monde entier par les pépinières Guillaume ! 230 000 litres de lait collectés chaque jour par la fromagerie Milleret ! Comment un aussi petit village, au beau milieu d'une aussi tranquille campagne, peut-il réunir deux grandes entreprises qui portent aussi haut aujourd'hui le renom du terroir comtois ? Peut-être la protection de la chapelle de Leffond, au pied de laquelle Henri Milleret créa en 1921 une toute petite fromagerie et où la famille Guillaume cultive la vigne depuis 1732. Sans doute une longue tradition de travail de la terre et de mise en valeur de ses fruits... Toujours est-il que cela donne une belle association vin-fromage qui fait du village un haut-lieu du tourisme gastronomique.

Les pâtes molles fleurissent

C'est le Charcennay, petit carré rappelant le carré de l'Est, qui a fait leur réputation. Le Roucoulons, classé parmi les 200 meilleurs fromages du monde, la porte très haut aujourd'hui. Si bien que l'entreprise compte près de 150 salariés et travaille avec 230 producteurs de lait dans six départements. Après Henri, puis Pierre et Jacques, c'est avec Denis la troisième génération qui gère maintenant l'entreprise passée au stade national (avec même 5 % à l'export).

La fromagerie Milleret à Charcenne

Le Roucoulons (pâte molle au lait pasteurisé, croûte mixte, 55% de matière grasse) est un bon exemple de ce développement patient. Lors de sa création en 1988, personne ne pensait qu'il deviendrait le fromage emblématique de la Saint-Valentin. L'origine de son appellation est toute autre ! C'est Colette, la femme de Pierre, qui l'a baptisé : « Comme la croûte tirait sur le roux, raconte Colette, et que le fromage était coulant, le Roucoulons est venu tout seul. !».

La palette s'élargit : Ortolan, d'Artagnan, Gylois, Fin Fou, Petit Pierre, Leffond, Rondon Vergy, sans compter l'emmenthal et le méton.

Et rien ne se perd : avec les excédents de matière grasse, on fait du beurre, de la crème ; le sérum est réduit en poudre pour le bétail et l'alimentation humaine, dans le respect de l'environnement. Les besoins en eau, comparables à ceux d'une ville de 20 000 habitants, sont assurés en interne par des forages, adductions, recyclages particuliers. La visite, agrémentée d'un petit film, décortique toutes les étapes de la fabrication.

Visite le mardi matin uniquement pour groupes et sur réservation - Tél. 03 84 65 68 68
Site : www.fromagerie-milleret.com - E-mail : milleret@fromagerie-milleret.com

CHARCENNE

De cep en vigne

Le village de Charcenne

En 1732, François Guillaume prend bail de vignes sur la commune de Charcenne.

En 1895, Albert Guillaume reçoit un certificat de greffeur. Ces deux documents sont précieusement conservés aujourd'hui par leurs descendants Pierre-Marie et Xavier, qui font prospérer ces deux activités, production de plants, production de vin, vigoureusement relancées en 1947 par leur père, Henri. Ajoutons à cela une pépinière ornementale gérée par leur mère et la culture de céréales destinée à reconstruire les sols et vous aurez quelque 50 employés permanents, effectif presque triplé par des intérimaires en période de pointe.

Les greffons sont plantés pour la plupart sur les 35 ha de Charcenne et fournissent leurs sarments pour quelque 150 cépages différents. L'entreprise figure parmi les cinq premiers producteurs mondiaux.

Quant à la production des vins de pays, sur les terroirs de Charcenne et de Gy, elle atteint 200 000 bouteilles par an. Chardonnay, Auxerrois, Gamay, Pinot noir fleurissent la carte et c'est la cuvée Vieilles Vignes de Chardonnay qui en est le fleuron.

Vignoble Guillaume -Tél. 03 84 32 77 22

Accueil aux particuliers tous les jours sauf dimanche. Sur rendez-vous pour les groupes

La semence s'est propagée ! Un autre pépiniériste est installé depuis 20 ans au village : la SARL Guenot spécialisée dans l'aménagement et l'entretien de jardins outre la vente de végétaux.

Tél. 03 84 32 92 93 - pepinieres-guenot.com

Trois lieux de culte

Une simple promenade dans le village suffit à retrouver les témoignages de son riche passé viticole : maisons de vigneron, portes voûtées, celliers, caves, et si vous avez l'avantage de pouvoir pénétrer dans l'une de celles-ci, vous serez surpris par leur technique de construction. Outre les caves traditionnelles voûtées d'arête ou en berceau, certaines ont un plafond hourdi de petits rouleaux de torchis, enroulés autour d'un axe de frêne.

Le village a le privilège d'avoir conservé ses trois lieux de culte. Si la chapelle de Leffond est à l'extérieur, « à 500 pas de la forêt », la chapelle du cimetière domine l'agglomération. Ce fut le lieu de culte au Moyen-Âge. Il reste des parties du 12e, du 14e et du 16e. L'église actuelle, Notre-Dame de l'Assomption dresse sa longue flèche en plein centre du village. Elle fut construite au 19e, dans le style néo-gothique, par Christophe Colard et elle possède une belle peinture représentant l'Annonciation pour laquelle subsiste une énigme. Elle est signée d'un inconnu, Ide Laumesnie, datée de 1727, mais il y a la même à Oiselay, non signée celle-là.

Les vendanges à Charcenne

Les Guillaume père et fils à Charcenne

La chapelle de Leffond se visite le dimanche

CHARCENNE

La chapelle de Leffond

Voilà un de ces lieux magiques où tout exprime la sérénité et où l'on n'est pas étonné de trouver une petite église, incitant à la méditation ou à la simple émotion artistique. Sobres bâtiments émergeant sur une vaste pelouse, un peu à l'écart de la route de Marnay, c'est un des rares exemples parvenus intact du mécénat des Archevêques de Besançon, dédié à la Vierge, dont était vénérée une image miraculeuse. La chapelle a été construite en 1415, à partir d'un oratoire de 1125, préservé grâce à son isolement et à la vénération qu'il a provoquée… et à une restauration en 1938. À voir :

- un bras de lumière en chêne du 18e siècle,
- une statue de la Vierge à l'Enfant dont l'abondante chevelure en « crocs » rappelle l'œuvre de Jean de la Huerta et les ateliers bourguignons,
- une statue de saint Jacques le Majeur portant le bourdon des pèlerins de Compostelle (un signe du passage des allemands ?),
- une plaque de cheminée (17e) représente Cupidon forgeant deux cœurs et qui dit dans une bulle : « De ces deux cœurs, je n'en fais qu'un », alors que sur l'enclume on lit : « Amour est un grand ouvrier. »

CHAUMERCENNE

Le château a été construit à l'emplacement d'une maison forte dont on peut voir un pan de courtine et les ruines d'une tour ronde.

L'église de la Nativité, restée en l'état de sa construction gothique de 1520, sauf le clocher-porche du 17e, dédie une belle verrière à la Vierge, ainsi qu'une Piéta sculptée et une statuette de la Vierge à l'Enfant de l'École bourguignonne. À remarquer surtout, sculptée plein relief, une scène de chasse de Saint-Hubert où l'on voit le cerf sortir du bois devant le gentilhomme genou à terre (1550). Les vitraux sont de tradition lorraine. La toile représentant la Fuite en Égypte est de 1602.

Le village est entouré de beaux calvaires. Le plus remarquable : une niche protège une Vierge de Pitié sculptée dans la tradition du 16e siècle.

CHENEVREY-ET-MOROGNE

Un pater et un ave

Étonnante richesse pour cette église Saint-Ferréol et Saint-Ferjeux. Deux groupes sculptés : Christ aux liens en pierre et Christ aux outrages en bois.

Au bord de la route de Pesmes, un oratoire édifié en 1743 pour invoquer la protection divine contre le choléra. Par l'œil-de-bœuf au-dessus du plafond, on avait caché des armes que les occupants de 1940/44 n'ont pas découvertes.

La Saint-Vincent

La vigne s'étendait sur huit à dix hectares. La tradition de fêter la Saint-Vincent fin janvier demeure avec messe, défilé derrière la statue portée par deux vignerons, enfants costumés en Comtois et repas festif avec vin fourni par l'un des vignerons. Les femmes, elles, ne vont plus en procession avec leurs beaux cierges pour la Purification.

Métiers d'art

Au centre du village, un atelier de poterie est tenu par Christine Bitschené : créations ludiques, décoratives, utilitaires, pièces en faïence blanche et rouge.

René Debief a publié en 1992 une monographie sur les trois agglomérations qui constituent le bourg : Chenevrey, Morogne et la Gare.

La ferme de Cocagne

Morogne. Vente de fruits, nectars, jus de fruit, eaux-de-vie biologiques, par abonnement, sur commande ; livraison possible aux jardins de Cocagne de Chalezeule (25).
Tél. 03 84 32 24 11 - Ferme-de-cocagne70@wanadoo.fr

CUGNEY

Fontaine monumentale de Cugney

Le retable en bois de Cugney

C'est d'après l'histoire d'un curé de Cugney que Daudet aurait écrit son « Curé de Cucugnan ».

La Tenise, qui prend sa source ici, se jette dans la Saône à Esmoulins. À plusieurs reprises elle a emporté la fontaine ou le lavoir construits au 18e.

CULT

Les Égrignes
Maison d'hôtes
Fabienne Lego-Deiber
Tél. 03 84 31 92 06.
E-mail : lesegrignes@wanadoo.fr
Lesegrignes.com

HUGIER

Earl des Coteaux
Dégustation et vente de vins bio.
Ouvert samedi matin sur réservation.
Tél. 09 61 27 17 47

La Favière enchantée
Volailles, viandes, légumes bio de la ferme
Tél. 03 84 31 70 12.
frederic.philibeaux@wanadoo.fr

Chambres d'hôtes «Les Pétunias»
Pierre Knab
Tél. 03 84 31 58 30

CUGNEY

L'église Saint-Valère est dotée d'un imposant retable encadrant une peinture sur toile qui représente le saint patron, archidiacre de Langres.

Travail d'artiste

Le château fut construit en 1850 pour Louis Jobard alors maire de Gray. L'artiste peintre Bernard Houzet, actuel propriétaire, y a son atelier.

HUGIER

Serge Ballot, en reprenant la ferme familiale, a fait le choix du bio, vigne et élevage pour la viande, comme solution de diversification au moment de la PAC. Il exploite quatre hectares de vigne, produit quelque 25 000 bouteilles classées « vin de pays » dont il ouvre volontiers quelques échantillons dans son petit caveau. Prosélyte sincère, il organise au sein du réseau « AgroBioConso » un circuit de vente de produits de la ferme distribués dans un rayon de 20 km.

Retables restaurés

L'église du 12e fut reconstruite en 1761. Le retable de l'architecte François Ducy a été totalement restauré en 2007.

Statue et peinture de saint Médard. Une bâtisse du début du 18e est remarquable par son toit à croupes et ses aménagements intérieurs raffinés.

Grand lavoir à pignon triangulaire et arcades, fontaine en pavillon carré surmonté d'une Vierge en fonte du 19e.

La Grande Résie : le château reconstruit au 18e siècle

LA GRANDE RÉSIE

L'église de la Sainte-Trinité, rare exemple du style néo-gothique, en croix latine, a été érigée par la famille Sainte-Marie d'Agneaux au 19e, propriétaire du château. Elle y possède son caveau. Trois autels en calcaire blanc, chemin de croix en plâtre moulé.

Le château a deux tours dont l'une abrite une chapelle. Sur la façade de l'une des dépendances, trois reliefs en terre cuite marquent les trois parties du bâtiment : l'étable avec une tête de bœuf, le pigeonnier avec deux colombes en médaillon et l'écurie avec une tête de cheval.

LA RÉSIE-SAINT-MARTIN

L'ampleur des bâtiments publics, mairie, école, fontaine-lavoir et fontaine avec statue de la Vierge, révèlent le riche passé du village où l'on procédait à l'extraction du minerai de fer et à son lavage pour les forges de Valay (un lavoir subsiste au bois de Chanois).

Aujourd'hui, cap sur les loisirs. L'étang communal et ses rives ont été aménagés : boules, pique-nique, pêche.

Au bord de la route de Valay restent les ruines d'une chapelle. La source Sainte-Cécile fut très fréquentée par les pèlerins malades des fièvres.

MALANS

Malans a deux châteaux.

Du village de Malans se dégage un charme particulier que vous ressentirez sans doute si vous avez le courage de faire à pied les presque deux kilomètres qui séparent le pont à l'est des châteaux à l'ouest. Le pont de 1894 qui a remplacé le bac est tout métallique, dans le style Eiffel ; un barrage au pied permet la baignade. Des deux châteaux, le premier a été édifié au 16e siècle. Ce qui frappe ? Le parc et le jardin d'agrément et l'élégance de la tour d'escalier. Abandonné, le château a repris vie grâce à un propriétaire passionné, le regretté Guy Hoyet, qui allait poursuivre une expérience semblable à Pesmes. L'une des plus belles salles : le salon bleu. Les écuries ont été restaurées au 19e. Le deuxième château est une ancienne maison vigneronne. Les deux sont privés.

Dans l'église Saint-Laurent, la sacristie atteste de la première période de construction (13e). À l'entrée, sur un bénitier de pierre de taille, un haut-relief de pierre du 16e représente le martyre de saint Laurent.

À voir aussi la fontaine-lavoir Saint-Laurent restaurée et en eau.

Sur la route de Bard, une statue de la Vierge dans un écrin de verdure, construite à l'initiative de l'abbé Ernest Signe.

Le château de Malans restauré par Guy Hoyet

Marnay, vue sur les toits bien groupés

MARNAY

« Je luis pour tous »

C'est la devise du blason (de sable au soleil d'or sur fond d'azur) visible à l'église, évocation d'un riche passé.

Marnay apparaît sur sa butte, dans un magnifique cadre d'eau et de verdure. En voyant ces trois bras que fait l'Ognon, butant sur la combe, dans son virage à 90 degrés, au pied de l'énorme muraille du château, on comprendra vite l'origine du village, lieu de franchissement de la rivière dès l'époque romaine, mais surtout point de défense et de surveillance.

Une simple balade à pieds permet de comprendre l'organisation du village au Moyen-Âge que confirme un plan à la plume conservé à la bibliothèque du Génie à Paris : une enceinte quasi rectangulaire formée d'une double ceinture de murailles (certaines maisons formant le mur intérieur) entre lesquelles étaient aménagés des jardins.

Le château de Marnay

Un château qui a souffert

Ingrat Roi Soleil : il ne s'est pas souvenu que le château de Marnay l'avait hébergé en mai 1674 lors du siège de Besançon. C'était l'un des plus beaux châteaux de Franche-Comté avec ses seize tourelles. Et bien, Louis XIV le fit démanteler !

La haute façade, perchée sur le rocher a été partiellement conservée et percée de fenêtres Renaissance. La fenêtre de la chapelle de style flamboyant, la tour carrée en saillie, oratoire de la marquise Isabelle, rappellent la ferveur des premiers occupants.

Les murs d'enceinte sont eux aussi partiellement visibles. Il reste surtout l'arche de la porte d'entrée et les rainures de la herse du pont-levis. On peut pénétrer dans la cour carrée dont les bâtiments ont été vendus à la Révolution. Reste aussi un escalier à vis abrité dans une tour polygonale à meneaux et arcades. Un ange jouant de la cornemuse vous surprendra sur un chapiteau au détour d'une marche…

L'église Saint-Symphorien

Elle fut enrichie par les seigneurs de Gorrevod. Avec la Piéta en calcaire, sculptée en 1530 dans les fameux ateliers bressans de Brou.

Mais ce qui emporte l'adhésion, c'est cette nef gothique à trois travées, séparée du chœur par un arc brisé de Bourgogne, qui fut somptueusement décoré et qui garde une belle élégance avec ses deux ouvertures surmontées de niches. Deux sculptures en bois y prennent place : un buste de Dieu le Père et un groupe polychrome, l'Éducation de la Vierge, caractéristique par ses disproportions de l'art populaire du 15e siècle.

Autre trésor, le chemin de croix qui témoigne du renouveau de l'art sacré après la Seconde Guerre. Réalisé en terre cuite émaillée par une Tourangelle, Christiane Robichon de la Guérinère, dans un style naïf où les visages, presque caricaturaux, expriment toute la violence de cette épreuve.

À voir encore une châsse avec le squelette entier de saint Germain (martyre, évêque de Besançon au 3e siècle), un Saint-Vincent, un Saint-

L'église Saint-Symphorien

Sébastien invoqué contre la peste en statuette de procession, une statue de Sainte-Barbe et sa tour taillées dans un seul bloc de calcaire, des pierres tombales, une table de communion, une grille en fer issue des forges de Haute-Saône et des stalles du 18e.

Balade dans les rues en compagnie de Serge Mandret, passionné d'histoire locale, auteur d'un remarquable ouvrage, « Marnay, cité comtoise », illustré de cent cartes postales des années 1900 et des aquarelles de Bernard Marion. Le point de départ au Syndicat d'Initiative est déjà un symbole : à côté de l'ancien hôtel de ville, la municipalité est installée dans l'Hôtel de Santans, demeure du 16e siècle, qui a appartenu aux maîtres de Moncley.

À voir : la ferme Chapuis (escalier à vis et demi-tourelle), la ferme Jacquot (hôtel des ducs de Montbarrey), la ferme Bouchaton (maison de vignerons). Plus loin, la rue Bizot a conservé un escalier sur cour intérieure. Le château Brusset est l'ancienne maison des gardes. En descendant vers l'Ognon on passera devant l'ancien hôpital pour ensuite une balade le long de la rivière où moulins et maisons évoquent l'intense activité passée des tanneries, huileries, moulins à grains, abreuvoirs et lavoirs.

Un tour vers le quartier des gares, puisqu'il y eut deux gares à Marnay : celle du PLM, Besançon-Gray, ouverte en 1878, et celle du tramway venant de Gy, en 1894.

Les Carmes... Déchaussés

Grâce aux arcades dans la cour de la salle culturelle et aux allées du cloître intégrées dans l'école maternelle, les élèves du collège de l'avenue de la Gare peuvent imaginer le lointain passé des lieux. Il deviendra petit séminaire, hôpital pendant la Grande Guerre et école depuis 1921.

Le plan d'eau de Marnay

L'hôtel de Santans à Marnay

MARNAY

Les Grandes pépinières

Sur la route de Pesmes, c'est une institution ! Un simple jardinier, Charles-Philippe Bey, les crée en 1820. Louis Baudoin, courtier en grains de Chenevrey les rachète en 1920 et c'est son fils Robert qui leur assure la renommée en jouant la carte de la mécanisation et d'un réseau de vente performant.

Escargots

La société Roger Dutruy, spécialiste de la préparation artisanale d'escargots de Bourgogne et de champignons séchés vend au détail sur place.

Avenue de la Gare - Tél. 03 84 31 72 09

Manifestations traditionnelles

Festival Zik en tête - début juin

Peintres dans la rue - Carnaval

Raid marnaysien (VTT - canoë) - fin juin

Camping et loisirs

*Camping «Le Vert Lagon ***»*

À proximité du barrage sur l'Ognon, 3 ha, 160 emplacements, bengali, mobil-home. Tout cela lui vaut un label national.

Mini-golf, piscine, restauration.

De mai à mi-octobre - Tél. 03 84 31 73 16.

Au même endroit, base de loisirs :

Sports, loisirs, découverte avec escalade, parcours acrobatique forestier, tir à l'arc, canoë-kayak.

Location de VTT et canoë-kayak, descente de rivière.

À proximité, plan d'eau de 20 ha pour la voile, le canoë et la pêche.

MONTAGNEY

Si dans le blason populaire apparaît le nom de « Montagney-les-Brigands », c'est que Jean de la Grange y rassembla un groupe d'hommes des bois, maquisards avant l'heure, pour s'opposer à Louis XI et délivrer Gray (1477).

Montagney semble avoir toujours été un lieu de passage : deux ponts et un port le mettaient en communication avec l'abbaye d'Acey au 13e siècle.

Outre les maisons vigneronnes et plusieurs gentilhommières, on remarquera la tour carrée de Terrier de Santans. La tour de 19 m de haut est la partie conservée d'un ensemble avec chapelle, mur d'enceinte (on en a retrouvé des vestiges) qui fut un rendez-vous de chasse des comtes de Bourgogne. Au 14e, on l'appelait la tour du Plaid car la justice s'y rendait. Elle était surmontée d'un toit de cent pieds de haut qui, s'étant effondré, fut remplacé par une terrasse.

Les fontaines sont intéressantes. L'une de conception unique, un temple circulaire avec six piliers, puisoir, long abreuvoir, lavoir couvert, conçue par le Christophe Colard. L'autre, près de la mairie, en fonte.

Dans l'église, la peinture représentant Martin, le saint-patron est du Suisse-Bisontin, Jean Wyrsch. Celle de saint Pierre intégrée à gauche du retable aussi. Remarquables : une statue de la Vierge à l'Enfant en pierre polychrome du 14e d'origine lorraine et un Christ en croix de plus de 2 m, en bois. Une chapelle porte la date de 1660.

La ferme de Martine et Jean-Luc Beuraud.

Producteur de lait au détail.

Tél. 03 84 32 24 08

La ferme du chemin d'Acey

Vente de légumes bio

Tél. 06 74 44 04 15 - - lafermeduchemindacey@orange.fr

Loisirs

Nombreux équipements touristiques : tennis, mini-golf, boules. « L'attelage de la Vallée de l'Ognon » propose des circuits en calèche, avec gîtes d'accueil. (20 à 25 personnes).

Tél. 03 84 32 25 55

MOTEY-BESUCHE

Le château s'impose à la vue au centre du village. Seule certitude, le bâtiment le plus ancien, avec une tour ronde, porte gravée sur un linteau la date de 1543. L'autre maison possède deux tours carrées dont une avec escalier à vis, des fenêtres à meneaux et une curieuse gargouille. La belle histoire est celle d'Antoine Lahaye, le gendre des propriétaires. Photographe parisien pendant 20 ans, il a trouvé ici une autre vie. Antoine s'est lancé : école de viticulture de Beaune, travail pendant cinq ans dans le bourgogne, vinification probatoire de 20 ares de Chardonnay et finalement plantation à partir de 1995 de cinq hectares sur Motey, Hugier et Malans. Du Chardonnay et du Pinot noir... comme en Champagne. Avec dès le départ le parti-pris de la culture biologique. Et ça marche !

Visite du domaine et dégustation sur rendez-vous.

Tél. 03 84 32 26 94

Montagney : la tour Terrier de Santans

MOTEY-BESUCHE

Passé religieux

D'une hypothétique abbaye fondée au 7e siècle (besuche : basilica) ne reste que la chapelle Saint-Pierre au portail roman (13e). La Vierge assise à l'Enfant qu'elle abritait, statue de bois polychrome d'inspiration romane, est une des plus belles du département. Elle est exposée au musée de Vesoul.

À Motey, dans l'église Saint-Pierre du 18e, réalisée par Colombot, un trésor : la chaire en bois taillé et doré à la poudre.

Aire de pique-nique aménagée en bordure de la RD 12.

PESMES

Qu'est-ce qui peut bien donner du caractère à cette petite cité comtoise ? Justement ce caractère comtois du fameux « Comtois rends-toi... ». Si l'on arrive par la route de Dole et Dijon, on bute sur un mur qui paraît infranchissable au touriste ébahi, comme il devait l'être pour l'envahisseur.

Aujourd'hui, au carrefour de quatre départements, Pesmes s'est construite de longue date sur le point de franchissement de l'Ognon. On a déterré en 1770 un vase d'airain contenant quelque 4 000 médailles romaines. Pesmes fut successivement franque, germanique, bourguignonne, espagnole… et française. Les visites guidées, organisées par l'Office du Tourisme, permettent de renouer avec cette histoire mouvementée, même si l'essentiel de l'époque moyenâgeuse, le château, a quasiment disparu. Il reste bien des découvertes architecturales à faire, 19 monuments historiques classés : le château et les remparts ont finalement bien joué leur rôle protecteur, tout en se sacrifiant !

Caractère, son et lumière

La notoriété touristique de Pesmes est pourtant relativement récente et elle semble tenir à deux événements (la création du label Petites Cités Comtoises de Caractère et la réussite du Son et Lumière) pour un même instigateur (Bernard Joly). La création du Son et Lumière allait mobiliser pendant deux mois, 15 ans durant, 250 villageois. Les remparts fournissaient un décor idéal pour ce style de spectacle qui obtint deux prix nationaux. Dans le même esprit, en 1990, Pesmes avait été inscrit parmi les «Plus beaux villages de France», distinction réservée à une petite centaine. Pour enfoncer le clou, Bernard Joly, devenu président départemental, puis régional, puis national du Tourisme, lança en 1989 l'association des Petites Cités Comtoises de Caractère qui allait mener une action de promotion efficace pour une trentaine de sites, dont Pesmes bien sûr.

Le château

Construit au 10e, très endommagé pendant la Guerre de 100 ans, puis au 17e. Henri IV y séjourna une dizaine de jours. Louis XIV y passa une nuit. Il reste quand on regarde depuis le pont de l'Ognon, à gauche, les écuries (17e) perpendiculaires au rocher, à droite les bâtiments destinés aux familiers du châtelain (18e). Entre les deux ne subsistent de la partie centrale que les soubassements surmontés d'une petite maison. Les cuisines voûtées ont été aménagées en salle d'exposition.

Pesmes, patrimoine et loisirs

Pesmes

PESMES

Balade dans les rues

Les remparts : détruits plusieurs fois. L'enceinte quadrangulaire du bourg au 16e était percée de cinq portes dont deux subsistent, celle de Saint-Hilaire et celle de Loigerot. Une tourelle au sud.

Maison royale (15e ou 16e) : émerge au-dessus des toits du bourg quand on vient de Besançon. Faisait sans doute partie du système défensif, reliée par le mur d'enceinte et une tour au château. Important volume intérieur destiné soit au logement des troupes, soit à l'entrepôt de grains ou fourrage. La légende veut que Henri IV y séjourna. Restaurée par Guy Hoyet.

Dans les rues, mais visibles de l'extérieur seulement car il s'agit d'hôtels particuliers, le château Rouillaud (14e), la maison Granvelle (16e) au portail cintré, d'autres avec escalier à vis dans une tourelle...

Maisons vigneronnes : il y eut plus de 200 hectares de vigne. Le moulin de la rue de l'abreuvoir Gassot est le dernier représentant des nombreux ouvrages construits ici depuis le Moyen Âge, en amont du pont.

Une église foisonnante d'histoire

S'il n'y avait qu'une église à voir dans la région, ce serait celle-ci ! Construite entre 1159 et 1178, elle n'a conservé de cette époque que quelques vestiges dans le chœur et à la base du clocher. La nef et les bas-côtés sont d'un siècle plus tard. La chapelle seigneuriale devint chapelle funéraire par les soins de Marguerite de Vergy au 14e. Le chevet roman fut remplacé par l'abside actuelle en 1524. Le porche et les chapelles Mayrot, de la Résie et du Rosaire édifiée au 16e. Le clocher refait en 1773 après un incendie... Foisonnante richesse : voici seulement quelques repères.

- **Le triptyque de 1561** : commanditaire, Catherin Mayrot et sa femme Jeanne Lemoyne pour leur chapelle. Ils sont représentés sur le volet de gauche. Inspiration, école de Fontainebleau pour l'artiste Jacques Prévost, né à Pesmes.

- **La chapelle de la Résie :** chapelle funéraire de la famille d'Andelot (1556/1563), marbre rouge, blanc, noir des carrières du Jura. Jean d'Andelot était écuyer de Charles Quint et bailli de Dole. Il est représenté dans une attitude de prière, longue barbe, armure, manteau blanc. Devant lui, dans la même attitude d'orant, mais en marbre noir, son frère Pierre, abbé de Bellevaux, commanditaire de la chapelle à la mort de son aîné. Auteur, le Dolois Claude Arnoux, dit Lulier. Un détail amusant : la famille d'Andelot pouvait suivre l'office depuis sa chapelle sans se mêler aux autres fidèles grâce à une ouverture cintrée aménagée en petit oratoire dans l'épaisseur du mur.

- **Statues :** la Vierge à l'Enfant, en albâtre, attribuée à l'imagier des ducs de Bourgogne, Jean de la Huerta et qui est considérée comme une œuvre majeure de la sculpture bourguignonne de la mi-15°. Venant plutôt des ateliers troyens, saint Sébastien et un évêque, tous en marbre blanc, mais l'un dans la quasi nudité de son corps de martyre, l'autre alourdi de vêtements et d'ornements.

- **L'autel-retable** central a été attribué au sculpteur bisontin Julien Chambert. 1725, c'est la date portée par le peintre Adrianus Richard sur le tableau représentant saint Hilaire

Pesmois célèbres

Le chanoine Suchet (1819-1904), érudit et historien, s'inscrit dans la lignée du célèbre chroniqueur comtois Louis Gollut (1535-1595) par ailleurs conseiller au Parlement. Et peut-être Pierre Mathieu, historiographe d'Henri IV et Louis XIII.

On a dénombré pas moins de 34 Hauts-Saônois parmi les officiers généraux ayant servi l'empereur Napoléon Ier. Parmi eux, André Poncet est né à Pesmes en 1755.

Les forges, un musée

Elles avaient eu plus d'une centaine d'ouvriers, encore une cinquantaine dans les années 1960. Il en restait deux lorsqu'elles fermèrent en 1992. Les Amis du musée de Champlitte se mobilisèrent autour de Jean-Christophe Demard, avec le soutien de tous les anciens ouvriers, pour racheter le matériel. Donation fut faite par la suite au Département et cela permet aujourd'hui une présentation complète du travail tel qu'il était dans des locaux quasiment intacts. On constate avec stupeur que l'on y travaillait à ciel ouvert, sans craindre les chauds et froids !

Créées en 1650 par le sire de Pesmes, avec l'autorisation du roi d'Espagne Philippe IV pour « fournir les arsenaux en bombes, grenades et balles à canon », les forges connurent une expansion constante avant l'extinction du haut fourneau en 1875 et des forges en 1869.

L'église Saint-Hilaire

PESMES

Le château des Forges (18e), résidence du maître de forges, est en forme de U dont la partie centrale est ornée d'une serlienne et d'un fronton triangulaire. 126 logements d'ouvriers, des écuries, un jardin d'agrément et une orangeraie complétaient la propriété.

Visites guidées sur rendez-vous - Office du Tourisme : 03 84 31 23 37 - otvaldepesmes.fr

Forgeron « célèbre »

À Pesmes, a travaillé un forgeron tristement célèbre, Jules Bonnot, le bandit en auto, alors employé chez Chrétien. Il a 20 ans en 1895 et il est déjà condamné à dix jours de prison pour coups et blessures dans un bal. La « bande à Bonnot » sévira quelques années plus tard. La fontaine-lavoir de Coulance, près du musée des Forges (construite avant 1805), a été réaménagée avec le concours de la Maison familiale de Chargey-lès-Gray (huit colonnes portant un toit en tuiles, bassins extérieurs...)

Une Reine oubliée

Dans le cimetière une pierre tombale porte un libellé royal ignoré mais authentique : Ursule Salima.

Machamba, Reine de Mohéli, épouse Paule, 1874-1964. Camille Paule repose à ses côtés. Leurs descendants, toujours Pesmois, peuvent raconter l'extraordinaire histoire de cette fillette devenue à 12 ans reine d'une des quatre îles des Comores. À la mort de son « roi » en 1946, faute de moyens, elle vint vivre chez sa fille à Pesmes. On se souvient encore de sa silhouette menue, de son joli visage ridé, de sa voix claire et douce. Elle mourut sans avoir revu son royaume, malgré la promesse que lui fit, de vive voix, le Général de Gaulle lorsqu'il visita Pesmes en 1962. Une Pesmoise, Juliette Nivois raconte cette belle histoire dans un livre.

Loisirs

Par un beau jour d'été on oublie vite la lourde charge historique des remparts et des murailles. Les rives de l'Ognon s'illuminent et s'animent. Campeurs, randonneurs, canoéistes, pêcheurs, cyclistes, la petite cité a su profiter de son image culturelle pour instaurer une belle activité touristique de loisirs. Quelques coups de pagaie sur la paisible rivière vous feront encore mieux apprécier le « caractère » pesmois. La base nautique est ouverte en saison.
Renseignements : mairie de Pesmes Tél. 03 84 31 22 27.

On n'a plus le fameux Son et Lumière mais il reste la fête de l'Ognon (fin juillet) sur l'île de la Sauvageonne, la fête Art et Terroir chaque début mai depuis 1999, la fête de l'Europe et Partie de rêve (festival de la création artistique en milieu rural).
Office de tourisme - Tél. 03 84 31 23 37

Restauration : Hôtel-restaurant de France

Dans son établissement chaleureux qui surplombe l'Ognon, la famille Vieille maintient la tradition de la cuisine régionale. Hôtel 2 étoiles, Logis de France.
Tél. 03 84 31 20 05

Les Jardins Gourmands

Restaurant au bord de la rivière. Cuisine saine et copieuse, salle décorée des fresques d'Archangelo Devecchi, ancien décorateur aux faïenceries de Longchamp, qui restituent les principaux sites pesmois. Grande salle pour accueil de groupes et fêtes. Bonne idée : le patron recycle lui-même les bouteilles en verre vidées par les clients, dans un four qui donne des carafes aux formes originales (en vente sur place).
Tél. 03 84 31 20 20 - Ljg.pesmes@orange.fr - Jardinsgourmands.com

La maison royale

Camping «La Colombière»

Il offre 70 places et 4 mobil-homes au bord de la rivière, près du pont.
Tél. 03 84 31 20 15

L'atelier d'Oléanne - Huilerie

Anne-Lise Dagot fabrique artisanalement de l'huile bio à partir des graines locales : colza, tournesol, chanvre. Vente en direct, ouvert jeudi - vendredi de 10h à 17h et dimanche de 14h à 18h.
Tél. 03 84 32 91 95 - 06 13 07 08 95

Sculpteur Denis Perez

Tél. 03 84 31 27 17 - denis-perez.com

PIN L'EMAGNY

Le Haras du Chêne bénit
De grandes installations toutes neuves, randonnées, pension pour chevaux.
Route de Fontenelay.
Tél. 03 81 60 21 66

le christ aux liens de Vadans

PIN L'EMAGNY

Dans la cour de la mairie, une maison forte du 15e, maison-Rouge ou maison-Louze, reste le témoin des belles heures du village qui se forgea une solide réputation dans le monde de l'édition. Perrein Menestier, le curé, obtint de l'imprimeur bisontin Toussaint Lange qu'il transfère ses presses dans son presbytère à Pin, en 1626. Ce fut la première installée en Haute-Saône. Il en sortit notamment un « livre d'heures », les Heures de Pin, dont le seul exemplaire conservé semble être celui de l'École nationale des Beaux-Arts.

Le village qui domine la vallée de l'Ognon fut doté d'un château-fort dont ce qu'il en reste est protégé par un haut mur. Dans le parc on aménagea un jardin à la française et on construisit au 18e une grande maison bourgeoise dont la façade présente un avant-corps cintré qui en fait le charme. Elle héberge maintenant une école de formation d'ingénieurs.

L'intérieur de l'église classique du 18e rappelle celui de Saint-Maurice à Besançon. Les deux bas-reliefs qui ornent le chœur sont attribués à la famille Marca.

Ancienne tuilerie aménagée en appartements. Une source alimente les quinze fontaines.

SAUVIGNEY-LÈS-PESMES

Lavoir à courts pilastres, avec un puisard carré à chapiteaux, en eau et fleuri. À l'extérieur de l'église, on a rassemblé de belles pierres tombales, mémoire du cimetière qui entourait l'église. Clocher comtois dédié à « Dieu très bon et très grand ». Le retable du 18e, classé, surplombe un maître-autel tombeau et deux autels latéraux. Saint Pierre, patron de la paroisse, protège une toile de même époque décrivant le baptême du Christ.
***Chambres d'hôtes** - Mme Bonnefoy - Tél. 03 84 31 21 01*

SORNAY

L'église Saint-Germain l'Auxerrois abrite un nombre impressionnant de sculptures : le curé du village avait acheté pour 30 francs or en 1794 quelques-unes des richesses de l'abbaye d'Acey. Sur la route de Montagney, la chapelle des bons maris où la future épousée venait consulter pour savoir si elle avait fait le bon choix.

VADANS

Le village posséda une maison-forte (vestiges au sud), un haut fourneau (avant de fournir son minerai à Valay) et sa gare. Le clocher abrite une cloche de 1577 car au même emplacement avait été édifiée une église dont l'acte de consécration, daté de 1455 a été retrouvé dans un des piliers de l'église actuelle. Celle-ci, la Sainte-Trinité, construite dans les années 1760, possède deux retables. L'un au maître-autel avec tabernacle en marbre, sculptures dorées représentant le pélican mystique et en bas-relief, le sacrifice d'Isaac. L'autre retable, en bois, décore les fonts baptismaux entourant le baptême du Christ et la tentation d'Adam et Ève. Fontaine-lavoir en pierre de taille, voûte en berceau ; autre lavoir, rue Haute.

VALAY

Des forges aux voitures anciennes

Les forges produisaient quelque 4 000 tonnes de fonte par an. Ainsi on put construire église, mairie, gare, belles maisons… Au Grand Valay, les anciennes forges sont classées. Au Petit Valay, forges et haut fourneau étaient installés sur le site d'un château féodal du 13e siècle dont on voit encore un bâtiment et deux grosses tours.

Dans les bâtiments des forges, Christophe Houzet, amateur et courtier en voitures anciennes, motos , vélos, pièces détachées, a la place nécessaire pour présenter à ses clients des trésors de mécanique, amoureusement entretenus.

Façade à 4 colonnes de l'église Saint-Pierre de Valay

Une fresque géante

L'imposante église Saint-Pierre, possède une fresque de plus de sept mètres de long, « L'Apothéose de la Croix », où sont réunis apôtres, saints, personnages de l'Ancien Testament, œuvre de Menissier de 1866. L'autre ouvrage remarquable est un chemin de croix de 1851, fait de quatorze toiles, œuvre sans doute de l'allemand Wittner. Également une statuette en bois de sainte Barbe et un tableau d'Eugène de Vivens (1838), copie de Guido Reni, don de M. Gauthereau.

La chapelle du hameau de Sainte-Cécile, appelé aussi Autoreille, est dédiée à la même sainte que l'église de la commune éponyme du canton de Gy.

L'ancien château de la famille Pétremand de Valay abrite… l'école, suite à un don à la commune. C'est cette même lignée de seigneurs (surtout Madame, née Fénelon) qui contribua à la reconstruction de l'église et au financement du chemin de croix.

La mairie est installée dans un ancien lavoir bien restauré.

VREGILLE

Le château de Moncley

Juste en face de Vregille, il faut absolument franchir l'Ognon à Pin ou Sauvagney et changer de département pour aller voir le château de Moncley qu'on n'aperçoit de la vallée qu'à la chute des feuilles. C'est tout le destin de la Franche-Comté qui s'y trouve préservé à travers sept siècles d'archives familiales.

Pour visiter, voir l'Office de Tourisme de Besançon. Tél. 03 81 80 92 55

LE VAL DE GRAY

ANCIER

Un rendez-vous incontournable à deux kilomètres de Gray : en septembre les quelque 500 Anciérois accueillent plus de 3 000 visiteurs pour la foir'fête. Le village s'est établi sur un marais de la Saône et de la Morthe ou Dregeon, asséché par les moines de Corneux. Son citoyen le plus célèbre : Simon Gauthiot d'Ancier, surnommé « le petit empereur de Besançon ». Son buste est au musée de Gray. Dans l'église de la Nativité, le clocher avec obélisque est la partie la plus ancienne (1746) car le reste a été refait à neuf en 1855, style néo-Renaissance.

ANGIREY

Un lac a été aménagé par la municipalité dans une clairière en bordure de la route de Vellemoz.

Perchée, l'église arbore fièrement son clocher à bulbe au-dessus du cimetière qui l'entoure encore comme au bon vieux temps. Une lourde grille en fer forgé protège l'entrée de la nef et, miracle, elle s'ouvre ! Un bénitier en pierre rosée fait sentinelle et la chaire en bois sculpté de feuillages et guirlandes du 18e fait face à un grand crucifix en bois du 16e. Mais c'est le retable en bois et stuc qui impressionne. Il présente quatre colonnes corinthiennes encadrant une représentation de saint Martin, surmontée d'une Trinité dans une grande gloire d'anges. Les stalles et les boiseries sont remarquables, la clôture du chœur est un bel exemple de ferronnerie.

APREMONT

De tout temps on a franchi la Saône à Apremont, d'abord par un gué, puis le pont donna naissance à un port. Aujourd'hui le port et l'écluse sont bien connus des touristes. Sur cet « aspre mont » on a retrouvé des vestiges d'une villa gallo-romaine, d'un atelier de poterie, d'un château-fort que les troupes de Louis XI brûlèrent. Découverte la plus spectaculaire, celle du Graylois Perron en 1859 : une tombe celtique sur une motte de 30 m de diamètre, datée de quelque 500 ans avant J.C. Un char funéraire a été reconstitué et il est exposé au musée du château de Saint-Germain-en-Laye.

Randonnée en région de Gray

Il y eut même sur la butte des moulins à vent.

Le château actuel a vu naître le 10 mars 1823 Xavier Henry Aymon de Montépin ; cet « Alexandre Dumas haut-saônois » fut presque à l'égal de son contemporain, un auteur à succès de romans en feuilletons, avec notamment « La Porteuse de pain ».

L'église Saint-Barthélémy, de style néogothique (1866), est riche d'un reliquaire de son saint patron, en argent, daté de 1650, décoré de grotesques et de têtes d'angelots.

ARC-LÈS-GRAY

Reliée, ou séparée c'est selon, par un pont au chef-lieu, la petite ville est devenue un grand pôle industriel. Sur un site préhistorique, non loin d'un cimetière mérovingien ou burgonde, Arc, avec ses dépendances, Maison-du-Bois, la Folie, est passée de la seigneurie de Gray au fief d'Autrey. La poste s'est installée il y a près d'un siècle dans un lavoir du 18e. Dans un autre lavoir à Maison-du-Bois, on voit encore les traces des sabots des lavandières.

L'église, reconstruite au 18e, possède un mobilier précieux de calices et ciboires.

Lamugnière : un parc culturel

Prenez la peine de gravir la colline ou de monter l'escalier qui s'ouvre au 50 de la rue de Dijon ! En juin 86, le parc était ouvert au public. En 90, il était classé. En 99, il accueillait la première fête de printemps.

Monsieur Faivre, négociant en vins et industriel de la fin du 19e, était un amoureux des arbres exotiques. Il fit construire sur cette vaste colline sa demeure principale et parsema les alentours d'une orangerie, d'une serre, alimentant jardin potager et verger, de quelques « folies » : petits bâtiments, bassins, grottes, belvédère, tonnelle, pavillon chinois. Un arboretum ajoutait encore à la note exotique, l'éolienne à eau est encore intacte.

Parc Lamugnière : un escalier digne des Compagnons

Le parc Lamugnière : l'Art Nouveau de la 3e République

Christine Laure

Elle se spécialise dans la conception de la robe en 1964. Construite en 1990, la nouvelle usine d'Arc, dotée des techniques de pointe, a permis longtemps de conserver une partie de fabrication française. Les trois enfants de Pierre Lasselin, qui prennent sa succession en 1997, inaugurent la même année la première boutique à l'enseigne exclusive de Christine Laure (Christine la fille, Laure la petite-fille des créateurs). En 2005, gestion, création et commercial sont transférés à Dijon. Arc avec 150 employés, devient le centre de distribution pour toute la chaîne. En 2008, les 140 boutiques de la marque (600 vendeuses) et les magasins multimarques ont vendu 1 500 000 pièces.

Une fonderie réputée

Le site occupé actuellement par John Deere a vécu la période d'activité la plus riche avec les usines Coste-Caumartin, fabriquant des appareils de chauffage, implantée près de Beaune et s'agrandit avec un deuxième site, à Arc en 1928. Après une importante modernisation en 1955/58 et grâce à un savoir-faire qui la porte en tête de la profession, l'usine connaît un pic d'activité en 1965 (260 employés, 400 tonnes de pièces par an). Mais devant le déclin des appareils en fonte, l'usine mère diminue sa demande ; le recours à la sous-traitance va prolonger une bonne activité à Arc jusqu'en 1972, date de la faillite de Coste-Caumartin. La société F.A.R. prolongera l'exploitation mais jusqu'en 1972 seulement. Bâtiments, château ont été rasés, seules restent les cités Coste.

Des stars du rail

Née en 1880, la Société générale des chemins de fer économiques, devenue en 1963 le CFTA, chemins de fer et transports automobiles (autrement dit Cargo) continue à tirer les trains de céréales surtout, à partir de Gray et à entretenir les voies. Une activité, en sous-traitance de la SNCF, qui emploie une vingtaine de personnes. Mais l'entreprise s'est taillée une belle cote chez les amoureux du rail en préservant le savoir-faire de l'atelier de réparation des débuts pour prolonger la vie de ces « douairières du rail », les locomotives à vapeur mises au rebut. Ainsi, notamment par les doigts de l'orfèvre-maison, Jean-Pierre Tamisier, le CFTA a remis sur roues quelque 30 ou 40 machines, pour les Associations de passionnés ou pour la SNCF. Ainsi Zézette II a pu figurer dans des films (Les Uns et les Autres, Fantomas...) ou descendre les Champs-Élysées pour la Coupe du monde de foot. Jusqu'à la Pacific 231 K8, la dernière d'une activité abandonnée en 2010.

ATTRICOURT

Le château de Rosières (21610 Saint-Seine-sur-Vingeanne)

Sur la « frontière » côte d'orienne, une ferme fortifiée aurait été construite dans la première moitié du 14e siècle. Le propriétaire actuel travaille à sa restauration depuis des années et on peut désormais y réserver des chambres d'hôtes ou la salle de réception. Visite de l'intérieur : charpente en châtaignier, chambre aux poutres sculptées et peintes rappellent les charmes de la Renaissance.

Tél. 03 80 75 96 24 - chateauderosieres.com

AUTOREILLE

Outre l'église Sainte-Cécile, dessinée par Amoudru, son clocher comtois, sa claire-voie en fer forgé et le lavoir avec son puisard d'inspiration antique, cette petite commune au pied des Monts de Gy, en lisière (ou oreille, du latin orilia) de forêt, ne manque pas d'attraits. Ses maisons vigneronnes rappellent qu'en fin de 18e siècle son territoire était couvert de vignes.

Acorus, entreprise d'aménagement paysager, cultive sur un hectare de terrain 800 espèces de végétaux, 25 espèces de bambou ; un paradis pour la faune aquatique (poissons, grenouilles, tritons...).

Malheureusement, le site ne se visite plus mais la vente de matériel et de plantes aquatiques continue.
Tél. 03 84 32 90 00 - E-mail : acorus@wanadoo.fr

Coin pique-nique, « la Camette », à la sortie du village, direction Charcenne.

Circuit de karting

En rase campagne, une piste de 1200 mètres sur 7,5 mètres de large, 17 virages, permet l'organisation d'animations de groupes, notamment de stages encadrés par les moniteurs de l'école de pilotage. Bar, restaurant, terrasse panoramique, sonorisation, deux salles équipées de vidéo. *Planète karting - Lieu-dit le Sorbet - Tél. 03 84 32 96 03*
Site : planetekarting.com - Email : info@planetekarting.com

Autrey-lès-Gray, rare spécimen de la transition roman-gothique

AUTREY-LÈS-GRAY

Les liens avec le voisin bourguignon sont nombreux. L'abbaye de Bèze fut propriétaire de la villa Alteriacum donnée par le roi Dagobert avant 630. Des cercueils de pierre attestent de ce passé mérovingien. Des premiers bâtiments du Prieuré reste surtout le presbytère, propriété privée.

En forme de croix latine, l'église est en parfait état, malgré son ancienneté (12e pour le chœur, 13e pour le reste). La façade principale illustre un thème traditionnel de l'époque, le péché originel. L'arcature du tympan est renforcée par une sculpture qui se termine par le cou d'un serpent enserrant une tête d'homme d'un côté et de l'autre par le cou et une tête de femme souriante. À l'étage supérieur, un oculus est surmonté d'une tête de serpent tenant une femme dans sa gueule. À voir encore, la statue en pierre polychrome du patron de la paroisse, saint Didier, évêque de Langres, portant sa tête dans ses mains (15e) et des fresques du 16e où on aperçoit des chevaliers en armure.

Un des deux lavoirs agrémente le centre. Sentier de promenade, aire de pique-nique, forêt avec sentiers de randonnée, étang communal.

« Le temps des moissons »

Ce café-restaurant offre des locations en meublé.

Écuries de la Borde

Pascal Chatriot propose un hébergement en roulotte, outre les activités équestres traditionnelles.

Tél. 03 84 32 31 98

« Le Cheval Blanc»

Un bar-restaurant, jeune et sympa.

Tél. 03 84 32 38 89

Artisanat d'art

Les anciennes forges et leur grand parc sont le cadre d'une riche activité artistique autour de la céramique et de la poterie avec d'une part le Centre Argile, atelier pédagogique et d'autre part l'association Artothem, organisatrice d'expositions. Mylène Peyreton s'est installée là en l'an 2000. Plasticienne, céramiste autodidacte, elle assume une belle tâche de formation pour potiers-céramistes. La dernière réalisation spectaculaire : les 200 petites vaches, toutes différentes, commandées par le Conseil général du Jura ! L'association fournit locaux, logistique et animation pour des expositions qui, d'abord axées sur l'art contemporain (la réunion des œuvres de Jean Messagier et de sa famille en 2007 fit grand bruit), s'ouvrent sur la science avec la collaboration du Pavillon des Sciences (eau, communication...). Elle reçoit également des artistes en résidence.

Tél. 03 84 32 39 10 - www.centre-argile.com - artothem@centre-argile.com

Le Centre Argile organise des expositions contemporaines

AUVET-ET-LA-CHAPELOTTE

Le promontoire, le Mont d'Auvet, au confluent des deux branches de l'Écoulotte (dont l'une par un chenal souterrain), a permis depuis l'époque carolingienne la création d'une enceinte fortifiée, avec une église, elle-même construite à l'emplacement d'un cimetière mérovingien. Aujourd'hui, une statue de la Vierge s'élève à l'emplacement, érigée par les paroissiens en 1854, pour demander à Dieu que cesse l'épidémie de choléra.

L'église actuelle a conservé un bénitier provenant de l'église disparue et un reliquaire en bois provenant de l'abbaye de Theuley. Une statue de saint Maurice, patron de l'église, orne le fronton triangulaire. De la petite chapelle qui donna son nom à la commune réunie de la Chapelotte, il reste deux statues et une cloche conservée par des particuliers.

La Maison rouge à Auvet est à l'emplacement d'une grange des moines de Theuley.

Haut fourneau

Au hameau de Bley, il reste la tour du haut fourneau. Il a produit jusqu'à 1600 tonnes. Une fonderie le remplace dont on peut voir un des spécialités, les poteaux indicateurs, à l'entrée du chemin. Un lavoir est en eau et fleuri, complété par un jardin public et deux étangs.

BATTRANS

Un remarquable jardin

Et c'est un « jardin remarquable », le seul du département qui ait droit à ce label ministériel, le Parc de l'étang. Quelque 350 variétés d'arbres, d'arbustes et de buissons, agrémentés de parterres de fleurs sur trois hectares. C'est en 1968 qu'un couple de Graylois tombe amoureux de ce qui n'est alors qu'une prairie à vaches. Une bonne heure de visite autour de l'étang où barbotent les canards au pied des saules pleureurs ; découverte des espèces bien identifiées, avec notice de référence ; lent slalom entre les acer, fagus, taxodium, ou autres quercus ou sequoïadendron au squelette fantastique... Et la maîtresse des lieux vous donnera quelques conseils pour vos propres plantations...

Visite sur rendez-vous de juin à octobre
Michelle Cretin - Rue des Longeots - Tél. 03 84 65 20 19

Jardin remarquable de Battrans

BOUHANS-ET-FEURG

Les deux communes n'ont été unies qu'en 1806, ce qui explique que chaque village ait son église et son lavoir. À Bouhans, église néogothique dédiée à saint Pierre-aux-liens représenté en statue et sur toile. À Feurg, celle de l'Assomption, plus ancienne, grand portail en plein cintre, avec une statue de la Vierge et de sa mère du 15e. Les deux villages ont eu leur villa romaine et au hameau de Bouchot on a découvert une tombe de l'âge de bronze avec bracelets, épingles et... rasoir, conservés au musée de Besançon.

Conseillée : la visite à pied des deux fontaines distantes de 2 km. La Soufroide alimentait un moulin à blé et six lavoirs à minerai.

Fontaine de Bouhans

BUCEY-LÈS-GY

Pour apprécier le charme de Petite Cité Comtoise de caractère, rien de tel qu'une flânerie pédestre dans les longues rues, le long de la rivière la Morthe et de son canal. La richesse des édifices, fontaines ponts et murets, est donnée par la pierre calcaire apparente ; l'harmonie viendra des tons bleutés et rosés de cette pierre issue de la carrière locale (qui a fourni la construction de la gare de l'Est à Paris) et des reflets bruns ou rouges des toitures en tuiles, du pays également. Corniches, bandeaux et linteaux moulurés, tours-escaliers, arcs en plein-cintre, pierres gravées ou sculptées agrémenteront le chemin. Mais rarement on verra autant de croix et de calvaires ponctuer les carrefours, notamment le calvaire biface du Saint-Rocher, érigé en 1622 par un particulier : une Vierge à l'Enfant d'un côté, un Christ affaissé de l'autre, deux prières pour le prix d'une !

La mairie-lavoir

Le monument le plus original ! En rez-de-chaussée, le lavoir est une véritable petite église, en forme de croix grecque, trois arcades en façade, une de chaque côté. Le bassin de la source prend place dans l'abside. La pierre de taille finement moulurée rehausse le style Premier Empire.

BUCEY-LÈS-GY

Richesse de la pierre à Bucy-lès-Gy

L'école

Sur le chemin… des écoliers, l'école est également monumentale. Un étage sur une demi-douzaine de porches, le tout en pierre de taille, de vastes escaliers avec ferronnerie, construits à la fin du 19e par l'architecte de Soing, Albert Collard.

L'église Saint-Martin

Son bulbe comtois surmonte un clocher-porche ouvert sur trois côtés. Le portail principal de style flamboyant (16e) présente un fronton triangulaire. La frise est percée de petites lucarnes ovales. Une nef de quatre travées (15e), un sanctuaire ogival avec une grande baie, une Vierge à l'Enfant et aux raisins et un grand crucifix en bois polychrome, la chaire en bois sculpté font que l'édifice est protégé.

Le cimetière

Poursuivez votre chemin quelques dizaines de mètres au-dessus de l'église. Le cimetière atteste du riche passé du bourg : des tombes (non des monuments !) aux décors raffinés, réalisés par des maîtres de forges et des tailleurs de pierre. Le summum : le caveau de la famille Maire-Duchon, une chapelle à lui seul.

Le plan d'eau

Un havre de paix, sur la route de Vellefrey. Deux hectares d'un étang aménagé pour les pêcheurs (pêche libre) et les promeneurs. Aire de pique-nique et jeux d'enfants.

Les pelouses sèches

Amoureux du terroir, Paul Cheviet a eu bien des occasions de le montrer, lui qui fut maire pendant 24 ans et conseiller général. Si aujourd'hui un sentier de randonnées de quatorze kilomètres permet de faire le tour des pelouses sèches, c'est que dans les années 1970, Paul et son ami René Nuffer lancèrent un cri d'alarme : attention, protégeons !

Les orchidées sont les reines, il faut les chercher mais il y en a des dizaines de variétés. Genévriers, chênes rouvres, houx, pins pour les plantes ; pie-grièche, bondrée apivore, fauvette grise, mésange noire ou huppée, épervier, engoulevent, cerf pour les espèces animales peuplent les monts de Gy.

Il fallut donc aménager les sentiers, les entretenir, faire connaître cette richesse pour la faire respecter. Une table d'orientation aux Champs Tourneaux permet d'avoir une belle vue sur la cinquantaine d'hectares du site.

Clocher-porche comtois perché sur un coteau

La vigne

On trouve trace dès l'an mille, de terres à vignes à Gy, Bucey, Charcenne. Difficile d'imaginer que tous les coteaux exposés au sud étaient couverts de ceps, quelque 600 hectares, dans les années 1600.

En 1262, le vin de Gy est classé troisième cru comtois derrière Château-Chalon et Arbois au concours de Ronchamp.

À l'approche de l'an 2000, il ne reste qu'un petit hectare à Bucey, disséminé en une dizaine de parcelles.

C'est sans doute la nostalgie qui a empoigné Vincent Cheviet lorsqu'il s'est agi d'envisager la succession de son père Paul. Avant d'aller dans la superbe (et unique dans la région) cave voûtée avec pilier central sous une maison datée de 1725, faites un tour dans les vignes, sur les coteaux de Chierenard (magique depuis toujours pour le blanc) et de Brûlecul. En 2006, le jeune vigneron a rempli 13 000 bouteilles. Un Chardonnay plutôt doux pour l'apéritif, un assemblage rouge Pinot noir-Gamay, le «vent d'anges» qui porte bien la légèreté de son nom, un rosé de Gamay : des vins soignés qui, de vignes trop récentes, ne peuvent prétendre à la certification bio, mais qui fleurent bon la nature.

Accueil de groupes sur demande. Dégustation-vente à la cave sur rendez-vous
Tél. 03 84 32 85 53, 06 86 51 30 39

Les Cuirs Ney.

Une maroquinerie artisanale dont l'atelier fleure bon le cuir. Fabrication sous vos yeux.

5 rue de l'Europe - Tél. 03 84 32 88 34
Site : amagalerie.com/cuirney - Email : eanooos.fr

CHAMPTONNAY

Le château, dont il ne reste que la tour de la Chapelle, fut propriété des de Scey, puis des Perrenot de Granvelle – Nicolas acquiert la seigneurie en 1538 – et aussi des La Baume Saint-Amour, sires de Pesmes. Il fut détruit pendant les guerres du 17e.

À voir sur la route 67 une ancienne tuilerie à double toiture. Son four est intact.

Dans l'église, un retable classé entoure la toile représentant le patron de la paroisse, saint Médard. Il est en pierre, bois et stuc. À admirer : la chaire en chêne sculpté et la table de communion circulaire en fer forgé.

CHARGEY-LÈS-GRAY

Un record : pas moins de six calvaires sur le territoire de la commune, dont un de 1539 dressé par un « Homme Honet, Jean Munier et Clenot, sa femme » ! À voir aussi une église romane (1279), reconstruite en 1760.

L'ancienne commanderie ou léproserie montre des fenêtres des 15e et 16e siècles, une porte gothique, des niches, l'une abritant une statue du 15e de saint Antoine assis dans les flammes. Derrière, subsiste une façade 15e et un tour ronde du château des sires de Dampierre.

Deux fontaines lavoirs en atrium, style maisons romaines.

La Maison Familiale rurale

Elle est la fierté du village car elle propose une formule éducative originale. 270 élèves sont formés aux métiers de l'agriculture, élevage, horticulture, aménagements paysagers. Formation en alternance et internat obligatoire. Établissement privé, il est géré par une association dont les parents d'élèves sont membres de droit.

Tél. 03 84 64 80 36
mfr.chargey-les-gray@mlr.asso.fr

Antiquités, brocante

Passion d'Antan M. Huguenin - Tél. 03 84 65 13 25
Courriel : passiondantan@wanadoo.fr

« Le Moulin à épices» chambres d'hôtes

Les jeunes propriétaires vous accueillent dans le moulin à épices bâti au 19e siècle sur une cave voûtée du 17e. Quatre chambres à thèmes, salle commune dans l'ancienne écurie. Table d'hôtes le soir, terrasse, parc arboré.

Angélique Roux et Stéphane Geoffray
Tél. 03 84 64 87 55
Site : www.moulin-a-epices.com

Chèvrerie de la Tenise

Christelle Prugniaux élève une quarantaine de chèvres route de Noiron. Elle accueille familles et scolaires pour des visites.

Ouverture sur demande - Présence au marché de Gray le samedi.
Tél. 03 84 67 41 16

Seul vestige du château à Champtonnay

CHOYE

Le village posséda un château dès le 9e siècle et fut le siège d'une baronnie. Le château actuel, construit vers 1770 par Nicolas Nicole, est aujourd'hui le siège de l'Institut médico-pédagogique qui accueille une soixantaine d'enfants. Élève de Blondel, Nicole a appliqué les mots d'ordre de son maître : simplicité et rigueur.

L'église Saint-Désiré est de dimensions imposantes, avec un clocher à quatre étages, une nef à trois travées séparée du clocher-porche par une claire-voie de fer forgé du 18e et coupée par un double transept. Nicole dessina le plan du clocher.

Coin loisirs avec tables de pique-nique et une piste de skate-board installée par la Communauté de communes.

Château de Choye

Long lavoir

Il faut faire un petit tour à pied en passant le pont sur la Colombine pour découvrir le lavoir remis en état. Une résurgence sort de la roche, affluent de 100 m de long de la Colombine, la Jacobine, qui fournit l'eau au village. On a conservé les petites niches qui servaient à entreposer les carrosses où s'agenouillaient les lavandières. Un coin charmant !

Pêche

La société A.R.C. le Poisson d'Argent gère pour les chevaliers de l'hameçon un étang communal d'un hectare et demi.

Renseignements : Boulangeries Rollée à Choye, Rouget à Charcenne

Muséodrome de la charrue

C'était un cultivateur ; il se baptise lui-même « le roi du sillon ». « En souvenir des médailles qu'il accrochait à ses charrues », est la dédicace qui apparaît dans la chapelle que cet ancien finaliste national du concours de labours a construite à la Vierge. La Vierge est en fonte, la chapelle en fer forgé au gré d'une imagination débordante. Pour y accéder en plein champ on suit un sentier le long duquel sont exposés des dizaines de charrues, herses, Puzenats, versoirs, outils agricoles, depuis l'araire, le tourne-oreille jusqu'à la Mac Cormick.

Où on s'aperçoit que jusqu'à la mécanisation les techniques n'avaient guère évolué depuis le Moyen Âge. Des pièces pour la plupart ont été réalisées par Pierre Méry, créateur de ce muséodrome, qui a copié les modèles rassemblés dans une énorme documentation. Si vous le croisez sur son vélo vert qu'il a lui-même construit demandez-lui de vous raconter...

Chambres d'hôtes

Chambre 3 épis pour 2 (+2 possibles), table d'hôtes sur réservation
M. Mme Vieille-Girardet - 3 rue montante - Tél. 03 84 32 86 85

ESMOULINS

Deux... moulins

Le nom dit bien ce qu'il voulait dire. La Tenise alimentait deux moulins : celui du dessus, le Quénétan, qui a été transformé en battoir à grains puis en habitation, et celui du dessous, le Quequenport, l'actuel moulin de Brussey.

Curiosité : pas moins de cinq croix de pierre conduisent à la chapelle Sainte-Anne. Celle-ci, du 16e, leur est antérieure. Un couvent aurait abrité des religieuses de la règle de Sainte-Anne : la mairie-école et une maison à tourelles en seraient les témoins.

Une certitude : Louis XIV avait établi son Q.G. à Esmoulins lors du siège de Gray en 1668.

Chambre d'hôtes

Le majestueux hêtre pourpre, authentiquement coloré au printemps, trône dans un parc d'un hectare au bord de la Tenise et au pied d'une grande maison de 1682. Marie-Claude Vezzoli y propose trois chambres d'hôtes... et ses confitures maison.

Table d'hôtes sur réservation : Tél. 03 84 67 45 16 - Auhetrepourpre.com

Le lavoir-halle de J.C. Disqueux à Écuelle

FRASNE-LE-CHÂTEAU

Le château : rien ne subsiste du château féodal, en revanche, les familles du sire d'Oiselay et des Perrenot de Granvelle ont marqué de leur empreinte les reconstructions. On peut admirer encore le portail à pont-levis surmonté des armoiries des d'Oiselay et la grande tour ronde (14e et 15e). La façade ouest, construite par Hugues Sambin, est de toute beauté : galerie de neuf arcades, fenêtres à meneaux, frontons à cabochons, pilastres cannelés.

La tête sculptée sur le fronton central représenterait le cardinal de Granvelle. À l'intérieur, ne subsistent que deux travées voûtées d'ogives dans la cuisine. Dans l'immense parc, trône un cèdre plusieurs fois centenaire. Le château servit d'école jusqu'en 1978. Il est désormais privé.

Une balade dans le village s'impose, beaucoup de maisons, ferme avec escalier à vis, petit château du 18e sont restaurées. À voir, la source de la Jouanne qui passe au pied du château. Elle est matérialisée par une fontaine octogonale où les habitants venaient plonger leur seau.

Le pont-levis du château

L'église Saint-Antoine (1774) a été reconstruite aux frais des quatre communes qui constituaient la paroisse : Vaux-le-Moncelot, Velloreille-lès-Fretigney, Septfontaines et Frasne. Les travaux de restauration ont mis en valeur la pierre rose des colonnes. Les autels et les retables des nefs latérales sont à voir, comme la toile du sanctuaire, une Adoration des Mages qui rappelle la Vierge aux Saints de Fra Bartolomeo conservée au musée des Beaux-Arts de Besançon. Le peintre régional, dont le nom a été supprimé lors de la réduction du tableau, a représenté des membres de la famille d'Oiselay.

Sur sa colline boisée, l'oratoire surplombe le village depuis 1964 et protège une Vierge à l'Enfant en bois, un don des Sœurs de la Divine Providence, en remerciement de la protection accordée aux enfants accueillis par la congrégation.

Les escargots

Vincent Loigerot produit 500 000 escargots par an, 12 000 par jour traités à la main. Sa spécialité, l'escargotine. Visite, dégustation, vente. Fermé dimanche et fériés. Accueil de groupes.

5 rue du Croterot - Tél. 06 72 05 67 59

L'école Saint-Joseph

Elle accueille des jeunes en difficulté, les formant notamment aux métiers de bouche. Sa présence, par l'intermédiaire de l'association Saint-Joseph permet d'organiser un certain nombre d'animations.

- Le restaurant pédagogique est ouvert tous les midis du lundi au vendredi, soirées à thèmes pour groupes.
- Le mini-golf aménagé par les élèves est ouvert à tous et prête du matériel.

Association Saint-Joseph
Tél. 03 84 32 48 00

La fontaine monumentale de Frasne-le-Château

GERMIGNEY

De l'eau

Le plan d'eau de la Loge est relié à la Saône qui trace la limite avec la Côte d'Or. Il est aménagé pour la détente, la pêche et le pique-nique.

L'église de la Nativité Notre-Dame célèbre bien sûr la Vierge par une toile au centre du retable principal et par deux statues latérales. Le porche voûté et le portail ont belle allure. Le village s'est bien relevé d'un terrible incendie qui avait privé de maison 100 de ses 115 ménages en 1840.

GRAY

Un peu d'histoire

La ville de Gray est étroitement liée à la Saône ; selon des découvertes récentes plusieurs siècles avant Jésus Christ (du 7e au 5e siècle), des groupes celtes structurés tirent leurs richesses d'échanges commerciaux. À l'époque romaine, l'occupation humaine s'intensifie le long de la Saône avec un réseau d'exploitations agricoles. Depuis le 13e siècle, ce qui caractérise Gray, c'est sa vocation commerciale avec un temps de prospérité qui attire une foule de négociants et d'étrangers. Mais les expéditions meurtrières de 1477 et 1479 anéantissent pour

Le pont de pierre enjambant la Saône

L'Hôtel de Ville de Gray

un temps cette cité marchande. La reconstruction se fait lentement et, en 1580, la ville de Gray est devenue une ville splendide avec ses nouvelles constructions ; des artistes célèbres y ont fait escale. L'Hôtel de Ville (1568), la restauration de l'église (1560) sont les symboles de cette floraison artistique mais aussi les signes de ce dynamisme commercial. Ce parcours historique, le visiteur pourra le faire en partant de la Saône et en suivant la Grande Rue jusqu'à la place de l'Hôtel de Ville.

Le trafic fluvial prend un essor particulier au début du 19e ; à titre documentaire, en 1824 le port de Gray expédie vers le midi 700 bateaux de blé et autres de grains et, en 1844, un remorqueur à vapeur va jusqu'à Lyon. Mais la concurrence du rail commence se faire sentir après 1858 ; il n'empêche qu'à la fin du siècle, les moulins de Gray sont les deuxièmes de France après Corbeil. Aujourd'hui, la Saône avec ses bateaux de plaisance fait toujours appel à l'invention touristique.

À l'angle d'une imposante bâtisse face à l'Hôtel de Ville, une petite statue peut échapper au regard du touriste. Et pourtant elle résume à elle seule la ville de Gray. Allégorie de la Saône, la jeune femme, finement dessinée par Grandgirard, verse de sa jarre l'eau qui va donner la vie à toute une région. À ses pieds le blé, richesse céréalière du sol, une roue dentée, le fer, richesse du sous-sol, et la grappe de raisin, richesse « culturelle », toutes allant alimenter grâce à la rivière les sources d'un commerce florissant.

GRAY

L'Hôtel-Dieu et Ménissier

Dans la Grande Rue, l'Hôtel-Dieu. C'est le fruit de l'un des derniers actes de charité de Louis XIV, avant sa mort en 1715. Derrière la façade néoclassique rajoutée sous Napoléon III la disposition est astucieuse. Au centre d'une croix grecque, la chapelle n'est séparée des salles disposées dans trois branches que par des verrières ouvrables, si bien que les malades pouvaient suivre l'office depuis leur lit. Elle abrite des fresques du Haut-Marnais Joseph-Constant Ménissier, originaire, comme le bon vin de pays, de Coiffy. La chapelle est libre à la visite ; en revanche, il faut un guide pour qu'on ouvre la superbe apothicairerie qui renferme des trésors comme les 90 pots de faïence, le pressoir en buis et cuivre ou le flacon de sang du dragon. Sœur Jeanne a entretenu jusqu'au bout cet écrin de chêne, jusqu'à la fermeture de l'hôpital en 1967. Aujourd'hui, l'établissement accueille les personnes âgées dépendantes.

Le studiolo

C'est une pièce unique en France et peut-être en Europe : un escalier en bois pivotant comme un tourniquet donne accès à un petit « studio » en haut d'une des tours de l'hôtel Gauthiot d'Ancier (maître d'hôtel sous Charles-Quint). La mode en est venue d'Italie vers 1550. Cet astucieux dispositif permet de dissimuler l'entrée de la pièce, son occupant pouvant ainsi s'isoler au calme ou protéger ses archives dans une sorte de cabinet de méditation. 500 ans après, la pierre meulière, son armature de chêne et son axe métallique planté dans les deux charpentes tournent toujours !

Un coup de cœur pour le restaurant du Relais de la Prévôté qui sait valoriser le site de cet hôtel où il est installé par une cuisine à la hauteur du cadre : terrasse au pied des hautes fenêtres sans meneau pour l'été, petite salle et vaste cheminée pour les autres saisons...

Les viorbes

On dénombre pas moins de 47 escaliers à vis dans la ville de Gray. Escaliers en viorbe, terme comtois agréé, pour les escaliers hélicoïdaux généralement insérés dans une tour ou yorbe. L'un des plus beaux, celui de l'hôtel de Salives (ou de Conflans) à l'entrée de l'Hôtel-Dieu, tout en pierre de Mantoche, les marches peu épaisses pour faciliter la montée, couvertes de carreaux de faïence.

Cadran solaire sur la façade de l'Hôtel de Ville

GRAY

L'Hôtel de ville : Renaissance fleurie

Voici un bel exemple de la Renaissance fleurie. Et ils ne sont pas si nombreux en Franche-Comté. Bâti en 1568, c'est un chef d'œuvre, avec :

- sa façade à double rangée de colonnes en marbre rose de Sampans, formant huit arcades cintrées, colonnes à fûts gracieux et chapiteaux corinthiens,
- les rinceaux couronnant les fenêtres, croisées et galeries de style,
- le blason de la ville : trois flammes, « par trois fois victorieux des flammes », 1324, 1477, 1479,
- le toit à quatre pans de tuiles vernies polychromes qui rappelle les Hospices de Beaune.

Sur les deux fontaines qui encadrent la façade, le sculpteur Grandgirard immortalise deux Graylois célèbres : Devosge et Romé de l'Isle.

Dans le bâtiment annexe, construit en 1858, la bibliothèque conserve pas moins de 26 000 ouvrages. L'attaque des insectes sur les belles boiseries... de sapin a conduit récemment à un gros effort de préservation des ouvrages et de réhabilitation de cette pièce d'apparat.

Musée Baron Martin

Un bijou : le musée Baron Martin

Qui imaginerait trouver au bout de cette ruelle butant sur les murailles de l'ancienne forteresse et sur son dernier vestige, la tour du Parvis, une aussi délicieuse demeure et un parc des plus intimistes ? Tout est petit, fin, subtil au musée Baron Martin : la salle du premier étage, décloisonnée récemment et les caves voûtées lui donnent sa vraie dimension. Dans ces dernières, sont rassemblés tous les objets issus des fouilles archéologiques de Haute-Saône. Aux étages, une riche collection de peintures et sculptures : école française (Boucher, Vouet, Blondel, Tissot...), œuvres flamandes léguées (Brueghel, Van Kessel, Avercamp, Van Loo, Jacob...). On s'arrêtera sur l'exceptionnel ensemble de portraits, dessins, pastels et gravures dû à Pierre Paul Prud'hon car c'est toute l'histoire du musée. Partisan de Robespierre, le peintre clunysois se réfugia à Gray pour éviter la réaction thermidorienne et il y fut accueilli par Alexandre Martin. Avocat, maire de la ville, puis Baron d'Empire, celui-ci avait racheté ce château bourguignon du 17e, devenu bien national. Alexandre Martin entama une collection que ses descendants enrichirent, notamment son petit-fils Edmond Pigalle (nom de la rue d'accès au musée) qui, en 1903, fit don à la ville de quelque 1300 œuvres, à condition que le musée porte le nom de son grand-père.

Détails dans le musée

GRAY

Treize maisons religieuses

La présence, jusqu'à la Révolution, de treize établissements religieux a fortement influencé la structure de la ville. Pour s'installer, les couvents ont fait raser les remparts et les maisons particulières et la ville grandissante a comme étouffé de cet encerclement. Si bien que jusqu'à la fin du 19e siècle, on a cassé de la pierre, coupé des immeubles en deux pour faire passer des rues, sans crainte de malmener le patrimoine et ce sont principalement les chapelles qui ont trinqué. Il n'en reste que deux, celle des Jésuites, celle des Carmélites.

La chapelle des Carmélites (1660)

Avec sa porte sculptée, la chapelle est un lieu d'exposition car on y garde les objets d'art sacré du département. Vierges romanes, Vierges à l'enfant, statues, mobilier, tissus y évoquent huit siècles de patrimoine religieux.

Le Muséum

Exposition temporaire au muséum d'Histoire Naturelle.

Rue de l'église. Ouvert les après-midis sauf lundi-mardi en été et sur rendez-vous le reste de l'année.

L'association des «Amis du muséum de Gray» propose, au public, de nombreuses activités. Parmi lesquelles figurent des sorties ornithologiques et des sorties nature toujours sur inscriptions. Vous pouvez télécharger la liste des activités.

Tél. 03 84 65 06 15 - 03 84 65 69 10

Le Musée de l'espéranto

Dix salles sur l'histoire du mouvement espérantiste ainsi qu'un bibliothèque constituent l'essentiel de ce musée tout entier dévoué à cette langue universelle qu'est l'espéranto.

Nacia Espéranto Muzeo - 19 rue Victor Hugo

Renseignement à l'Office du tourisme : Tél. 03 84 65 14 24

La basilique : gothique flamboyant

L'arbre de Jessé sculpté grimpant au centre de la verrière du chœur et la voûte du vaisseau central de la nef nervurée de liernes et de tiercerons suffisent à évoquer le flamboyant dans une architecture qui dégage pourtant une impression de légèreté, de simplicité. Vitraux de 15 m de haut de l'abside. Le porche, réalisé en 1863, ajoute une touche néo-gothique unique en France.

Visites guidées de la ville et des principaux monuments

Elles sont proposées sous différentes façons, quelques fois suivies de dégustation de produits du terroir ou sous forme de visites nocturnes théatralisées.

Renseignements à l'Office de Tourisme

Ile Sauzay - Tél. 03 84 65 14 24

www.ville-gray.fr

Gray : la tour du Parvis à l'entrée du musée Baron Martin

GRAY

Une Vierge miraculeuse

Consacrée basilique en 1948, elle le doit à la présence du cœur de Pierre Fourier, mais surtout à Notre-Dame de Gray, statuette de 13 cm qui, si on en juge par les deux grands murs des nefs latérales couverts de quelque 400 ex-votos, brilla par des miracles et le pieux concours des peuples. Elle aurait été sculptée par Jean Branges de Salins en 1613 à partir d'un morceau du chêne miraculeux de Montaigu-Sherpenheuvel en Belgique.

La statue originelle était tombée du chêne vénéré depuis le 12e siècle ; un berger qui voulait s'en emparer fut écrasé par son poids et la statue put retrouver sa place... Le chêne devait être imposant car on en a taillé quelque 250 statues réparties dans le monde. Une basilique s'élève à sa place.

Autres trésors graylois : le Christ au tombeau, sculpté dans le marbre sans doute par un des maîtres comtois de la Renaissance, Claude Arnoux dit Lullier, les stalles du 16e, le Christ en bois probablement d'Hugues Sambin, l'orgue de 1728 restauré en 1993, la chaire de 1612 en pierre de Sampans comme il n'en existe que cinq en Bourgogne-Franche-Comté et les quatre confessionnaux de Grandgirard...

L'arbre de Jessé

Gargouille sur la basilique de Gray

Les bombes de juin 40

La basilique a bien failli ne pas se remettre de l'une des dernières offensives allemandes.

Le 15 juin 1940, les bombes décochées depuis la côte Türk firent sauter trois arches du pont, détruisirent le plus beau quartier fait d'hôtels particuliers. Le presbytère, la sous-préfecture, la basilique ne furent pas épargnés. Le clocher (dont la flèche avait déjà été renversée par le vent en 1725) et ses cloches, s'effondrèrent dans la nef. Un véritable tremblement de terre. Le curé de la paroisse eut la présence d'esprit de se sauver en emportant les sept cahiers manuscrits recensant les miracles attribués à la statue de Notre-Dame. Un vrai trésor qu'on crut perdu mais qu'on a retrouvé au presbytère.

Le toit de la basilique, son dôme en tavaillons de châtaignier et son clocher furent reconstruits en 1948, mais pas les bâtiments privés.

Dans la basilique de Gray, une sensation de légèreté

GRAY

Saint Pierre-Fourier

Si la mémoire de ce chanoine des Augustins est bien honorée à Gray, c'est qu'il y est mort (en 1640) et qu'on y a conservé son cœur. Un reliquaire en vermeil est toujours dans la chapelle qui lui est dédiée et qui vaut son titre à la basilique car Pierre Fourier fut canonisé en 1847. On le fête le 9 décembre. Lorrain d'origine, il s'était dévoué sans relâche pour les pauvres, créant la congrégation des soeurs de Notre-Dame et l'une des premières mutuelles. Il aurait habité l'hôtel Gauthiot d'Ancier et se serait caché des Français dans le studiolo dont la tour porte son nom.

Le théâtre

Encore un petit bijou, rénové après de longs travaux terminés en 2006. Et il en valait la peine ! Ce théâtre à l'italienne construit en 1846/49 peut accueillir au maximum 372 spectateurs mais dans des conditions idéales pour la proximité et l'échange. Les banquettes de velours en demi-cercle, les demi-galeries à l'orchestre, les minuscules loges latérales, la coupole décorée de fresques, le lustre imposant, l'harmonie des tons roses et gris favorisent l'émotion du spectateur, comme sans doute du comédien. Un exploit : la machinerie d'origine, sur le mode du 18e, fonctionne toujours.

Graylois célèbres

- **Les Devosges :** Claude-François, le père, venu de Chambéry s'installa à Gray où naquirent trois fils devenus tous trois sculpteurs. Le plus connu est Claude-François (1697-1777). Son fils François, peintre, est célèbre pour avoir fondé à Dijon, où la famille s'était installée, l'école de dessin. Il eut pour élèves François Rude, Pierre-Paul Prud'hon, Claude Hoin. Il est lui-même statufié devant la mairie par Grandgirard.

Hugues Sambin : Cet homme au talent multiple est né à Gray en 1520. Il participa à la décoration du château de Fontainebleau. Il devient sculpteur, dessinateur, graveur et même architecte.

Joseph Constant Grandgirard : Ah ! Il s'en est donné à cœur joie ce fils de famille né dans les Vosges saônoises à Ternuay en 1831pour décorer sa ville d'adoption. On trouve sa patte de sculpteur partout, jusque dans la chapelle funéraire de la famille dont on peut admirer le style néo-roman au cimetière. C'est vrai qu'il a vécu près de 80 ans. Un petit récapitulatif : à l'Hôtel de Ville, le blason, les statues de Devosge et Romé de l'Isle ; à la Basilique, quatre bas-reliefs, six statues, dont celle de saint Pierre-Fourier...

Jean-Baptiste Louis Romé de l'Isle, né à Gray en 1736, officier de la guerre des Indes, minéralogiste, publia deux traités qui permirent la classification des cristaux et l'étude de leur structure. En énonçant pour la première fois la constance des angles, il avait fondé la cristallographie.

La tradition textile : Gray Mode

De son passé industriel, Gray a conservé la tradition du textile. Avant de prendre sa retraite, Pierre Lasselin, le créateur de l'entreprise Christine Laure, eut l'idée de reconvertir l'usine de Gray devenue trop peu fonctionnelle et remplacée par celle d'Arc. Ainsi naquit au début des années 90 Gray Mode, espace loué à une douzaine de fabricants venus de toute la France y implanter leur magasin d'usine, sur le modèle troyen, mais à des coûts bien plus faibles.

GRAY

Les moulins

Autre tradition grayloise, la meunerie dont il reste de grands bâtiments témoins sur les bords de Saône. La société des Grands Moulins en 1875 réalisa le plus grand moulin de toute la région, ultra moderne avec six turbines... jusqu'à l'incendie qui le détruisit en 1921. Une centrale électrique l'a remplacé. Aujourd'hui la coopérative agricole Interval (bureaux à Gray, silos et moulin à Arc) maintient la tradition.

Terroir

On les découvre avec réconfort après deux heures trente de tour de ville lors des « mardis »: l'amitchote, le toté, la comtoisine, le gusto sont au menu de la dégustation qui met un point d'orgue à la dizaine de mardis du terroir organisés à Gray en juin, juillet, août et début septembre. Le tout agrémenté par les faisselles de la fromagerie Mauron, les petits chèvres de Cresancey, les griottines de la distillerie fougerollaise Peureux et arrosé des vins Guillaume de Charcenne.

Les créations des artisans locaux

L'amitchote : pain de campagne en forme de carte de France où la Franche-Comté se dessine en pain spécial.
Au Fournil comtois à Gray,
Tél. 03 84 65 10 80.

Le toté : pâte briochée recouverte de comté, d'emmental, d'oignons et de saucisse de Morteau ou montbéliarde.

La comtoisine : galette fourrée de frangipane, pistache et griottines.
À Gray Gourmet, un Fougerollais, Éric, associé à une Grayloise, Christelle.
Tél. 03 84 65 19 48.

Le petit suisse

Ce n'est pas une légende : le petit suisse est originaire de Gray. C'est Charles Larmier, fromager de la rue Vannoise, de nombreuses fois médaillé dans les concours, qui le premier mit au point la recette de ce dérivé du fromage blanc. C'était dans les années 1940, mais il n'eut pas alors les moyens de déposer un brevet et c'est Gervais qui l'exploita.

Le tourisme fluvial

Gray est une base importante du tourisme fluvial.

Les ailes de Saint-Adrien : centre de formation ULM

À l'aéro-club de Gray-Saint-Adrien
Tél. 03 84 65 52 08
E-mail : info@ulmgray.com

Promenades sur la pénichette Ronfleur

1h, 2h, 3 heures, demi-journée, journée, week-end, semaine
Tél. 06 22 43 34 43 en saison
Tél. 03 84 65 14 24 hors saison

Bassin nautique de plein-air

Chauffé, avec un grand bassin, un toboggan, une pataugeoire.

Camping municipal

« Longue rive », 3 étoiles, 120 emplacements, au bord de la Saône, près du stade nautique, tennis, piscine, mini-golf, pétanque.
Tél. 03 84 64 90 44

Brocante

Halle Sauzay, le quatrième dimanche de chaque mois.

Gray vu depuis les berges de la Saône en direction de Dijon

Le tourisme fluvial, un atout à Gray

GRAY-LA-VILLE

Détail du retable à Gray-la-Ville

Le retable commandé au 18e siècle au sculpteur Jean Ligier, pour la basilique de Gray fût démonté et relégué dans les greniers de la chapelle des Jésuites. En 1973 il fût installé à Gray-la-Ville

Loisirs

Le hameau d'Essertey est un paradis pour les pêcheurs.

Aux « sources » de l'emmental et de la cancoillotte

À la sortie du village vers Velet, la fromagerie est toujours là, en pleine activité. C'est ici qu'un Suisse, Ulrich Mauron, s'est installé en 1862 pour fabriquer de l'emmental comme chez lui. Et depuis, cinq générations de Mauron poursuivent son œuvre, avec ténacité. Si on ne fait plus d'emmental, on prépare encore en grande quantité de la crème fraîche et du fromage blanc en faisselle (de 5 000 à 20 000 litres de lait sont traités chaque jour). Et si depuis janvier 2008 on ne fabrique plus le méton blanc pour Poitrey (racheté par Lactalis), Thierry Mauron, l'héritier de la cinquième génération, en profite pour reprendre les choses en mains d'un bout à l'autre de la filière. Ainsi est apparue dans les rayons fin 2009 la cancoillotte Mauron, fabriquée manuellement avec du beurre AOC, du sel de Guérande, limitée à 5 % de matière grasse ; en pots plastique de qualité ou en verrines. Originalité : du méton est vendu dans des boîte en bois où il respire mieux !

GY

Un bourg-dessus perché autour du château et de l'église, un bourg-dessous qui s'étend le long de la Grande-Rue : on voit bien le double visage qui résulte de l'histoire de cette cité gyloise (on a longtemps dit «gissoise»). Elle remonte au moins à l'époque gallo-romaine : les fouilles de Marcel Coutechier, en 1972/76, ont révélé l'existence d'un villa Rustica rasée en 275. Mais le bourg castral s'est peuplé autour du domaine des puissants archevêques de Besançon dès le début du Moyen Âge. Et, au pied des collines, la ville basse s'est, elle, développée grâce à la vigne.

Le château des Archevêques

Hugues de Flavigny choisit (le lieu, sur le pro-

La fontaine de la Grande Rue à Gy

Par ici la visite au château de Gy

montoire, au 11e siècle), Guillaume de la Tour bâtit (le château féodal), François de Busleïden agrandit (la partie centrale au 15e, dont il reste la tour octogonale avec escalier à vis et tourelle), Cléradius de Choiseul construisit (deux ailes supplémentaires), mais... les Bourguignons le rasèrent quasiment, la Révolution le pilla et le découpa en onze lots. Si bien que la commune fit de la partie centrale un collège de 1850 à 1974.

On mesure alors l'enthousiasme qu'il fallut à son acheteur Edmond Raynal pour lance, en 1991, les restaurations qui permettent aujourd'hui au visiteur de voir, au rez-de-chaussée, les intérieurs tels qu'ils étaient au 18e siècle. La chambre de Choiseul notamment a été reconstituée grâce aux documents des Archives départementales. Salle des chasses (trophées et massacres de l'archevêque Claude de la Baume surtout), salle d'armes (dans la rôtisserie dont il reste la cheminée), salle du Trésor (coffres réunis dans le bureau de Choiseul), grande salle à manger (une nouveauté en Franche-Comté), salle des habits (collection de chasubles), salle du tour de château (un tour en ivoire, acier, bronze pour le polissage et l'aiguisage selon la mode lancée par Louis XVI), émaillées de trésors que « Jeannot », le régisseur, vous fera apprécier. Il vous montrera le petit musée du vin qui rappelle le passé viticole de la seigneurie des Archevêques et dont le caveau protège pendant six ans et trois mois le Savagnin des Guillaume de Charcenne, un vin jaune baptisé cuvée... des Archevêques.

Le château est ouvert de Pâques à la Toussaint tous les week-end
de 10h à 12h et de 14h à 18h. Du 1er juillet au 15 septembre tous les jours
sauf mardi et jeudi. Les visites sont libres ou guidées sur rendez-vous.
Tél. 03 84 32 14 10

Une « basilique »

L'église Saint-Symphorien dresse une imposante architecture sur les premiers contreforts des monts de Gy. Cinq ans de travaux, de 1769 à 1774, pour un chef-d'œuvre de néoclassicisme. Le mobilier n'est pas négligeable : chaire de Charles Marca, cuve baptismale du 15e, crucifixion en bois du 17e, peinture sur bois du Rosaire, toiles de Camille Chazal...

Saint Symphorien, représenté par Chazal dans l'abside, jeune chrétien d'Autun, fut l'un des premiers martyres. Il est invoqué lorsqu'on a un insecte dans l'œil, car avant de le décapiter les Romains lui auraient fait dévorer le visage par des insectes et des scorpions. À Gy, on lui a également dédié un oratoire (route de Gray) avec une Vierge à l'Enfant du 14e et deux statues du 17e.

GY

L'aspect colossal de la mairie est renforcé par la rigueur de son architecture. Elle avait été prévue en 1848 pour une expansion du bourg qui n'a jamais eu les proportions envisagées. Son architecte, le Dolois Alphonse Delacroix, fut l'un des derniers grands créateurs classiques de la région. On lui doit nombre d'églises, écoles, parcs, maisons, fontaines de Besançon où il mourut en 1878. Il repose sous une... pyramide aux Chaprais.

Fontaine et lavoirs : un lavoir circulaire très original à 12 panneaux, malheureusement difficile à restaurer est fermé à la visite. En revanche la fontaine de la Grande-Rue, avec son édicule carré en pierre de taille et son fronton sculpté est restaurée.

La mairie de Gy, sur le Champ de Mars

Animations

L'Office du tourisme des Monts de Gy propose une palette d'animations, organisées soit par les diverses associations et communes, soit par lui-même.

Des activités libres avec carte et dépliant ;

Randonnée pédestre, trois circuits balisés : Bellevue, Frontenelay, les pelouses sèches ;

VTT : sept circuits balisés, Gy est le seul espace dans le département labellisé par la Fédération Française de Cyclisme ;

Cyclotourisme : circuit de 65 km ;

Parcours d'initiation à la course d'orientation ;

Parcours santé sur les Monts, route de Gésier avec aire de pique-nique, jeux d'enfants ;

Circuit des lavoirs sur Bucey-lès-Gy, ping-pong à Vellefrey, mini-golf à Frasne-le-Château, pêche à l'étang de Bucey, skate-board à Choye, karting à Autoreille et parc aventure à Vantoux.

Animations ponctuelles, guidées :

Visite de la mairie, découverte des Chemins de Compostelle, marche viticole en septembre, marche gourmande le 1er mai, marché artisanal de la Saint-Nicolas à Bucey, vide-greniers à Gy le 15 août et bien sûr les mardis du terroir, programme nouveau chaque année.

Gy est sur les voies internationales du pèlerinages du Chemin de Compostelle, de la Via Francigena Canterbury-Rome et du circuit en France des cyclotouristes hollandais.

IGNY

Il a fallu dix ans et quelque 800 000 euros pour que la restauration de l'église Saint-Pierre et Saint-Paul, décidée à l'initiative du maire Daniel Musard en 1997, soit menée à bien. Cette église dessert Igny, Vellemoz et Sainte-Reine. Les architectes se sont bien complétés : le Dolois Amoudru (qui a conçu les stalles, le maître-autel et les deux confessionnaux) et le Graylois Claude-François Devosge (auquel on doit notamment la chaire nettoyée et consolidée par le Centre de restauration et conservation de Vesoul, et les retables)... Le retable du sanctuaire encadre un tableau du Reniement de saint Pierre, impressionnant par sa gloire qui double ses dimensions : un ange guerrier, ailes déployées, tient la tiare de saint Pierre. L'ensemble des dorures ou du stuc imitant le marbre rose se détache sur le fond bleu ciel des boiseries, le tout éclairé par les quatre vitraux du sanctuaire et les six plus modernes de la nef. Le tabernacle finement sculpté et doré à la feuille.

Igny posséda un château, brûlé en 1569 (il en reste quelques ruines), un haut fourneau devenu moulin, une faïencerie (active de 1800 à 1845), une filature de soie...

Le lavoir à six colonnes néo-gothiques et la fontaine sous pavillon en arcade, eux, sont toujours là ! Ils ont même été restaurés, l'eau coule et ils sont fleuris. En sortant d'Igny vers Angirey, un espace loisirs (tennis, pétanque, pique-nique) longe la petite Morthe.

LA CHAPELLE-SAINT-QUILLAIN

Auberge la Madeleine
En semaine à midi, le week-end sur réservation
Tél. 03 84 32 22 26

Hameau de la Verrière
Jean-Michel Biancamaria anime l'association écologiste, « La vie naturellement », qui informe sur les pollutions, organise des regroupements d'achat bio, promeut la construction de maisons de pailles bioclimatiques, avec conseils et assistance.
Tél. 03 84 32 77 05
E-mail : alvn@netcourrier.com

Le lavoir-temple (Colard, 1849) d'Igny

MANTOCHE

Mantoche, une belle étape

Des fouilles ont révélé la présence d'un site pré-historique (âge du fer), puis d'une occupation quasi constante : vestiges gallo-romains (mosaïque du 1er siècle, villa des Mazières, sarcophage, canalisations) et du Haut Moyen-Âge. Ils alimentent le musée de Gray. Il y avait là sans doute un bourg important et peut-être un port. Ce port existe aujourd'hui, à la suite du creusement en 1837 d'un canal coupant la boucle de la Saône.

Dans l'église, seule subsiste de son origine romane la chapelle de la confrérie Saint-Nicolas des Mariniers édifiée par Hugues de Vergy au 12e siècle. Le sanctuaire ogival du 15e a échappé aussi à la reconstruction de 1730 : claire-voie de fer forgé, retable du 18e, Vierge à l'Enfant du peintre comtois Gaspard Gresly.

Le château, restauré en 1730, a eu plus de chance que la forteresse, dite château d'Amange, détruite au 17e. La maison Davadan (1564) présente de curieuses sculptures.

MONTUREUX-ET-PRANTIGNY

Sur la route de Gray subsistent une grille en fer forgé et une tour ronde, vestige du château d'Antoine Jobelot de Montureux. Il y eut un autre château, démoli sur ordre de Louis XIV. Reste donc l'élégant petit bâtiment en face de l'église avec un grand parc.

Quatre lavoirs ou fontaines dont la grande fontaine avec son lavoir à cinq arcades moulurées où une superbe crèche est installée chaque année.

L'église du 19e est originale par son clocher carré gothique surmonté d'un haut toit pointu couvert de tuiles vernissées.

À l'entrée du village, un grand calvaire de 4,60 m bien entretenu.

Une tuilerie et un haut fourneau ont fonctionné ici. Il reste un four sous le lierre.

Y aurait-il une tradition de l'hospitalité au hameau de Prantigny ? Marie, dame de Beaujeu, avait été si bien reçue par les onze familles qui composaient le village au 15e siècle qu'elle donna à chacune 25 arpents de forêt.

NANTILLY

Le village est réputé pour son hôtel 4 étoiles installé dans un parc arboré et fleuri au bord de la Soufroide où barbotent les canards. Le château lui-même est une gentilhommière construite en 1830 avec une belle terrasse, restaurant, chambres traditionnelles. On a construit plus tard dans le parc la Résidence des Roses avec chambres champêtres et salles de séminaires, et l'Orangerie, avec chambres modernes et club de remise en forme, piscine couverte chauffée, soins esthétiques, massages.
Tél. 03 84 67 78 00 - chateau-de-nantilly.com

Château de Nantilly

Pour mise en appétit, promenade vers le pont du 18ᵉ sur la Soufroide, l'église et sa claire-voie en fer forgé (réalisée comme la table de communion, par le ferronnier graylois F. Perron en 1766), un calvaire de 1827, deux lavoirs à fronton triangulaire. L'un d'eux a été aménagé par l'association Loisirs Culture en galerie dédiée au peintre graylois René Nuffer (1917-1992). Lieu d'expositions, ses neuf baies sont décorées à la gloire de l'artisanat local et de la vigne.

le château de Nantilly hôtel-restaurant renommé

NOIRON

Curieuse impression quand on arrive au bord de la petite vallée de la Tenise et qu'on voit se dresser cinq flèches quasiment identiques : celle de l'église et les quatre du château du 17ᵉ, propriété d'un descendant des Balahu de Noiron avec dans le parc une plantation de cassis. Dans l'église, un retable de 1740 en bois. Deux groupes sculptés du 17ᵉ représentent une Vierge de Pitié et l'Éducation de la Vierge. La Tenise est un ruisseau à truites. Un itinéraire de randonnée est aménagé dans les bois.

OYRIÈRES

La grande fontaine, classée, est un bel exemple de l'évolution architecturale du début du 19ᵉ : un pavillon de source de 6,50 m de haut formé de quatre frontons sur des arcades en plein cintre. Le tout a été restauré en 2001. Ce n'est pas le cas de l'autre fontaine, sur les Écoulottes, qui était dotée d'un aqueduc pour alimenter le lavoir car les bêtes buvaient en amont.

Dans les années 1950 un agriculteur a découvert un véritable trésor gallo-romain : 2 226 pièces de monnaie, données au musée de Champlitte et témoins d'un camp romain au sud.

OYRIÈRES

La façade de l'église au clocher comtois arbore un cadran solaire et à l'intérieur deux tableaux sont inscrits à l'inventaire : l'Adoration des Mages, de Joannon et l'Adoration des bergers de Wyrsch.

Sur la ligne Gray-Chalindrey la gare a connu une intense activité avec l'exploitation du minerai utilisé par les fonderies du Crochot, de Bley et de Fraisanse et les céréales. Ces dernières font encore prospérer une grosse antenne de la coopérative grayloise Interval.

Pêche dans les Écoulottes et espace loisirs à proximité du stade.

Lavoir découvert d'Oyrières

POYANS

Adossée à l'église du 12e, la chapelle du 15e est dédiée à un saint peu connu, Renobert, protecteur des animaux. On y voit la statue originale du saint, en pierre polychrome, tenant un livre ouvert de la main droite, avec trois moutons à ses pieds auprès d'un bœuf (16e).

Poyans était le centre d'un pèlerinage à saint Renobert. Fresques classées, tribune en bois sculpté dans le chœur. Non loin une croix de chemin classée (1605).

Le Rupt de Poyans prend sa source au centre du village. Dans le lavoir à pilastres, on met au frais les boissons lors du repas du 14 juillet offert aux habitants sur la place.

À l'orée du bois, en direction d'Essertenne, un coin pique-nique et des sentiers de promenade.

Lavoir de Poyans restauré en 1984

Terroir

Pascal Roux cultive le cassis sur dix hectares. Comme son collègue de Fouvent, par l'intermédiaire de la Coopérative de Nuits-Saint-Georges, il fournit des bourgeons pour la parfumerie.

RIGNY

Tout tourne, ou presque, autour de la Saône qui traverse la commune avant de sortir du canton. Les pêcheurs bien sûr, mais aussi les promeneurs, les vététistes, les joggeurs pourront profiter des rives parfaitement aménagées tout en préservant la nature et la faune. Les photographes et les peintres choisissent aussi ce site naturel et tous les deux ans ils peuvent exposer au salon qui est organisé en novembre.

Les Chevaux de l'attelage, association pour la promotion du cheval comtois et des ânes, organisent promenades en calèche et concours d'attelage.

Dans l'église un beau spécimen du talent des Marca. La toile centrale représente la lapidation de saint Étienne. Les deux retables des chapelles latérales sont également l'œuvre des stucateurs italiens.

Le château de Rigny

Dans un parc de 5 ha, ce château offre 28 chambres 3 étoiles, des salons familiaux et pour séminaires. Plafond à la française pour le restaurant, terrasse, piscine chauffée, tennis, prêt de vélos. Il est classé Châteaux et domaines de tradition, Relais du Silence.

Tél. 03 84 65 25 01 - chateau-de-rigny.com

SAINT-BROING

L'abbaye de Corneux

C'est dans un hameau du village, au carrefour des routes de Gray et de Saint-Broing, qu'était implantée une abbaye de l'ordre des Prémontrés, Notre-Dame de Corneux. Le bâtiment baptisé château depuis la Révolution, est classé depuis 1975. Il a fait l'objet pendant 20 ans d'une longue et minutieuse restauration menée par des passionnés, Colette Frédéric et Philippe Mignot. Il reste des vestiges archéologiques et l'on peut voir encore entourant l'immense parc, le long mur d'enceinte, les galeries du cloître, certaines parties de l'abbaye et des communs. Les bâtiments plus récents, construits au 18e siècle, vendus au privé en 1791 et baptisés château depuis, sont également classés pour les murs et la toiture, les deux portails de clôture, l'escalier monumental et sa rampe de fer forgé...

L'abbaye de Corneux

Un retable des Marca

C'est sans doute à la proximité de l'abbaye qu'on doit la richesse de l'église de Saint-Broing, dédiée non pas à Bénigne (dont Broing est la contraction) mais à Georges. Lors de sa reconstruction en 1749, elle a reçu un des retables en stuc, œuvre de la famille Marca. La nuée qui compose la gloire sommitale avec un Sacré-Cœur, les quatre colonnes à chapiteaux corinthiens qui encadrent un haut-relief de la Sainte Famille, les statues de saint Antide et de saint Georges sont d'une belle facture qu'on retrouve dans les deux autels-retables latéraux.

Pour la visite, s'adresser à la voisine, Mme Jacquin.
Tél. 03 84 32 70 90.

Saint Georges à Saint-Broing

Le château de Saint-Loup-Nantouard

SAINT-LOUP-NANTOUARD

Le château de Saint-Loup-lès-Gray : belle histoire de famille

Voici un des joyaux du patrimoine comtois ! L'avantage est non seulement qu'il est ouvert à la visite mais aussi qu'il offre d'inestimables possibilités d'hébergement touristique en gîte ou en appartement. Cela on le doit à Louis, l'un des héritiers de Bernard de Menthon qui devant l'ampleur de la tâche a formé une association familiale, Saint-Loup Avenir et Patrimoine. Les maires de Saint-Loup-Nantouard et Sauvigney-lès-Gray en font partie et celle-ci gère depuis 1998 les travaux de restauration et d'entretien, l'accueil des touristes, les terres, en deux mots elle « fait vivre » Saint-Loup. Une tâche lourde, compensée par le résultat : un état quasi parfait de conservation.

D'illustres familles ont possédé le château dont le premier bâtisseur en 1292 fut un chambellan d'Othon IV, Eudes de Fouvent. Depuis les seigneurs d'Étrabonne, jusqu'au baron de Klinglin, d'origine strasbourgeoise qui vers 1820, outre la surélévation du château, l'ajout de deux ailes, la toiture en ardoises, les cheminées et l'aménagement du parc, fit faire à ses frais la route vers Sauvigney. Le comte actuel a publié une « Histoire du Château de Saint-Loup » en 1977.

Traces du passé : deux tours du 13e avec des meurtrières percées dans des murs de 2,75 m d'épaisseur, une cuisine voûtée, un puits, une chapelle adossée à l'une des tours, un reste de la muraille et les fossés. Le corps du bâtiment principal a été rééquilibré et restauré par les travaux du Baron de Klinglin, puis embelli par l'adjonction des escaliers (1840), d'une chapelle (bénie en 1867) par les de Menthon. Ils font le délice de la visite des deux étages avec au rez-de-chaussée des murs entièrement recouverts de boiseries de chêne, les sols de parquets aux motifs différents dans chacun des salons ou bibliothèque, le tout abritant un riche mobilier resté en l'état, des tableaux familiaux dont certains réalisés par une des ancêtres ; à l'étage des chambres au charme différent et suranné.

Prenez le temps de flâner dans l'immense parc où niche la maison forestière et tentez de repérer le chêne tri-centenaire où l'on a replacé une Vierge dans le tronc.

Visites : de mai à septembre tous les après-midis sauf mercredi et samedi.
D'octobre à avril sur rendez-vous. Pour les groupes, toute l'année sur rendez-vous.
Locations :
Salle de réception, 160 m² équipée, logement 60 personnes. Gîte dans maison forestière, 3 étoiles, 4 épis, 10 personnes avec piscine. Logement aile nord, 6 chambres.
Aile sud, 4 chambres. Association Saint-Loup Avenir Patrimoine - Jocelyne Morel
Tél. 03 84 32 75 69 - chateausaintloup@yahoo - www.chateau-saintloup.com

Au village, à deux kilomètres, on voit de loin la longue flèche de l'église néogothique qui abrite deux trésors : un bénitier du 15e sculpté de feuillages et un reliquaire en argent et cristal de roche du 16e.

VANTOUX-ET-LONGEVELLE

Les travaux entrepris par la municipalité en mai 2007 ont transformé rues, places et fontaines. Un petit galon de pavés borne chaussée et trottoirs au fil de toutes les rues ; les deux fontaines, élégantes statues de Jeanne d'Arc et de Cérès. Étonnant ce culte de la Pucelle, accompagné d'un recours à la fleur de lys pour l'écusson : un élan de conservatisme en 1904 ? Près de Cérès et de ses jarres symbolisant la fertilité, on a aménagé un bassin d'agrément. Restaurée également, la mairie-lavoir où le nom de la rue est gravé dans la belle pierre taillée. Elle est le fruit de la collaboration d'architectes de renom, Delacroix et les Collard en 1845. La nuit, les lampadaires sont du plus bel effet.

Pas d'église mais une monumentale croix de chemin, de calcaire et de pierre de taille, de plus de 5 m de haut. Une aire de pique-nique sur la route de la Chapelle, un lavoir original à chevet arrondi et serlienne avec un beau toit en zinc, une charpente soignée à Longevelle.

Une des statues de Vantoux, Jeanne d'Arc

VANTOUX-ET-LONGEVELLE

Salut les artistes

Le village héberge deux groupes d'artistes qui valorisent eux aussi le patrimoine, mais d'une autre manière, dans des spectacles et animations médiévales.

Association Légendes médiévales

Une vingtaine de passionnés des techniques anciennes permettent l'organisation de spectacles, tournois, tournages de cinéma, escrime, équitation, travail du feu, musique, installation didactique de campements...

Philippe Schevènement - Tél. 03 84 32 86 27

Produits de l'abeille

Bienvenue à la ferme sur la route de Longevelle, chez Laurent Rivet qui propose ses produits, pain d'épices, pollen, hydromel ; goûters sur demande, circuits à la journée pour groupes (la vie des abeilles avec une ruche vitrée, la cave d'hydromel, vidéo), production de sapins de Noël.

Capacité d'accueil : 50 personnes.

Tél. 03 84 32 91 61 - E-mail : jocelyne.rivet@wanadoo.fr

Aventure

Les jeux du Ouistiti, un parcours acrobatique aménagé pour les enfants de 4 à 7 ans.

VANTOUX-ET-LONGEVELLE

Compagnie La Lune d'ambre

Compagnie professionnelle. Du conte feutré au son et lumière : conteurs, échassiers, musiciens, cracheurs de feu, jongleurs...

Anne-Laure Estève

E-mail : lunedambre@gmail.com

Petits poussins

Isabelle Henry, propose poulets, pintades, dindes, canards, poussins d'un jour, œuf de consommation. Magasin devant la fontaine Jeanne d'Arc.

Tél. 03 84 32 92 92

Suivez les flèches : l'abeille ou le petit poussin, vous ne pouvez pas vous tromper.

VARS

Au hameau de Theuley subsistent quatre bâtiments de la puissante abbaye cistercienne, fondée en 1135, qui a compté jusqu'à soixante moines mais fut ravagée par des incendies. Portail et mur d'enceinte avec trois tourelles et surtout grand bâtiment du 18e abritant une salle voûtée sur colonnes à chapiteaux médiévaux qui pourrait être l'ancien cellier ; tous ces vestiges sont privés.

La source des Écoulottes a donné naissance à un étang où fonctionnait un moulin. Une stèle en bois trouvée dans l'abbaye est exposée au Louvre.

Sur le mont Verrat (328 m), les pierres d'une des neuf granges bâties par les moines lors du défrichement côtoient les traces d'une urbanisation romaine qui a fait l'objet de fouilles.

Le village lui-même ne manque pas de références : le calvaire du bachelier (16e), une Vierge érigée en 1944, le mémorial Blanchard (un jeune de 15 ans assassiné par la Milice en 1944). Sur la rivière de première catégorie des Écoulottes, le lavoir du 19e mérite d'être réhabilité.

L'église Saint-André, au clocher à quatre pans vernissés possède trois retables des frères Marca, auteurs aussi de la statue de saint André. Autres œuvres : Immaculée Conception, Vierge à l'Enfant, groupe sculpté du Christ en croix.

VARS

Un peintre méconnu

Joseph-Victor Roux, qui prit le nom d'artiste de Victor-Joseph Roux-Champion, est venu finir sa vie en Haute-Saône, à Vars en 1949 où il est décédé en 1954, à 82 ans. Proche de Matisse, il apprit la gravure à Renoir. Josiane Thériot et Catherine Castellon ont rédigé un livre sur ce peintre. Anecdote : c'est lui qui a réalisé la première peinture d'une course de vélocipède. Le tableau est bien sûr au musée du vélo aux Pays-Bas, pays de cyclistes. La municipalité de Vars a posé en 1971 une plaque sur la modeste mais coquette maison du peintre.

Gîte de France

4 chambres, 10 couchages. - Impasse du Fournil - Tél. pour réserver 03 84 97 10 80

VELESMES-ÉCHEVANNE

L'église Saint-Mamès possède un clocher du 16e, coiffé d'un bulbe comtois au 18e. Le saint patron est présent, en bois sculpté et doré avec un lion aux pieds. Remarquable : le porche voûté d'ogives dont les supports, les culots, présentent des sculptures originales, un personnage tenant un couteau, un chien, un personnage montrant sa tête entre ses jambes et un ange porteur d'écus.

Un conservatoire agricole

Près de 1 000 mètres carrés d'exposition en 2008 auxquels on allait en ajouter 360 ! Pierre Rougeol a réuni dans ce « conservatoire du machinisme agricole et des métiers d'autrefois » une énorme collection de matériel : une quarantaine de tracteurs sur les 70 qu'il possède, presque autant de machines et outils de tous les métiers, également véhicules militaires, autos, motos. C'est par les motos qu'il avait commencé sa collection il y a 40 ans. Mais, inséminateur de profession, Pierre visitait suffisamment d'exploitations agricoles pour y trouver une autre orientation.

Il s'est construit un grand bâtiment qui ne sera jamais assez grand. Son tracteur le plus ancien ? un Deraing, américain, de 1927. Sa fierté ? une javeleuse de 1900 qui mettait l'andain en botte sans les lier. Mieux encore une faucheuse baptisée « appareil », de Chicago. Pour la pérennisation de sa formidable collection, il a créé une association familiale.

Ouvert du 1er mai au 31 décembre, les fins de semaine et jours fériés. Sur rendez-vous : tarifs spéciaux pour groupes à partir de dix et scolaires. Tél. 03 84 32 70 73

VELET

À 500 m du village, aux Prés Magniens, le bord de Saône est aménagé en plage ombragée et en halte fluviale. La baignade n'est pas surveillée ! Grand parking à l'ombre.

VELLEFREY-ET-VELLEFRANGE

Le lavoir couvert avec six arcades (et fleuri) de Vellefrey est un bel exemple du travail de la fonte par La Romaine : abreuvoir, fontaines, parement du lavoir, tout est en fonte. Une croix de chemin de 4 m de haut en pierre de taille (1820) à proximité de la chapelle ronde du château et une statuette de saint Hubert en bois polychrome nichée dans le mur d'une maison compensent l'absence d'église dans chacun de ces deux villages réunis par la rivière, la Morthe.

Le calvaire de Vars

VELLEMOZ

L'oculus du lavoir de Vellemoz

Beau travail que la récente rénovation du lavoir qui offre avec la mairie et le monument aux morts une décoration à la place publique. La toiture a été refaite, les pavés d'origine dégagés ; les fleurs et l'eau qui alimente le long abreuvoir en fonte donnent vie à ce bâtiment aux quatre pilastres tout en pierre taillée. La cloche de la mairie, anciennement l'école, a sonné jusqu'à la Seconde Guerre nous dit un ancien du village. Les oculi à barres verticales taillées dans un seul bloc, sont la signature de Christophe Colard (1868).

Le moulin sur la Petite Morthe (très poissonneuse) existait dès le 13e et a été rebâti au 19e.

VELLOREILLE-LÈS-CHOYE

L'église a été construite par Colard en 1873 sur l'emplacement de la chapelle de la Nativité qui datait du 17e siècle. L'originalité du nouvel édifice néogothique met en valeur les hautes voûtes en ogives car les arcades sont peintes en vert et les hauts vitraux géminés sont très lumineux. L'influence de Viollet-le-Duc est manifeste. La chaire en chêne sculpté, chemin de croix peint, Vierge à l'Enfant en bois polychrome.

Une foire aux plantes à la mi-juin, est organisée par le comité des fêtes commun avec Villefrancon, en alternance dans chaque commune.

VILLEFRANCON

Sur la route de Velesmes à Choye on aperçoit sur la gauche le château de Villefrancon. Au carrefour, un calvaire donne la note. En suivant une belle allée d'arbres, on arrive à la chapelle. Celle-ci était auparavant dans la cour du château dont le seigneur avança à la commune les frais de reconstruction (1728). Sous son plafond étonnamment plat et ses boiseries, elle évoque le passé des seigneurs du village : pierres tombales de la famille de Villefrancon, vitrail représentant Paul Ambroise, archevêque de Besançon en 1823-28. Statues en bois de sainte Anne et saint Joseph, classées. On évoque aussi le souvenir du père Billotet, missonnaire originaire du village, massacré par les Druses au Liban en 1860.

Dans le périmètre du château, deux bâtiments et un pigeonnier ont été construits entre 1711 et 1717, une aile latérale ajoutée en 1828. Le fossé circulaire dans lequel s'insèrent les bâtiments est un témoin des fortifications du XIIe siècle. Ne se visite pas.

VILLERS-CHEMIN ET MONT-LÈS-ÉTRELLES

Époustouflante cette sensation quand pousse la porte de l'église de la Nativité à Mont-lès-Étrelles : un superbe exemple du travail des Marca qui ont réalisé toute la décoration en stuc. La restauration, avec l'éclat retrouvé des couleurs d'origine, l'or des statues, des angelots, le noir des hautes colonnes et des corniches, le rose des faux-marbres, a donné une certaine théâtralité à l'ensemble car les retables latéraux et la coupole à la croisée du transept sont de la même veine. Six beaux vitraux classiques et deux modernes apportent l'éclairage nécessaire. Le retable principal encadre un tableau représentant la Grande Sainte Famille de François 1er, inspirée de Rafaël. C'est surtout la Gloire qui impressionne car elle s'inscrit totalement dans l'ogive de l'abside avec le buste de Dieu le Père surmontant la Colombe et émergeant d'une nuée d'angelots portant la croix.

Visite : demander la clé à Mme Humbert, route départementale.

Le retable de Mont-lès-Étrelles, Saint-Fabien et Saint-Sébastien encadrent la toile

Un bouquiniste au vert !

Pas très loin de la départementale Gy-Vesoul, un bouquiniste s'est installé dans une maison ancienne à Villers-Chemin. C'est insolite mais drôlement intéressant. La « bouquinerie » répond aussi au joli nom d'« À livre ouvert sur le jardin ». Jean-Pierre Ison, ancien libraire à Gray, s'est mis au vert pour mieux stocker ses 10 000 ouvrages anciens qu'il vend aussi par internet. Spécialisé dans les livres comtois et la Guerre 14-18.

Ouvert tous les après-midis - Tél. 03 84 32 82 06

www.livre-rare-book.com - E-mail : ison@wanadoo.fr

DU SALON À LA SAÔNE

ARGILLIÈRES

Le château, reconstruit au 18e, repose sur des caves voûtées, mais ne se visite pas. Il aurait abrité un temps le brigand Mandrin car le carrefour était assidûment fréquenté par les contrebandiers sur le marché du sel. Le village est placé sous la protection d'un autre grand voyageur, saint Martin, qui aurait traversé les bois d'Argillières à Fouvent, son cheval ayant laissé dans la roche l'empreinte d'un sabot authentifiée par les anciens du village. Charles Sylvain, le président du Syndicat d'initiative de Bourguignon-lès-Morey a retrouvé la trace d'un pas humain qu'il montre lors de ses circuits de visite. À Argillières, saint Martin reste bien présent dans l'église : un des huit beaux vitraux, une toile dans un retable latéral et une statue en bois polychrome du 16e lui sont dédiés.

La forêt recèle une autre curiosité : une auge de trois mètres de long et un mètre de large et de haut, « l'auge de la sorcière »... qui l'aurait cassée d'un coup de marteau.

Le Coquelet d'Argillières
Vente de volailles (poulets, cailles,chapons, canards), lapins.
Isabelle Delamarche - Tél. 03 84 31 33 49

AUTET

Pour la région dampierroise, c'est un peu la riviera, la seule plage surveillée, le lieu de rendez-vous aux beaux jours. On est au confluent du Salon et de la Saône. Les rives de celle-ci ont été aménagées en aire de loisirs pour baigneurs et campeurs. Les promenades à pied ou en VTT sur le chemin de halage ajoutent aux plaisirs et pour les bateaux, accostage en aval de la plage.

Pour le camping : Tél mairie : 03 84 67 10 67.

Le pont d'Autet (1840) sur le Salon

AUTET

De l'église Saint-Pierre et Saint-Paul construite au 14e siècle, il reste le sanctuaire à deux travées et le portail surmonté d'un oculus. Le clocher carré et les trois nefs datent de 1740. Une pierre, à l'intérieur du chœur, est gravée au nom de la dernière lignée des seigneurs d'Autet, les Barberot, avocats, écuyer ou conseillers au parlement de Dole. Le château construit par l'un d'eux au 18e fut ravagé par un incendie. Il a été restauré et impressionne par son portail et son grand corps de logis à fronton triangulaire.

Discothèque : le Maximum

BROTTE-LÈS-RAY

On a vraiment la fibre patrimoniale à Brotte. Après le premier prix national de restauration du patrimoine pour les communes de moins de 2 000 habitants obtenu en 1997 (place centrale aménagée, magnifique lavoir près du pont de pierre sur le Vanon), le maire Paul Valette, enfant du pays, a fait rénover les deux ponts de l'ancienne ligne du tacot Gray-Jussey. L'ancienne voie ferrée a été aménagée en chemin de randonnée. La ligne est longue de 60 km (36 ponts, 16 gares, 138 passages à niveau). Le tacot la parcourait en 3h45 dans les années 1903-1937.

À voir aussi la chapelle Sainte-Anne : gothique flamboyant du 16e avec statues et surtout une voûte en croisée d'ogives... en bois

CHAMPLITTE

Vincent, Albert, Félicie, Jean-Christophe et les autres...

"Ô saint Vincent, que votre main puissante daigne sur nous s'étendre avec amour..." Dans les rues un long cortège entonne le chant du jour. Le rouge et le blanc dominent : aux couleurs du saint que l'on célèbre en ce 22 janvier et dont on porte religieusement la statue depuis la maison familiale du "rendant" jusqu'à celle du "prenant" qui veillera sur elle toute une année. Le diacre espagnol, mort martyr en 301, est honoré ici depuis 1619.

La grande fontaine de Confracourt

Albert Demard est à l'origine de la renaissance de la vigne et de la création des musées.

Sur les murs de la salle des fêtes où les « compars » de saint Vincent hument le fumet de la traditionnelle andouille au petit riz du banquet du 22 janvier, s'inscrit en grosses lettres la devise de la ville : « Rien sans travail ». Et l'on travaille à la renaissance de Champlitte qui eut jusqu'à 3611 habitants en 1815, le double d'aujourd'hui, mais est inscrite comme Petite Cité de caractère.

CHAMPLITTE

Château emblématique

Sur la roche surplombant le Salon, le château qui abrite l'un des musées reste comme un emblème de la cité prospère. La façade Renaissance de Claude Arnoux, dit Lulier, rappelle l'hôtel de Ville de Gray et les plans du Dijonnais Hugues Sambin (1570). Elle a été intégrée dans la reconstruction commanditée en 1781 par le marquis de Toulongeon, avec le salon circulaire sur le jardin et la grotte artificielle sur le côté. Les spécialistes du baroque italien, les Marca, ont déployé leur talent pour les décors des salons.

Le château-musée départemental de Champlitte

Collégiale classée

Tout près, la collégiale dresse son beffroi du 15e. Classée monument historique en 2009, elle compte parmi les toutes premières reconstruites après les guerres du Premier Empire et sa forme basilicale à double rangée de colonnes ioniques est en rupture totale avec les formules régionales de la fin du 17e. Admirez les sculptures médiévales et la fresque du martyre de saint Sébastien, exécutée par Alfred Giess, premier prix de Rome en 1929. Venu se marier à Champlitte, il était présent le 27 juillet 1927 lors de l'inauguration de la chapelle Saint-Christophe.

Promenade dans les rues

Une précieuse signalisation par plaques d'émail, un plan calligraphié dessiné par Bernard Marion vous aidera à déambuler dans les ruelles. Reste des fortifications du 16e siècle avec les tours des Annonciades et Charles Quint, place des Halles avec sa fontaine à obélisques (1803) de C. Disqueux et le bel ensemble des maisons « espagnoles », l'une à façade Renaissance, place de la Gargouille avec une autre fontaine à obélisque. Et puis Vierge aux Orants, Vierge à l'Enfant, ancienne porte Notre-Dame, jusqu'au couvent des Augustins.

Le beffroi de la collégiale de Champlitte

CHAMPLITTE

À l'aube de la Guerre de Dix ans, en 1634, on dénombrait pas moins de quatre couvents !

C'est grâce à un vœu d'un de Vergy que le couvent des Augustins fut fondé en 1398. Installés sur l'ancien manoir seigneurial dans le domaine de la « court » des Vergiers, parmi jardins et vigne, les ermites de Saint-Augustin s'engageaient à célébrer chaque matin une messe pour le repos du fondateur. Cloître, église, logement, cuisines, même une boulangerie, dépendances, prés et vignes, tout cela faisait un imposant domaine... pour une petite douzaine de moines entreprenants. Ils construisirent en face un collège toujours visible. Demeurent deux galeries du cloître gothique et une partie des bâtiments dont on ne peut voir l'intérieur qu'à travers la grille car le domaine est privé.

Près de l'actuel collège, il reste quelques vestiges du couvent des Capucins (puits, salle voûtée) fondé en 1620 par Cléradius de Vergy.

Art et patrimoine

La petite rue des Prêtres, bien nommée puisqu'elle accueille l'abbé Demard, hébergeait aussi l'atelier-galerie de l'aquarelliste Bernard Marion.

Livres anciens et anciens du livre

Autre protecteur du patrimoine, Serge Paulien qui dans son tabac-presse-librairie de la rue Pasteur fait de plus en plus de place aux livres anciens régionaux. Bien sûr on rappelle que l'un des auteurs de ce guide, Jean Christophe Demard, docteur en histoire locale, a beaucoup écrit sur sa ville, notamment «L'histoire de Champlitte et de sa région», «La saga du Haut-Gué» et «L'aventure mexicaine.»

Personnages célèbres

Champlitte a perdu plusieurs de ses enfants dans la guerre d'Indochine. Le plus célèbre, le colonel Jean Piroth, né en 1906, fils d'un brasseur chanitois.

Musée des Arts et Traditions à Champlitte

Les musées

Les deux musées départementaux Albert et Félicie Demard de Champlitte, comme celui de la Montagne à Château-Lambert, ont été dédiés en 2006 à leurs fondateurs.

- Musée des Arts et Traditions populaires : dans le château, une évocation à travers des milliers d'objets, de meubles, d'outils, de la vie rurale à la fin du 19e siècle. Le tout remis en situation dans les nombreuses pièces du château qui ainsi reprend vie.

Tél. 03 84 67 82 00

Musée des Techniques

- Musée des Arts et Techniques : au haut de la rue des Lavières, les mutations des technologies avec l'arrivée fin du 19e de nouvelles sources d'énergie, machine à vapeur, moteur à explosion, électricité. Un matériel impressionnant, bien loin des puces électroniques.

Tél. 03 84 67 62 90

Un seul ticket permet d'entrer aux deux musées. Ouverts tous les après-midis (sauf le mardi), et les lundi, mercredi, jeudi, vendredi matin.

- Le musée des pressoirs (pressoirs des évêques de Langres dans le parc du château) est provisoirement fermé.

L'aventure mexicaine

Dans la salle des papiers au rez-de-chaussée du château, les murs reconstruits après l'incendie de 1751, évoquent les voyages du capitaine Cook. Le décor était donc déjà brossé lorsqu'un jour de mai 1833 Stéphane Guéniot, directeur de la toute fraîche Compagnie franco-mexicaine, y évoque devant cultivateurs, vignerons et artisans chanitois « une existence favorable et un avenir heureux dans la colonie de Jicaltepec ». La confiance règne, Guéniot est voisin et le discours d'autant plus audible que le village est au bord de la ruine, miné par les mauvaises

Jumelage avec le Mexique

récoltes successives. 34 Chanitois vont prendre la route avec leurs chariots, embarquer au Havre. 23 seulement arriveront au bord du fleuve Nautla quatre mois plus tard. Et ce n'est pas le paradis annoncé. Ils s'implanteront quand même, rejoints par d'autres expéditions. Aujourd'hui, il reste bon nombre de leurs descendants et depuis que l'un d'eux, Paul Capitaine est revenu au pays un jour de 1956, le courant s'est rétabli. Il ne s'était jamais vraiment rompu puisqu'on mange toujours de la cancoillotte et des gaufres sèches dans cette petite France du Mexique. On a fêté en 2006 les vingt ans du jumelage de la Haute-Saône et du municipe de Martinez de la Torre qui incluait les villages de San Rafaël et Jicaltepec, concrétisant de multiples échanges familiaux, culturels, économiques, scolaires.

Au musée une borne interactive raconte cette belle histoire ; Jean-Christophe Demard a réuni dans plusieurs ouvrages le fruit de ses recherches et de ses voyages mexicains.

La renaissance du vignoble à Champlitte

Les Coteaux de Champlitte

Si aujourd'hui le vignoble chanitois développe ses deux exploitations sur quelque 40 hectares, on a du mal à imaginer qu'il couvrait 600 ha en 1815 et encore 150 en 1914. Mais les innombrables caves voûtées témoignent de ce riche passé d'avant intempéries, phylloxéra, guerre et désertification rurale. La Confrérie de Saint-Vincent perdurait, le groupe folklorique des Compars existait depuis 1947... et il n'y avait pratiquement plus de vigne. À part le clos du Chapitre où Albert Demard avait planté 37 ares. « Il faut que je retrouve un carré pour planter », dit un jour Albert à René Henriot qui lui servait de chauffeur au retour d'une fête, viticole bien sûr. Raymond Bernard, directeur de l'Office des vins va jouer un rôle déterminant pour obtenir l'autorisation de replanter et c'est fait sur 15 ha dès 1975-76.

Le groupement viticole

L'originalité, c'est le montage de la société, une SCP dite Groupement viticole, qui émet 1136 parts sociales réparties entre 485 sociétaires. Le modèle sera adopté à Vuillafans, Vaux-

Saint-Vincent à Champlitte

sous-Aubigny, Coiffy-le-Haut... Un professionnel est embauché, Denis Jacquelin, pour gérer une entreprise qui comptait 7 employés à temps complet et une dizaine d'occasionnels et près de 100 vendangeurs en 2008. Avec 35 ha, le domaine est devenu le troisième de Franche-Comté : quatre millions de bouteilles par an.
Coteaux de Champlitte GVC
Route de Champlitte-la-Ville
Tél. 03 84 67 65 09

La vigne biologique de Pascal Henriot

Petit-fils de vigneron chanitois, Pascal a créé sa propre exploitation en 1986, parce qu'il voulait travailler en culture biologique. Il a replanté six hectares aux Folains et aux Monts Clairs. Il produit annuellement 25 à 35 000 bouteilles de vin bio rouge et blanc.
Caveau-dégustation - 5 rue des Capucins - Tél. 03 84 67 68 85.

La vigne des Demard

Albert après avoir abandonné sa vigne au Groupement, en avait racheté 4 ares. Jean-Christophe y produit son propre vin, 120 bouteilles, dans un clos joliment réaménagé avec verger, potager.

Aire de service pour les camping-cars.

CHAMPLITTE

Les lavières

Détail de lavières

Nouveauté 2010, l'itinéraire des lavières permet une randonnée à travers les pierres sèches, avec panneau informatif et balisage. On verra notamment le bel effet de la reconstruction d'une caborde (cabane de vignes). L'originale datait de 1774 ; la reconstruction a été réalisée avec les chantiers de jeunes de Beaumotte et terminée par Daniel Foissotte, l'employé communal. Les murgers rappellent la division du territoire en une multitude de petits clos où chacun faisait pousser sa vigne, ses fruitiers, son potager…

Les pelouses sèches

Avec ses 1 500 ha de forêt, Champlitte est l'une des plus grandes communes de France. Mais le plus curieux ce sont ses 200 ha de pelouse sèche, le sol très mince sur le sous-sol karstique permettant de faire croître des espèces animales et végétales rares et fragiles. Trois sites protégés sont indiqués par des panneaux invitant au respect de ces trésors naturels : à la Pâture, à l'Échenoz et au Mont Gin. 18 espèces d'orchidées sauvages fleurissent au printemps et le lézard vert peut y atteindre 20 cm de long.

Félicie et Jean-Christophe Demard

La Saint-Vincent à Champlitte

CHAMPLITTE

La truffe

Il a fallu dix ans de patience et le miracle s'est produit : Grisou, le teckel à poil dur de Bernard Henriot, a enfin déniché le diamant de la cuisine, la truffe ! En 1983, la Société de Trufficulture de Champlitte, riche d'une centaine de sociétaires sur le modèle du Groupement viticole, a planté sur 7 hectares quelque 1600 noisetiers mycorhizés, censés abriter le plus précieux des champignons. Mais il s'est fait attendre une dizaine d'années. Par bonheur, profitant de l'élan, l'ONF et la commune avaient aménagé en 94/95 plus de 2 ha de truffières municipales, si bien que maintenant, bon an mal an, on peut cueillir jusqu'à une dizaine de kilos. De la truffe de Bourgogne, moins chère que celle du Périgord (200 € le kilo) mais au parfum plus délicat.

Dans son auberge franc-comtoise, face au château, Émile Perny s'était fait une solide réputation avec ses plats aux truffes. Et il allait les chercher lui-même, sans chien ! Mme Coty, la Première dame de France de l'époque, s'y arrêtait souvent, si bien qu'elle est devenue « l'auberge de Mme Coty ».

Recherche de truffes à Champlitte

CHAMPLITTE

L'office de Tourisme propose plusieurs formules avec plan à l'appui :

- un circuit VTT de 16 km accessible à tous,
- randonnées pédestres, un G.R. sur 37 km et un sentier de petite randonnée de 17 km,
- la visite pédestre du bourg.

Savoir-faire du Pays : un marché du terroir chaque printemps place des Halles, orienté vers le développement durable, un marché nocturne en août, artisanat, gastronomie, la foire commerciale d'automne le premier dimanche d'octobre.

Hôtel-Restaurant Le Donjon

Entreprise familiale fondée en 1988 par Gérard Maillot, agrandie par l'installation du restaurant dans deux anciennes caves vigneronnes voûtées, elle a conservé grâce à Céline, la fille de la famille et son mari Stéphane, la chaleur de l'accueil et la qualité de la cuisine.
12 chambres. 2 étoiles.
Tél. 03 84 67 66 95 - hotel-restaurant-du-donjon.com

Hôtel-restaurant Henri IV

Dans une maison bourgeoise des 16e et 18e récemment restaurée. Le restaurant se niche dans une cave bien chanitoise. Hôtel 2 étoiles.
Tél. 03 84 31 28 16 - www.hotelrestauranthenri4.fr

Camping municipal

Situé route de Leffond, il offre une trentaine de places.

Centre d'hébergement municipal

Gîte de groupe d'une douzaine de chambres. *Réservation Tél. 03 84 67 69 57*

Le Vergy

Au hameau un terrain de moto-cross.

CHAMPLITTE-LA-VILLE

C'est l'église qu'il faut voir, la plus ancienne du secteur. Les Amis de Champlitte-la-Ville, autour de Marion et Pierre Kornprobst, ont entrepris de réhabiliter ce petit bijou. La nef du 11e siècle est la seule qui subsiste dans le département.

On sera encore émerveillé par une armoire eucharistique du 16e en pierre sculptée. Sur une façade du 14e on ne sait pourquoi les têtes humaines sur lesquelles reposent les ogives du portail et du porche sont bien différenciées : les hommes bouche ouverte, les femmes bouche close...

Champlitte vu du ciel

CONFRACOURT

Un circuit pédestre présente sur 12 km les activités liées depuis toujours à la forêt. Scierie au moulin du Patouillet qui a succédé au moulin à farine et au lavage du minerai, chantier bûcheron, piste de schlittage, chantier scieurs de long, charbonniers. Des sculptures en bois représentent les gestes d'antan. À voir aussi monument du Maquis, terrain de parachutage, chapelle classée, église néogothique. Le circuit est ouvert tout l'été et propose des animations les premiers dimanches de juin, juillet, août.

L'église est sans doute le bâtiment néo-gothique le plus riche du département.

C'est ici que l'architecte Charles Vincent Théodore Lebeuffe réalisa son prototype de fontaine circulaire en 1834, avec bassin de lavoir central, puisoir et rinçoir dans des édicules à l'antique, mur plein protégeant les lavandières du vent du nord, lanterneau du toit (supprimé lors d'une restauration) donnant une lumière supplémentaire, auge réduite à la largeur strictement nécessaire au passage du bétail.

COURTESOULT-ET-GATEY

Archéologie

Sur le chemin de César le lieu-dit des Chailles est un des sites archéologiques les plus riches du secteur. Sous un tumulus on a découvert un atelier de poteries. À Cortesou (domaine rural d'Isolt), un château remplaça celui d'origine en 1685. Ses caves surtout sont magnifiques, des voûtes d'une cinquantaine de mètres de long qu'un souterrain reliait à l'abbaye d'Aumonières.

Général

Un personnage célèbre, né ici en 1813 : le général Lavoignet, soldat de Napoléon III. La mairie de Courtesoult conserve bien précieusement dans une vitrine son épée, son képi et ses médailles.

Artistes

Comme pour rappeler le passé culturel de ces villages deux artistes y ont installé leur atelier : un couple de peintres et potiers hollandais, Martyjn et Ktjana Van der Wers-Bockweg qui en résidence d'été exposent et donnent des cours ; un Allemand, Roland Kahlke, sculpteur académique, maître-sculpteur sur pierre. Installé depuis 2001, issu de l'école des Beaux-Arts de Braunschweig, il a gravé le fronton de la mairie. Il expose au Danemark, en Allemagne, et vend aussi en Autriche, Brésil et Suisse.

Roland Kahlke, sculpteur

L'église de Courtesoult, reconstruite en 1785, peut s'enorgueillir de trois richesses : le maître-autel en marbre rose de Sampans, un crucifix en bois du 16e et une toile copie de l'Assomption de l'Espagnol Murillo. En contrebas de l'église, la fontaine, avec son abreuvoir en demi-lune, attend des finances pour sa restauration.

L'étang des Marmiers (réservoir de captage des sources) est un agréable lieu de promenade. Des vignes qui « donnaient en trois ans des vins possédant toutes les qualités du vin de Bourgogne ordinaire » il n'y a pratiquement plus trace.

DAMPIERRE-SUR-SALON

Il doit être bien surpris le gentil flot du Salon, né entre les saules haut-marnais, lorsqu'il arrive à Dampierre, son ultime havre avant de disparaître dans la Saône. Surpris... comme le touriste, mais peut-être fier aussi de se refléter en des dizaines d'images dans les vitres de l'énorme tour qui trône au milieu du village. Elle symbolise le dynamisme d'une cité qui a su ne pas succomber aux ravages de ce désert industriel.

La construction de charpentes métalliques a fait la réputation du chef-lieu de canton, comme l'avait faite, dans d'autres domaines, Charles Couyba.

Déjà en 1828, Dampierre comptait plus de 1700 habitants, un tiers de plus qu'aujourd'hui, grâce à ses petites unités métallurgiques. Les Brisard étaient sur les bords du Salon, ferronniers, serruriers, sans doute depuis l'origine de la famille, retrouvée dans les années 1600. Aujourd'hui, deux grandes entreprises (Brisard et Waltefaugle) fournissent plus de 500 emplois et leur réputation est telle qu'elles ne se font même pas concurrence !

La tour Brisard à Dampierre-sur-Salon

Charles-Maurice Couyba, poète et politique

La statue d'un des grands hommes publics de la Belle Époque trône au centre du bourg. Elle fut inaugurée en 1934 par Édouard Herriot. Charles-Maurice Couyba (curieux patronyme signifiant qui cuit le pain) est né ici le 1er janvier 1866. On peut voir depuis le parc du Bosquet sa maison construite en 1789 par Pierre Beauvalet, le trésorier de Marie-Antoinette, maison de maître de forges, classée, avec notamment le puits, le portail, la clôture... Une maison de dix-sept pièces léguée à la commune par Charlotte, fille de Charles Couyba. Sa maison se visite lors des journées du Patrimoine.

La cave du « château Couyba » est aujourd'hui le lieu d'une exposition permanente de fossiles et de minéraux présentée par les Amis du Musée et des sites géologiques.
Ouvert tous les samedis de mai à octobre et sur rendez-vous - Tél. 03 84 67 02 44

Autres personnages célèbres : le baron F. Martin, maire de Gray, Claude-Pierre Dornier, maître de forges et député à la Convention.

DAMPIERRE-SUR-SALON

Une promenade

Les vestiges du mur d'enceinte

Si on poursuit la promenade dans Dampierre, on verra que les anciennes écuries de la maison Couyba ont été transformées en salle polyvalente. Après avoir traversé le Salon, on découvre l'hospice construit par le maître de forges en 1789. Les vestiges du mur d'enceinte derrière l'église témoignent de l'existence du village au 7e siècle. L'église, construite entre 1762 et 1783, possède une tapisserie originale de la Vierge noire aux mains brisées. À voir encore la mairie-lavoir construite par Moreau en 1828, bien entretenue et en eau, la tour des Moines dont le linteau porte la date de 1576, la chapelle Sainte-Catherine dont il ne reste que la façade, sans doute la première église du village, une maison du 16e, aujourd'hui école, avec clocheton, niches et à l'intérieur une cheminée ornée de médaillons.

Acbiz'arts

Une association, bizarrement baptisée Acbiz'arts organise des rencontres autour du livre au printemps, des concerts, participe aux journées du patrimoine, aux Petites Fugues... C'est elle qui apporte un soin particulier à la maison Couyba.

Contact : 06 60 98 07 28 - acbizarts@orange.fr

Planet'bison : Appoline et les bisons

Par une petite randonnée en chemin forestier on peut concilier nature et religion. La ferme de la Marquise s'est consacrée à l'élevage des bisons qui vivent toute l'année dans un parc de 80 ha. On aura une belle vue sur le parc depuis le chemin qui le contourne et où se niche une minuscule chapelle entre deux épicéas. Si vous avez une dent contre votre dentiste faites une prière à sainte Appoline, c'est leur patronne et la chapelle lui est dédiée. La sainte y est représentée en statue avec des tenailles à la main. Vierge martyre d'Alexandrie, elle s'est jetée dans les flammes de son bûcher, après que ses bourreaux lui ont arraché toutes les dents. Depuis, on l'invoque en cas de rage… de dents.

Au retour, même si on n'a pas de bonnes dents, on pourra visiter la ferme et y déguster la viande de bison et ses produits dérivés, ainsi que des spécialités canadiennes.

Ferme de la Marquise - Ouverte tous les jours
Tél. 03 84 67 13 86 - www.planetbison.fr

DAMPIERRE-SUR-SALON

Hôtel de la Tour

3 étoiles de la chaîne Brit Hôtel au sommet du bâtiment Brizard.

Chambre d'hôtes

La Tour des Moines, dans une maison de caractère (M. Monney)
Tél. 03 84 67 16 37

Les Écuries du Tacot

Elles accueillent les candidats cavaliers, dès l'âge de 4 ans. Randonnées et balades mais aussi location de roulottes habitables ou d'un chariot bâché de 15 places avec ou sans accompagnateur.
Tél. 06 83 59 08 68

Charles-Maurice Couyba à Dampierre-sur-Salon

DELAIN

Au-delà du « mystère » de 1998, l'église reconstruite en 1863 mérite une halte d'autant qu'elle est ouverte la plupart du temps. Le plan carré de la nef reposant sur quatre piliers est original. Ici pas de retable mais une grande toile du Christ et un statuaire important. Huit vitraux illuminent l'ensemble de leurs scènes colorées.

La fontaine est couverte d'un toit à quatre pans reposant sur une charpente restaurée. Le château est privé.

Un circuit pédestre de 12,5 km permet de visiter Delain, Denèvre, Montot et Achey en un peu moins de 4 heures.

L'église hantée

Le 15 août 1998, en pleine cérémonie, une ampoule se détache de la nef et vient s'écraser aux pieds des fidèles. On en rit mais les « manifestations du malin » se multiplient : une coupole de bougies voltige, une statue longe les murs, un siège s'écrase contre un pilier. La presse s'empare du mystère, la gendarmerie ferme l'église, le curé fait venir un exorciste. Finalement le maire du village affirme avoir mis en scène tous ces événements.

FOUVENT-SAINT-ANDOCHE

La patte de Ledoux

La corniche et les moulures du clocher vous feront penser à quelque bâtiment célèbre. Ne cherchez pas : Claude-Nicolas Ledoux, l'architecte de l'utopie et d'Arc-et-Senans, est passé par là. Le jeune Ledoux faisait en 1762 ses premières armes. Remarquable retable sculpté en bois doré à la feuille d'or par le Langrois Abel Jayet en 1728. Dans son Assomption la Vierge rayonne parmi les nuages et les têtes de chérubins. Un avantage, l'église est ouverte tous les jours grâce aux fidèles voisins.

Le retable de Fouvent

La commune possède encore deux autres églises car elle résulte de l'association de quatre communes, Fouvent-le-Haut, Fouvent-le-Bas, Saint-Andoche et Trécourt depuis 1973. À Saint-Andoche, l'église possède un retable réalisé par les Marca.

Le Vannon : celui-ci naît en résurgences, principalement de la Rigotte, sous la colline de Champot ; une des sources a été joliment restaurée.

Terroir

Bourgeons de cassis : un agriculteur de Fouvent-le-Haut, Philippe Vilquin, outre sa centaine d'hectares de céréales, cultive 10 hectares de cassis. Il fournit en moyenne une tonne par an de bourgeons pour la parfumerie. Il a reçu en 2006 le prix de l'innovation.

La pierre percée

Un monolithe percé a donné son nom moderne au hameau du Gatias. Pierre de 1,20m de long et de 70 cm de large, percée d'un trou ovale de 30 cm de diamètre. En 1906, elle fut «kidnappée» par le curé de Bourguignon-lès-Morey qui l'installa dans le jardin de son presbytère. On ignore ses réelles intentions à ce bon curé : soit pour la protéger, soit pour mettre fin à des pratiques païennes douteuses car on dit que les mères venaient rituellement passer leur progéniture par le trou pour lui assurer longue vie.

L'ancienne ferme sur le terrain de laquelle se trouvait la pierre percée de Fouvent offre aujourd'hui des chambres d'hôtes et une table d'hôtes. Anne Kringhs vous y racontera l'histoire avec son délicieux accent.

Réservation : Tél. 03 84 31 30 46 - annekringhs.com

Chèvres et brebis : Ferme Dominique Jeallard

Dégustation, vente de fromage de chèvre. Lieu-dit : Les Essards, Fouvent-le-Haut
Tél. 03 84 31 32 30

FRAMONT

Les Pépinières

Un exemple de fidélité au pays et d'exploitation judicieuse de ses ressources : deux frères se sont retrouvés en 2003 pour créer sur la route d'Écuelle, les Pépinières de Framont. Profitant du limon de la rivière, ils greffent et font pousser, bon an mal an, 10 000 arbres dont 6 000 fruitiers, sur quelque dix hectares.

L'église du Mont (1862) à Framont

FRANCOURT

Le château aux deux tourelles à toit bulbeux a appartenu un temps à la famille du maréchal Lyautey. Sur la route de Villers-Vaudey, à côté du cimetière, une petite grotte de Lourdes en pierres percées est un lieu de pèlerinage le 15 août.

L'église, victime d'un affaissement de terrain, n'a été réouverte qu'en 2009 après d'importants travaux. Le chemin de croix en céramique du plus bel effet.

Trois calvaires, trois fontaines et deux lavoirs.

La guinguette de l'Égayoir

Elle fait le renom du village. Aurélie Monnot maintient la réputation de l'Égayoir lancé en 1995 par Jean Monnot, un bâtiment spacieux avec vue sur l'étang communal (où l'on pêche). Des thés dansants y sont organisés et les groupes peuvent louer la salle d'une capacité de 450 places.

Tél. 03 84 92 69 84

Pêcheurs en bord de Saône

FRETTES

Une église monumentale

Ce village perché à l'écart de la route qui mène à Fayl-Billot a compté jusqu'à 660 habitants au 19e siècle. L'église impose sa masse renforcée par les quatres piliers de façade. L'intérieur est à la hauteur, notamment cette fresque de la Cène qui couvre tout le demi-cercle du sanctuaire. Les fidèles ont généreusement contribué au décor, les demoiselles Tachy surtout, Anne et Claire pour des vitraux vers 1890. Claude, elle, donna 125 francs or pour acheter le chemin de croix qui a été bénévolement restauré en 2008 par deux retraités du village.

Mme Caillet peut fournir les clés et elle a recopié de sa belle écriture tous les documents sur l'histoire du village, depuis l'implantation de la Villa Frettis gallo-romaine.

GRANDECOURT

Un prieuré avait été fondé en 1142. On peut admirer aujourd'hui l'une des rares constructions romanes restée homogène et en bon état dans la région. L'autel roman est surmonté d'une fresque représentant le Jugement dernier (12e) très bien conservée. Une petite crypte, la seule du département. La charpente de la nef est apparente et très belle avec ses neuf voûtes. Intéressante collection de statues en bois. Mme Donazan préside une dynamique association de sauvegarde et des concerts y sont organisés car l'acoustique est très bonne.
Visite sur rendez-vous - Tél. 03 84 67 16 94 (Office de Tourisme de Dampierre-sur-Salon)

Lavoir à pilastres sur une place aménagée et fleurie.

La crypte de Grandecourt

LAVONCOURT

Le retable de l'église Saint-Valentin est un des joyaux de l'art baroque, sinon « le » joyau de la Haute-Saône dans la catégorie bois polychrome et doré. Il encadre, par quatre colonnes corinthiennes et les statues en bois de saint Joseph et de saint Antoine, un épisode peint de la vie de saint Valentin (17e), surmonté d'une colombe du Saint-Esprit dans une nuée. Le tabernacle, magnifique référence à Faverney, représente la Cène en bois doré. Incroyable richesse pour cette église qui s'embellit encore de cinq autres retables, dont celui des fonts baptimaux et celui du Rosaire. Évelyne Joly a rédigé une monographie et des bénévoles assurent des visites.

Le village eut deux châteaux. Un féodal, édifié par Henri 1er de Vergy, sur les bords de la Gourgeonne vers 1250 ; il en reste un amas de pierres à la Motte. Un du 18e, privé, édifié par Jean-Dominique Huot, un des derniers seigneurs, avec une tour ronde.

Une maison du 14e qui présente sur un de ses murs extérieurs des latrines bien conservées. Les fontaines reliées par un réseau souterrain, ont été restaurées grâce à des chantiers internationaux.

Le chemin du tacot

La section sport et nature de l'Amicale de Lavoncourt a balisé un circuit pédestre de 12 km qui par la motte féodale, le haut-fourneau de Renaucourt et Mont-Saint-Léger vous fait découvrir le tracé du chemin de fer vicinal qui fonctionna jusqu'en 1938 ; la gare et l'hôtel des voyageurs sont toujours là !

Restaurant l'Étape
Menus franc-comtois
Tél. 03 84 92 01 44
www.letape.fr

Le retable de Lavoncourt, un remarquable statuaire en bois

LEFFOND

Un beau village au centre duquel dialoguent l'architecture de l'église (église-halle à trois vaisseaux de même hauteur) et celle de la fontaine, baptisée Saint-Jean-Baptiste, comme l'église. La source jaillit d'une grotte sous le parvis et alimente un égayoir et un lavoir au fil de l'eau, restaurés dans les années 1990. La fontaine Quiqueur, avec lavoir couvert, est nichée dans un site paisible. Le moulin de la papeterie datant du 15e siècle abrite une chambre d'hôtes familiale. La source de la papeterie, qui alimente le village fait encore tourner une petite turbine « Francis » de 15 CV qui fournit de l'électricité pour le chauffage.

Si vous passez un moment en balade dans le village, faites-le au moment de l'angélus et dégustez la mélodie de la Santa Maria et de l'ora pro nobis distillées par le carillon. Car Leffond possède un trésor avec cette horloge mécanique qui commande quatre cloches. Hasard ? Un électricien spécialisé dans les travaux campanaires est installé au village.

Circuit pédestre

Un circuit facile de 5 km vous mènera à la cabane de Loupi, suivre la flèche au départ du pont. C'est une cabane de pierres sèches dont le curieux intérieur a été reconstitué au musée de Champlitte. L'histoire remonte au 19e siècle. Les allumettes étaient alors lourdement taxées par l'État et pas très bonnes. Loupi en fabriquait donc lui-même et les vendait au marché noir, moins chères bien sûr et c'est là qu'il venait se cacher pour échapper aux poursuites des gabelous.

Leffond

Le Prélot

MEMBREY

Des ruines d'un grand établissement thermal gallo-romain ont été mises au jour vers 1848, notamment de belles mosaïques. Un trésor de pièces de monnaie avait été également récupéré, confié au curé de Lavoncourt.

À voir : le pont à cinq arches du 18e, avec une croix de mission. L'église néo-classique sur un plan de basilique (autel de marbre, chaire en bois sculpté, fresque). Dans le cimetière environnant, le calvaire est impressionnant. La fontaine-lavoir à pilastres carrés, abreuvoir et puisoirs encore en fonctionnement.

Un four banal récemment restauré.

Une aire de pique-nique aménagée au bord de Saône

Le Cactus

Restaurant typique tenu par Aurora, une authentique et sympathique mexicaine. La cuisine l'est tout autant avec l'exubérance mexicaine mais aussi la force de la tradition comtoise. Transport gratuit depuis le port de Savoyeux pour les touristes fluviaux.
Tél 03 84 67 27 16 / 09 64 03 35 34

MONTARLOT-LES-CHAMPLITTE

Étonnante église néo-médiévale : finesse et élégance que l'on trouve d'emblée dans le long clocher effilé et dans les colonnes de fonte et les chapiteaux de la nef, les deux tribunes, le chœur avec ses trois hauts vitraux. On admirera aussi le pont de pierre sur le Salon, on ira précautionneusement voir les pelouses sèches, on pourra suivre un circuit des calvaires, mais on ne verra plus les vestiges du camp romain.

MONTOT

Une touche d'ancien

Sur un petit mont qui domine le Salon, il y eut un village gallo-romain. Le village actuel garde un caractère ancien avec ses maisons 17e et 18e couvertes de laves et le château-fort de 1549. Celui-ci fut incendié et il ne reste plus d'origine qu'une porte fortifiée et le donjon carré inclus dans les bâtiments d'une ferme.

Deux lavoirs (fontaine-abreuvoir et fontaine du moulin) du 19e restaurés. Promenade de 2,5 km pour voir les lavoirs et le pont à 7 arches (fin 17e), le barrage. Pique-nique possible.

Montot, du caractère

NEUVELLE-LÈS-CHAMPLITTE

(Anciennement Champlitte-et-le Prélot). On parle surtout de la fresque de Joseph-Constant Ménissier, « L'Apothéose » de saint Vincent, dans le chœur de l'église. Il y a à voir deux panneaux peints sur bois, du 17e, où figurent plusieurs saints, dont saint Prudent, patron de la paroisse.

À voir, au tout petit cimetière, le tout grand et spectaculaire monument funéraire d'Alexandre Petitjean (1838/1871). Édifiée en 1872 par deux architectes parisiens pour ce natif de Neuvelle ayant fait fortune comme banquier, la composition pyramidale à trois niveaux figure un socle, un tombeau et un groupe sculpté qui représente quatre femmes drapées portant le corps du défunt.

La place du village a été revalorisée grâce à l'association locale Saint-Prudent en aire de détente. Elle est agrémentée par le lavoir, restauré en 2003.

PIERRECOURT

L'église Saint-Martin possède encore le sanctuaire et les deux chapelles latérales du 14e siècle. Dans le cimetière, grande croix en fer forgé dessinée par Amoudru à la fin du 18e.

La source du Coulvote est abritée d'une fontaine couverte. Avec le lavoir du Magny, elle a été restaurée par des chantiers internationaux de jeunes. Un coin agréable avec une aire de pique-nique et départ d'un circuit pédestre balisé.

Natif du village : le grand spécialiste des procès en sorcellerie, Henri Boguet, auteur du « Discours de sorciers » (1602).

Religion sans frontière

Dans le hameau d'Aumônières on ne pourra voir que de la route, car l'accès n'est pas sécurisé, les restes d'une commanderie des Hospitaliers de saint Antoine, établie vers 1125. Les bâtiments sont transformés en granges et ferme. Porte, voûtes et rosace avaient été vendues au musée de Philadelphie (USA) où elles ont servi à reconstituer une petite chapelle.

Artisanat

Outre son activité d'achat, vente et estimation, Jean-Luc Née travaille en atelier et s'est spécialisé dans la restauration de meubles anciens.
Antiquités-brocante - Tél. 03 84 67 68 34

RAY-SUR-SAÔNE

Le château

C'est l'un des plus grands châteaux de Haute-Saône qui, grâce à Célestine de Mérode, duchesse de Holstein, permet de conserver une mémoire du passé. Lorsque celle-ci entreprit de reconstruire en 1775, non seulement elle fit utiliser les vieilles pierres mais elle se garda bien de faire démolir ce qui restait de l'ancienne forteresse. Les murs de l'enceinte regardant le village et les trois tours, dont l'une romane du 13e, furent donc restaurées. Les bâtiments en fer à cheval sont d'une belle symétrie et d'une grande ampleur.

Perché à une soixantaine de mètres au-dessus de la rivière, le site était idéal pour surveiller le passage de la Saône.

Le gracieux fer à cheval dessiné par les bâtiments ouvre vers le bonheur de découvrir une cour d'honneur dont les pelouses dessinent un éventail. Le parc à l'anglaise de six hectares mène à l'ancienne tour de guet et à la tour tranchée parmi des arbres centenaires de nombreuses variétés (tilleuls de Hollande, hêtres pourpres, cèdres, sophoras, sycomores, ifs) et surtout un tilleul planté en 1605. Le parc abrite aussi la tombe des Marmier, lignée des propriétaires actuels dont Diane de Salverte est la dernière représentante. Un personnage !

Une curiosité, et non des moindres, le cimetière des chiens : une dizaine de tombes… avec leurs épitaphes.
Visite du château : du 15 mars au 15 octobre, le dimanche à 15h. Parc ouvert de Pâques à la Toussaint, de 8h à 20h30, entrée libre.

Petite cité de caractère

Le village lui-même fait partie des Petites Cités Comtoises de caractère et il mérite une visite pédestre. Une fête de l'eau offre des animations surprenantes le dernier week-end de juillet.
Contact : Martine Ghesquier 03 84 78 45 25.

Pierrecourt, un des vestiges de l'abbaye d'Aumonières

RAY-SUR-SAÔNE

L'église Saint-Pancras, fut construite avant 1224. Le clocher, détruit en 1642, a été reconstruit en 1768 avec l'une des plus belles toitures du département. Deux bénitiers, l'un de tradition romane orné de deux têtes humaines, l'autre de 1585. Belles collections de statues et de pierres tombales. À l'extérieur, trois calvaires dont un de 1603.

Visite gratuite de l'église et du village (et son lavoir à arcades moulurées) sur rendez-vous *Tél. O.T. : 03 84 67 16 94*

Ray et ses environs sont particulièrement riches en croix et calvaires. 18 ont été répertoriés à Ray, Ferrières et Recologne.

Restaurant «Chez Yvette»

Un accueil simple et chaleureux, même pour un petit chocolat chaud et une part de tarte pour le goûter. Par ailleurs au menu les spécialités régionales et le bison de la Marquise (élevage à Dampierre).
Tél. 03 84 78 41 07

Restaurant «La Fermette»

Dans une petite maison bâtie en 2003, terrasse au soleil, pré pour les jeux des enfants.
Tél. 03 84 78 07 70

Chambre d'hôtes «Le tilleul de Ray»

3 épis, dans une ancienne ferme on organise des stages de relaxation, communication, gestion du temps, du stress, des soirées contes, des expos...
Tél. 03 84 78 97 55 - site : www.letilleulderay.eu

RECOLOGNE-LÈS-RAY

Le coq du clocher est peint en bleu-blanc-rouge ! Le chemin de halage est en herbe sur tout le passage communal !

RENAUCOURT

Vacances vertes

Tout à fait surprenant : quelques centaines de mètres de descente à l'écart du village et c'est le rêve : ça s'appelle d'ailleurs la Fontaine aux fées. Vaste camping trois étoiles, piscine, étang pour la pêche, parking de 44 places, zone paysagère, équitation, jeux (pétanque, basket, volley, tennis de table). L'étang est entouré de sentiers de randonnée. La piscine est ouverte en juillet-août.
Tél. 03 84 92 09 16 (Mairie)

Une activité bien moderne s'ajoute à tout cela : le paint-ball. Elle est gérée par une association de jeunes qui ont aménagé deux sites sur 58 ares. Elle organise des journées découvertes et des soirées pizza.
Tél. 03 84 92 68 00 - renaucourt-paintball.com

Les roulottes du Tacot

Transférées à Dampierre, elles accueillent les candidats cavaliers, dès l'âge de 4 ans. Randonnées et balades mais aussi location de roulottes habitables ou d'un chariot bâché de 15 places avec ou sans accompagnateur.
Tél. 06 83 59 08 68

Halte fluviale au pied du château de Ray-sur-Saône

RENAUCOURT

À voir aussi : le château du 18e au Fourneau à proximité de la Gourgeonne ; une maison du maître de forges car un haut fourneau a fonctionné ici de 1775 à 1857 ; l'église gothique (1855) ; un calvaire à double face, classé (1620) ; la grande fontaine (1860). La commune a aménagé une salle de réception pour 200 couverts.

Artisanat

Un paysagiste-horticulteur
Cécile, Tél. 03 84 92 01 73

Le chemin de halage, le long de la Saône

ROCHE-ET-RAUCOURT

À Roche-sur-Vannon, l'église Saint-Didier a été reconstruite en 1765 selon les plans de l'architecte, Claude-Nicolas Ledoux. Un retable à six colonnes, un Christ au tombeau du 15e, un important mobilier sont classés comme l'église.

L'une des trois cloches porte l'inscription très sage : « Je divulgue le sort aujourd'hui pour la vie et demain pour la mort ». Claude Remilley peut guider des visites pour des groupes. *Tél. 03 84 31 31 63.*

Président « enfant du pays »

Dans le cimetière autour de l'église, le tombeau des Millerand, ancêtres d'Alexandre, président de la République de 1920 à 1924.

La chapelle Notre-Dame des malades

Elle se trouve sur la route de Vaite, sur l'emplacement d'une ancienne maladrerie et léproserie, restaurée en 1864. À Roche, deux lavoirs, la fontaine Saint-Didier, surmontée d'une statue de la Vierge.

Deux anciens moulins : le moulin du Tharey faisait partie des huit établissements créés sur le Vannon depuis sa résurgence à Fouvent jusqu'à son confluent à Membrey. Il comprenait trois paires de meules et a fonctionné jusqu'en 1928. Restauration minutieuse par L. Laurent (à contacter pour visite). Le château, lui, ne se visite pas.

Les dalles de Raucourt

À Raucourt, les deux chapelles méritent un détour. Celle de Saint-Roch (16e), beau toit vernissé en haut de la colline. Un gisant est caché sous l'autel mais visible par deux orifices sur le côté. Celle de Saint-Claude, construite au 16e en partie dans l'enceinte du château, restaurée au 18e. Après un portail en plein cintre, on descend par quatre marches dans la nef à deux travées voûtées et on peut admirer les pierres tombales de Françoise de Beaujeux (1614) et de Bonne de Jouffroy (1603).

Vigne arrachée

Roche a été le cadre pendant une bonne vingtaine d'années d'une belle expérience viticole, celle de la famille Garnery. En 1983, Michel, le père, a lancé ses enfants, Agnès et Stéphane qui ont exploité jusqu'à huit hectares, produisant 70 000 bouteilles de Chardonnay.

Château et village de Ray-sur-Saône, un lieu phare de ce département

SAVOYEUX

Le deuxième port de Haute-Saône

Le canal qui permet d'éviter la boucle de la Saône est une curiosité architecturale. Il peut faire penser à un temple maya ! Mais là les sacrifiés furent certains ouvriers attachés à sa construction : il y eut plusieurs morts au long des 54 années de travaux. Sa construction fut décidée sous Napoléon III.

Le port de plaisance peut accueillir 90 bateaux, avec gardiennage, hivernage, motorisation et offre aux touristes une flotte de 20 bateaux de location sans permis. À la capitainerie : bar, épicerie, vente de produits régionaux, artisanat.

Tél. 03 84 67 00 88 - www.saone-plaisance.com
Balades en pénichette : Tél. 06 22 43 34 43 (en saison)

Des dalles exceptionnelles

On a découvert sous l'un des tumulus de Tremblois les restes d'un char associés à un cercle d'or et un bracelet en or, sur le passage de la voie romaine. Mais c'est l'église Saint-Maurice qui recèle les plus beaux trésors : pas moins de cinq dalles funéraires armoriées, bien sauvegardées, dont la beauté est rehaussée par la mise au jour en 1994, dans l'une des deux chapelles, de fresques qu'on daterait du 12e siècle.

L'église possède aussi un retable classé des Marca.

Tout près, l'ancien château-fort de 1310 fut partiellement détruit en 1674, relevé au 18e siècle ; la tour centrale date du 15e.

THEULEY

Ballon rond

Le principal monument de la commune est dédié au football et à l'un de ses grands serviteurs : Jules Rimet, le fondateur de la Coupe du monde de football qui a son mémorial.

Le tunnel de Savoyeux, ce n'était pas rien de creuser sur 643 m

Natif de Theuley (le 24 octobre 1873), il fonda à 24 ans le fameux club du Red Star à Paris ; il fut président de la Fédération Française (FFF), puis président de la Fédération internationale.

Ainsi naquit la Coupe du Monde en 1928, première édition en Uruguay, où, juste récompense du sort, le premier but fut marqué par un Franc-Comtois, Lucien Laurent, lors de la victoire sur le Mexique. À partir de 1946, la compétition porta le nom de son créateur. Un mémorial Jules Rimet a été élevé à côté de l'église.

Hommage au créateur de la coupe du monde de football (En médaillon, Michel Vautrot et Lucien Laurent)

Patrimoine

La fontaine-lavoir de 1850 représente la manière la plus modeste et la plus ancienne dont on a aménagé le captage des sources.

L'église Saint-Léger est étonnante. L'un des deux cimetières, le plus ancien au centre, a été en partie restauré grâce à un groupe de villageois, la commune ayant fait refaire le mur par un chantier de jeunes.

Un étang aménagé par la commune pour la pêche, le pique-nique, la promenade. La municipalité y organise une fête champêtre au mois d'août. Un circuit VTT inauguré par Roger Lanzac.

TINCEY-ET-PONTREBEAU

La représentation du saint, avec son manteau rouge, ressuscitant un enfant, forme le cœur du retable classé. Il s'agit d'une des plus belles œuvres des frères Marca.

Lavoir couvert, puisoir et abreuvoir tout en pierre taillée.

Un terrain de jeu près de la Gourgeonne.

Une fromagerie réputée

La coopérative laitière de la Gourgeonne qui avait réuni depuis 1925 les producteurs d'une dizaine de communes s'était acquis une solide réputation, avant même la construction à Tincey d'une usine ultra-moderne dédiée principalement à la fabrication du gruyère et du beurre en 1963. Elle traita alors plus de 2 millions de litres de lait par an. Le « petit Tincey » et le beurre frais « Est » furent primés.

VAITE

Un pont rénové enjambe le Vannon. Le château des 17e et 18e (puits Louis XIII, cadran solaire, grille de parc en fer forgé) est privé.

La chapelle du château (1727) est intéressante par son élégant portail à clef mais elle n'a pas été restaurée et elle est vidée de son contenu. Lavoir à pilastres sur la place de la mairie, aménagée de plantations nouvelles.

Présence d'une entreprise multi-services de rénovation de vieilles maisons.

VANNE

La petite Venise

En partant du lavoir à pilastres du 19e on aura plaisir à découvrir la bambouseraie lors d'une randonnée pédestre. Elle ne se visite que sur demande et vous pourrez admirer de nombreuses variétés de bambous et des arbres peu communs dans la région : gingkos, séquoïas, cèdres. À proximité un calvaire de 1624. La Saône fait ici un méandre, lieu idéal pour la pêche car la navigation est détournée par le canal.

Église à clocher-porche, un triptyque de vitraux représentant les patrons de la paroisse : Thérèse, Barbe et Rémy.

L'église du 18e siècle de Vanne

VOLON

Titanic

Au cimetière, un cénotaphe est élevé en mémoire d'un passager du Titanic : « René Pernot, naufragé le 14 avril 1912, âgé de 40 ans ». Ce natif de Brotte-lès-Ray, fils d'un charron de Vaite, était devenu le chauffeur du milliardaire américain Guggenheim, héritier des fondateurs du musée new-yorkais. Il avait embarqué avec lui à Cherbourg et périt avec lui, qui avait refusé un gilet de sauvetage en disant : « nous sommes prêts à sombrer comme des gentlemen... ». On n'a jamais retrouvé leurs corps.

Volon

L'église au clocher restauré a un retable classé. Château privé en cours de restauration (18e).

Chambres d'hôtes «Les 3 Pierres»

3 épis, demeure écologique, quatre chambres, piscine, sauna, hammam, salle de sports, vélos. La propriétaire, Christel Baumann, est artiste et ça se ressent...

Tél. 03 84 31 37 53 - site www.3-pierres.com

LE PAYS des SEPT RIVIÈRES

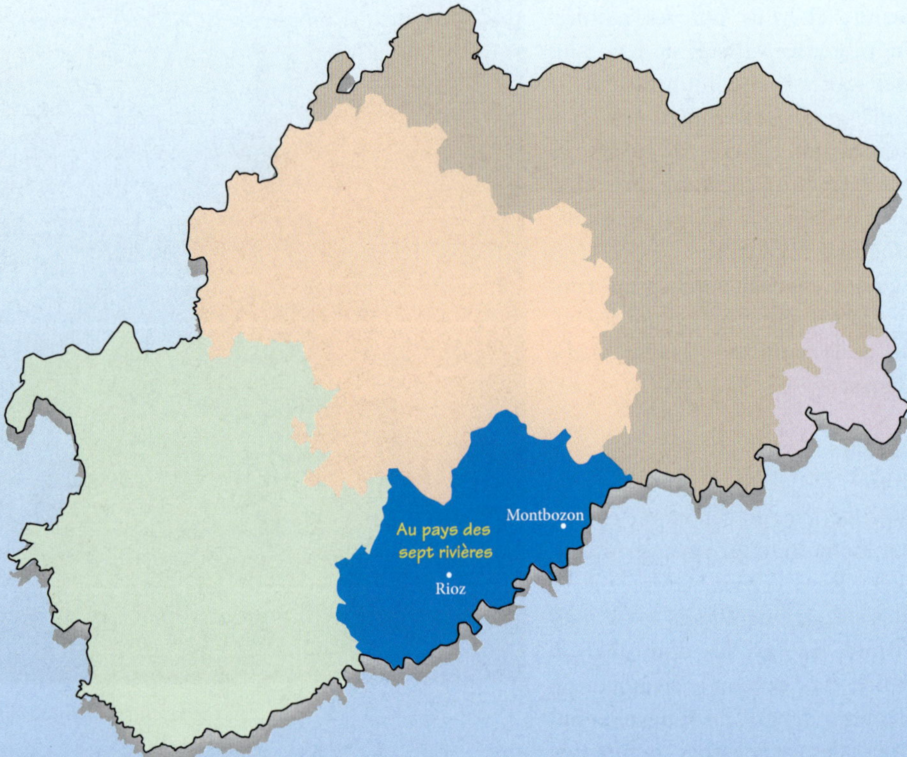

Offices de Tourisme

RIOZ 70190
Place du Souvenir Français BP 26
Tél. 03 84 91 84 98
Fax 03 84 91 88 34
officedetourisme@pays-des-7-rivieres.org
www.tourisme-pays7rivieres.org

L'Ognon forme une limite naturelle avec le Doubs.

L'Ognon prend sa source à proximité du Ballon de Servance dans les Vosges, à 904 m d'altitude. Longue de 215 km, c'est une rivière au cours très calme qui forme une limite naturelle entre le Doubs et la Haute-Saône. L'amateur de nature est comblé car la vallée a conservé son caractère sauvage. Son cours sinueux s'élargit parfois en vastes plans d'eau. Nombreux poissons, barbeaux et goujons. Nombreux oiseaux, hérons, poules d'eau, canards, cygnes.

LE PAYS DES SEPT RIVIÈRES

Le Pays des sept Rivières, association créée en 1978, est un regroupement de cinq communautés de communes, trois en Haute-Saône, le Pays Riolais, le Pays de Montbozon, le Chanois (Échenoz-le-Sec) et deux dans le Doubs, La Bussière-Rigney et le Val de la Dame Blanche.

Les sept rivières : l'Ognon et ses affluents, la Tounolle (source à Boult), le Buthiers (Rioz), la Corcelle (Corcelle-Mieslot), la Linotte (près de Vallerois-le-Bois) grossie de la Filaine (Filain), la Quenoche. Seule la Romaine (Fondremand) se jette directement dans la Saône.

L'Ognon a six affluents.

AULX-LES-CROMARY

Une situation privilégiée dans une boucle de l'Ognon ! L'équipement touristique est enfin pris en mains dans ce village qui connut une grosse activité avec l'extraction du sable de la rivière, laquelle a laissé de grands lacs. En projet, l'aménagement en zone de loisirs des 35 hectares des anciennes sablières, avec hébergement, promenades en bateau, jeux éducatifs, micro-centrale électrique, frayère.

Il y a beaucoup d'ail sauvage dans les près environnants, c'est peut-être la simple origine du nom du village, pour laquelle d'autres hypothèses sont émises : village sur les eaux ou entouré de bosquets (hac, hagia).

Un château de chaque côté de l'Ognon.

Ils ne se visitent pas. Celui de la Vaivre (16e) sur la route de Cromary, celui de Moncey (Doubs), tous deux ayant appartenu à Bon Adrien Jeannot de Moncey, né tout près, à Palise.

AUTHOISON

Les vieux fourneaux

Depuis la fin 2006, dorment sur les deux étages d'une charmante maison au bord de la rue principale, plus de 200 fourneaux, quelque 60 chaises percées, ancêtres des WC et de multiples autres objets issus des fonderies de Haute-Saône et du voisinage. Est-ce son métier d'assureur spécialisé « incendie » qui a donné cette idée à Jean Bauquerey ? Non ! c'est plutôt l'amour invétéré pour le patrimoine de sa Haute-Saône et, tombant en arrêt un jour de brocante devant un vieux fourneau, il réalisa qu'il s'agissait là d'une véritable institution pour son département et qu'il fallait la sauvegarder. En cinq ans à peine, Jean Bauquerey en avait récupéré et restauré plus de 200.

La collection de vieux fourneaux de Jean Bauquerey

Jean les a classés selon leur fonderie de provenance et leurs caractéristiques : fourneaux à un, deux, trois, quatre trous, cuisinières, fonte brute ou émaillée, présentent une belle diversité de décors et de sculptures (pieds en patte de lion, angelots, têtes de femme…) et de couleur pour l'émaillage.

L'exposition de chaises percées, pour incongrue qu'elle soit, montre bien les trésors d'imagination dont ont fait preuve leurs créateurs pour habiller et décorer… de simples pots de chambre, allant même quelquefois jusqu'à l'automatisation.

Jean Bauquerey (malheureusement disparu) a longtemps cherché un grand lieu pour son musée… ce sera peut-être du côté de Jussey son village natal.

Informations : Tél. 03 84 68 36 77

La grande fontaine-lavoir

Le retable de Saint-Étienne

C'est le chouchou des pélerins de Compostelle ! D'abord parce que cette église est sur le chemin, mais surtout parce que le curé y dit sa messe tous les matins et qu'elle est donc ouverte. Et ça vaut la peine car si le lanternon du clocher en fait l'originalité extérieure, le retable est sa richesse.

Ses quatre colonnes corinthiennes mettent somptueusement en valeur le tableau central qui représente la lapidation de saint Étienne sous le regard de la Sainte-Trinité. Pour visiter, demander la famille Roussel.

Dans le village : la grande fontaine-lavoir sur la place, construite par Renahy fils et Humbert en 1876, en pierre de taille de Filain et Pennessières notamment, avec de grandes arcades fermées sur trois côtés, avec abreuvoir en pierre également. Pêche à la truite dans le ruisseau dit l'Authoison.

BEAUMOTTE-AUBERTANS

Spectacle insolite : la route départementale qui traverse le village chef-lieu semble avoir détruit le clocher-porche de l'église. Mais non ! c'est seulement par manque de finances que la reconstruction, sans doute trop ambitieuse, fut stoppée en 1856 et ne reprit jamais. On prit quand même soin d'acquérir une cloche de 1781, qui est posée sur le trottoir à côté de l'église et remplit malgré tout son office. Sainte Cécile, patronne du lieu, est représentée sur une grande toile dans le chevet.

La roche (beaume) qui abrite la jolie petite grotte dédiée à la Vierge a donné son nom au village. L'eau qui sourd est captée pour un bassin-abreuvoir. Beau point de vue sur le château de la Roche à Rigney.

L'imposante forge créée au début du 19e siècle est devenue successivement tréfilerie, la plus importante du département, papeterie, et aujourd'hui tôlerie (Société Gindro). Dans le verdure et les dépendances vit, depuis 1979, le Centre international de rencontres qui organise des chantiers de restauration du patrimoine avec des jeunes du monde entier. Il anime aussi le point accueil jeunes (PAJ) offrant informations et lieu d'accueil et d'étape.

La cloche est posée sur le sol devant l'église

Beaumotte : la roche qui a donné son nom au village et abrite la grotte

BEAUMOTTE-AUBERTANS

À 4 km, le village rattaché d'Aubertans possède lui une église... et un clocher (Saint-Martin). Il garde aussi le souvenir des charbonniers, trois fours à charbon de bois, transportables en forêt, trônent à côté d'une ancienne maison de charbonnier faite de rondins et de torchis. La fontaine-lavoir avec ses colonnettes en fonte est de Renahy.

Accueil : Point accueil jeunes (10 à 20 personnes)
Centre de rencontres. Tél. 03 84 68 33 41

BONNEVENT-VELLOREILLE

Deux flèches

Elle a des allures de cathédrale et même de Notre-Dame de Paris ! Elle est impressionnante cette église en bordure de la route d'Oiselay, avec ses deux tours aux clochers très effilés, encadrant dans une symétrie parfaite un portail surmonté d'une rosace et dont le tympan est orné de deux statues. Dans l'un des retables latéraux, une statue très ancienne de saint Blaise. Juste récompense : le curé qui la fit reconstruire fut enterré dans son église.

Chacune de ces deux communes réunies possède son lavoir des années 1860, avec charpente à l'ancienne.

BOUHANS-LÈS-MONTBOZON

Très beau lavoir-fontaine circulaire, construit comme celui de Confracourt par Lebeuffe (avec ici ajout de baies vitrées), des colonnettes en fonte et, sur le toit, un lanterneau surmonté d'une pomme de pin. Restauré en 1981 puis en 1993, il est à nouveau en eau depuis 1992.

Tour et maisons du 18e. Charmante église reconstruite en 1851. Ruines d'un château à pont-levis.

L'église à deux flèches

BONNEVENT-VELLOREILLE

Le Tuyé des Champs Serrés.

À l'entrée en venant de Besançon, offre les produits de son élevage de porcs.
Vente sur rendez-vous
Tél. 03 84 32 17 57

La fontaine à lanterneau de Bouhans-Lès-Montbozon

BOUHANS-LÈS-MONTBOZON

Association Folle Avoine

Accueil randonneurs et chevaux, gîte d'étape. Activités associatives Tél 03 84 92 34 44 ass.folleavoine.free

Le château de Boulot

BOULOT

Le nom du village est plutôt un diminutif de celui du village voisin, Boult.

On a extrait ici des petits minerais de fer lavés dans les eaux pures de la Tounolle, la rivière venue de Boult, grossie par un ruisseau qui sort de l'entonnoir de 25 m de diamètre du Creux- les-Brez.. Aujourd'hui, un agréable sentier de randonnée longe cette rivière à truites, mais les promeneurs peuvent aussi emprunter le viaduc de Montmain et suivre l'ancienne ligne du tacot, inaugurée en 1910 qui menait à Besançon.

Jean-Pierre de Jouffroy, général baron d'Empire, y est né le 20 juillet 1766. Il participa à l'ensemble de l'épopée napoléonienne, d'Austerlitz à la Bérésina.

Petite église Saint-Christophe de 1773 avec clocher-porche classé, un retable, une chaire en bois sculpté et surtout de larges vitraux très lumineux ; sur l'impériale, de belles tuiles vernissées.

Détail du château de Boulot

Deux lavoirs dont un pour recevoir 20 lavandières sous une solide charpente de chêne. Une pompe à incendie ancienne décore celui du haut doté d'un abreuvoir en fonte de 12 m de long.

BOULT

Le boul ou bouleau alimentait sans doute les fours : le village s'est construit une solide notoriété dès le début du 18e siècle avec la cuisson de l'argile, recueillie dans les marnières voisines et travaillée par les potiers. Il y en eut jusqu'à 13 en 1835. Et aujourd'hui il en reste un !

Patrick Blandin, ethnographe de profession, continue à faire vivre l'atelier depuis trente ans, pour ses loisirs, dans un véritable musée, un sanctuaire, mais oh combien vivant !
Ouvert les samedis et dimanches. Fermeture en hiver.

300 ème monument historique

Alimenté par une des sources qui jaillit au pied du château et va grossir la Tounolle, le village a compté jusqu'à treize points d'eau. Il reste aujourd'hui quatre fontaines dont une seule en eau, la grande fontaine (1819), ou fontaine Costain, du nom de son architecte, un Vésulien apôtre du néoclassicisme. Déplacée et entièrement reconstruite par Renahy en 1861, elle a conservé sa disposition d'origine : bassins et abreuvoirs en arc de cercle de chaque côté d'un puisard, colonnes de pierre et pilastres supportent la toiture qui protège les lavandières.

Le village eut jusqu'à six fontaines car il disposa d'importants revenus forestiers. Celles du chemin de Voray et du bas et du haut de l'église subsistent.

Le château, visible à travers les grilles d'un portail en ferronnerie ne se visite pas. Il fut construit en 1763, dans un parc de 5 hectares. Il hébergea des colonies de vacances après-guerre. Protégé depuis 1998, il est aujourd'hui du domaine privé.

La fontaine devenue le 300 ème monument historique de Haute-Saône en 1996

L'église, les orgues, le retable

Le retable de l'église est en stuc polychromé du 18e. En été il est visible à travers la grille. Six colonnes corinthiennes encadrent une toile représentant saint Maurice, patron de la paroisse. Il a également une statuette dans une niche sur le fronton triangulaire. Les orgues ont été installées au milieu du 17e siècle par la réputée famille alsacienne de facteurs, les Calinet, de Rouffach.

Artiste, poète, et révolté

La Tounolle (charmant hameau) qui fut un site industriel très actif jusqu'au 19e siècle (tréfilerie, forges, scierie) est le repaire d'un artiste éclectique et attachant. Denis Boillot ouvre volontiers son atelier, pour montrer ses pastels, gravures sur bois, sculptures. Il vous parlera aussi de ses chères abeilles dont il déplore l'inexorable disparition. Vous passerez un moment inoubliable.

Tél. 03 84 91 73 08

La Tuilerie.
Camping. Aire de jeux, piscine, petite restauration.
Tél. 03 84 91 72 00

Le château de Boult

BUSSIÈRES

Perchée au-dessus de l'Ognon sur la butte où des fouilles ont révélé l'existence de villas gallo-romaines, la petite église à clocher comtois, reconstruite au 18e siècle, est curieusement accolée au presbytère, transformé en logements. Six chandeliers du maître-autel sont classés et une fresque représentant le martyre de saint Maurice orne le chœur. Belle vue sur l'Ognon depuis le parvis. Tout près, une pancarte « école » sur une maisonnette, survivance du temps où l'école avait deux sites.

Boult, le centre des Lavières

La fontaine du bas présente des bassins en forme harmonieuse de portion d'ovale qui faillit être refusée par le Conseil des bâtiments civils lequel préférait les plans rectangulaires. Marc Pambet, l'architecte vésulien, prétexta la configuration du terrain pour imposer ses vues.

Le village eut jusqu'à plus de 400 habitants à la fin du 19e siècle, lors de la pleine activité de la papeterie, de l'autre côté de l'Ognon.

BUTHIERS

Jules César y aurait remporté une grande victoire sur les Gaulois. Une pirogue a été retrouvée : elle est exposée au musée archéologique de Besançon.

Le château eut une histoire mouvementée. Le bâtiment féodal, construit par la famille de Scey (toujours actuelle propriétaire) au 16e siècle sur les ruines d'un possible oppidum romain, permettait au puissant seigneur de contrôler les activités générées par la proximité de l'Ognon : péage, moulins, fours. Deux belles tours carrées encadrent une façade décorée de sculptures qui pourraient représenter les Rois Mages. Il ne se visite pas mais on peut admirer de belles écuries. Les marquis de Scey furent aussi à l'origine du plan d'eau que forme le Buthiers au bord de la départementale. L'eau se déverse au pied d'un moulin, survivance d'une forge exploitée aussi par les de Scey, et va rejoindre l'Ognon.

Les armoiries de la famille de Scey ornent l'un des trois retables de l'église reconstruite au 18e siècle avec un clocher comtois. Le retable central représente le martyre de saint Sébastien. Une grille en fer forgé marque le passage du porche à la double-nef.

Le château de Buthiers, un ouvrage équilibré.

CENANS
Les groupements végétaux
Sentier de randonnée de 19 km qui relie Cenans, Beaumotte, Marloz, La Villedieu-lès-Quenoche, Ruhans, Aubertans.

Relais du Passe-Heures
4 chambres d'hôtes et tables d'hôtes.
Chez Anne
Tél. 03 84 68 30 05

CENANS

On allait atteindre la fin du 20e siècle et le village n'avait toujours pas de monument aux morts, malgré la perte d'une bonne douzaine de soldats. Le conseil municipal demande à Pascal Coupot de se mettre au travail. L'auteur du Jouffroy d'Abbans du pont Battant à Besançon va réaliser une œuvre originale qui, pour une fois, rend hommage non pas aux guerriers mais à leurs veuves : une femme nue, pleurant, émerge à moitié d'un prisme de pierre.

L'église Saint-Martin, située au hameau de Guiseuil, abrite une Vierge de pitié du 16e et trois tableaux du 17e. Elle est éclairée d'une douzaine de beaux vitraux. Le presbytère, rénové, conserve une plaque de pierre gravée en 1684. Notre-Dame de Guiseuil a sa statue au carrefour de la route de Loulans.

L'église monumentale au hameau de Guiseuil à Cenans

CHAMBORNAY-LES-BELLEVAUX

Dans un méandre de l'Ognon, origine gauloise de son nom, le village possède un trésor de sculpture dans la petite église romane Saint-Germain (12e) : la rose de Chambornay, un marbre antérieur au 13e siècle, de 55 cm de long et 41 de large sur une épaisseur de « trois doigts ». Le monogramme ou marque du Christ (XP) est entouré de dauphins, poissons, ancres. Elle a été qualifiée d'un « des plus beaux monuments de l'antiquité chrétienne que nous ayons en France ». C'est l'abbé Lecot, curé de Chambornay, qui la découvrit en 1873, enchâssée dans la pierre d'autel de la chapelle de la Vierge. Il la fit réinsérer dans un mur du chœur.

À voir aussi au sommet de la colline les vestiges de l'église Saint-Justin, peut-être la plus ancienne du département et le lavoir avec son toit de tuiles bicolores porté par dix piliers en fonte. C'est l'association la Chambouna qui s'attache à restaurer et mettre en valeur ces héritages des anciens, avec un fléchage approprié.

CHASSEY-LES-MONTBOZON
BONNAL

L'église paroissiale (1759) est pour 13/20 propriété de la commune et pour 7/20 de celle de Thieffrans. Une de ses cloches est classée, de même que la clôture du chœur en fer forgé et la chaire en bois du 18e. Au-dessus du maître-autel, une toile du peintre vésulien du 19e, Cariage, représente le patron de la paroisse, saint Gengoul, protecteur des maris trompés car il fut assassiné par l'amant de sa femme. Les vitraux ont été refaits pour quatre d'entre eux en carreaux translucides légèrement fumés.

Un calvaire monolithique des années 1600 est à voir près du château d'eau. Des fouilles menées sur des indices datant de 1870, par Gérald Barbet archéologue, ont mis au jour, en 1990, des vestiges d'un immense « vicus », centre thermal et ferme et peut-être port fluvial gallo-romain sur une quarantaine d'hectares au Pré Guillemin. Après cinq années de travail, le site a été refermé.

Chaque quartier a sa fontaine-lavoir, pour le Haut en fonte, pour le Bas en pierre. D'une autre fontaine, celle du Croz, subsiste une vasque avec un jet en tête de Neptune.

Le val de Bonnal

Un jardin d'Éden aux portes de la Haute-Saône : la commune de Chassey héberge en partie l'un des hauts-lieux touristiques et de loisirs de Franche-Comté. C'est Napoléon qui a fait passer la frontière entre les deux départements au beau milieu de ce qui est aujourd'hui le domaine privé du Val de Bonnal. Deux parties : au village de Bonnal, sur

L'Ognon rivière loisirs

la rive doubienne de l'Ognon et du canal, c'est un camping 4 étoiles, et de l'autre côté du pont, au lieu-dit la Forge, 150 hectares haut-saônois de verdure et d'eau, sans béton, sans construction, si ce n'est les maisons de maître, d'ouvriers ou autres halle à charbon, bâtiments des forges joliment rénovés. Car ce ne fut pas toujours cet écrin de silence ! Le site faisait vivre de la fabrique de boulets de canon quelque 250 personnes et on traversait la rivière sur un bac pour venir travailler. Le tilleul quatre fois centenaire, qui règne toujours au milieu des bâtiments devenus restaurant ou locaux de service, pourrait raconter tout cela.

Les frères Léonel et Georges De Moustier se partagent l'animation et la direction des sites. L'offre est riche pour le touriste avec quatre lacs issus de sablières, et même un cinquième réservé aux hôtes à plumes. Un pour la baignade, le pédalo, la planche à voile, deux pour la pêche, un pour le ski nautique. Sur les rives des aménagements pour le pique-nique, la pétanque, les jeux.

Un été à Bonnal

Zone de loisirs du Val de Bonnal
Tél. 03 81 86 95 14
Parc naturel de 150 hectares

Chemins de promenade, aires de repos et de pique-nique, lac et baignades aménagées, deux lacs de pêche, l'un pour le ski nautique et un l'autre en réserve ornithologique. Accès payant : de 9h à 20h de mai à septembre.

La forge de Bonnal
Table citée au Michelin Vert. Jacqueline Serrière vous accueille avec chaleur de mai à septembre.
Également, la Terrasse, petite restauration sur la plage.
Tél. 03 84 92 37 71

Camping 4 étoiles.

Accès libre aux lacs par une passerelle. Piscine, aquapark avec toboggans. Parcours acrobatique en forêt. Location pédalos, bicyclettes, skis nautiques, canoés, planches. Golf à 6 km, 18 trous, au château de Bournel.
Tél. 03 81 86 90 87
E-mail : val-de-bonnal@wanadoo.fr
Site : www.val-de-bonnal.com

Karting du Val de Bonnal
Tél. 06 08 09 65 79
à partir de 3 ans, ouvert de 15h à 19h30 et en nocturne de 22h à 1h sur réservation.

Mobiles homes Chalets
Tél. 03 81 86 90 87
val-de-bonnal@wanadoo.fr
www.valdebonnal.fr

Restaurant de la Forge
Zone de loisirs du Val de Bonnal
Tél. 03 84 92 34 14 ou 03 84 92 37 71

Les cabanes des grands lacs

CHASSEY-LES-MONTBOZON
BONNAL

Les cabanes des grands lacs

Bienvenue dans les branches pour une aventure insolite. Près du domaine aquatique plusieurs cabanes (huit pour l'instant), perchées entre 5 et 12 mètres dans les branches de chênes centenaires, peuvent vous accueillir pour une ou plusieurs nuits. Ces cabanes composées d'une ou deux chambres peuvent recevoir de 2 à 6 personnes selon leur surface de 24 à 60 m^2 aménagées d'un grand lit et de lits simples avec couettes. Toilettes sèches et chauffage d'appoint sont prévus. Une terrasse de 10 m^2 équipée avec du mobilier en bois permet de prendre repas et petits déjeuners en altitude. À l'aube, le petit déjeuner est discrètement déposé au pied du «nichoir» ; il suffit alors juste de «l'arbretreuiller» avant la dégustation sur la terrasse. Un concept unique en Haute-Saône (et en Franche-Comté) qui permet aux amoureux de la nature d'y vivre en pleine communion et donne la possibilité d'observer la faune paisiblement : canards, cygnes, chevreuils, écureuils, oiseaux…

Les cabanes des grands lacs
Renseignements et réservations : Tél. 03 84 77 06 72
www.cabanesdesgrandslacs.com - info@cabanesdesgrandslacs.com

CHASSEY-LES-MONTBOZON
BONNAL

Le creusement des sablières de Bonnal, dans les années 1970, a révélé la présence d'un cimetière mérovingien, puis d'une église paléo-chrétienne de la fin du 6e siècle. On a d'abord découvert 25 sarcophages disposés autour d'un grand bassin, puis 250 tombes à même la chaux. Enfin l'archéologue bisontin Odouz a trouvé des vestiges d'une église bâtie sans doute par saint Colomban ou ses disciples de Luxeuil, sur les fondations d'une construction romaine. Un important matériel, bijoux, fibules, boucles de ceinturon… a été mis au jour. Cela correspond bien aux découvertes du «vicus » de Chassey, le lieu, au carrefour de sept voies romaines, ayant probablement servi de base de repli aux légions romaines combattant à l'Est.

Une grande famille comtoise

Son patronyme a vu le « s » remplacer le « h » du Mouthier de la vallée de la Loue dont elle est originaire, mais la famille de Moustiers c'est près de 1 000 ans d'histoire régionale, depuis Renaud, membre de la première et de la troisième croisades ! Pendant 100 ans, depuis la fin du 19e siècle, un de Moustiers a siégé au Conseil Général du Doubs ; il y eut même jusqu'à trois conseillers en même temps. C'est Leonel qui a marqué cette époque par sa force de caractère, d'abord en prenant comme député une position courageuse pour un aristocrate contre les pleins pouvoirs à Pétain, puis en refusant un régime de faveur dû à sa qualité de parlementaire et de père de 12 enfants, lors de son internement au camp de Neuengamme. Une déportation sanctionnant son énorme activité de résistant basée dans le château familial de Bournel. Il mourut en 1945, peu de temps avant la libération du camp.

CHAUX-LA-LOTIÈRE

Le coq sans tête de la grande fontaine est devenu l'emblème du village. Le coq gaulois qui orne encore la pile du jet a perdu la tête on ne sait comment : méfait des occupants allemands ? vandalisme de gamins du village ? L'architecte Pierre Duret estimait son coût à 20 francs lorsqu'il l'a installé dans la version définitive du lavoir en 1830… Le bassin est couvert d'une halle rectangulaire, en pierre de taille, trois grandes arcades, en façade avec, à chaque extémité, une entrée surmontée d'un fronton. Ces entrées sont condamnées par l'ajout de petits rinçoirs qui prolongent l'abreuvoir. Les hameaux des Brûleux, de la Lotière et de Rochefort possèdent chacun une fontaine-lavoir-abreuvoir en pierre de taille. Celle de Rochefort, dite la Romaine, blottie dans les bois.

La fontaine de Rochefort rénovée par les chantiers de jeunes de Beaumotte

Une piscine !

À l'entrée du village en venant de Boult, un équipement « clean » et insolite pour une aussi petite commune : la piscine de plein air de 25 m. Mais elle est intercommunale !

Ouverte de juin à septembre

L'association «Coq sans tête»

Comme pour positiver le surnom de la Haute-Saône, ou Haute-Patate, l'association du Coq sans tête avait donné ce nom à la fête du village au milieu des années 1980. Pour fêter l'an 2000, le comité des fêtes, les Chaux du coq, reprit l'idée en collaboration avec l'association des producteurs de pommes de terre de Franche-Comté qui profita de l'occasion pour lancer son label régional, «la Champcomtoise». Et depuis ça dure ! Des animations diverses, concours d'épluchage, course de brouettes, concours de porteur de patates, l'écrase-patates, un champ de 20 ares présentant de nombreuses variétés de pommes de terre à arracher avec des machines et des chevaux, un atelier de dégustation, un marché de produits fermiers et toutes sortes d'animations, jeux, spectacles, feu d'artifice… tout cela attire quelque 4 000 personnes le deuxième dimanche de septembre. Les pommes de terre arrachées sont vendues au profit du Comité des fêtes. Par ailleurs, les 7 ou 8 producteurs comtois vendent leur production, plusieurs tonnes en une journée.

La champcomtoise : le label laisse le libre choix des variétés mais impose un mode de culture limitant les traitements, les engrais, la périodicité de plantation…

CHAUX-LA-LOTIÈRE

Métiers d'art

À Rochefort, dans son atelier de création et fabrication de vêtements baptisés Indra, Rachel Choix privilégie les étoffes naturelles.
Tél. 03 84 91 74 72
amagalerie.com/r.choix

Le coq sans tête

CIREY-LÈS-BELLEVAUX

Dans l'un des trois hameaux, Bellevaux, le château construit au 18e et les communs restent à peu près les seuls éléments dans le périmètre de l'abbaye fondée en 1119. Subsistent encore l'arche du porche, quelques pierres des logements des moines et le réseau hydraulique. Aujourd'hui propriété privée, elle ne se visite plus.

Saint Pierre de Tarentaise

C'est un cistercien qui donne au village son empreinte religieuse, notamment dans l'église du 18e, l'une des plus belles églises rurales de la région, avec son plan en forme de croix grecque, ses voûtes claires et harmonieuses, ses œils-de-bœuf. On y trouve de nombreux éléments de l'ancienne abbaye (stalles en bois, boiseries, retable, chaire, peintures). La belle Pieta, sauvée par les moines, ne fut retrouvée que 50 ans plus tard dans un grenier. À 2 km de Bellevaux, en direction de Chambornay, sous la croix Saint-Pierre, on trouve la source où, dit-on, il étancha sa soif. On attribue à cette eau des vertus surnaturelles. Inhumé à l'abbaye, le corps de saint Pierre fut dispersé. Bellevaux ne conserva qu'une partie du corps. Une autre est à Vesoul, un bras à Citeaux, une jambe à la Grâce-Dieu. La relique de Bellevaux fit longtemps l'objet d'un pélerinage.

Cirey-lès-Bellevaux

La pierre tombale de Jean de Vienne est conservée dans le presbytère de Bellevaux.

Chambornay-lès-Bellevaux ou Chambornay-lès-Pin ?

Là se situe une polémique d'historiens digne de celle d'Alésia. Le dictionnaire des communes de 1970 privilégie le second. On y a retrouvé des armes de l'époque, conservées au château de Vregille et plusieurs noms de lieux-dits y sont évocateurs : champ de la Guerre, champ de la Bataille, champ des Brigands, et un gros chêne marque encore le chemin des morts...

Un sculpteur réaliste !

Bien qu'il travaille surtout pour des commandes publiques, le sculpteur Pascal Coupot peut ouvrir son atelier de Cirey à la visite, sur demande. On découvrira avec le travail de la céramique, le raku en particulier, une autre facette du talent de cet autodidacte.
Tél. 03 84 91 25 67.

Cirey-lès-Bellevaux au hameau de Neuves-Granges

CIREY-LÈS-BELLEVAUX

Deux campings, un sur chaque rive de l'Ognon

La Vaivre
Aire de jeux, tennis, pêche, randonnée

Le Paquillot
Aire de jeux, tennis, pêche, randonnée
Point accueil jeunes
Chevaux, canoë

Tél 03 84 91 82 22 (Mairie)

COGNIÈRES

Un lavoir champêtre

Les deux fontaines ont disparu, de même que les puits à pompe abrités dans des colonnes de pierre de taille mais il reste un lavoir-abreuvoir insolite. Il a été construit en 1852 au fil de l'eau qui passe sous le pont de la route de Bouhans. Le lavoir était couvert mais seuls subsistent les bassins en pierre de taille qui servent aujourd'hui d'égayoir aux animaux.

On ne peut pas manquer, depuis la route de Montbozon, d'admirer pour l'exploit technique, l'imposant viaduc construit pour le petit chemin de fer vicinal à la fin du 19e siècle.

Le haut fourneau de Montagney

Elle faisait vivre 300 personnes en 1840 ! À hauteur de Cognières, dans l'une des rares incursions du département du Doubs, sur la rive droite de l'Ognon, la forge de Montagney blottit ses vieux murs au pied d'une colline de verdure. C'est le seul ensemble de vestiges qui donne une idée complète de la chaîne sidérurgique, implanté à proximité de toutes les ressources nécessaires : eau, bois, minerai affleurant du sol des minières à Bouhans ou Cognières, ou venu des mines de Rougemontot et Rognon, et même l'additif de fusion, la castine. La massive tour du haut fourneau est toujours là avec son gueulard et, à la base, l'orifice des soufflets qui aidaient à porter la température jusqu'à 1500 degrés, le four à cuve de 16m³ où on fondait et moulait des boulets de canon. On peut voir encore les logements des ouvriers, une pièce par famille ! À voir aussi une collection d'une cinquantaine de fourneaux fabriqués dans les fonderies de Haute-Saône.

L'ensemble est propriété privée, toutefois l'association des Amis de la Forge (AAFoM) travaille sans relâche pour la valorisation du site et assure des animations (fabrication de charbon de bois, journées du patrimoine…) et des visites guidées les jeudis en juillet et août et sur rendez-vous.

Tél. 03 81 86 99 52 (OT de Rougemont)

Haut fourneau de Montagney

CROMARY

Le pont qui enjambe l'Ognon et le barrage qui régule son cours en font une halte prisée des touristes (les Germaniques y retrouvent l'origine du nom du village, Grosmar). Outre un gîte rural, c'est surtout deux beaux campings contigus et complémentaires qui les accueillent dans un cadre verdoyant. Au camping de l'Esplanade, 50 places, location canoës et VTT. Le camping des Platanes a été rénové en 2008, remis aux normes, avec location de mobil-homes.

Le développement de la pratique du canoë ici tient peut-être à l'exploit du capitaine Lacrenon qui, dès 1883, partit du pont de Cromary, descendit l'Ognon, la Saône, le Rhône, jusqu'à l'étang de Berre.

Le lavoir sous la mairie à Cromary

Quelques maisons anciennes, le moulin, témoignent du passé, avec l'église Saint-Mathias. Celle-ci tient son originalité des deux chapelles qui élargissent la nef avant les bras du transept. Clocher porche à l'impériale, belle grille en fer forgé pour l'accès à la nef. Nombreux tableaux et un diptyque sur bois, panneaux sculptés ornent les différents retables.

L'ensemble du village est remarquablement fleuri avec trois fontaines, dont une alimente un lavoir sous la mairie. Celui-ci avec ses trois arcades, construit par Duret en 1830, a retrouvé dans les années 1990 une seconde jeunesse grâce à l'intervention d'un chantier de jeunes et de divers restaurateurs.

Souvenir

Au pont de Cromary, la tombe du Commandant Cornet évoque l'histoire du maquis de Vieilley, un noyau dur de la Résistance. De quinze à l'origine, ils étaient une quarantaine de maquisards en 1944. Le déraillement d'un train et d'un wagon de bonbons en gare de Merey-Vieilley fut un des hauts faits du groupe commandé par le capitaine Georges Molle.

DAMPIERRE-SUR-LINOTTE

Le martyre de saint Maimboeuf a marqué à jamais la vie du village. Ce missionnaire irlandais, disciple de saint Colomban à Luxeuil, a été assassiné vers l'an 840, près de la source Calebrunnia du village, par des batteurs vagabonds avec leur fléau. Cela pour le voler, mais il ne possédait qu'une écuelle, dont le bois doré brillait faussement, et une paire de gants en cuir ! Sa statue imposante domine une nef de l'église. Une autre est placée au sommet de la petite grotte de Lourdes aménagée sur les lieux de la source où on a construit la fontaine Saint-Maimbœuf. Mais surtout, à l'initiative de l'abbé Abel Garret, qui fut curé de la paroisse pendant plus de 40 ans, deux statues en bois d'une quarantaine de centimètres, tournent toujours dans les familles. Chaque année leur transmision donnait lieu à une grande cérémonie, souvent présidée par l'archevêque, avec procession depuis et jusqu'aux reposoirs aménagés à leur domicile par le tenant et le prenant. Une confrérie perpétue cette tradition lors de la messe du 23 janvier. Pour les filles, ce sont deux statues de l'Immaculée Conception qui tournent de la même façon.

L'église de la Nativité de Notre-Dame lui est donc dédiée. Reconstruite en 1850 selon un projet ambitieux mais élégant de type basilique, elle peut accueillir 400 fidèles. On y évoque aussi par un flacon de son sang le courage et la foi de l'abbé Claude François Galmiche, curé de la paroisse et prêtre réfractaire, véritable « résistant », exécuté à Besançon en 1798.

Une piscine intercommunale

Il y a 45 ans que Dampierre a sa piscine, un exploit pour une petite commune. Elle a été rénovée avec 4 bassins de plein air chauffés (grand bassin circulaire de 12 m, bassin tobboggan, bassin glissade, pateaugeoire).
Tél. 03 84 92 34 70 (ComCom de Montbozon)

La commune possède quatre fontaines, outre celle de Saint-Maimbœuf, les Quatre gouliches (jets en fonte dont il n'en reste que trois), celle de l'église avec une colonne cannelée et celles avec lavoir de Presle et Trevey.

ÉCHENOZ-LE-SEC

Malgré la proximité de Vesoul on est loin du village-dortoir. On montera au mont du Chanois, 468 mètres, pour une belle vue sur la vallée de l'Ognon. À la limite de Courboux, un dolmen, la Grosse Pierre, monument historique, a été édifié quelque 3000 ans avant J.C. (difficile à trouver). Deux points d'eau : la fontaine-lavoir du Morillon et la fontaine de la Vierge, avec un abreuvoir rond.

La fontaine Saint-Maimbœuf à Dampierre-sur-Linotte

ÉTUZ

Dans le canton de Marnay. Sur la route des retables, celui de la chapelle Sainte-Anne (16e) est exceptionnel : en pierre et albâtre, il représente en trois mises en scène la vie de la patronne du village, mère de la Vierge. Le groupe des deux femmes qui couronne l'ensemble est remarquable de finesse dans le détail des riches vêtements.

Visite - Tél. 03 81 57 71 56 (mairie)

Étuz

La fontaine (architecte Marnotte) frappe par son originalité avec ses deux lavoirs protégés par de véritables petits temples. Ils encadrent le ruisseau issu d'une résurgence. Un système de vannes permet d'en régler le débit. Monument classé et illuminé.

Le grenier du chineur

Le grenier de Jeanine Chatelain est rempli d'objets de toute sorte, échantillons eux aussi représentatifs du patrimoine régional.

Ouvert tous les après-midis et sur rendez-vous
Tél. 03 81 57 61 61 ou 06 08 22 48 84.

Antiquités et brocante

Arom 70 (association des revendeurs d'objets mobiliers anciens de Haute-Saône) regroupe depuis 1989 une dizaine d'antiquaires et de brocanteurs qui se retrouvent pour organiser foires et salons. Une brochure « chemins et sentiers de l'antiquité » est disponible chez chacun d'eux à Betoncourt-Saint-Pancras, Étuz, Fougerolles, Villers-Chemin, Liévans, Saulx-lès-Vesoul, Vesoul, Villars-le-Pautel.

Étuz

Filain

FILAIN

L'un des principaux sites touristiques du Pays des sept Rivières est fermé à la visite, au moins provisoirement. Le château de Filain avait subi un gros choc avec l'incendie de la grande galerie en 2004. La succession des Montornès, qui l'avaient acheté en 1980, n'a pu faire face aux difficultés de réaménagement et mise aux normes. Pourtant les Montornès, et Jeanne en particulier au décès de son mari, avaient fait un travail d'abeilles (le nid d'abeilles est la décoration emblématique du domaine) pour sa restauration. Les visiteurs étaient ravis, on y organisait des sons et lumières, des tournois de chevalerie…

La galerie relie deux éléments aussi intéressants l'un que l'autre :

- la maison-forte du 15è siècle, bâtie sur les fondations d'un château fort appartenant à l'abbaye de Bellevaux, bâtiment bordé de 4 tours rondes, défendu par des meurtrières et des fossés,

- la construction Renaissance ajoutée au 16è siècle avec ses tours carrées.

À l'intérieur, salle de chasse, salle de gardes, meubles espagnols, tapisserie d'Aubusson, cheminée monumentale, petite chapelle, salon Louis XVI, charpente en forme de coque de navire renversée…

À l'extérieur, la rivière traverse le parc, jardin botanique, verger, roseraie, volière, allée de buis du 16è siècle. On peut souhaiter que tout cela soit un jour à nouveau visible !

Le Général Marulaz

Connu comme le défenseur de Besançon en 1814 et 1815, Jean-François Marola, dit Marulaz, est enterré à l'ancien cimetière de Filain. Servant dans les hussards, il avait participé à la plupart des grandes batailles de Napoléon.19 blessures, 26 chevaux tués sous lui, le dernier à Wagram, sa bravoure lui valut le titre de Baron d'Empire, le grade de Lieutenant-Général et, bien sûr, la Légion d'Honneur.

Il avait acheté le château de Filain en 1808. Il y prit sa retraite, devint maire, jusqu'en 1831. Dernier fait d'armes : il tua en duel le marquis de Sorans, ancien émigré, commandant du département. Marulaz mourut d'une attaque d'apoplexie, à 72 ans, âge respectable pour un hussard !

Gravures, textes et peintures retracent son épopée dans une tour du château.

Lavoir sur la rivière

Le village possède trois autres châteaux ou maisons de maîtres. Devant l'église (18e) un tilleul vieux de plus de trois cents ans.

La Filaine (appelée un temps la Linotte) prend sa source dans le village. Un lavoir est aménagé sur le cours de la rivière, l'eau étant retenue par un barrage. Deux bâtiments bien entretenus se font face de chaque côté de la rivière et sont joints par une passerelle depuis 1855, selon les plans d'Humbert, architecte de Fouvent-le-Haut.

Auberge de l'Aïeule

Sur la route de Neurey, au carrefour des Monnins, l'auberge de l'Aïeule vous accueille dans un cadre de tout repos, en fin de semaine, sur réservation. Il n'y a plus de ferme mais les volailles du poulailler et les produits régionaux sont toujours sur la table.

Françoise et Georges Py - Tél. 03 84 78 31 07

FONDREMAND

Une foule de badauds –plusieurs milliers au total– qui déambulent pendant trois jours dans les petites rues rendues encore plus étroites par les échopes improvisées des potiers, sabotiers, sculpteurs, des chevaliers ressuscités qui ferraillent, des danseurs costumés venus des contrées ibériques ou germaniques qui virevoltent aux sons de leur fanfare, c'est ainsi que l'on découvre, pour la plupart, cette « Petite Cité Comtoise de caractère » à la faveur des traditionnelles journées artisanales et artistiques au 14 juillet.

Depuis plus de trente ans, le village se fédère autour du comité des fêtes et d'animation pour accueillir quelque 80 artisans et artistes qui dévoilent leur savoir-faire autour des granges et des caves mises à disposition par les habitants.

Mais goûtez aussi le charme d'une balade pas à pas dans les venelles redevenues sereines. Ce sera alors la découverte renouvelée des écussons, des fenêtres en plein cintre, de leurs meneaux, des frontons triangulaires, des tours-escaliers, des jardins en terrasse. Fondremand fut le siège d'une baronnie dès le 11e siècle, regroupant une vingtaine de villages, vassale du comte de Bourgogne, Frédéric de Barberousse. À voir : la maison Millet, l'hôtel Maublanc, la maison « espagnole », l'ancienne école, les pigeonniers ou encore le puits de la place des halles, reproduisant la Tour des vents d'Athènes.

Fondremand

Le château et son donjon

L'imposante masse du donjon surmontant la source de la Romaine reste l'emblème de Fondremand. Il fut longtemps le décor naturel d'un son et lumière qui contribua au renom du village. Perchée sur son rocher, cette tour quadrangulaire de 20 mètres de haut et 22 de large est le principal vestige du bourg castral du 12e siècle, dont on voit encore quelques remparts bien restaurés et leurs fossés.Un bourg défensif où la population venait se réfugier en cas de menace. Sa robustesse sans doute le préserva des méfaits de la conquête française de la Franche-Comté. Une salle du premier étage a seulement trois meurtrières, l'approvisionnement en eau facile avec la source immédiatement souterraine, garde-manger, cachots, deux latrines qui évacuent directement sur l'extérieur, un mur de soutien qui sépare le bâtiment en deux, de bas en haut des cinq étages.

Si certains planchers et escaliers ont disparu, une tourelle construite au 15e siècle abrite un escalier à vis qui permet d'accéder à une magnifique charpente de huit mètres de haut, en chêne, dont la restauration récente a constitué un véritable exploit.

Le donjon de Fondremand

Dans la cour qui donne sur la Romaine, trois autres bâtiments : des écuries du 19e remarquablement fonctionnelles et entretenues et deux bâtiments contigus, dont un du 15e avec une cuisine (cheminée monumentale) et une petite pièce, chapelle sans doute, toutes deux voûtées en croisées d'ogives.

Musée d'histoire populaire : le troisième étage du donjon abrite une collection d'objets familiaux, artisanaux, agricoles, jouets, marionnettes, rassemblés pour la plupart par l'abbé Michel Bobiller, un personnage qui, tout au long de ses 50 ans de ministère dans le village, s'est investi pour ses paroissiens et la sauvegarde de leur patrimoine culturel.
Visites guidées du château sur rendez-vous toute l'année.
Renseignements sur le site http://perso.orange.fr/château.fondremand

L'église

Non loin du château, nichée dans un enclos qui abrite le cimetière, l'église date du 12e siècle mais présente des dimensions restreintes, associant roman et gothique, plein cintre et ogive. Le clocher a été accolé au 16e siècle. Le portail, surmonté d'une rosace, est remarquablement conservé, avec une archivolte reposant sur deux têtes sculptées. La nef présente quatre baies romanes, un arc triomphal en ogive ouvre sur le chœur aux travées voûtées aussi en ogive.

La source de la Romaine

À la fois généreuse et mystérieuse, la Romaine jaillit sous le donjon, venant des gouffres karstiques. Le site a été aménagé en plusieurs étapes et fournit un lieu de réunion et de fête. La fontaine-lavoir en pavillon conçue par Pierre Duret avec quatre baies frontales, date de 1831 et rappelle la tour des vents d'Athènes ; le bassin, d'abord abreuvoir, a été aménagé en 1972 pour permettre des activités ludiques.

La Romaine

FONDREMAND

L'Amphitryon

Dans l'ancien presbytère, les sympathiques amphitryons nous ont ménagé un accueil chaleureux dans un cadre authentique où ils servent une cuisine traditionnelle et régionale à des prix abordables, midi et soir, tous les jours sauf le jeudi. Comme elle est musicienne dans l'âme, elle organise des soirées à thème avec animations, chansons, dégustations...
Tél. 03 84 78 99 10

FONDREMAND

L'huilerie moulin

Lorsque, gamine de dix ans, Claudie découvre ce site, 104 mètres exactement en aval de la source de la Romaine, elle en tombe amoureuse. C'est un hangar aux fenêtres murées ; même le canal est comblé. En 1985, la prof de musique qu'elle est devenue achète et découvre quelques vestiges de bois. En 2004, le moulin, dont elle a appris dans ses minutieuses recherches qu'il était déjà en activité en 1201, fonctionne à nouveau. Une meule de 800 kg, un gisant de 1200, tout en pierre haut-saônoise de Gy, une roue en chêne de 6 mètres « à la gentille » –qui obéit au débit– montée aves les secrets des Compagnons charpentiers. Ardente bâtissseuse, avec son mari, la prof peut alors se faire meunière !

Mais elle n'a pas oublié la pédagogie. Avec le visiteur, avec les écoles pour lesquelles elle organise jeux et travaux pratiques, Claudie fait revivre le lieu et les méthodes artisanales, dévoile les secrets de l'huile de noix qu'elle fabrique à façon, comme de sa quinzaine de farines issues de la production d'un agriculteur bio de Cintrey (100 tours de meule, une heure pour un kilo de farine, 1250 noix entières, pour, onze heures plus tard, un litre d'huile vierge en première pression à froid...)

À découvrir aussi, au gré des saisons, jus de pomme, chatelot, baluchon, confitures, thé de la Reine, tisanes, produits du terroir, agrémentés par la chaude convivialité de ce lieu d'échanges unique.

L'huilerie moulin
Ouvert toute l'année, sauf le lundi
Tél. 03 84 78 25 67
claudie.jfmoulin@wanadoo.fr
Site : www.artisan-comtois.com

La fontaine-lavoir abrite la source de la Romaine à Fondremand

FONTENOIS-LES-MONTBOZON

C'est vraiment la commune aux fontaines : de sept, il en reste quatre dont trois encore alimentées en bordure de la grande rue. L'eau dans des canalisations reliant les fontaines faisait tourner jusqu'avant 1939 le moulin Gaillard. La plus spectaculaire, la fontaine du milieu, est l'une des plus belles du département : lavoir circulaire construit au fil de l'eau de sa propre source ou plutôt résurgence, double toiture en dôme couverte de plaques de fer blanc puis de zinc reposant sur des colonnes doriques monolithiques. La fontaine du haut est originale avec un bassin séparé en deux, abreuvoir et lavoir, aux extrémités en demi-cercle.

Le village eut sur les hauteurs son château au Moyen-Âge. On a repéré par avion les fossés et les bornes au lieu-dit «Sur Jonc» et les archéologues ont trouvé poteries, cendres, plates-formes sur deux niveaux, ce qui supposerait deux constructions successives. Le village possède encore trois maisons anciennes, dont une avec une tour de 1631.

Fontenois-les-Montbozon

LA BARRE

Dans ce petit coin de villégiature, la chapelle avec portail de style ogival abrite des objets de valeur. Pour le reste, on profitera d'une belle vue sur le château de la Roche sur la rive doubienne de l'Ognon.

Le château est une propriété privée mais on peut le voir lors d'expositions qui y sont organisées. C'est un ensemble réparti sur trois cours, construit en 1558 et 1601. À l'intérieur du logis sont conservés la chapelle, des plafonds à la française, des cheminées à hotte. Le soubassement voûté de l'aile, la tour du pigeonnier, des bâtiments annexes, les fossés sont d'époque. Le domaine hébergea successivement une sucrerie, une fromagerie, une ferme-école.

Le château de la Roche vu depuis La Barre

LARIANS-MUNANS

Site le plus proche des mines de fer de Rougemontot et qui s'avance dans un méandre de l'Ognon comme une enclave dans le département du Doubs, le village de Larians abrita l'une des principales forges de Haute-Saône. C'est aussi le seul à avoir conservé sur le même lieu, près du barrage, une importante activité métallurgique aujourd'hui, grâce à la société de Fonderie de Treveray, un groupe de Lorraine.

Même s'il déploie son élégance sur la verdoyante rive doubienne de l'Ognon, le château d'Ollans est indissociable de l'histoire de Larians et témoigne du rang social des maîtres de forge. Aujourd'hui, la famille Ferjeux-Lab a redonné vie à ce petit trésor en l'ouvrant à des concerts et pour les journées du Patrimoine. Sur les murs d'un escalier de l'aile droite, une fresque reste la seule image des forges de Loulans et Larians au 19e siècle, aux côtés de celles du parc de Chaillot à Paris, propriété également de la famille Derosne.

Académie d'instruments anciens et chant

Le comité d'actions musicales et artistiques (CAMA) et l'association Ad Libitum organisent en juillet un stage international qui met aussi en valeur, de chaque côté de l'Ognon, la belle architecture du château d'Ollans (ouvert seulement à cette occasion) et de la chapelle de Larians.

Larians-Munans

LARIANS-MUNANS

Un pont bienvenu

Le pont sur l'Ognon, qui en même temps délimite les deux départements et relie les deux communes, ne fut construit que sous la pression d'un événement. Dans les années 1850, le cocher du maître de forges Justin Derosne rentrant de nuit s'était endormi et son équipage s'engagea à l'aveuglette sur le bac. On ne retrouva que le lendemain cocher et chevaux noyés dans la rivière. Justin Derosne décida immédiatement la construction d'un pont qui fut achevé en 1867 et qui a aujourd'hui toujours belle allure.Une plaque au milieu du pont délimite les deux départements.

Église amputée

Curieuse église à Larians (rue… Sully-Prudhomme) : sans doute en raison du surplomb au-dessus de l'Ognon, l'édifice très ancien n'a qu'une aile de transept et son chœur n'est pas dans le strict prolongement de la nef. Une cloche de 1514 est classée ; à l'extérieur, le long de l'unique branche de transept, un mausolée orne la tombe du maître de forges Bernard Derosne, décédé en 1866, à 78 ans.

Robert Schad

Le chorégraphe de l'acier

Si le sculpteur allemand né à Ravensburg en 1953, Robert Schad s'est installé ici, c'est que la nature haut-saônoise lui a paru correspondre tout à fait à son idée de l'art : sa sculpture est un être vivant et elle doit s'intégrer à la nature. Ainsi les œuvres installées dans le parc qui borde la route de Munans prennent toute leur ampleur monumentale. Quand il répond à une demande publique, il dit : « mon acier cherche son thème dans la relation du corps humain et de l'espace ». Quand il installe une exposition il procède « comme s'il s'agissait d'une chorégraphie ».

Visite sur demande : Robert Schad - Tél. 03 81 86 13 97

Larians s'est taillé une belle réputation avec sa fête des sports, organisée par l'association sportive et culturelle des Graviers qui compte 200 licenciés. C'est un grand rendez-vous des footballeurs régionaux, fin juillet.

Des gîtes communaux

Sur les anciens coteaux exposés plein sud à Larians, « la côte de la vigne », un grand projet touristique est mené par la commune : une cinquantaine de places d'hébergement dans trois gîtes de groupes, avec un pôle de service (magasin de dépannage et produits régionaux, point restauration...). Pêche, canoë-kayak, sentiers de randonnée, location VTT, jeux d'enfants, courts couverts de tennis, terrains de volley, football et handball, salle de réception.

Complexe touristique de La Côte de la Vigne. Tél. 03 81 85 44 90
www.gites-larians.com

LA MALACHÈRE

Fontaine-lavoir de La Malachère

L'une des trois fontaines-lavoirs, la belle fontaine du Bas, ronde à quatre arcades, est représentée en miniature au musée des Maisons comtoises à Nancray, dans le Doubs. Hommage aux tailleurs de pierre, construite en 1831 par P. Duret, elle évoque les rotondes du marché romain découvert à Leptis Magna. Duret a construit aussi les deux autres fontaines.

Terroir
Poulets, œufs, poussins.
Jérome Tisserand - 70 grande rue
Tél. 03 84 91 94 57

LOULANS-VERCHAMP

Château de Loulans-Verchamp

Les communes ont fusionné en 1970. À Loulans « les-Forges », la fonderie et les forges (16e) ont laissé place à l'entreprise Marcillat qui, rachetée par Besnier-Lactalis, maintient la tradition gastronomique régionale de la cancoillotte sous la marque Landel puis, aujourd'hui, Président. Une quarantaine d'employés la fabrique toujours sur place, ainsi que la préparation de fondue en sachets (pas de visite ni de magasin d'usine).

Le château Renaissance, construit à proximité du château médiéval, abrite une maison de repos.

Le peintre Louis-Auguste Girardot (1856-1933) est né à Loulans. Formé à l'école de Jean-Léon Gérome, portraitiste, paysagiste, il est réputé pour ses scènes de genre sur la vie au Maroc. Plusieurs de ses toiles sont au musée de Vesoul.

À Verchamp, le lavoir (1805) a été reconstruit en 1843 par Lebeuffe et Renahy, avec des piliers de pierre en façade.

La ferme du tracteur

Vraiment insolite ! Dans ses hangars, granges et autres remises, Michel Bouchaton entrepose quelque 120 tracteurs, deux machines à vapeur, des machines agricoles, des outils de toutes sortes. Joyaux de ce sympathique capharnaüm pourtant bien répertorié : la première faucheuse-javeleuse de 1891, un motoculteur Centaure de 1910, deux tracteurs américains de 1918… et le Vierzon 302, premier tracteur utilisé par Michel pour sortir du bois en 1966.
Visite le dimanche et sur rendez-vous - Tél. 03 84 68 30 27

LE MAGNORAY

Loisirs : Association « Le petit magnoray », culture et sport.

LOULANS-VERCHAMP

Tir à l'arc
Association des bords de l'Ognon,
Tél. 03 84 68 31 26 (Mairie)

Village de Maizières

MAIZIÈRES

Arrosé par la Romaine, le village possède deux fontaines-lavoirs de pierre à peu près semblables, de Lebeuffe et Renahy. On remarque la borne-fontaine de la place du Tilleul avec vasque et pile de jet en fonte de la Romaine, surmontée d'une statue.

Une particularité pour l'église classée : elle a été retournée lors de sa reconstruction en 1715 et 1770 ; le clocher roman à la croisée du transept devenant clocher-porche. On voit encore deux petites fenêtres bigéminées romanes. Saint Georges, patron de la paroisse figure au centre du grand retable. On verra aussi les deux pierres tombales relevées dans le transept droit. Il reste des vestiges d'un important château qui aurait occupé trois hectares ; fossés et tour carrée à trois étages, 25 m de haut.

Le village a connu une importante activité métallurgique avec haut fourneau et forges. Reste aujourd'hui moulin et scierie.

Le bois de la Pourrière, qui culmine à 436 mètres, est le toit du Pays riolais.

MONTARLOT-LÈS-RIOZ

Restaurée en 2006, mise en valeur dans un cadre aéré au pied de l'église et du château haut perchés, la mairie-lavoir forme un ensemble conçu comme tel dès l'origine en 1839, avec aujourd'hui l'école en plus. C'est encore une œuvre de Renahy père, ici avec Lebeuffe. Le lavoir est accessible par deux entrées et s'éclaire par trois grandes baies sur la place publique. Le bassin de l'abreuvoir en pierre a été refait en fonte en 1866.

Le village tient son nom de la présence dès le 12e siècle, au lieu dit «l'Abbayotte», d'un couvent de cisterciennes. De l'activité métallurgique demeure l'usine de tréfilerie qui produisit jusqu'à 20 tonnes de fil de fer en 1790. Aujourd'hui on y enfile... des saucisses dans une fabrique de charcuterie (en passant sur le côté on peut admirer la charpente). L'étang est privé.

Le château des maîtres de forge, les de Chaffoy (18e), a accueilli pendant quinze ans un relais-musique mondialement connu pour des résidences et des enregistrements. Il est désormais privé.

Montarlot-lès-Rioz

Les quinze chapelles

L'église Saint-Maurice a remplacé en 1754 la dernière d'une série de quinze chapelles disséminées sur le territoire. C'est Étienne de Montarlot, dont on peut voir la pierre tombale, qui les fit construire. Il avait fait le vœu d'aller à Jérusalem si son père, compagnon de Charles le Téméraire conservait la vie sauve au siège de Nancy. Ce fut fait et Étienne en rappporta quinze peintures et il bâtit une chapelle pour chacune. Dans la dernière fut déposé un morceau de la Croix et chaque Vendredi-Saint, les membres d'une confrérie allaient à la station pieds nus et corde au cou. Le rite et la relique ont disparu !

À l'entrée du sanctuaire, une statue de saint Joseph en terre cuite polychrome de Boult.

MONTBOZON

Le village serait né au 10e siècle avec la création sur la bute d'une résidence fortifiée. Un livre d'heures richement enluminé de Catherine de Montbozon (1389) est conservé à la bibliothèque de Vesoul. Le château du 17e siècle ne se visite pas.

La maison des Jésuites

Le bourg conserve des maisons des 16e, 17e et 18e siècles, dont, au nord, la Maison Bouday, classée en 1996. Raymond de Mesmay la fit construire en 1567 puis en fit don aux Jésuites, qui la conservèrent jusqu'à la Révolution. Elle appartient à la famille Bouday depuis 1833 et la génération actuelle a entrepris un gros travail de restauration. Mur d'enceinte et tours défensives et la façade du logis sur cour Renaissance sont visibles de l'extérieur en permanence. L'intérieur, où on voit à nouveau la pierre, est une splendeur : cave et ancienne cuisine voûtées en croisées d'ogives, cheminée du 16e, larges escaliers en pierre, charpente monumentale (trois hauteurs de poinçon), collection de crucifix réunie par le général Henri Bouday, l'actuel propriétaire, armes, rabots, meubles... Les visites de l'intérieur ne sont possibles que sur rendez-vous.

Tél. 06 63 28 26 30.

La fontaine du Cygne de Montbozon

MONTBOZON

Le château de Montbozon

La fontaine du Cygne

À ne pas manquer, la très belle fontaine du Cygne (1828, architecte Louis Moreau, celui des thermes de Luxeuil), sur la D26, le long du mur du château. Son style rappelle les « fabriques » des jardins anglais. Le temple du puisard est en grès des Vosges, rarement utilisé dans cette région. Il est ouvert sur les quatre côtés et le jet sort du bec d'un cygne de fonte. Le lavoir est demi-circulaire, une terrasse sur six colonnes protège la galerie des lavandières.

Longtemps le village de Montbozon n'eut pas sa propre église paroissiale ; on allait à Thiénans. L'église actuelle est un aménagement de la chapelle des Dominicains qui avaient installé une communauté au 15e siècle dans un couvent, la cure aujourd'hui. Dans l'église, les petites fenêtres romanes de l'abside témoignent d'une période transitoire avec les grandes baies du chœur gothique. Les 16 stales en chêne, sculptées de miséricordes, sont du 16e. Au-dessus du petit autel de droite, une toile du 18e représente le martyre de saint Sébastien, percé de flèches, dont le couvent conservait des reliques. Une grande foule de pélerins y rendit dévotion depuis le 16e siècle.

Base touristique

Au bas du bourg, sur une île de l'Ognon, se trouve une base touristique : camping (120 places). Activités encadrées : canoë-kayak, course d'orientation avec GPS, tir à l'arc, à la sarbacane, VTT, parcours acrobatique à l'Acro'cimes parc, dans la forêt de Thiénans.
Plein Air et Nautisme (organisation commune avec la base de Villersexel).
Tél. 03 84 20 52 26. Site www.pan-sarl.eu
Pour les individuels, camping municipal en face de la base

L'ancien magasin des biscuits de Montbozon

Les biscuits de Montbozon

L'histoire dit que le village accueillit à la mort de Louis XVI un nommé Guichard qui se réfugia à l'hôtel de la Croix d'Or. Cet excellent chef connaissait une recette pour confectionner de délicieux biscuits servis jusqu'alors à la table royale, d'où la mention « le Roi des desserts, le dessert des rois ». Avant de mourir, l'ex-cuisinier de sa Majesté légua son savoir à la famille Lanternier qui l'avait hébergé. La recette fut brevetée en 1857. Avant la guerre 14-18, les Lanternier en concédèrent l'exploitation à Jules Ventron. Ainsi fut créée par courtoisie vis-à-vis du fondateur la « Biscuiterie Lanternier » que gère aujourd'hui sa petite-fille, Frédérique Cusenier. Si la Croix d'Or existe toujours, si l'ancien magasin de vente porte toujours les plaques en émail, l'entreprise de 7 employés a été déplacée en 2005 à l'extérieur du village sur la route de Vesoul et ne se visite pas, mais on y vend les biscuits. Cette gourmandise n'est pas sans rappeler le biscuit à la cuiller, avec un goût particulier dû aux arômes secrets (fleur d'oranger et autres ?). Autres spécialités, une variété de macaron aux amandes, le massepain et les « gourmandises ».

Vente des biscuits : 40 rue des Chenevières

Du lundi au samedi, sauf lundi matin. Et par correspondance. - Tél. 03 84 92 32 02.

La Maison Familiale Rurale

La Maison, installée dans l'orphelinat fondé en 1849, accueille des groupes (150 lits) et notamment des jeunes en formation par alternance dans l'agriculture.

NEUREY-LÈS-LA-DEMIE

L'ancien château abrite une maison de retraite de 170 lits gérée par le Conseil Général avec 150 employés. Ce château a été reconstruit en 1682 après avoir été incendié. Deux tours couvertes en pavillon, la grille d'entrée en fer forgé, les armoiries des propriétaires successifs, la chapelle du 19e prolongeant le bâtiment évoquent le passé. Comme à l'époque elle n'était pas assez grande, on a construit, non loin, l'église Saint-Rémy avec ses trois nefs et son clocher pointu.

NEUVELLE-LÈS-CROMARY

La source abondante des Ermites, utilisée par Renahy pour installer le lavoir en 1856, rappelle l'activité artisanale du moulin de Malgerard, ancien moulin à grains, puis atelier de sabotier. Un artisanat représenté aujourd'hui par une imprimerie sur tissu. Nathalie Gimbel-Macias réhabilite un procédé du passé (écran de nylon tendu sur un cadre métallique) pour réaliser des créations artistiques.

Tél. 03 84 91 97 49 - Email : gimbel.nathalie@wanadoo.fr

OISELAY-ET-GRACHAUX

La fontaine-lavoir dont le grand temple à 12 pilastres fait penser à l'architecture des villas italiennes avec sa façade dite à « serlienne » (arche encadrée de deux baies droites).

L'église de la Décollation de saint Jean-Baptiste, construite en 1705, est riche de retables baroques somptueux. L'église et 13 tableaux sont classés.

La fontaine-lavoir à Oiselay-et-Grachaux

La Romaine

ORMENANS

Lavoir à restaurer

La fontaine-lavoir du bas, construite en 1829 par Grisel, est reconnue comme la première dans le département à utiliser des colonnes en fonte à chapiteaux palmiformes pour soutenir la charpente. Originalité aussi, les deux pavillons symétriques qui encadrent les bassins de l'abreuvoir et du lavoir. Une restauration bénévole a commencé.

Un monument pour la LGV

La Linotte passe sous un petit pont de pierre. La LGV, elle, a droit à un spectaculaire viaduc. Venant de Loulans, on ne peut le rater : ses hautes jambes coupent l'horizon au-dessus de la vallée, 150 m à peine après le village. Les constructeurs sont venus au plus près de la zone de 500 m réservée ; l'ouvrage ne s'intègre pas si mal au paysage. Avec ses 362 m de long et ses 40 m de haut ce n'est pas le plus long mais le plus haut des six viaducs du tronçon haut-saônois. Le tablier (13 m de large, 1400 tonnes) a été glissé d'une pile à l'autre à une vitesse de 20 km/h. 7 piles en forme de jambes, 11 000 m^3 de béton, 50 m de portée entre chaque pile. Il voisine avec le viaduc de la Quenoche sur le territoire de Loulans (420 m de long). Deux constructions aussi énormes que le train franchira en à peine huit ou dix petites secondes chacune, à 320 km/h. Et cela à cause d'aussi petites rivières...

La réalisation de 76 autres ouvrages a entraîné un travail de protection de la bio-diversité, très riche en Haute-Saône, comme par exemple l'aménagement de tunnels ou crapauducs pour les grenouilles...

Le viaduc de la LGV à Ormenans

PENNESIÈRES-ET-COURBOUX

Il faut monter tout en haut du village pour voir une curiosité : le cimetière circulaire. Entouré d'un beau mur, son entrée est gardée par deux tilleuls de près de 200 ans. Son architecte, le dolois Attiret, dessina également les plans de la grande fontaine (1823) et de la fontaine de la Goula. Dans la première, proche de l'église, le lavoir est abrité par une maison à la façade en pierre de taille, inspirée de l'architecture pompéïenne. À méditer, la maxime gravée en latin que l'on peut traduire ainsi : « Les lueurs de nos jours s'éteignent comme l'eau qui s'enfuit ».

Une cloche de l'église est classée. Les élèves de l'école avaient en 1995 aménagé non loin du cimetière un arboretum qui mériterait un suivi... En allant vers le hameau de Corboux, on a découvert trois tombes du chalcolithique (2000 ans avant J.C.), marquées par un dolmen. À Corboux un autre tilleul daterait de la Révolution.

L'hydrologie est spectaculaire. La font de Corboux est un goufre de dix mètres de profondeur et cinquante de diamètre. On entend le bruit du ruisseau qui trois cents mètres plus loin passe dans un autre puits, aux Prés Vierge. Quand il a beaucoup plu, les puits se remplissent et l'eau coule à flots jusque devant Pennesières où elle peut s'étendre sur 80 m de large et plus d'un mètre de haut. Une précision : on écrit Pennesières avec un seul « s » mais on prononce «Pennecière», comme la première ortographe du nom, lieu où le panic, le millet des oiseaux, pousse bien.

La cimetière circulaire de Pennesières-et-Courboux

QUENOCHE

EARL Roussey

Le couple Roussey et son associé, agriculteurs du village, organisaient déjà la vente-cueillette des framboises dans leur champ visible depuis la RN 57. Ils se lancent maintenant dans la culture de la pomme de terre, prenant le relais des Vergers de Rioz sous le label de «la Champcomtoise».

Tél. 03 84 91 88 51

RIOZ

Idéalement situé en bordure de la RN 57, à égale distance de Besançon et Vesoul, le chef-lieu de canton est en pleine croissance. Il est devenu un centre économique. Ainsi le chemin de fer n'arriva ici qu'en 1911. La gare, inaugurée le 23 juillet par Jules Jeanneney, fut désaffectée 24 ans plus tard et démolie en 1974. Aujourd'hui la place de la gare est devenue place du Souvenir français et on y a transféré le monument aux morts.

Raiol, Ruio, Rayol sont les noms successifs que l'on trouve dans les textes aux 11e et 12e siècles, bien avant donc l'arrivée des Espagnols, la rivière la Buthiers n'ayant rien du rio Grande ou de Janeiro.

Le carnaval de Rio…Z

Le rapprochement paraît aujourd'hui facile mais il fallait une bonne dose d'humour et surtout d'audace. C'est dans le cadre de leur formation que cinq élèves de la Maison familiale de Rioz ont relancé le carnaval en 1995 sur le thème des métiers.

Deux éditions avaient déjà eu lieu en 1930 et 1950 et le Foyer rural avait organisé un bal costumé de 1965 à 1978. En 1996, quatorze associations et commerçants ont pris le relais sur le thème des contes et l'année suivante naissait le comité carnaval du Pays riolais. Avec le renfort d'associations du canton et de groupes musicaux il est devenu, chaque mois d'avril, l'un des principaux carnavals de la région.

Carnaval de Rioz

Les Jeanneney

Carnaval de Rioz

Avec la saga des Jeanneney, Rioz bat un petit record, celui d'avoir fourni jusqu'ici trois ministres à la République. Pour un bourg qui a attendu le 21e siècle pour dépasser les 1 500 habitants, c'est pas mal !

Le buste de la République, exécuté par Injalbert, orne toujours la colonne installée sur le parvis de la mairie. C'est Jules Jeanneney qui avait voulu, lors de son inauguration en 1914, célébrer l'idéal républicain. Jules Jeanneney fit donc basculer le département à gauche. Il fut même président du Sénat et ministre d'État.

Le lavoir et l'église de Rioz

Son fils, Jean-Marcel, né en 1910, professeur à l'Université, prit le même chemin de la politique, fut également maire de Rioz (de 1967 à 1988) mais dans la fidélité au Général de Gaulle dont il fut ministre de l'Industrie, ministre des Affaires sociales, chargé de la réforme régionale. Le Général rendit d'ailleurs plusieurs fois visite à son ami à Rioz… C'est quand il devint ministre de l'Industrie que Jean-Marcel Jeanneney choisit comme directeur de cabinet un certain Raymond Barre.

Descendance directe à nouveau, l'un des sept enfants, Jean-Noël, également professeur d'université, historien, écrivain, devint ministre de François Mitterrand, à l'information, après avoir dirigé Radio France. Il fut président de la Bibliothèque Nationale. La maison familiale niche toujours au fond de son parc à la sortie vers Vesoul.

Photo historique

Rioz a eu en 2008 le privilège rare de pouvoir réunir les cinq maires qui se sont succédés depuis quarante ans : Jean-Marcel Jeanneney, Pierre Guillaume (88-94), Yves Krattinger (natif de Boult qui fut aussi maire de Chaux-la-Lotière de 82 à 94 avant de devenir sénateur et président du Conseil général), Roger Robinet, Michel Walliang (depuis 2008).

La mairie de Rioz

60 ouvriers à la faïencerie !

Il y eut jusqu'à 60 ouvriers à la faïencerie de Rioz, installée en face de la piscine actuelle. Après la fermeture en 1912, les bâtiments ont été rasés et deux habitations ont été construites à la place. Des moules sont encore conservés par les nouveaux propriétaires. Quelques pièces sont exposées aux musées de Gray et de Champlitte. Le style riolais était caractérisé par un émail blanc brillant et un fin liseré bleu. À son apogée, vers 1840, l'établissement de Rioz faisait tourner dix fours et produisait quelque 200 000 pièces par an. Son patron, Émile Peignot recevait beaucoup, des personnalités comme Alexandre Dumas, pour faire connaître ses produits dont le « chou de Rioz », un pot à deux anses dont les parois rappellent les feuilles de chou.

Le hameau de Dournon eut aussi sa faïencerie qui employait une cinquantaine d'ouvriers au 18e siècle.

Marché en marche

L'Union commerciale a relancé l'organisation d'un marché local de 15 h à 20 h le vendredi sur la place du Souvenir Français, l'ancienne place de la gare, devant la Maison de Pays, Office du tourisme, où l'Union commerciale a un bureau.

On y trouvera notamment une spécialité locale, la saucisse riolaise : profitant de la renommée de la cancoillotte riolaise et des patates de chez Costille, le boucher du cru, Frank Pouget, l'a créé dans les années 80. À la chair à saucisse, il ajoute donc cancoillotte et pommes de terre.

De l'eau « thermale »

4 lavoirs, 2 fontaines à colonne au total des communes de Rioz, Anthon, Dournon, Les Fontenis associées ou réunies. Au chef-lieu, les deux lavoirs ont été construits sur le ruisseau par P. Duret en 1833, le premier pour 40 femmes, le deuxième pour 20. Ils ont bénéficié de travaux pour dégager plusieurs arcades qui avaient été bouchées et ont retrouvé clarté et élégance. Jean-Marcel Jeanneney a dit un jour que l'eau de Rioz valait bien une eau thermale. Le Rapigney et le Noirfond (qui prend sa source sur le site de l'ancienne laiterie au Lotissement du Moulin) se rejoignent pour former le Buthiers.

Tourisme et loisirs

Le lac de la Faïencerie, creusé en 1973, a permis de renforcer considérablement l'offre d'accueil, presque au cœur du bourg.

La piscine de plein-air, construite en 1978, réhabilitée en 1999, un bassin, une pataugeoire, un toboggan, une aire de repos en herbe, jeux pour enfants.

Ouverte de juin à septembre. Tél. 03 84 91 84 98 (OT du Pays des sept Rivières)

Le lac de la Faïencerie à Rioz

RIOZ

Autres activités :

Parcours santé, mini-golf, pêche, randonnées balisées. Un camping de 56 emplacements, dont huit grand confort et six loisirs. Un plateau sportif (ping-pong, basket), une salle (baby-foot), un terrain de volley complètent le site.

Tél. camping : 03 84 91 91 59

E-mail : mairiederioz@wanadoo.fr

Pour l'ensemble, voir l'Office du tourisme : Tél. 03 84 91 84 98

La cancoillotte de Rioz

C'est encore Jules Jeanneney qui a fondé la coopérative laitière en 1910. On y a fabriqué depuis ce temps la cancoillotte qui allait devenir une référence sur le plan régional. On en fit jusqu'à 16 000 pots de 250 grammes par mois. Un lotissement est à la place de la fabrique disparue.

Les vergers de Rioz

Didier Costille, l'horticulteur des Jardins de Rioz, ouvre ses vergers au public pour une cueillette libre-service de ses fraises (juin), cerises (juin, sans échelle) et pommes (de fin août au 15 octobre). Téléphoner pour connaître les jours de cueillette.

Le même, aux Jardins de Rioz, offre les végétaux de sa pépinière, les fleurs et plantes de son horticulture, la création de massifs et de plantations, les sapins de Noël.

Tél. 03 84 91 99 58. Email : didcost@club.internet.fr

RIOZ

Les copains d'abord à Anthon

C'est vrai il faut y aller avec les copains. Mireille vous accueillera dans sa maison de village réaménagée avec goût à l'ancienne pour une salle de restauration modulable, intime d'abord mais pouvant recevoir jusqu'à 70 convives. Sa cuisine régionale valorise les produits de saison (grenouilles, filets de carpe…) mais elle sait aussi travailler le jambon, le saumon, la truite. Belle collection de whiskies.

À 4 km de Rioz sur la route de Montbozon

Tél. 03 84 91 83 80

ROCHE-SUR-LINOTTE-ET-SORANS-LES-CORDIERS

Le Domaine de Roche, dont le château a été entièrement rénové, au cœur d'un grand parc aux arbres centenaires, accueille séminaires, réceptions, familiales, touristes (six appartements et douze chambres) pour 70 personnes. Au pied de l'église, au beau clocher comtois avec lanterneau.

Tél 03 84 68 70 00

Site : www.château-de-roche.com

Dans les bois de Roche une petite tour et des souterrains communiquent avec le château de Filain.

À Sorans, après le pont ancien sur la Linotte, le moulin de Faverge héberge un élevage de chiens Saint-Bernard.

Le château de Roche

RUHANS

Au carrefour, une grosse scierie (35 employés) renommée pour ses découpes de chêne. Il faut alors quitter la vallée de la Quenoche (qui alimentait trois moulins) pour monter au village et découvrir l'église de1789, en pierre comtoise bien restaurée et au clocher-porche surmonté d'un toit à quatre pans en zinc, d'un lanternon et d'une grande croix. Le mobilier de l'autel en cuivre est estampé du 18e.

Millaudon, l'un des trois hameaux, bénéficie d'un lavoir à pilastres, une belle halle avec abreuvoir en pierre. Pour le chef-lieu, grimpé sur sa colline, l'alimentation en eau fut plus difficile. Il fallut 2 473 mètres de tuyauterie pour capter une source de Quenoche et faire une fontaine-lavoir-abreuvoir au rez-de-chaussée d'une maison. Il n'en reste que des bacs à fleur et le jet de fonte !

La ferme à Sorans-lès-Breurey

SORANS-LÈS-BREUREY

C'est le seul exemplaire des quelque 120 constructions semblables inventoriées en Haute-Saône à avoir conservé l'intégralité de ses bâtiments. Construits au 16e siècle par Étienne de Lambrey, écuyer. Ces petits propriétaires vivaient là en autarcie (un moulin est proche, à l'abri de bâtiments disposés en carré autour d'une vaste cour, protégés par des fossés, un portail renforcé avec pont-levis, une tour d'observation et de défense. Les dépendances agricoles tels poulailler, écurie, granges intégrées dans la carré, permettaient à l'exploitation de se poursuivre dans une relative sécurité. À voir le donjon et la chapelle avec quelques fresques. Un escalier à vis mène à l'habitation et à un pigeonnier.

En surplomb, le château, construit au 18e, à la place du château fort détruit par Louis XI, présente de belles statues sur les terrasses mais ne se visite plus.

SORANS-LÈS-BREUREY

Hameaux de Breurey et de They

À They, église du 13e, chœur gothique et retable baroque. Un haut fourneau et une forge ont fonctionné là. Une petite gare rappelle l'épopée des chemins de fer vicinaux. La ferme fut, dès les années 1850, un centre expérimental de formation aux travaux agricoles.

À Breurey, réputé pour ses pommes de terre, la grande fontaine a été construite tard (1845) avec les débris de deux plus anciennes. De forme circulaire, elle est ouverte par moitié, la charpente reposant sur six colonnes de fonte.

Gîte à la ferme bio du hameau de They

Rachetant en 1984 une ferme quasiment abandonnée à la sortie du hameau, le couple Devillairs a fait là un travail extraordinaire. Ayant pris dès le début le parti de la culture bio, il entretient aujourd'hui un cheptel d'une centaine de montbéliardes et de 400 porcs, des chevaux comtois, poules et lapins... et quelque deux hectares de pommes de terre. Les installations privilégient les matériaux naturels, l'énergie solaire et depuis 2007 un gîte de huit places permet aux touristes d'appécier un accueil écologique et sympathique.

Piscine salée, jacuzzi, pêche à l'étang de la ferme, petit matériel fourni, accueil de chevaux et cavaliers, camping. Dans le petit magasin, vente de tous les produits bio de la ferme et de la région.

Location au week-end, à la semaine, au mois - Évelyne et Michel Devillairs
Tél. 03 84 91 81 33 - E.mail : devillairs.michel@free.fr
http://monsite.orange.fr/gite-ecologique

La fontaine de Sorans-lès-Breurey

THIEFFRANS

Il arrive quelquefois que des « étrangers » au village, prévenus de l'enterrement d'un de ses habitants, cherchent en vain le lieu de l'office au pied du clocher ! Et pour cause il n'y a pas d'église, c'est le bâtiment de la mairie-école qui jouxte ce clocher. Celui-ci aurait été construit après la mairie, en 1844. Car, faute de moyens, il n'y a jamais eu d'église sur la commune de Thieffrans qui, situation assez rare, est propriétaire pour un tiers de l'église de Chassey-lès-Montbozon. C'est sans doute pour manifester leur mécontentement lors d'un conflit intercommunal avec Chassey que les Thieffranais ont voulu montrer qu'ils pouvaient, eux aussi, avoir leur propre lieu de culte. Mais cela n'alla pas jusqu'à l'église complète. Une querelle de clocher en quelque sorte, mais qu'aucun texte n'atteste.

La « peute » ou grande fontaine est remarquable pour ses onze colonnes de fonte reliées par une balustrade (œuvre de Well en 1826, couverture de Renahy en 1841).

Le jardin d'antan

Effort méritoire d'un petit maraîcher du village : il cultive et vend des légumes et des plants « de culture non intensive ».

Thieffrans

THIENANS

Sur le « fronton » du porche de l'église, le mot : MAIRIE ! et un petit drapeau tricolore. Oubliée la séparation de l'Église et de l'État ! Ici la mairie est tout simplement installée dans l'église, dont seul le chœur a été conservé en chapelle. Un mur les délimite mais on reste sous le même toit.

L'église du 12e présente pourtant une facture romane bien entretenue. Elle le mérite car elle a eu son heure de gloire : c'était le lieu de culte paroissial pour Montbozon à l'époque du monastère. Désaffectée après la Révolution, elle fut rachetée par la commune en 1854 et hébergea depuis la mairie, l'école… et l'instituteur, puis la mairie seule après la fermeture de l'école en 1947.

On a une belle vue sur l'église-mairie en allant en contrebas voir le bassin de source abrité par une guérite de pierre de taille à fronton cintré (1807). Curieuse découverte par des restaurateurs bénévoles en 1994 : le fond du lavoir est fait de pierres tombales retournées venant probablement de l'église.

Acro'Cimes à Thiénans

Parcours acrobatique

Acro'Cimes Parc, 57 ateliers, au cœur de la forêt, un parc de 6 hectares, 6 parcours dont trois pour enfants depuis 4 ans. Ouvert d'avril à septembre sur réservation.

Plein Air et Nautisme Tél. 03 84 20 52 26

TRAITIÉFONTAINE

Une étape sur les chemins de randonnée. Une aire de pique-nique a été aménagée près de l'un des deux lavoirs identiques, au village et au hameau des Vieilles Granges (charpente en sapin, colonnettes en fonte). Belles maisons du 17e rénovées et moulin du début du 17e sur le ruisseau du Malgérard.

Le cirque familial a grandi !

C'était un sacré pari pour Jacques Pagnot, artiste forain qui avait créé sa compagnie à Baume-les-Dames en 1983, de venir s'installer dans une petite commune comme Traitiéfontaine pour développer son activité familiale de cirque équestre. Aujourd'hui les installations sont impressionnantes : bâtiments en dur, 3 châpiteaux, tentes-écuries. La compagnie Pagnozoo compte un quarantaine d'intermittents et 18 chevaux… Outre ses spectacles, concerts-cirque qui tournent en France et en Europe, elle est un véritable centre de création et de formation avec résidences, stages, cours pour les enfants.

Lavoir de Traitiéfontaine

Thiénans

VELLEFAUX

Ce qu'il reste du château témoigne de la présence d'une grande propriété, notamment le pigeonnier du 14e, apanage des plus riches. La grange contiguë est bien conservée. En face, dans le corps de bâtiments aux murs de 150 centimètres d'épaisseur reste une salle des gardes et une chapelle ; on peut voir aussi une petite tour et des éléments d'un mur d'enceinte. Le tout est privé. Ses propriétaires confirment la présence de souterrains qui feraient partie de tout un réseau reliant les châteaux du secteur avec notamment Filain. On dit que les de Grammont, avant-derniers propriétaires, auraient fui par-là à la Révolution.

Vellefaux est aussi une des plus anciennes paroisses de la région, citée en 1147. L'église reconstruite en 1783, tout près du château, avec ses murs en pierre de taille et son clocher-porche est illuminée par treize beaux vitraux classiques à personnages, dont le patron de la paroisse, saint Léger, et bien sûr sainte Anne.

La légende de Sainte-Anne : Vellefaux et Vallerois-Lorioz

Les deux villages se partagent la dévotion à la mère de Marie comme ils partagent le vaste plateau, point culminant de la contrée à 417 mètres, d'où l'on a une vue à presque 360 degrés.

Un pèlerinage a lieu tous les ans le dimanche le plus proche du 26 juillet, jour de la Sainte-Anne. Un oratoire a été construit en 1648 pour abriter une statue de la sainte ; sa façade refaite au 19e est ouverte d'une belle porte en bois sculpté, surmontée... d'une statuette. Un ermitage attenant acueille encore quelques religieux de passage. Dans le petit enclos, une autre statue de sainte Anne faisant la lecture à sa fille. Et puis au bout d'une longue

Au bout de l'allée de tilleuls, sainte Anne proclame sur sa stèle : « Mes yeux seront ouverts et mes oreilles attentives à la prière de celui qui m'invoquera en ce lieu parce que je l'ai choisi et sanctifié »

allée de tilleuls qui traverse le plateau, sainte Anne (regardant fièrement vers le ciel) et sa fille trônent au sommet d'une haute stèle.

Lieu choisi par ce qui ressemble à un miracle, selon la tradition orale remontant au Moyen Âge ! Intrigué par le comportement d'un de ses bœufs qui grattait toujours au même endroit, un paysan y trouve une statue de sainte Anne. Il la dépose pieusement à l'église de Vellefaux mais le lendemain elle est retournée sur sa colline. On la replace à l'église autour de laquelle les hommes du village font un cordon et veillent toute la nuit, ce qui n'empêcha pas la statue de se retrouver à nouveau là-haut. On décida alors de l'y laisser et de lui construire une chapelle là où, apparemment, elle le souhaitait. Plus tard, la statue originelle fut volée puis sa remplaçante aussi. L'actuelle est en bois du 18e et la chapelle fermée à double tour.

Unité pastorale : Bernard Sauget - Tél. 03 84 68 62 93

VILLERS-BOUTON

Villars-Batone, puis Batone-Villers, ou villa de l'homme était peut-être une dépendance de l'abbaye de Bellevaux ou de la seigneurie d'Oiselay car un sentier, aujourd'hui en friches, permettait aux villageois d'aller se réfugier au château d'Oiselay. En tout cas, la chapelle du début du 19e, restaurée sous l'impulsion de l'ancien maire, M. Durand, est dédiée à saint Pierre de Tarentaise dont elle possède une statue, probablement sauvée lors de la vente du mobilier de l'abbaye. Une statue de saint Joseph fait le pendant pour encadrer une toile représentant saint Claude ressuscitant un enfant.

La chapelle Sainte-Anne à Vellefaux

VILLERS-BOUTON

Dauphin en bas-relief à Villers-Pater

Olivier Hezard vend les produits de sa ferme, notamment la viande en caissettes, bœuf et veau de race Aubrac élevée à l'herbe sans OGM, porc, poulet fermier.
Tél. 06 31 95 54 28

VILLERS-PATER

Curiosité : les deux dauphins en bas-relief de fonte de la fontaine, caractéristique de ce qu'on pouvait faire dans les entreprises de la petite métallurgie haut-saônoise. Ils ornent les jets à chaque extrémité de la halle de pierre d'Andelarrot et de Filain. Fonte encore pour les deux colonnes qui portent le toit et l'auge de l'abreuvoir (architecte Humbert).

Église du 18e à clocher comtois, refait récemment, tout comme la toiture. À l'intérieur, une chaire en bois sculpté. Château (privé) reconstruit au 19e, avec une curieuse tour en briques. Il n'y a plus trace du château médiéval.

VORAY-SUR-L'OGNON

Si, venant de Besançon, on voulait franchir l'Ognon, c'était là qu'il fallait passer.

On voit encore, sous l'ancien moulin, cinq arches d'un viaduc détruit au 17e. Le pont actuel avait été construit en 1765 par Jean Querret. Il a gardé son élégance, même s'il perdit quelques éléments : l'arche centrale fut dynamitée en 1944 par l'armée allemande qui voulait fermer la route aux Alliés. La reconstruction de l'ensemble du pont permit son élargissement par des encorbellements.

C'est d'ailleurs un miracle si la Vierge du Pont, copie en réduction de la statue de Notre-Dame de Fourvières, est toujours en place malgré l'épisode de 1944. Ce sont deux soldats... allemands, pleins de dévotion, qui la mirent à l'abri dans une maison voisine avant de faire exploser le pont !

Les déplacements du pont sont à l'origine du déplacement de l'axe du village, de la rue Basse à la Grande rue actuelle, et sans doute du déplacement de l'église, reconstruite en 1779. C'est une des curiosités que souligne François Lassus,

Voray-sur-L'Ognon

chercheur à l'Université de Besançon, lorsqu'il commente des circuits de visite.

Lavoir (abreuvoir de pierre), fontaine de l'église (1867), maisons anciennes méritent une halte… et l'église !

Elle surprend par sa forme « carrée » de croix grecque aux quatre bras égaux partant d'un plan centré. C'est l'architecte d'une autre église bisontine, la Madeleine, Nicolas Nicole, qui la construisit à la fin du 18e siècle. L'intérieur n'est pas moins impressionnant : les vingt colonnes doriques sur lesquelles repose sur tout le périmètre une corniche moulurée, supportant elle-même les voûtes en plein cintre du plafond, donnent à l'édifice un aspect monumental, encore renforcé par une coupole en trompe-l'œil et ses faux caissons.

Le retable est tout entier dévolu à une « Assomption » peinte par l'artiste suisse Johann Melchior Wyrsch. On dit qu'il aurait fait poser des habitants du village pour les portraits des apôtres.

Le pont sur l'Ognon à Voray

Une longue haie de beaux platanes et érables donne une certaine majesté à la route. Au bout, côté Buthiers, la chapelle Notre-Dame de Pitié (1623) côtoie une petite « grotte de Lourdes » avec autel. La chapelle a été reconstruite en néogothique à la fin du 19e siècle. Sa flèche est élégante, ses murs latéraux sont ornés de fresques bien conservées. On dit que les enfants morts-nés qu'on y présentait ressuscitaient le temps de les baptiser. Ce fut un lieu de pèlerinage jusqu'au milieu du siècle dernier.

Sur l'ancien pont, un moulin avait été installé au 17e siècle. Aujourd'hui son propriétaire privé en a fait une salle polyvalente et accueille des réunions et des concerts.

Par ailleurs, l'Atelier lyrique de Franche-comté, installé à Voray, monte chaque année des spectacles.

Renseignements : Mme Marchand - Tél. 03 81 56 86 48.

Une base de loisirs

L'Ognon et la forêt (canoë, VTT, randonnée) permettent une offre variée de loisirs sportifs. Location canoë-kayaks, parcours de descente de rivière, école française fédérale de canoë, sorties escalade, location VTT, stages d'été pour enfants.

Voray canoë-kayak : 6 rue du moulin - Tél : 03 81 56 89 29
Hébergement : Gîte du Moulin (29 places). Tél. 03 81 56 83 66
Email : gite-du-moulin@wanadoo.fr

LE PAYS de VESOUL

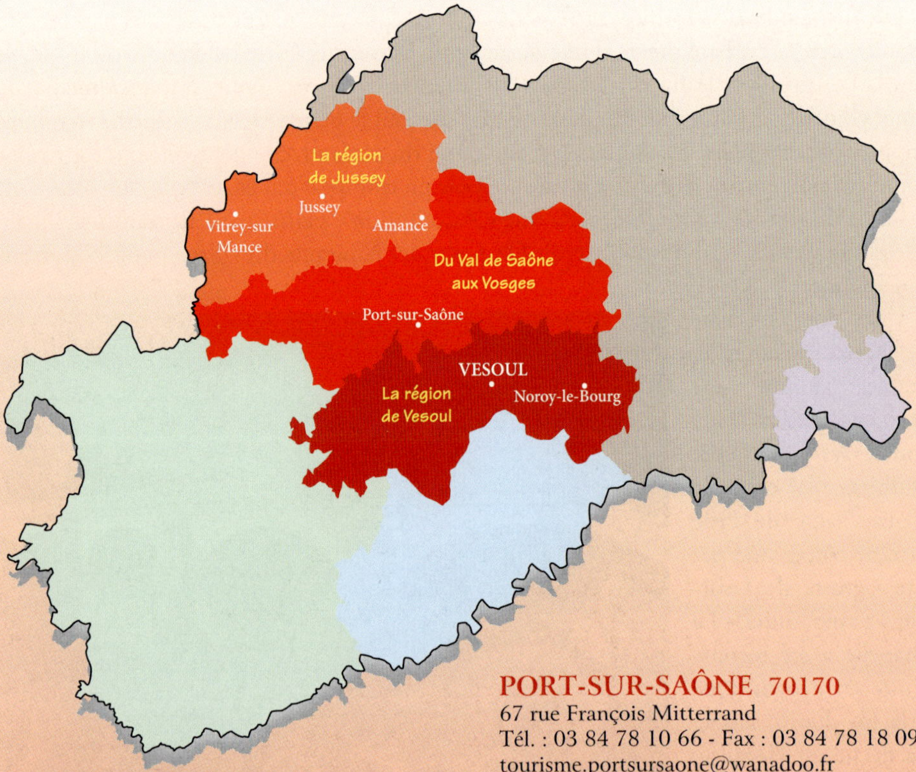

Offices de Tourisme

COMBEAUFONTAINE 70120
42, Grande Rue
Tél. : 03 84 92 11 80
Fax : 03 84 92 15 23

FAVERNEY 70160
Mairie - Place de la Mairie
Tél. : 03 84 91 30 71
Fax : 03 84 91 38 58

JUSSEY 70500
Place de l'Église - BP 32
Tél./Fax : 03 84 92 21 42
ot-jussey@orange.fr
tourismehautvaldesaone.com

LA-ROCHE-MOREY 70120
Parc de Loisirs
Tél./Fax : 03 84 91 03 33
sylvainstouff@aol.com

PORT-SUR-SAÔNE 70170
67 rue François Mitterrand
Tél. : 03 84 78 10 66 - Fax : 03 84 78 18 09
tourisme.portsursaone@wanadoo.fr
www.ville-port-sur-saone.fr

SAULX-DE-VESOUL 70240
30, place des grands puits
Tél. : 03 84 95 91 27
si.paysdesaulx@wanadoo.fr
sipaysdesaulx.free.fr/

SCEY-SUR-SAÔNE 70360
6, rue Paulmard
Tél. : 03 84 68 89 04 - Fax : 03 84 68 89 38
otsceysursaone@voila.fr
tourismehautvaldesaone.com

VITREY-SUR-MANCE 70500
Mairie - Place du Maréchal Joffre
Tél. : 03 84 68 53 89
p.cuchetet@cie3chenes.org

VESOUL 70000
2 rue Gevrey - BP 90117
Tél. : 03 84 97 10 85 - Fax : 03 84 97 10 84
accueil@ot-vesoul.fr
www.ot-vesoul.fr

Vesoul depuis le Sabot de Frotey

LE PAYS DE VESOUL

Le Pays de Vesoul-Val de Saône est organisé autour du chef-lieu de département, Vesoul, avec des centres secondaires structurants, notamment Jussey dans les hauts du Val de Saône. Il regroupe dix communautés de communes : L'agglomération de Vesoul, Agir ensemble, Les Belles Fontaines, Les Combes, Les Grands Bois, Le Pays Jusséen, le Pays de Saulx, La Saône Jolie, Les Six Villages, les Vertes Vallées, ainsi que 17 communes indépendantes. Le Pays compte une population de 67 229 habitants.

Une des propriétés du Val de Saône est de mieux fédérer la diversité des territoires et de s'insérer dans l'armature urbaine régionale dont il est un peu excentré. Par contre, l'ensemble du Pays offre des ressources patrimoniales naturelles très intéressantes. Cela justifie des actions en faveur du renforcement du tourisme le long de la Saône et l'organisation d'itinéraires de découverte.

Un volet important est consacré à l'accueil d'entreprise et l'aménagement de zones d'activités sans oublier les services à la population et la création d'équipements culturels.

Il faut préciser enfin qu'une réflexion importante concerne les services de santé en milieu rural sur l'ensemble de son territoire et en lien avec la création du nouveau centre hospitalier intercommunal de Haute-Saône.

La pierre percée d'Aroz

LA RÉGION DE VESOUL

ANDELARROT

Belle chapelle néo-gothique qui abrite une magnifique statue de la Vierge à l'Enfant en bois polychrome du 17e. Fontaines anciennes et maison décorées. Pelouse sèche (350 m), classée Natura 2000. Circuit de randonnée des Évêques. Plus de 20 espèces d'orchidées visibles. Petite aire de pique-nique aménagée au sein du village.

AROZ

À quelques pas du village, au milieu d'un champ clôturé se dresse une dalle percée d'un trou pouvant laisser passer un homme (pas trop gros !). L'ensemble est un restant de dolmen, la pierre mesure près d'1 m 80 de haut. Dans le village une grosse tour ronde, la tour de la Dîme, est ce qui reste d'un château détruit en 1569.

BAIGNES

Un site remarquable, les forges avec leur architecture industrielle. Baignes doit son origine à d'anciens bains dont on voit encore les vestiges. Des forges et un haut fourneau furent établis au 16e siècle : ils cessèrent leur activité vers 1890 pour se consacrer à la fonderie de seconde fusion. L'établissement occupait 123 ouvriers. Fer et fonte descendaient à Lyon par la Saône. Tout s'arrêta en 1960. Les bâtiments dans le style industriel fin 18e siècle sont encore solidement debout. Le Conseil Général a fait l'inventaire des outils et objets restants dans les années 1998-99 et quelques-uns ont été sauvés et conservés au musée de Champlitte. La résurgence de la Font alimentait les forges. On ne peut rien visiter mais simplement voir les grands murs imposants, en hémicycle qui ne sont pas sans rappeler le style de « l'usine » d'Arc et Senans.

CALMOUTIER

Depuis la chapelle (19e siècle), belle vue sur le village et la rivière la Colombine (vieux pont à dos d'âne). L'église fut la collégiale du chapitre de Calmoutier disparu en 1657. Mobilier intéressant (chaire de bois sculpté, onze statues de bois peint représentant les apôtres du 15e siècle, tabernacle style Louis XVI). Lavoir à arcades du 19e siècle.

Pour visiter l'église : Tél. 03 84 78 74 23

Forges de Baignes

CERRE-LÈS-NOROY

L'une des grosses maisons est dite le château des 4P : Pauvres Paysans Prenez Patience. Le village est de plus en plus agréable, blotti en-dessous de Noroy. Son église avec son très beau clocher comtois vient d'être complètement restaurée à l'intérieur. L'entreprise de menuiserie Henry s'est taillé une solide réputation de sérieux et de qualité. Gilbert Henry qui en a longtemps été le « patron » est aujourd'hui maire de la commune. Avec son équipe, il améliore celle-ci avec passion. En bas du village, un chemin se partage deux directions, à gauche vers Autrey et à droite vers Borey. Le chemin empreinte l'ancienne voie du tacot, il est particulièrement spectaculaire lorsqu'il passe entre deux parois creusées à l'époque dans la roche. On se croirait au fond d'un canyon, le tout surmonté d'un pont de pierre.

CHARENTENAY

Les aiguilles du barrage de Charentenay

« Marié » à Soing, le village a énormément de charme. Le canal s'étrangle ici par une ancienne écluse sur laquelle passe un petit pont menant à une presqu'île ou l'on découvre un barrage à aiguilles de bois. Le long du canal, un artiste propose ses œuvres aux gens de passage tout comme l'auberge Paris (du nom de son ancien propriétaire) invite à passer à table. Le restaurant s'est rendu célèbre pour ses spécialités : la pochouse, la friture et les grenouilles. La pochouse est une recette ou l'on mélange plusieurs poissons de rivière.

Calmoutier, la chapelle domine d'un côté le village de l'autre une impressionnante carrière

Cerre-lès-Noroy

CHANTES

Quel joli nom pour ces quelques maisons parmi lesquelles l'ancienne commanderie de Sales, une des plus belles propriétés de l'Ordre de Malte. On voit le village de loin depuis le chemin de halage le long de la Saône.

Chez les Templiers

Dans l'ancienne ferme reconstruite dans les vieux murs de la commanderie, on peut voir quelques vestiges notamment une fresque murale. Des objets d'art et d'artisanat ainsi que des reproductions d'armes sont exposés.

Tél. 03 84 68 80 65. www.chezlestempliers.com

CHARIEZ

Ancien village de vignerons. Retenu parmi les villages de caractère de Franche-Comté, celui-ci vaut le coup d'œil, en bas, on peut circuler dans les rues, très étroites et admirer une architecture chargée d'histoire. Du haut, en particulier depuis les rochers, on domine les toits bien regroupés.

Ce petit coin de roches « sculptures » est magnifique. C'est le point d'envol pour les aérostiers et le point de départ d'une jolie boucle pédestre qui, depuis le camp de César, permet une vue panoramique sur Vaivre et Montoille, sur le lac et sur Vesoul (15 à 30 min selon le degré de flânerie). De l'autre côté de Chariez, un autre sentier permet lui de dominer Montigny-les-Vesoul. Dans Chariez, pour monter sur les dessus on passe devant un charmant parc animalier privé.

Le clocher de Chariez

Le plateau, dominant la vallée du Durgeon, a été occupé à l'époque préhistorique. Maisons des 15e et 18e siècles. L'église (1783) abrite, entre autres, une Vierge de piété bourguignonne du 16e siècle, un intéressant rosaire du 17e siècle et une très belle toile « la Vierge et l'Enfant » de Jean-Léon Gérôme.

CHASSEY-LÈS-SCEY

Village situé près de la Saône et du canal. Un sentier découverte permet de mieux connaître les zones humides. Un ancien château féodal avait été construit au bord de la Saône. Vers le canal se trouve une usine qui fabrique des tambours et disques de freins pour poids lourds pour toute l'Europe : Fiday Gestion. Le port de plaisance de Scey-sur-Saône est un point de passage et surtout une halte importante. Le restaurant des Deux Ports, qui domine le bassin et permet depuis sa terrasse de voir passer les bateaux, a toujours eu une excellente réputation gastronomique.

Chariez

CHEMILLY

Le minuscule village de Chemilly est splendide, dominé par son château qui faisait partie du système défensif de la vallée de la Saône. Puissant donjon des 13e et 14e siècles et restes d'enceinte du château féodal. Un petit pont 18e siècle enjambe le Durgeon qui en provenance de Vesoul va se jeter dans la Saône. Sur ce joli pont de pierre la statue de Saint-Jean Népomucène dont le socle est armorié, semble se pencher sur le passant. Juste derrière elle, sur un bras de la rivière, se dresse la maison contemporaine imaginée par le restaurateur vésulien Henry Kielwasser qui aimait se réfugier ici. La maison aurait été dessinée par un collaborateur de Le Corbusier. Un peu plus loin, en face, le Conseil Général a eu la superbe idée de lancer une passerelle entre les deux rives ce qui permet aujourd'hui aux cyclistes et promeneurs de pouvoir tranquillement aller de Vesoul à Port-sur-Saône ou de l'autre côté à Gray.

CLANS

La scierie de Clans est réputée. On y affûte les lames de scie.

COLOMBE-LÈS-VESOUL

Du haut de Colombe, magnifique vue sur la vallée de la Colombine avec son joli petit pont de pierre. En direction de Noroy le Bourg, dans un champ à une bonne centaine de mètres de la route, sur la gauche se trouve dans un bosquet, la Pierre qui vire ; c'est un dolmen simple mais je ne l'ai jamais vu bouger…

En face de la maison d'Alain et Agnès Perrenoud se dresse une grosse maison : le château. Alain Perrenoud est aussi connu pour ses talents de tourneur sur bois que pour sa passion informatique.

Saint-Jean Népomucène sur le pont de Chemilly

COLOMBIER

Café-brocante à Colombier

Blotti sous la tour de son château, Colombier est connu pour son café-brocante. Corinne et Peter Égli ont créé dans les communs du château un concept unique dans l'Est : un endroit où ils accumulent des objets étonnants et où on peut prendre une consommation. Dans ce cadre chaleureux et désuet, ils proposent régulièrement des soirées à thèmes et des expositions.

Ouvert tous les vendredi, samedi et dimanche de 16h à 21h. Tél. 06 80 63 99 45
info@cafe-brocante.fr

La Cart
Équitation et balades pour enfants - Rue Grand Fin - Tél. 03 84 76 53 05

COULEVON

Depuis l'esplanade de la Vierge, beau panorama sur la Motte et le Sabot de Frotey. L'église abrite un beau retable et plusieurs œuvres de J.L. Gérôme et ses élèves.

Né à Vesoul, il fut un peintre académique de renom. Il vécut un temps dans le petit château, rebaptisé « Zanzibar ». Le peintre Jules Alexis Muenier y vécut.
Pour visiter l'église : Tél. 03 84 75 07 76

La passerelle de Chemilly

Colombe-lès-Vesoul

DAMPVALLEY-LÈS-COLOMBE

Le village est pittoresque, encaissé dans la vallée de la Colombine. Un chemin pédestre jalonné de croix anciennes et de vierges traverse la Colombine grâce à une passerelle. Mais la curiosité principale est le « tumulus », un curieux édifice en pierres sèches sur une corniche au sud du village, surmonté d'une statue bleue de la vierge immaculée (1856). Cet étonnant monticule pyramidal a été érigé à la suite d'une épidémie de choléra. Il est entouré de « cabordes » (petites constructions en pierres sèches, voûtées, arrondies et à demi-enterrées). On y accède par un sentier très pentu à l'orée du bois mais il est plus aisé d'y venir en empruntant une petite route entre Colombe et Noroy-le-Bourg. Juste avant le « tumulus », la route serpente sous une jolie voûte d'arbres toujours bien entretenus. Le 15 août, le jour de la fête de la Vierge, on se presse à cet endroit pour une belle messe en plein air. Les cabordes dégagent une impression de sérénité, j'adore y flâner, y rêver. Un sentier rejoint la pierre qui vire et le village de Colombe. Bel endroit rare.

ÉCHENOZ-LA-MÉLINE

L'église (ouverte) a une façade de type jésuite 18e-19e siècle. Beaux retables en bois sculpté du 19e. À droite, Vierge en bois polychrome 16e retrouvée dans la grotte de Solborde.

Situé dans une reculée, le village est traversé par la Méline dont les eaux abondantes ont permis d'actionner 11 moulins. Fontaine-lavoir du 20e siècle. Pittoresques passages-trajes. Les rochers de Solborde (roches des douze apôtres) sont visibles depuis le sentier qui démarre à la fontaine du diable. On accède par là à la Chapelle de Solborde et à la grotte. Un peu plus haut le chemin du tram (entièrement restauré) passe sur le pont du diable. Une belle balade jusqu'au chemin des Gouttes. Dans la grotte de la Baume on a retrouvé des traces (outils…) de la présence de l'homme du Neandertal. On a également découvert des

Le tumulus de Dampvalley

dents d'ours. En 2008, une équipe de l'Institut National de Recherches Archéologiques a mis a jour une nécropole mérovingienne datant du 11e siècle : une centaine de tombes.

Échenoz-la-Méline, c'est aussi une bourgade bouillonnante d'imagination avec de l'insolite aux menus annuels avec la fête du miel, l'association pisse menu, le club œnologique, la fête de la Saint-Vincent…

De l'autre côté de la route nationale qui mène à Besançon, une petite route puis un chemin mènent au plateau de Cita. Magnifique plateforme aux bordures rocheuses d'où l'on domine toute la ville ainsi que l'ensemble de la ville de Vesoul avec la Motte. Une balade chère aux vésuliens.

Roches des 12 apôtres à Échenoz-la-Méline

FERRIERES-LÈS-SCEY

La fontaine-lavoir demi-circulaire du 19e siècle surmontée d'une jolie statue de cavalier qui a malheureusement tendance à s'échapper au galop... Beaux restes du château. Le nom de la commune s'inspire des importants gisements de fer « en grains » qui ont autrefois développé une industrie métallurgique.

Ferrières-lès-Scey

FRESNE-SAINT-MAMES

Quelques vieilles maisons témoignent du passé de Fresne : la belle maison espagnole ou auberge des Templiers des 16e et 17e siècles, un manoir à tourelle (presbytère). L'église est meublée de quelques beautés : bas-relief polychrome de sainte Barbe, Piéta, fresques le tout éclairé par des vitraux colorés. Devant l'entrée de l'église les tilleuls ont vu passer beaucoup de monde depuis 650 ans ! En sortant de Fresne une zone de loisirs avec étang, tennis, jeux a été aménagée. Le site du Mont est connu pour son intérêt biologique, écologique et floral.

Fresne-Saint-Mames

FROTEY-LÈS-VESOUL

Église reconstruite au 18e siècle : transept du 14e siècle voûté d'ogives composé de deux anciennes chapelles seigneuriales et d'un sanctuaire du 12e siècle. Calvaire du 15e siècle remonté sur socle aux 18e et 19e siècles. Le château, vaste et simple bâtisse du 18e siècle, fut agrémenté d'avant-corps et de frontons triangulaires au 19e siècle par le romancier populaire Xavier de Montepin. Grand parc avec beau portail en fer forgé (entrée libre).

Sur un mur de l'église de Frotey-lès-Vesoul

Le sabot de Frotey, un curieux rocher en forme de « sabot » est un but de promenade panoramique. Le long de la RN57 un sentier pentu y monte traversant une petite forêt de buis odorants. On entre alors dans la réserve naturelle protégée. Depuis ce promontoire, on a une vue « carte postale » de Vesoul et de la Motte. On peut également y accéder par un chemin qui démarre le long de la petite route qui monte à l'aérodrome.
Pour visiter l'église : Tél. 03 84 75 82 87

LE PONT DE PLANCHES

Mais d'où vient donc ce nom du village puisqu'on y accède par un pont de pierre, plutôt antique, enjambant la Romaine ! La localité a fait parler d'elle lors d'un retentissant jumelage avec un homologue italien : Cassiglio. Tout le bourg s'était alors paré aux couleurs italiennes. La fonderie de la Romaine aujourd'hui transformée en ferme est à l'origine d'œuvres d'art ornant la plupart des fontaines-lavoirs du département. Elle avait été fondée (la fonderie !) en 1310 par les moines de la Charité. C'était la première de Haute-Saône et elle fonctionna jusqu'à la fin du 19e siècle. À voir : la fontaine ronde avec colonne cannelée, entièrement en fonte, les ruines d'un ancien petit château du maitre des forges.

MAILLEY-ET-CHAZELOT

Ce joli village blotti entre une colline et la départementale 474 a du caractère avec un joli manoir et des maisons avec tours des 16e et 17e siècles. Belle maison noble (château d'en bas) et vestiges de tours et d'enceinte du château d'en haut. La commune s'est bien développée grâce à sa proximité de Vesoul et à des habitants dynamiques. Son école s'est souvent distinguée en étant pionnière dans l'étalonnement des vacances ce qui en a fait de nombreuses années la première école de France a faire la rentrée des classes avant tout le monde provoquant la visite de Ségolène Royal en particulier.

Des sépultures mérovingiennes se trouvent au lieu-dit les Tombelles de Chazelot. Au-dessus du village se trouve un point de vue magnifique avec une plate forme en bois, ça grimpe mais ça vaut le coup d'y aller : la croix de la Roche. Petit lieu de pique-nique merveilleux en été.

MAILLEY-ET-CHAZELOT

Une boutique fromages et vins de Franche-Comté bien connue dans la région. Pierre Luc Stievenard y fabrique une cancoillotte unique que l'on trouve sur les marchés de Vesoul les jeudi et samedi.
Tél. 03 84 78 25 76.

Le Cabanon
Gîte de France
Tél. 03 84 68 89 04

Mailley-et-Chazelot depuis la croix de la Roche

MONT-LE-VERNOIS

Comme son nom l'indique le village est perché. Situation dominante, au bois de la Jagnière, près de la ferme de la Folie un point de vue porte jusqu'à Ray-sur-Saône. On peut encore voir les vestiges d'un ancien château ; deux belles tours rondes. Aujourd'hui c'est une grande ferme. Le village se transforme agréablement, l'éclairage public a particulièrement été soigné respectant le caractère ancien. Le ruisseau des Dindes et la Baignotte, rivière à truites, se jettent dans le Durgeon.

MONTIGNY-LÈS-VESOUL

En 1286, Héloïse de Joinville mariée à Jean de Faucogney fonda à Montigny « l'abbaye des dames nobles », mutilée au cours des siècles. Cette cour est un bel endroit bien préservé, propice à la poésie. Beaucoup d'amateurs de belles pierres y ont élu domicile. On peut par exemple y rencontrer les Mignerey (monuments de France) les Aubert Gérard-Bendelé (restaurateurs d'œuvres d'arts), les Azouz (chocolatier), les Klein etc, tous amoureux de cette place exceptionnelle qui accueille chaque année quelques festivités dont un vide grenier recherché. Dans l'église Saint-Laurent le rutilant retable vaut un coup d'œil attardé.
Mairie pour visiter l'église : Tél. 03 84 76 54 50

Montigy-lès-Vesoul

MONTJUSTIN-ET-VELOTTE

Le village est construit à flanc de colline ; le site est protégé pour son église avec une croix en pierre taillée et son château. Celui-ci est accessible par une grande terrasse. Il est habité par une artiste connue, Charlotte NESSI, dont le travail consiste à créer des opéras et des spectacles où elle associe très souvent des enfants. Des ruines antiques, un petit temple gallo-romain et des sépultures mérovingiennes se trouvent sur le territoire de la commune au lieu-dit Le Fenis. Les produits de la fouille se trouvent au musée de Vesoul.

Montjustin-et-Velotte

NAVENNE

Église avec clocher à l'impérial (tuiles vernissées). Ensemble de vitraux réalisés par le maitre-verrier parisien Bidault. Maisons du 17e à proximité. Navenne fut un village de vignerons et de maraîchers (il en existe encore quelques-uns). Belle enfilade de fermes depuis le haut de la rue principale.

Depuis la profusion des lotissements, les bons jardins dont la terre était recherchée se sont réduits comme peau de chagrin. Quelques maraîchers font encore le bonheur des ménagères sur le marché de Vesoul.

À la place du château de Graisse a été construit un grand établissement de santé : le centre de rééducation fonctionnelle. Le long du centre de rééducation, une petite route mène au plateau de Cita. Le cimetière comporte un carré militaire.

Pour visiter l'église : Tél. 03 84 76 09 74

Vitrail dans l'église de Navenne

NEUVELLE-LÈS-LA-CHARITÉ

Le château que l'on voit depuis la route est une demeure privée au passé tourmenté. L'abbaye de la Charité se trouvait là. Une source sulfureuse est réputée pour guérir les maladies de la peau. Les bassins qui se trouvent derrière le château avaient été remplis de munitions lors de la grande guerre. Le président Giscard d'Estaing est venu dans ce bâtiment lors des grandes manœuvres militaires nationales. Une colonie de vacances de l'Alsthom a occupé les lieux quelques années ce qui a permis de sauvegarder le bâtiment. Tout est privé donc pas facile à visiter sauf sur rendez-vous.

Le château de Neuvelle-les-la-Charité

NOIDANS-LE-FERROUX

Ce bourg est probablement le plus étonnant du département. Il ne présente absolument aucun attrait particulier tant la banalité des lieux n'aurait sans doute inspiré aucun entrepreneur et malgré cela, grâce à l'opiniâtreté de son maire Jean Louis BORDET, tout a changé sur le plan visuel surtout mais en particulier sur le plan social, sur l'animation, bref sur la vie des habitants en général. Un original mobilier urbain donne le ton. Les statues tout d'abord avec en premier un couple monumental devant la salle des fêtes polyvalente. Un bison, lui aussi en acier rouillé trône généralement devant la fontaine-lavoir. Celle-ci a été décorée par l'artiste Mano d'Equevilley ; ce dernier a reproduit quelques unes des plus belles fontaines du coin grâce à son délicat coup de patte.

Une autre statue a ses quartiers d'hiver près de la mairie mais, dès la belle saison, elle accueille les baigneurs à la piscine : c'est la Vouivre. Des vaches de couleur ont pris place aux points forts du village. Elles vont bientôt avoir de nouvelles copines. Les statues en fer sont du comtois Bernard Paul. Mais il ne suffit pas de placer quelques statues par-ci-par-là pour animer et agrémenter un bourg. Le maire et son équipe ont su transformer l'endroit en un lieu touristique avec des gites à l'architecture contemporaine classés «Gîtes de France» pouvant accuellir plus de 100 personnes. Dans le même style architectural, la salle des fêtes attire bien des animations : expositions, mariages, congrès… Le complexe

aquatique « les jardins de l'étang » est particulièrement bien vivant en été : une piscine avec 4 bassins, des toboggans, une pateaugoire, une cascade, geysers…

Un peu plus loin, le swin-golf offre ses 18 trous aux amateurs alors que d'autres sportifs s'ébattent sur les cours de tennis et que les pêcheurs se déploient le long de l'étang voisin. Tout cela sous le regard bienveillant du clocher qui dresse sa flèche toute droite dans le ciel. Il y a quelques années celui ci avait flambé mais aujourd'hui il est remis à neuf.

Autre curiosité dans ce village, bien à l'écart toutefois à la lisière de la forêt, une usine ultra-moderne de traitement des déchets presque une œuvre d'art dans son genre ! On aime ou on n'aime pas mais Noidans-le-Ferroux est un exemple type d'originalité là ou on pouvait le moins s'y attendre. Si un prix narional du pittoresque existait il serait particulièrement mérité ici.

Et nous ne sommes pas au bout de nos surprises… JLB n'a pas seulement pensé au décor et aux loisirs, il a astucieusement réussi à regrouper les forces vives : alimentation, pharmacie, médecins…

Les jardins de l'Étang : Tél. 03 84 68 41 05

Noidans-le-Ferroux : Swin-golf - Les statues de Bernard Paul

Vezet

NOIDANS-LÈS-VESOUL

Église du 18e : l'intérieur est centré sur une immense coupole octogonale d'une belle audace architecturale. Le chœur est orné de boiseries, style Louis XVI.

L'usine Peugeot est en grande partie sur la commune. La mairie de Noidans a été complètement repensée et construite dans un style résolument contemporain. Noidans-lès-Vesoul est jumelée avec la ville polonaise de Lwowek Slaski.

Une stèle a été érigée dans un champ proche du bourg en hommage au lieutenant Patrick De Barbeyrac qui s'est écrasé aux commandes de son mirage en panne. L'avion s'enfonça si fort dans la terre qu'il fût impossible d'arracher l'officier et son avion du sol.

Pour visiter l'église : Tél. 03 84 76 20 23

L'usine Peugeot, le plus grand centre de pièces détachées

NOROY-LE-BOURG

Ce chef-lieu de canton possède une église monumentale avec une flèche que l'on peut distinguer de très loin. Sept fontaines, rien que ça !, et la plupart en eau. Les deux principales au cœur du village sont monumentales. Elles servaient encore il y a peu de temps d'abreuvoir pour les troupeaux de vaches qui se croisaient dans le village. Il reste encore quelques traces de l'enceinte fortifiée. Au départ du stade, perché dans la forêt, un circuit des croix a été habilement signalé. On trouve également sur ce chemin bien large les ruines de la ferme des Bobans 17e et une grande pierre plate qui servait au battage du blé. La forêt qui entoure le bourg est particulièrement riche en essences diverses et les promenades y sont nombreuses. « Le chemin du Tacot » une ancienne voie de chemin de fer venant de Vesoul passait par le village. On peut encore reconnaître la gare caractéristique et il est assez surprenant de voir le travail réalisé à l'époque, en amont du village, avec de véritables canyons creusés dans la roche surmontés de petits ponts. On peut rejoindre Colombe par cette ancienne voie très prisée des vététistes. Il y a tout ce qu'il faut dans ce gros village : poste, supérette, café-restaurant, pharmacie, centre médical, boulangerie et une salle des fêtes un peu gigantesque. De plus en plus dynamique, le village organise quelques manifestations sympathiques : tournoi de tennis, festival de l'humour… D'autres réalisations, une maison de la ruralité en chanvre.

La fontaine centrale du village

La fontaine en J comme Joséphine

OVANCHES

Village typique de la vallée de la Saône. Si celle-ci ne passe pas tout près du village, on en sentirait presque les « embruns » et les amateurs de pêche aiment s'installer par ici. Quelques maisons de caractère, un remarquable lavoir, les vestiges d'un vaste établissement gallo-romain et malgré un passé récent un peu tourmenté, ce bourg respire aujourdh'ui la tranquillité. À deux pas de là se trouve le tunnel canal de Saint-Albin datant du 19e siècle. L'endroit vaut largement un peu de temps pour y flâner. Côté Scey-sur-Saône, l'entrée du tunnel est classique. La maison d'éclusier abrite en été une sympathique buvette. De l'autre côté, la sortie (ou entrée selon les feux du service fluvial) donc vers Rupt-sur-Saône la construction est magique. Le canal, au fond d'un ravin creusé pour la circonstance, se love dans un virage étonnant entre de grands murs de pierre. Somptueux et unique en France. Les bateaux de plaisance se font un plaisir de passer et repasser sous ce tunnel l'une des plus belles attractions de la Saône.

PONTCEY

Le moulin de Pontcey est connu pour l'animation proposée toute l'année : spectacles nocturnes de musiques actuelles. On y vient de loin. Curiosité à Pontcey, une protection périodique du passage des crapauds. Autre curiosité mais plus solide celle-ci le joli pont de pierre 18e sur le Durgeon avec plusieurs arches. Un coin pique-nique y a été aménagé. L'association « la Poirouse », du nom du ruisseau traversant le village anime le secteur.

PUSEY

Village réputé pour ses élevages de chevaux, il a conservé quelques fermes et d'opulentes maisons d'éleveurs. Au milieu du village, une belle grille donne accès à deux corps de bâtiments construits en 1748.

L'église reconstruite en 1688 a conservé des vestiges du 11e siècle. Maître-autel en porphyre destiné à l'origine au Trianon de Versailles, style Louis 16e. La ville s'est considérablement développée ; elle est désormais toute entourée de beaux lotissements et d'importantes et vivantes grandes surfaces.

Pour visiter l'église : Tél. 03 84 76 48 25

Pusey avec la Motte de Vesoul dans le fond

PUSY-ÉPENOUX

Le château d'Épenoux

Église reconstruite en 1846, avec chœur du 16e. Retable polychrome et boiserie style Louis XVI (inscrit dans la route des retables).

Puits avec sa pompe du 19e. Lavoir et source. Sur la route de Bougnon, en sortant du village tout près de la salle polyvalente, à gauche en lisière de forêt, un beau chêne plus que centenaire et à droite, un bien agréable arboretum où il fait bon flâner et pique-niquer.

Le château de Jean-Xavier Bureaux de Pusy (député et rapporteur de la division de la France en départements) date du 18e. Il a été superbement restauré avec son parc à la française dont quelques jolis bassins accueillent grenouilles et nénuphars en bronze.
Pour visiter l'église : Tél. 03 84 75 02 73

Le château d'Épenoux est privé. Il est transformé chambres d'hôtes. Un petit endroit de rêve avec un très joli parc romantique de 5 ha où vit un hêtre pleureur de 300 ans !
Éva Holz et Susanne Hubbuch - Tél. 03 84 75 19 60
www.chateau-epenoux.com - château.epenoux@orange.fr

Le moulin de Champdamoy

QUINCEY

Le centre équestre du Frais Puits

Tout en bois, il accueille chevaux et poneys en pension. Leçons d'équitation.
Route de Villersexel - Tél. 03 84 75 90 33 - 06 30 60 92 67

Le moulin de Champdamoy

Accès par la route reliant Frotey à Colombe est un charmant vallon où les Vésuliens adorent venir en terrasse l'été déguster l'une des multitudes de bières internationales de la Kwak à la Mort Subite sans oublier toutes les bières belges d'abbaye. L'ancien moulin est la propriété de la même famille depuis cinq générations.
Tél. 03 84 75 72 20 fermé le mercredi.

Le château de Pusy

RAZE

Quelques petites pierres à voir ici : lavoir et fontaine du 19e, vieil abreuvoir, château des Roux et un joli pigeonnier transformé en bibliothèque municipale.

ROSEY

Le village de près de 1500 habitants a connu quelques heures de gloire avec ses maisons anciennes et son château seigneurial du 16e siècle sur une motte féodale. Le château appartient à l'association des Ukrainiens de France qui avaient l'habitude de faire une fête et une messe chaque année. On peut encore deviner les restes du couvent dominicain et sa chapelle devenue grange.

Mais le plus attirant à Rosey est sans aucun doute le musée Lipsi. La famille du sculpteur Morice Lipsi a réuni dans une jolie maison et son parc de nombreuses œuvres de l'artiste. Assez émouvant, car on y découvre aussi la vie de l'artiste, de nombreux dessins et des expositions de peinture. Lipsi est né à Lodz en Pologne en 1898. Son frère, Samuel Lipsszyc lui apprend à « tenir l'outil » dans son atelier de « la Ruche ». Une belle partie de son œuvre est réunie ici à Rosey. Inouï pour ce minuscule village. Inutile de dire que cela vaut la peine d'y consacrer un bon bout de temps. Inauguré en 1990, ce musée et son jardin proposent une collection de 400 sculptures de Morice Lipsi (1898- 1986) ainsi que des dessins.

Ses sculptures monumentales sont en place à Grenoble (colonne olympique de 12 m) mais aussi à Tokyo, New York, Tel Aviv, Mannheim, etc. Le musée héberge une rétrospective de 300 tableaux, aquarelles, dessins et marionnettes de l'épouse du maitre, Hildegard Weber-Lipsi (1901-2000), artiste peintre passionnée par le Japon. Ça vaut vraiment le déplacement mais, attention ce n'est pas ouvert toute l'année, un coup de fil de précaution s'impose.

Tél. 03 84 78 82 22.
Ouvert de Pâques à fin septembre les vendredi, samedi dimanche et jours fériés de 11h à 18h ou sur rendez-vous toute l'année
info@musee-lipsi.com
www.musee-lipsi.com

Le musée Lipsi

RUPT-SUR-SAÔNE

Le château détruisant ainsi une masse d'archives concernant l'histoire de la Franche Comté. Le château fut reconstruit au 19e. L'ancien donjon du 13e domine toujours majestueusement la vallée de la Saône. Les sœurs Nappez occupent aujourd'hui le château et en conservent paisiblement l'esprit.

Le village est probablement l'un des plus beaux du département et c'est depuis la Saône sur le chemin de halage, encore pavé par endroits, que l'on peut l'admirer le mieux avec le clocher comtois qui se dresse fièrement face au vieux donjon. Le château privé se visite sur rendez-vous.

Dans le village on peut voir de jolies maisons, des cadrans solaires, des calvaires et des fontaines dont une est protégée par un imposant lion. Les bords de Saône, de part et d'autre du sublime pont enjambant la rivière, sont très prisés des promeneurs et des cyclistes. Les pêcheurs ne sont pas en reste. L'accès est très facile.

La salle de billard du château à toit polychrome est éclatante de beauté depuis la Saône. Les chemins qui montent au château traversent une petite forêt mystérieuse qui a dû abriter les amours moyenâgeuses du croisé Jean de Rupt… Il y a quelques années fonctionnait encore à Rupt une petite fabrique de gants de crin.

Les Dorlotines.
Chambres d'hôtes. Tél. 03 84 92 72 77

Rupt-sur-Saône

Le donjon de Rupt-sur-Saône

Scey-sur-Saône

Le pont de Rupt-sur-Saône

SCEY-SUR-SAÔNE ET SAINT-ALBIN

La petite ville de Scey-sur-Saône, environ 1700 habitants, se trouve à l'endroit où la rivière est dite «la Saône Jolie». C'est donc un peu la perle de la Saône. Ici certains habitants pensent qu'il n'y a pas plus doux au monde. Jean Boheme, ancien boulanger décorait son magasin de grands portraits noir et blanc car sa passion était la photographie. Il avait l'art de photographier les gens comme nul autre un peu à la manière des grands portraitistes parisiens du studio Harcourt. Beaucoup de jolie demeures, dans l'une d'elle a été créé le musée de l'histoire du costume.
1, rue des Vignes : Tél. 03 84 68 81 77.

Scey se veut de plus en plus touristique avec son complexe aquatique route de Ferrières-les-Scey, son restaurant Le Chanois *(Tél. 03 84 68 86 75)*, son poney club *(Tél. 03 84 92 70 25)*, la mini-ferme des Boulingrins, son plan d'eau sur un bras mort de la Saône où les bateaux viennent faire une halte et ou l'on pratique volontiers le ski nautique.

Scey-sur-Saône a un beau passé chargé d'histoire et les traces sont encore bien visibles avec de nombreuses maisons à tours des 16e et 17e siècles. Il ne subsiste plus rien du superbe château édifié à la fin du 17e siècle par les princes de Beauffremont sauf les écuries somptueuses et un petit temple de l'amour dans un parc mais tout est privé et à peine visible.

Une grotte naturelle curieuse sous l'église, une fontaine monumentale en contrebas, des sculptures étranges sur certaines maisons, le calvaire de saint Albin vaut la très courte promenade et bien entendu le fameux tunnel de Saint-Albin.

Le port de plaisance intercommunal est désormais le point de départ ou d'arrivée de randonnées fluviales. Scey la jolie mérite bien sa réputation et on peut désormais y venir depuis Vesoul ou Port-sur-Saône directement à pied ou à bicyclette par le chemin de halage. On peut y camper, y pêcher et trouver tous les commerces sur place.

La troupe de théâtre locale «Le sourire Sceycolais» organise chaque année le festival «Scey-sur-Scène» dédié à «Jeanine».

Insolite : dans la salle de la mairie, les portraits de tous les Présidents de la République sont accrochés. Le concours de rillettes franc-comtoises avait vu le jour ici avec l'un des plus ardents défenseurs de la spécialité, le grand maitre Bruno Merotto. D'autres Sceycolais (c'est ainsi que l'on nomme les habitants), Bernard Jameaux, féru de VTT, l'un des pionniers d'Indiana Saône et la cavalière Sophie Devaux pourraient vous guider sur de merveilleux chemins ombragés ou ensoleillés.

SEVEUX

Le port de Seveux Savoyeux

Si on aborde le village par le pont sur la Saône, on sera accueilli par deux sentiments bien contradictoires à la vue de vestiges d'un riche passé : à gauche désolation avec la friche industrielle de l'énorme papeterie qui avec sa consœur de Savoyeux fit travailler toute une contrée, avant de servir de cave d'affinage et de mourir. À droite plénitude avec les vastes espaces et bâtiments de la ferme et la tour (classée) du château qui a appartenu aux seigneurs de Ray.

La dalle d'Othon

L'église dédiée à Saint-Laurent conserve un témoignage remarquable de la présence des sires de Ray : la dalle funéraire sur le mur à gauche de l'autel représente sur près de deux mètres de haut un Othon de la Roche.

On a donné le nom de Michel Vautrot à la place du lavoir, non pas que le très médiatique arbitre international de foot soit originaire (il est né à Antorpe près de Saint-Vit) mais par pure sympathie. Le lavoir est un élégant édifice à cinq baies cintrées.

Artisanat d'art

Dans une partie de l'ancienne papeterie s'est installé un artisan en sabots et broderie : sabots utilitaires et décoratifs peints à la main, broderie mécanique, broderie à la main, point de croix, point de tige, point de Beauvais.

Visite des ateliers pour les groupes - Le Veau d'or : Tél. 03 84 67 13 99

Le restaurant de «La Berthe»

Il a réouvert après le terrible incendie de 2006. Le bâtiment est tout moderne, avec une grande salle de banquet.

Le tunnel de Saint-Albin

Soing

Soing

SOING

Le village est à découvrir du haut, depuis ce belvédère d'où toute la vallée de la Saône s'offre dans sa splendeur simple et naturelle. La rivière fait une boucle au pied d'une colline où se cache une héronnière. Comme elle n'est plus navigable, elle permet néanmoins aux bateaux de venir s'amarrer près du camping et d'un petit restaurant où l'on trouve une bonne friture. Une aire de jeux et de pique-nique bien large a été aménagée tout près de la réplique de la tour Eiffel (réalisée au 20ème de la parisienne en 1992.) Ce petit coin de paradis des plaisanciers et des pêcheurs n'empêche pas bateaux et promeneurs de poursuivre leur chemin sur le canal qui passe en parallèle où sur son chemin de halage très bien entretenu. On peut aller jusqu'à Gray d'un côté ou Port-sur-Saône de l'autre.

TRAVES

Le village a connu les feux de l'actualité mondiale en 1976 lors de la découverte de la présence de Joachim Peiper, un ancien collaborateur d'Adolphe Hitler. Aujourd'hui, tout est revenu au calme avec une réelle envie de se tourner vers le tourisme. La présence de la Saône au pied du village est une aubaine et quelques réalisations remarquables privées connaissent un certain succès. En particulier Saône Valley, un lieu de vacances très bien pensé sur 5 ha. Dans un écrin de verdure, de confortables chalets en bois tout équipés surplombent un plan d'eau privatif relié à la Saône. Un bateau

Traves

pour la pêche ou la promenade est amarré au pied des chalets. Des barques, des canoés indiens, pédalos, bateau école, tout est indiqué pour l'aventure paisible au fil de l'eau dans une nature préservée. L'accueil, grâce à Nathalie et Didier Thabussot, est particulièrement chaleureux. On peut même simplement venir siroter un jus de fruit un soir d'été ou grignoter un petit en cas au bar. Bref, une des plus belles réussites touristiques du département. Tél. 03 84 92 72 70

Belles maisons à voir dans le village dont une qui à des relents espagnols. Le retable de l'église est lui aussi assez exceptionnel, même s'il a besoin d'un peu de rafraîchissement.

Saône-Valley

VAIVRE-ET-MONTOILLE

La mairie : belle et vaste maison du 17e avec calvaire de 1633. L'église reconstruite au 18e a gardé le chœur du 13e et une chapelle seigneuriale du 16e, grand retable baroque 17e. Dans une chapelle, deux retables 18e et 19e siècles, belles statuettes en bois doré, tabernacle ouvragé orné de miroirs.

Le lac de Vesoul est en réalité aussi celui de Vaivre ! Il a été creusé par le district urbain il y a plus de trente ans. D'une superficie de 90 hectares c'est un haut lieu départemental de loisirs (voir dans Vesoul).

L'usine de pièces détachées Peugeot est en partie sur la commune.

Pour visiter l'église : Tél. 03 84 96 95 95 (Mairie)

VALLEROIS-LE-BOIS

Le château de Vallerois-le-Bois ou Valleroy est un endroit unique en Franche-Comté, c'est sans aucun doute le « panache » du village. Cette ancienne demeure des Vaudrey est l'objet d'un plan de restauration phénoménal. Le docteur dijonnais qui s'est lancé dans cette entreprise est le sauveur de ce château qui s'acheminait peu à peu vers un tas de pierres. Grâce à son courage, l'édifice reprend petit à petit les allures qu'il avait autrefois. Son donjon carré du 12e a été restauré dans les règles de l'art avec de vrais tailleurs de pierre. Remarquable. Des chantiers de jeunes donnent parfois un petit coup de main.

Vallerois-le-Bois

VALLEROIS-LE-BOIS

À lui seul ce château mérite le détour, simplement en essayant d'en faire le tour à pied. Quelques constructions beaucoup plus récentes, devant, enlaidissent le site. L'une des maisons pustule vient d'être rasée après des années de « combat » laissant apparaître l'enceinte. Quel courage de s'être lancé dans une telle aventure. Ça mérite une médaille !

Seule entrée du château jusqu'à la fin du 18e siècle, la porte était défendue par un pont-levis dont quelques éléments subsistent. Des bouches à feu dont certaines doubles côtoient d'anciennes meurtrières. Le donjon, pièce maîtresse de l'édifice, avait perdu sa couverture en 1933 et se présentait depuis lors comme un puits de lumière à six niveaux.

Haut de 20 m jusqu'au couronnement, il mesure 10 m de côté extérieur. Les planchers ont été restitués en tenant compte de la présence des corbeaux de pierre et en reproduisant le modèle de ceux qui restaient. Bref, le donjon a repris fière allure. Le château se visite Aujourd'hui. On peut voir dans la salle des Montrost, dont on trouve encore les armoiries peintes sur l'un des corbeaux de pierre pris dans le mur nord « au chevron de sable (noir) sur fond d'or », un véritable joyau : la cheminée des Vaudrey, un chef-d'œuvre de l'art gothique flamboyant. Cette cheminée avait été enlevée à la fin du 19e siècle pour être placée en décoration dans le Centre hospitalier Paul Morel à Vesoul. La cheminée a été démontée et réinstallée au château. Elle porte sur son linteau les armoiries des Vaudrey-Montrost coiffées d'un cimier et entourées de deux lévriers.

Pour visiter : Tél. 03 80 50 13 50

VELLE-LE-CHATEL

L'Art du fer.

Un spécialiste du fer forgé a installé son atelier ici. Tél. 03 84 68 47 35

La Baignotte.

Bar-tabac. Tél. 03 84 78 82 09

Château de Vallerois-le-Bois

La Motte

VESOUL

Dans sa dernière et récente chanson « Au joli temps de nos guitares », Georges Moustaki souligne tendrement que Brel faisait valser Vesoul ! Il est vrai que cette chanson de Jacques Brel a fait le tour du monde et a fait connaître VESOUL. Même si les paroles ne sont pas toujours flatteuses pour la préfecture de la Haute-Saône, elles sont le résultat d'une promesse faite par le chanteur lors de son passage à la « Bonne Auberge » (aujourd'hui Eurotel) et à l'hôtel du Nord.

L'hôtel de ville lors du festival de cinéma d'Asie

Serment à une belle qui lui aurait donné un peu de bonheur, aux tenanciers de l'auberge, tellement sympathiques ou simplement une idée qui passait par là suite à une errance nocturne dans une ville inconnue… nul ne le sait vraiment et les hypothèses varient ! L'histoire vraie ? seul le tenancier de l'auberge de l'époque, un certain René Kielwasser, s'en souvenait avec émotion. Le grand Jacques a d'ailleurs laissé une trace sur le livre d'or. La belle d'un soir (si elle a existé !) s'est envolée comme la grande étoile de la chanson. Si Brel n'a pas encore de statue à Vesoul (on y songe certainement dans les sphères culturelles de la ville), il a sa place vers le collège du même nom. Bien mo-

Place du Palais de Justice, statue de Pascal Coupot

deste place ombragée avec une simple clé de sol en son centre réalisée avec de bien tristes pavés autobloquants. Place Jacques Brel pas d'odeur de frites mais celles des excellentes pizzas du camion vert ! Mais si Brel a aussi son collège, sa ligne de bus, il a désormais son festival à Vesoul où chaque année en octobre, les jeunes talents viennent aiguiser leurs voix.

Jean Léon Gérome

Arrivé à Vesoul par la voie rapide (RN19) en venant de Paris, ou en venant de Lure par la même route, de Luxeuil, de Besançon ou de Gray, on ne peut manquer la Motte, une butte-témoin surmontée d'une petite chapelle : Notre-Dame de la Motte érigée en 1857 en remerciement à la vierge d'avoir épargné la ville du choléra en 1854. Détruite par un incendie et photographiée en flammes à l'époque par Michel Larcher, elle a été reconstruite en 1967. Une table d'orientation en bronze, remarquable et originale, réalisée par le professeur, peintre, sculpteur Francis Panaget en 1979, nous fait découvrir toute la région jusqu'au Mont-Blanc. C'est probablement en arrivant par la route de Gray ou le contournement venant de Besançon, par la côte d'Andelarre que la vue est la plus surprenante surtout la nuit. Vesoul s'étend majestueuse à nos pieds comme une grande ville aux mille lumières !

Quelques noms «célèbres» à Vesoul : Edouard Belin (inventeur du bélinographe précurseur de la télévision), Alain Baptizet (cinéaste), Edwige Feuillère (comédienne), Daniel Slimak (chanteur), Alain Joyandet (secrétaire d'Etat à la francophonie), Jean-Léon Gérome (peintre sculpteur), Daniel Haas (guitariste d'Ange), André Blanchard (écrivain), Ach (chanteur compositeur), Jules Alexis Muenier (peintre), Pascal-Adolphe-Jean Dagnan-Bouveret (peintre), René Heymes (biologiste, découvreur de l'antibiotique), François Chatelet (sélectionné aux JO), Roussey (escrimeur) Jean-Marie Savet (l'un des pères du lac), Stéphane Peterhansel (pilote moto et auto de rallyes), Mickaël Azouz (chocolatier champion du monde), Michel Sardou dans une interview récente à la télévision, se remémore Jacques Brel lorsqu'on lui demande comment peut on faire plaisir à une femme il répond : « j'ai toujours envie de faire plaisir à une femme aimée, si elle veut voir Vesoul, on va voir Vesoul… »

Comme toutes les villes ayant une longue histoire, Vesoul comprend un centre ancien, véritable « cœur de ville », où l'on trouve de vieux édifices tels les hôtels particuliers des 16e (Boisselet, Thomassin, Simon Renard, Montgenet) et aussi de fort beaux immeubles du 17e et 18e, entourant les deux couvents des Ursulines et des Annonciades, le tout personnalisé par la place de l'église Saint-Georges du 18e.

Visitez le musée municipal Georges-Garret avec, entre autres, les œuvres de Jean-Léon-Gérome, flânez dans les rues commerçantes, promenez-vous au « jardin anglais », montez à la « Motte » par le chemin de croix.

À 3 km, le lac (93 ha) avec le « Ludolac » parc aquatique, et la zone de loisirs, séduiront les promeneurs et les sportifs.

Histoire de Vesoul

Vesoul, c'est d'abord la Motte, butte-témoin dominant la vallée du Durgeon.

À la fin du 10e siècle, un château est construit sur l'étroite plate-forme de la Motte (378 m), à l'abri duquel s'organise un petit bourg entouré de murailles au 13e.

La paix permet le retour du négoce, la ville s'étend et s'enrichit de beaux hôtels sobres et de jardins. On reconstruit l'église et on bâtit l'hôtel du Présidial (Palais de Justice). L'implantation d'un régiment de cavalerie entraîne la construction des casernes dans le bas de la ville, sur des terrains récemment assainis. L'hôpital édifié en 1619 est agrandi (actuel Hôtel de Ville).

La ville coupée en deux par la voie ferroviaire Paris-Bâle vient de supprimer le passage à niveau, par un passage souterrain sous un pont rail qui a complétement changé la vie des vésuliens.

La ville de Vesoul blottie au pied de la Motte

L'office de tourisme du Pays de Vesoul

Situé dans de chaleureux petits locaux au N°2 de la rue de Gevrey, l'OT mérite une visite mais attention difficile de se garer dans ce secteur. Il vaut mieux venir à pied depuis la place de la République. Dirigé par Marion Humbaire, l'OT propose de découvrir, de rue en rue, de monument en monument, toute l'histoire de la ville. Un excellent dépliant peut aussi vous piloter, il vous sera précieux.
Tél. 03 84 97 10 85. E-mail : accueil@ot-vesoul.fr
www.ot-vesoul.fr

Visites du vieux Vesoul

Les jeudis après-midi du 15 juin au 15 septembre. Durée 1h30 environ.

Visites à thèmes

Les mardis du patrimoine. À 16h du 15 juin au 15 septembre (avec des intervenants spécialisé).

Visites nocturnes

Tous les vendredis à 20h30 en juillet et août. Une visite plus théâtrale… s'inscrire obligatoirement.
Pour toutes ces visites, rendez-vous place Edwige Feuillère.

Le musée Georges-Garret

1 rue des Ursulines. Tél. 03 84 76 51 54
Courriel : sabine.gangi2@cc-vesoul.fr

Ouvert tous les jours, de 14h à 18h sauf le mardi. Entrée gratuite.

Jours de fermeture : 1er janvier, lundi de Pâques, 1er mai, 14 juillet, 1er novembre, 25 novembre et 25 décembre.

Accueil des groupes sur rendez-vous (horaires spéciaux).

Jeux et parcours-découverte à l'attention des familles et des enfants.

Fondé en 1882 et installé au cœur du centre ancien depuis 1981, le musée municipal de Vesoul expose des collections d'art et d'archéologie dans un vaste bâtiment datant de 1680 (couvent des Ursulines) qui a conservé son architecture d'origine mais dont les espaces intérieurs ont été réaménagés pour le confort des visiteurs et la présentation des œuvres.

Hôtel Henrion de Magnoncourt

Au premier niveau, les vestiges archéologiques découverts localement évoquent l'occupation du territoire à travers les siècles. Parmi les objets présentés (trouvailles anciennes ou fouilles récentes), on retiendra particulièrement les outils en silex et la faune préhistorique, les stèles funéraires gallo-romaines et la villa de Chassey-lès-Montbozon, les armes, poteries et parures issues des cimetières mérovingiens.

Au second niveau, près de 600 m² sont dédiés aux collections Beaux-Arts dont le point fort est l'art de la seconde moitié du

19e siècle. Peintures, sculptures, dessins ou objets sont réunis autour de trois thèmes principaux :

• l'artiste académique Jean-Léon Gérôme (Vesoul, 1824-Paris, 1904), peintre orientaliste, peintre d'Histoire et aussi sculpteur,

• ses élèves, les peintres de l'École haut-saônoise (Pascal Dagnan-Bouveret, Gustave Courtois, Jules-Alexis Muenier, R.-X. Prinet,...), auteurs des scènes naturalistes ayant pour cadre leur région natale,

• le fonds ancien et divers éléments du patrimoine local, réunis dans une grande et belle salle du musée (galerie Xaintonge).

Place de l'église Saint-Georges

L'église Saint-Georges

L'église actuelle fut reconstruite en 1745. Elle possède un intéressant mobilier dont une Pieta et une mise au tombeau du 16e siècle en pierre polychrome. À gauche, avant la chaire, une statue de marbre aux yeux voilés, représente Vénus et Cupidon de Canova (18e siècle). Belles orgues de Rabini (1776). Elles viennent d'être entièrement restaurées.

L'église Saint-Georges

Croq'culture

Les amis du musée et de la bibliothèque et leur dynamique présidente Jocelyne Thiriet proposent une nouvelle et croustillante animation : Croqu'culture. Plusieurs fois par an (demander les dates au musée ou à l'O.T.) rendez-vous vers 12h au musée avec son propre sandwich. Mini-conférence (20 à 30 min) sur un thème choisi et ensuite tout le monde déjeune dans la salle des stèles. Dessert et café offert par l'Association. Super sympa.

Salle Gérôme au musée Georges Garret

Le musée de la moto tout-terrain

Trail 70. Parc d'activités Espace de la Motte - Vesoul. Tél. 03 84 75 83 34 www.trail70.fr - Ouvert tous les jours sauf dimanche et lundi.

En Europe, le seul musée privé consacré à la moto tout-terrain : plus de 80 machines sont exposées sur 3 salles et retracent l'histoire du trial, du motocross et de l'enduro depuis les années 50 jusqu'aux années 80.

On voit des motos très originales, telles que des machines de Speedway ou de Rallye Raid. Une pièce est spécialement consacrée à la marque JMC (Joël Corroy Motos), motos de trial française imaginées, mises au point et construite par Joël Corroy à Vesoul entre 1983 et 1986.

Toutes les motos du musée ont été restaurées avec soin et sont conformes à leurs spécificités d'origine.

La bibliothèque

Bibliothèque Louis-Garret
14 rue des Ilottes. Tél. 03 84 97 16 60

La bibliothèque municipale offre aux lecteurs un espace de 1800 m^2.

• l'espace "jeunesse" dédié aux enfants de 0 à 14 ans environ, propose albums, romans, livres pour les tout-petits, bandes dessinées, documentaires et presse,

• "l'heure du conte" (animation) pour les enfants de 4 à 8 ans tous les mercredis,

• l'espace "adulte" offre une large sélection de romans, livres en gros caractères, bandes dessinées, théâtre, poésie, contes, documentaires, ouvrages régionaux, coin-presse ainsi qu'une salle de documentation et de consultation.

60 000 supports et 100 abonnements sont disponibles pour le prêt.

Nature et découverte

La Motte (centre ville) - signalétique le long de la promenade.

La colline de la Motte domine la plaine du Durgeon (378m). Dès la fin du 10e siècle, un château se dresse sur la plate-forme exiguë. Les troupes de Tremblecourt le rasent en 1595 et éventrent les murailles. Plus tard, une grande croix de bois recouverte de plaques métalliques qui brillaient au soleil est dressée au sommet pour protéger les vignobles de la foudre. Une chapelle, Notre-Dame de la Motte, est érigée en 1857 en remerciement à la Vierge pour avoir épargné la ville du choléra en 1854. Détruite par un incendie, elle a été reconstruite en 1967.

Belle vue sur la plaine de Vesoul, les Vosges, le Jura et même les Alpes.

Table d'orientation en bronze réalisée par le peintre-sculpteur Francis Panaget (1979).

Les allées et le jardin anglais

Le site est aménagé en nouvelles promenades en 1792 puis en jardin public. À l'heure actuelle, ce jardin dessiné à l'anglaise offre aux regards des promeneurs de magnifiques massifs de fleurs et un ensemble de jeux pour les enfants.

Le lac de Vesoul-Vaivre

À 3 km du centre ville, le lac de Vesoul-Vaivre s'étend sur 93 ha et fait partie d'un important complexe de loisirs. Sentier (5 km) le long des berges avec zone de repos

Lac de Vesoul

et bancs. Aire de jeux pour les enfants, côté camping.

Réserve ornithologique avec différentes espèces d'oiseaux migrateurs (explications sur des panneaux didactiques le long du chemin pédestre).

Le club ornithologique organise des animations de reconnaissance des oiseaux pendant l'année.

La réserve naturelle du Sabot de Frotey-lès-Vesoul (Est de Vesoul) RN 19, direction Belfort puis à gauche, aérodrome.

Réserve naturelle (végétation riche et variée, faune typique des plateaux calcaires). Dominant la falaise, en face de la Motte, sur le rebord de la colline en calcaire, les vents, les pluies et le gel ont sculpté la roche en forme de sabot. Beau point de vue. Promenade balisée sur ce plateau.

Aérodrome, circuit de moto-cross.

Grotte de Solborde à Échenoz-la-Méline

Le large chemin herbeux est bordé à gauche par un ensemble de roches calcaires, "les roches des 12 apôtres". Jusqu'à la grotte où prend naissance la Méline, promenade agréable (30 mn A.R). Stationnement au hameau des Cottets. Chapelle et cascade d'eau pétrifiante en contrebas. En 1663, découverte d'une Vierge du 16e cachée lors des invasions. Solborde devint alors un important lieu de pèlerinage.

Le plateau de Cita à Navenne et Échenoz-la-Méline

Promenade de 7,5 km (2h30), balisage anneau jaune, départ parking des "4 sapins" à Navenne.

Ancien site préhistorique. Le site de Cita dit "à éperon barré" : la pointe du plateau qui domine la vallée du Durgeon est entièrement barrée par un "murger" protecteur de pierres sèches qui fermait le camp. Les hommes logeaient, semble-t-il, dans des huttes de pisé ou de pierres sèches situées soit au bord de la falaise, soit contre les fortifications.

Le Frais-Puits La Font de Champdamoy (site fossile) à Quincey

Difficile d'accès, le "frais puits" est un entonnoir qui se prolonge en sous-sol par un siphon et des kilomètres de galeries souterraines. En période de pluie, il fonctionne comme un "trop plein", l'eau emprunte la "vallée sèche" et rejoint La Font de Champdamoy (en contrebas de la station de traitement des eaux). Par la Colombine, l'eau peut envahir les bas quartiers de Vesoul. Des dents de mammouths, de rennes datant de la dernière glaciation ont été découvertes dans ce réseau souterrain noyé (un des plus grands d'Europe).

Arboretum

Navenne : un parcours fléché guide le promeneur vers différentes variétés d'arbres (signalétique). Départ : lieu-dit "les 4 sapins".

Noidans-lès-Vesoul : dans une agréable clairière, le long du circuit VTT N°17.

Accès : direction Gray et au niveau de l'échangeur Besançon-Gray, 1ère à gauche. Faire 600 m sur ce chemin.

Pusy : espace Nature Découverte très agréable et bien aménagé (route de Bougnon), avec plan d'eau et aire de pique-nique.

Le chemin vert *(route de Villersexel - D9).*

21 km de promenades aménagées par le Conseil général pour piétons, rollers et cyclistes, sur l'ancienne voie de chemin de fer. Agréable parcours qui se termine à Fontenois-lès-Montbozon.

Gastronomie et terroir

Produits régionaux

Rillettes comtoises, comté, gruyère AOC de Haute-Saône, cancoillotte, emmental, jambon de Luxeuil, biscuits de Montbozon, griottines, kirsch, alcools de Fougerolles, vins locaux de Charcenne, Champlitte..., dentelles de Luxeuil, verres de La Rochère et spécialités de chocolats et gâteaux chez nos pâtissiers.

(Liste des points de vente à l'OT).

Recettes régionales

Opération « Terroir et Patrimoine »

Du 1er juin au 30 septembre, certains restaurateurs du pays de Vesoul proposent des menus à base de produits régionaux au prix de 15 à 25 euros.

Quelques manifestations importantes

Les foulées de la Motte (course à pied) : début avril

Moto-cross : mai

Marché des vacances (braderie) : fin juin

Triathlon (au lac) : août

Feux d'artifices au lac : 14 juillet et 15 août

Semaine de la pétanque : août

Fête du miel, Échenoz-la-Méline : fin août

Courses hippiques, Coulevon : août

Foire-exposition : tous les 2 ans, mi-septembre

Félice, le renommé pizzaoilo de Bella-Vita

Mickaël Azoul, célèbre chocolatier

Journées du Patrimoine : 3e week-end de septembre

Salon des peintres amateurs, semi-marathon, festival Jacques-Brel : octobre

Sainte-Catherine : 25 novembre

LOISIRS AQUATIQUES

Le parc aquatique « Ludolac »

Sur une surface de 3 ha, espace de détente pour toute la famille avec toboggan (10 m de haut, 50 m de long), bassin de 50 m, petit bain avec rivière rapide, canon à eau, bassin de détente avec bulles d'air, jets massants, pataugeoire pour les petits, espace pique-nique, restauration rapide, buvette.Ouvert de juin à septembre, avenue des rives du lac. Vaivre-et-Montoille.

Tél. 03 84 97 50 50

25 novembre : les catherinettes

Piscines

• Vesoul : un bassin couvert de 25 m (ouvert toute l'année) et un bassin extérieur de 25 m (ouvert en été). Rue Louis-Paquet. Tél. 03 84 75 07 64

• Noidans-lès-Vesoul : bassin couvert de 25m (ouvert toute l'année). Rue du Stade.
Tél. 03 84 97 18 90

Base de voile CNHSV

Avenue du Lac. Vaivre-et-Montoille.
Tél. 03 84 76 50 80 - www.cnhsv.fr

Location de catamaran planches à voile, lasers pico, canoës et kayaks, pédalos.

Stages d'initiation et de perfectionnement en optimist, en dériveur et planche à voile.

Pêche

Dans le lac, anguilles, brèmes, brochets, carpes, gardons, perches, tanches. Possibilité d'acheter une carte de pêche annuelle ou touriste auprès de la Fédération de Haute-Saône et des associations agrées.

Fédération de pêche de Haute-Saône
4 avenue du Breuil - Vaivre-et-Montoille.
Tél. 03 84 76 51 41.

Informations à « La Gaule Vésulienne ».
Tél-fax : 03 84 76 17 14

SPORTS AÉRIENS

Aéroclub de Vesoul : baptêmes de l'air.
Tél. 03 84 76 43 66

Parachutisme : entraînements sur l'aérodrome du Sabot de Frotey-lès-Vesoul, à partir de 16 ans.
Tél. 06 84 63 07 89 (Erich Nehls)

Parapente, deltaplane : Vol libre haut-saônois, lieux d'entraînement : Chariez, site du camp de César ouest et nord et Échenoz-la-Méline, site du bois de Breuleux.
Tél. 06 88 16 53 06 (M. Pelletier).

LOISIRS INSOLITES

Karting : Circuit de la Vallée.
Charmoille. Tél. 03 84 75 04 95

Skate board :

• Lac de Vaivre-et-Montoille : en face de l'école maternelle. Tél. 03 84 96 95 95

• Échenoz-la-Méline : Grande rue.
Tél. 03 84 75 14 77

• Vesoul : piste au stade René-Hologne, entrée rue de Gerlingen.
Tél. 03 84 76 63 27

Draisine (vélo-rail) : en famille ou entre amis, un parcours de 9 km en pleine nature (durée : 1h15). Départ, sur la voie SNCF, à 500 m de la sortie de Vaivre-et-Montoille, direction Fresne-St-Mamès.
Tous les jours sur réservation.
Tél. 03 81 58 03 09 ou 06 67 50 07 23.
www.velorailvesoul.com

Vélo-rail

AUTRES ACTIVITÉS

Tennis : Impasse des rives du lac (à côté du camping international), Vaivre-et-Montoille. Tél. 03 84 75 87 23. Réservation à l'heure ou avec une carte (10h).

Pass'tennis été ou hiver. Infos tous les jours de 15h30 à 19h.

Équitation :

• Centre équestre du Frais Puits : Ferme des Goudiaux, route de Villersexel - Quincey.
Ouvert tous les jours sauf le lundi.
Tél. 03 84 75 90 33.

• Centre équestre "La Cart" : Balades à l'heure et à la demande. À partir de 7 ans.

Route de Montcey, Colombier.
Tél. 03 84 76 53 05 ou 06 87 62 02 82.
Renseignements : www.destination70.com

Le Ludolac

Le chemin vert

VESOUL

Le Centre Régional de restauration et de conservation des œuvres d'art

Le centre de restauration de Vesoul est l'un des quelques grands de France et le plus important de l'est. Créé en 1985, il dispose d'une vaste surface de 2500 mètres carrés d'ateliers et de laboratoires de haute technologie. Il fait valoir ses compétences en conservation-restauration dans les domaines de la sculpture, du mobilier, de la peinture et du textile. Subventionné par l'État, la Région Franche-Comté et le département de la Haute-Saône, il est constitué d'une équipe de treize personnes.

La réputation de l'établissement est d'ailleurs due en grande partie à la compétence de ces techniciens qui exportent souvent leur savoir en particulier récemment au Vénézuela et en Afrique où Anne Aubert a non seulement restauré des statues, mais a donné des conférences. De son côté Aubert Gérard, le directeur du centre, est fréquemment invité au musée Ghetti de Los Angeles ou encore dernièrement en Sibérie orientale à Yakutsk pour la mise en bulle d'un mammouth ! D'autres spécialistes, parfois étrangers, interviennent sur des objets de grande valeur historique.

Le centre dispose d'équipements spécifiques permettant l'étude approfondie des œuvres. Les quatre ateliers mènent des interventions de prévention, de stabilisation et de restauration de haute qualité et parfois très spécifiques comme par exemple la désinsectisation (anoxie, sous flux d'azote avec contrôle hygrométrique, congélation, voie liquide, etc. Vous l'aurez compris le travail en question s'adresse surtout à des institutions, mairies, musées, entreprises mais aussi à des particuliers désireux de retrouver par exemple la beauté d'un tableau abimé ou d'une statue cassée. Il est donc difficile de visiter ce centre mais si l'intérêt pour l'art le justifie, il faut prendre rendez-vous.

5 A route, de Saint-Loup - Parc de l'IUFM
Tél. 03 84 76 63 30
E-mail : crrcoa@wanadoo.fr
Site http://ccrrcoa.free.fr

VILLERS-LE-SEC

La commune s'étend sur un plateau calcaire dominant la ville de Vesoul et aucun cours d'eau ne passe par là ce qui lui vaut l'adjectif de «le sec.» Les Belles Baraques, Saint-Igny, les Roussey, les Belles Côtes, les Granges Mercier et les Marcassins, ces hameaux ou lieux-dits font partie de la commune très étendue et boisée. Le chemin vert, l'ancienne voie du Tacot, passe en contrebas du village ; il mène à Vesoul d'un côté et à Fontenois-les-Montbozon de l'autre. Depuis le stade, un autre sentier où passait une autre ligne mène à Noroy-le-Bourg. Mais il n'est pas aménagé comme le chemin vert. Beaucoup plus sauvage, il fait le bonheur des vététistes. Le gouffre du Frais-Puits réserve quelques surprises lors de fortes pluies ; on a déjà vu une véritable rivière éphémère se former depuis son entonnoir. Aux Belles Baraques (D9), la chapelle de Saint-Igny, parfaitement conservée et restaurée, est un petit chef-d'œuvre de l'art roman. Cette chapelle dédiée à saint Aignan, construite au 13e siècle, était plus importante avec un « hospitium » pour accueillir les voyageurs. Une nef unique à large travée, abside à trois pans voûtée en « cul de four », fenêtres romanes. À l'intérieur, Vierge à l'Enfant et Grand Christ en bois polychrome.

VY-LÈS-RUPT

Jolie petite église reconstruite en 1759 après l'incendie du village.
Chambres d'hôtes : chez Mirette Tél. 03 84 92 74 81

Chapelle de Saint-Igny

Petite route vers Pomoy

DU VAL DE SAÔNE AUX VOSGES

AMONCOURT

Beaucoup d'eau autour d'Amoncourt avec la Saône, mais aussi de grands étangs favorisant la pêche : le Grand Emprunt (5 ha), Vernayes (15 ha). Ruines du château fort médiéval et ancienne halle du 17e siècle et surtout une belle vue sur la Saône depuis le haut du village. Un lieu de rendez-vous sympa : le café-brasserie du Fer à Cheval. Une rue porte ce nom.

ARBECEY

Au 17e siècle, les moines bénédictins ont construit ici un château dont on voit quelques vestiges. Une rivière souterraine coule dans le gouffre Deujeau à plus de 20 mètres sous le village ; elle alimente les quatre fontaines. L'une d'elles est bien jolie avec son clocheton, un puisoir à niche d'inspiration antique. Alain Baptizet, le spéléologue et cinéaste de Vesoul y a en partie tourné autrefois le film qui a décidé de sa carrière : « Cinéaste des cavernes ». Le village a un peu le style lorrain avec un puits le long de la route.

BAULAY

L'église 18e-19e siècles est coiffée d'un joli toit aux tuiles vernissées que l'on voit de loin. La rue des pêcheurs porte bien son nom car elle mène à un joli coin prisé par ceux-ci.

BOUGNON

L'ancienne ferme de Vaurenaud appartenait à l'ordre de Malte. Le retable de l'église avec colonnes torses à raisins est du 18e siècle. Deux fontaines intéressantes : celle de la place de la Frôterie et la fontaine aux filles dans le bois sur le sentier de la tuilerie.

La ferme Saônoise

Très prisée des Vésuliens pour ses produits fermiers : vente directe des producteurs avec une gamme importante de viandes : veau, canard, lapin, porc, génisse, agneau… il est prudent de réserver sa volaille…

21 Grande Rue - Tél. 03 84 78 12 05

Baulay

Le Pain de Beurre à Bourguignon-lès-Morey

BOURGUIGNON-LÈS-MOREY

Le village est d'origine très ancienne. On y a retrouvé les vestiges d'un établissement près de la voie romaine avec une enceinte défensive néolithique. Un remarquable sentier passe par le Pain de Beurre, un gros rocher plat en forme de demi-livre de beurre. Une fois sur le rocher, la vue s'étend à 90°. Le site archéologique s'étend sur une surface de 17 hectares. L'habitat préhistorique et celtique forme l'un des plus importants sites défensifs de l'est de la France. Cette construction monumentale avec un rempart qui atteint parfois 6 mètres de haut a forcément réuni beaucoup d'hommes à l'époque et surtout nécessité une organisation exemplaire.

Le rempart fut rehaussé avec des pierres sèches à la fin du premier âge de fer (6e siècle avant JC). À la suite de plusieurs phases de constructions superposées, l'ensemble a fini par former une place forte celtique. Des sépultures importantes ont été découvertes.

La maison du patrimoine à Bourguignon-les-Morey est ouverte les vendredi, samedi et dimanche de 14h30 à 18h. Tél. 03 84 91 01 38.

BREUREY-LÈS-FAVERNEY

Le bourg s'est considérablement modifié au cours de ces dix dernières années. La place principale agrémentée de jets d'eau est splendide. Elle est dominée par l'imposante maison communale, édifiée au 19e siècle. Mais si Breurey possède de très belles maisons ainsi qu'un château, le plus surprenant est sans doute aujourd'hui son domaine naturel des «martins-pêcheurs», une zone de loisirs aménagée sur 200 hectares.

Tout autour, les étangs immenses sont propices à la flânerie et aux randonnées (plusieurs boucles possibles balisées (3 et 5 km). Le domaine est si vaste qu'on ne s'y bouscule pas. C'est aussi le paradis des pêcheurs : carpes, brochets et sandres sont dans l'eau.

L'association les Grands Gabions
Alevinage et surveillance assurés par l'association. Il est recommandé d'y prendre une carte de pêche journalière ou annuelle. Tél. 03 84 91 32 12.

Château de la Presle
Tél. 03 84 91 41 70 - www.chateaudelapresle.com/

La place de Breurey-lès-Faverney

BUFFIGNECOURT

Pendant la seconde mondiale, un habitant du village, le lieutenant Paul Pothier dirigea un groupe de résistants. Un mémorial a été dressé dans le bois de Mont aux pies en souvenir de ces moments héroïques. Dans la commune, un lavoir du 19e siècle avec abreuvoir et un petit ruisseau, le Révillon.

CHARGEY-LES-PORT

Le village aux tours... en effet plusieurs belles maisons possèdent une tour ronde au toit pointu. Probablement l'héritage des vignerons qui, lorsque la vigne était prospère, bâtirent des maisons cossues. On y voit beaucoup d'entrées de caves comme en Bourgogne. Aujourd'hui la vigne a complètement disparu. Deux belles fontaines, du Cornot et du Prétot, agrémentent ce beau village blotti sur une colline que l'on peut franchir par un beau chemin qui, de l'autre côté donne accès à Purgerot. L'église de Chargey, reconstruite au 18e siècle, est imposante de par sa position dominante avec ses belles colonnes.

Sculptures et poteries raku
Philippe François 15 rue du Cornot - Tél. 03 84 68 73 87

Breurey-lès-Faverney

Chaux-les-Port

CHARMOILLE

Aux portes de Vesoul, sur le circuit de la Vallée, le champion auto-moto Stéphane Peterhansel vient s'entrainer sur la piste de karting.

Sport Karting Pusey
Tél. 03 84 75 04 95

CHAUX-LES-PORT

Ce qui frappe immédiatement en arrivant à Chaux-les-Port, c'est son église avec une tour carrée sans toit. Le chemin de la Saône mène directement à celui du halage le long de la rivière. On peut stationner là et se promener à loisir à droite comme à gauche au bord de l'eau. La caverne de la Grande Baume fut habitée au néolithique, à l'âge du bronze, à l'époque de la Tène et au temps des Romains.

COMBEAUFONTAINE

Le bourg est traversé par la RN 19 ce qui en fait une halte renommée des voyageurs grâce à son restaurant, Le Balcon. La table est l'une des meilleures de Haute-Saône et depuis que le fils Jean-Philippe reprend la succession encore bien entouré par les parents Gauthier, la réputation se renforce et se rajeunit. Si le restaurant n'a guère changé depuis des années, les menus réservent de bonnes surprises et des nouveautés gastronomiques. Que peut-on voir d'autre à Combeau : une fontaine couverte, une autre découverte, le chemin du tacot vers l'ancien moulin, la source du Ravin et l'étang communal à l'orée du bois mais surtout la maison familiale et rurale à l'architecture moderne et fonctionnelle. Elle propose une formation par alternance dans les domaines de l'agriculture, du commerce, de la vente, du secrétariat et des multimédias ainsi que des possibilités de réceptions, fêtes, séminaires. Un parc avec terrains de volley, de pétanque et de badminton entoure l'établissement.

Renseignements :
www.mfr-combeaufontaine.fr

Le fameux Balcon

CONFLANDEY

Un appontement près du restaurant «Le Moulin Rouge» permet une halte pour les nombreux bateaux de plaisance qui passent par là. Toujours près du Moulin Rouge se trouve un petit parc avec jeux pour enfants. L'endroit est touristique ; on peut s'y promener jusqu'à l'écluse et le barrage et même emprunter l'ancienne voie romaine dont on voit encore très bien l'empierrement.

Au Moulin Rouge

La friture de la Saône se déguste, surtout en été, sur l'agréable terrasse surplombant la rivière. Il est prudent de réserver !

Tél. 03 84 78 10 27

Le Moulin Rouge à Conflandey

La grotte du Carroussel est un peu plus dure à trouver, le mieux étant d'y aller en barque ou en bateau. Il reste aussi quelques ruines du château au confluent.

Étrange situation pour la tréfilerie de Conflandey, elle est pratiquement située sur une ile au confluent de la Saône et de la Lanterne. On y accède en camion uniquement par Amoncourt et à pied du côté Conflandey par une passerelle réservée aux ouvriers. L'une des grosses tréfileries de France qui produit des tonnes de fil de fer.

Tréfileries de Conflandey

FAVERNEY

La petite ville de Faverney a bien de l'allure pas étonnant qu'elle soit dans la fameuse liste des petites cités comtoises de caractère. Ceux qui ont eu la chance de grimper dans le clocher de l'abbaye peuvent parler de ce qu'ils ont vu depuis là : tout un passé et une histoire... grandioses.

Le bourg établi sur les rives de la Lanterne, fait partie de cette liste prestigieuse des Petites Cités de Caractère de Franche-Comté, ce qui veut dire que la visite est indiscutablement intéressante. Mais c'est également son histoire religieuse qui a marqué la mémoire de toute une région.

Ses origines se confondent avec celles de son abbaye et demeurent incertaines. Les historiens font remonter sa fondation au 6e siècle par saint Colomban, d'autres pensent la situer en 722 et l'attribuent à sainte Gude qui y installa des moniales. Mais d'autres encore pensent que Faverney a été créé à la fin du 7e siècle.

Mais avec certitude on peut affirmer que c'est sous Charlemagne que la petite ville s'entoura de murs encore reconnaissables aujourd'hui en partie. La période était alors d'une grande splendeur ce qui lui permettait de rivaliser avec d'autres monastères comtois.

Le pont des Bénédictins à Faverney

Faverney village de caractère

En l'an 888, les Normands ruinent Faverney qui est complètement déserté avant de se rétablir en 1132 grâce au premier archevêque de Besançon, Anséri, qui prend dans ses actes le titre de prince de l'Empire. L'année suivante la ville devient la propriété des moines bénédictins de La Chaise Dieu qui s'y maintiennent jusqu'à la révolution et reconstruisent l'église abbatiale dans le style roman. Celle-ci acquit une grande réputation pour sa statue Notre-Dame la Blanche qui avait le pouvoir de ressusciter les enfants mort-nés, le temps de leur conférer le baptême. Ainsi de 1569 à 1593, 489 enfants mort-nés auraient recouvré assez de vie pour être baptisés. Mais c'est dans la nuit du dimanche au lundi de Pentecôte 1608 (26-27 mai) que Faverney entre dans l'histoire religieuse. Lors d'un incendie du reposoir sur lequel se trouvait l'ostensoir, celui-ci qui contenait deux hosties consacrées, échappa aux flammes et resta suspendu en l'air durant trente-trois heures. Le lendemain, il revint se poser sur l'autel pendant la messe, devant une assistance médusée. Ce célèbre miracle de la Sainte-Hostie, connu sous le nom de « miracle de Faverney », eut un grand retentissement et joua un important rôle dans la politique de contre-réforme catholique en Franche Comté. Il est toujours commémoré chaque lundi de Pentecôte réunissant chaque fois des milliers de personnes. L'association Faverney 2008 a fêté le quatre centième anniversaire de manière grandiose avec des reconstitutions historiques. Il n'y avait jamais eu tant de monde à Faverney !

Une dalle rappelle la place occupée par le reposoir qui a pris feu et un tableau placé dans la chapelle du chœur représente le miracle.

L'abbaye fut transformée en séminaire et rachetée en 1992 par un particulier.

L'abbaye de Faverney

FAVERNEY

L'église abbatiale devenue monument historique est aujourd'hui paroissiale et conserve précieusement les deux hosties.

Visible de loin avec ses deux clochers, elle est remarquable avec sa nef romane du 12e siècle, avec ses piliers tantôt ronds, carrés ou octogonaux. Abritant plusieurs chapelles, dont celle de la Sainte Hostie, elle renferme une superbe Mise au Tombeau polychrome de l'école troyenne, du mobilier intéressant, des toiles et des statues dont une Vierge en bois doré du 15e siècle ornant la sacristie.

En venant de Vesoul, l'arrivée à Faverney est assez spectaculaire. Du haut de la Goulotte, une côte redoutée et prisée des cyclistes, on domine toute la cité, on distingue nettement la courbe de la rivière, La Lanterne que l'on franchit sur un joli pont de pierre dit pont des Bénédictins, œuvre au 18e siècle du moine-architecte Dom Duchesne.

Ravagée par plusieurs incendies (1568, 1595 et 1641), la cité conserve néanmoins un cachet pittoresque avec ses maisons anciennes aux toits rouges disposées le long de rues concentriques (c'est du ciel que cette géométrie est la plus surprenante).

L'hôtel des Moines, la maison des Hôtes, la demeure Renaissance de la rue Thiers, la maison dite des « Ducs de Bourgogne » avec ses toits à poivrières, la place Sainte-Jude, les halles, les calvaires et même une croix de pierre du 16e siècle marquent l'architecture à dominante religieuse. De plus, l'intendant de Franche-Comté fit construire en 1754 des haras et des casernes de cavalerie dont les bâtiments sont encore bien visibles aujourd'hui et ont trouvé une nouvelle vie. En particulier avec un restaurant raffiné « La Goulotte » au 4 de la place du Général De Gaulle. Tél. 03 84 91 34 44.

Autre endroit agréable le club équestre de Paddington au lieu-dit Pré Marat.
Tél. 03 84 91 32 00.

Mais la particularité la plus surprenante de Faverney c'est un autre miracle, la réussite étonnante de l'un de ses habitants dans un domaine inattendu : la fève. Une entreprise réalise ici les plus belles fèves du monde de A à Z : imagination, conception, réalisation et production, la Sarl PRIME. Sur le plan agricole et élevage signalons la présence importante d'un centre d'insémination artificielle.

FLAGY

Une tour ronde avec un escalier en colimaçon ainsi qu'une cave voûtée se trouvent dans une maison du 16e siècle. C'est l'une des plus anciennes maisons de Haute-Saône. La ferme d'Aigrevaux est un ancien fief de la seigneurie de Flagy. Le vieux lavoir est surmonté d'une croix : étrange ! Une pisciculture située dans la petite vallée, en direction du Val Saint-Eloi, dans un ancien moulin, fournit des truites fraîches et d'autres poissons que l'on trouve sur le marché de Vesoul. On croise souvent le peintre Kohler dans le coin. Pour voir les œuvres du peintre Antoine Kohler, il faut prendre rendez-vous et se rendre à l'ancien moulin au lieu dit « les étangs gris », un endroit charmant. Des œuvres étonnantes, à la fois naïves, fraîches et rares.

Flagy : petit parapluie en anglais !

GENEVREY

Le Durgeon prend sa source à Genevrey. Pas moins de six fontaines-lavoirs dans ce beau village bien situé entre Luxeuil-les-Bains et Vesoul. Devant l'église au magnifique clocher à impériale, se dresse Jeanne d'Arc debout épée en main face à l'imposante fontaine couverte. Le golf départemental 18 trous côtoie le village.

La grande fontaine-lavoir de Genevrey

Jeanne d'Arc devant le clocher comtois

Le Golf de Luxeuil Bellevue

Situé à mi chemin entre Vesoul et la cité thermale il s'étire sur 66 hectares à flanc de côteaux devant le village de Genevrey. Son parcours de 18 trous a été dessiné par l'architecte Alain Prat. Cet équipement départemental est complété par un practice de 8 bases couvertes et 12 découvertes et d'un club house avec une boutique. Géré et animé par une association sportive le golf de Luxeuil Bellevue, le seul de Haute-Saône, se veut à la portée de tous grâce à des tarifs attractifs. Un enseignement de qualité est assuré par un professeur diplômé. *Tél. 03 84 95 82 00*

GOURGEON

Lui aussi situé sur une voie romaine (Port sur Saône-Langres), le village de Gourgeon a aussi sa belle église consacrée à la nativité de Notre-Dame construite en 1751. Comme dans de nombreuses églises de Haute-Saône, il y a à voir ici et les amateurs d'art religieux pourront s'étonner avec les belles réalisations en bois sculpté. Le fer forgé est aussi à l'honneur comme en témoigne cette croix devant le sanctuaire, datant du 18e siècle. Mais à Gourgeon, il faut voir la Gourgeonne. Ce n'est pas une sorte de monstre sans tête mais tout simplement la source de la Gourgeonne. Elle naît ici dans un joli bassin, bien paisible. Elle alimentait autrefois deux des quatre moulins.

Gourgeon

GRATTERY

La Scyotte traverse le village avant d'aller se jeter dans la Saône à Vauchoux.

Beaucoup de ponts pour franchir la rivière et pour passer sous la voie SNCF Paris-Bâle. Joli kiosque au centre. Un beau chemin traverse la forêt en direction de Port-sur-Saône. Une grande plaque émaillée bleue nous transporte bien des années en arrière.

LA ROCHE-MOREY

Le point culminant de l'arrondissement de Vesoul se trouve au sommet de la côte de la Roche Morey grâce à une tour élevée à la demande du maire Paul Week en 1877. Par temps clair on peut voir le Jura et les Alpes. Sur le site de la Roche-Morey, tout en haut (451 m) entre Comté et Champagne, se trouve un bien gentil parc d'attraction très apprécié des enfants avec son petit train son fort, ses maisons western et une multitude de distractions plus au goût du jour. Un bon moment à passer là avec des enfants.

La Roche-Morey

LA VILLEDIEU-EN-FONTENETTE

La Villedieu-en-Fontenette et sa seigneurie appartenait à la commanderie de l'ordre des hospitaliers de Saint Jean-de-Jérusalem Un hôpital fût fondé en 1186. L'ancienne commanderie, 13e-15e siècles remaniée au 17e, existe toujours. On trouve aussi les traces de deux voies romaines. Le long, de la route de Neurey, la chapelle Barrey (1849) vient d'être restaurée.

La Villedieu en Fontenette

LAVIGNEY

Brasserie Redoutey rue de Chanois
Tél. 03 84 92 14 97 - www.brasserieredoutey.com

Lama Gourmand - 4 rue Franche
Tél. 03 84 92 11 65 - www.lamagourmand.eu

MAILLERONCOURT-CHARETTE

Un château féodal restauré au 18e siècle est en ruine. Le Durgeon traverse le village. Quatre fontaines sont en eau. À voir : l'arboretum « la Cude » (on y fait parfois des visites nocturnes) et à la lisière de la forêt la chapelle Saint-Léger.

Mailleroncourt-Charette

MENOUX

Le village a sa propre chanson « C'est Menoux » remise au jour grâce à l'un de ses habitants Jean-Marie Coupriaux, un ancien cultivateur passionné d'images et surtout de diaporama (du film en images fixes en quelque sorte). Il en a réalisé un sur son village avec une musique entraînante (C'est Menoux, c'est pas un trou !, une chanson de Louis Formet) mais il a surtout brillé dans la plupart des festivals où il a remporté de nombreux prix dont en particulier le premier prix national de montage audiovisuel. Le village est particulièrement bien fleuri et aménagé. Il fut entièrement brûlé en 1636 par les troupes françaises. La fontaine aux chats... pourquoi ?

MERSUAY

Un beau village recherché par les amoureux de la pêche : une résidence idéale car l'eau est tout autour avec la Lanterne et les étangs dont un communal. L'église semble bien fière plantée là au milieu du pays et entourée de jolies maisons dont certaines sont ornées de niches avec statues. À l'intérieur de l'église belle chaire en bois sculptée. Il y a même un gîte rural.

La galerie «La Predelle» de Besançon a une «antenne» ici. Dans un château du 17e restauré. Exposition d'art et atelier de Benoît Delescluse avec stages. Résidences d'artistes en chambres d'hôtes. *Tél. 03 84 92 96 30*

Mersuay

MEURCOURT

L'un des plus grands lavoirs du département déploie ses onze arcades. C'est l'un des rares à avoir conservé son égayoir (un bassin pavé de pierres plus ou moins vaste permettant le bain des animaux surtout les chevaux à l'époque) placé à l'arrière de l'édifice. Architecte Martin 1886. Et, il y a d'autres fontaines-lavoirs dans la commune dont une ovale.

Port-sur-Saône

PORT-SUR-SAÔNE

Port important dès l'antiquité, Port-sur-Saône porte vraiment bien son nom puisque la rivière coupe la ville en deux, la reliant par un superbe pont de pierre de treize arches (œuvre de Querret en 1766). Aujourd'hui, la RN 19, qui traverse aussi la ville, emprunte ce pont avec un nombre impressionnant de véhicules de passage. On envisage depuis un certain nombre d'années une déviation de ce grand axe qui relie Paris à Belfort. L'agglomération existait déjà à l'époque gallo-romaine et elle a survécu à la chute de l'Empire. Saint Valère, est inhumé dans le hameau du même nom.

La cité de Port-sur-Saône connait depuis quelques années, sous l'impulsion de son maire Jean Paul Mariot une croissance architecturale et touristique phénoménale.

Le port est bien sûr le cœur de ce développement car tout le tourisme fluvial passe par ici. La présence d'un bateau-promenade dont le site d'embarquement se trouve sur le parking de la salle des fêtes est pour beaucoup dans la découverte de la rivière. La salle des fêtes «SAÔNE-EXPO» est la plus vaste de toute la région, elle a même devancé Vesoul en attirant ici de beaux spectacles et toutes sortes de grandes manifestations. Même le Conseil Général se déplace en bord de Saône pour sa fête annuelle des vœux !

CARTE D EMBARQUEMENT / BOARDING PASS

HOP!

MARTIN/ERIC

ETKT: 0572349181465 FQTV: AF/1293939845 IVORY

VOL/FLIGHT:	EMBARQUEMENT/BOARDING:	PORTE/GATE:	SIEGE/SEAT:	CLASSE/CLASS:
A54027	17:55	02	07D	Y
				BASIC

DE/FROM: BORDEAUX/BOD A/TO: LYON/LYS

DEPART: 11MAY14-18:15 EFFECTUE PAR/OPERATED BY: REGIONAL SEQ: 047

APRES LA CLOTURE DE L EMBARQUEMENT, LES PASSAGERS SERONT REFUSES.

AFTER BOARDING CLOSURE TIME PASSENGERS WILL BE REFUSED.

Port-sur-Saône

Mais le point d'orgue est certainement le festival international de folklore annuel qui vient de fêter ses vingt ans. Chaque année, au mois d'août, les pays du monde entier sillonnent la ville. Créé en 1989 par la municipalité et l'association Culture et loisirs ce festival a pris une ampleur méritée vu le dévouement des 250 bénévoles qui s'emploient à le faire vivre dans une ambiance des plus chaleureuse. Plus de 20 000 personnes assistent désormais aux différents spectacles et défilés.

Renseignements mairie : Tél. 03 84 78 18 08
ou à l'OT : Tél. 03 84 78 10 66
ou encore sur www.ville-port-sur-saone.fr

Port-sur-Saône a encore bien des attraits supplémentaires : des statues en bronze devant la mairie (l'ancien château), sa promenade autour de l'ile de la Maladière avec son parc animalier du même nom, un départ de randonnée sur les rives de Saône permettant aujourd'hui d'aller jusqu'à Gray, sa piscine en bord de Saône, son camping trois étoiles et aussi son célèbre chocolatier-pâtissier Alain Ferdinand.

Statues et festival du folklore à Port-sur-Saône

Toujours en bord de Saône, plusieurs fonderies d'art dont l'une vient de s'illustrer en exposant à... New York. Côté industrie, le plus grand producteur mondial de lactosérum déminéralisé est établi à Port-sur-Saône. La ville doit son succès a ses origines « Portus Abucinus » et à sa situation sur la Saône et au cœur du département.

Purgerot

PURGEROT

À Purgerot, il faut aller voir la belle fontaine dite fontaine carrée à obélisque en pierre et fonte datée de 1847. Quand le soleil y pénètre, il y dessine d'étranges ombres sur l'eau verte du grand bassin. L'église Saint-Martin, avec son clocher roman et gothique flamboyant, possède un beau retable en bois sculpté. Ici aussi la lumière vient jouer sur l'or des statues peintes. Dans le cœur du village s'est installé un peintre contemporain, Joël Desbouiges qui aime cette région d'adoption. Il passe beaucoup de temps dans son atelier mais aussi aux bords de Saône un peu plus loin et à Besançon où il enseigne aux Beaux-Arts.

À voir aussi à flanc de colline au dessus de l'église un très joli sentier bordé de vieux murs et surtout un ancien cimetière abandonné avec quelques pierres remarquables, et surtout une statue de nonne imposante et massive. À l'entrée de ce petit cimetière se trouve le départ du sentier 42. De Purgerot on peut rejoindre par les bois et par-dessus la colline le joli village de Chargey-les-Port.

SAINT-REMY

Saint-Remy et son château étaient fiefs du comté de Bourgogne. En 1448, Philippe Le Bon accorda la concession d'un marché hebdomadaire et de foires annuelles pour favoriser le bourg incendié par les Écorcheurs en 1437. Le château féodal, bâti au 13e siècle, plusieurs fois ravagé, fut démoli vers 1770. Saint-Remy (Remigius) doit son nom à l'évêque de Reims qui baptisa Clovis.

Le château actuel avec sa très belle façade est devenu un grand centre médical. Cet hôpital psychiatrique est le second employeur de Haute-Saône avec quelques 1400 employés. La municipalité a beaucoup innové ces dernières années en créant des événements culturels de haute qualité.

Saint-Remy

SAULX-DE-VESOUL

Saulx-de-Vesoul

Sur son promontoire schisteux, Saulx domine les vallées du Durgeon et du Bognon. Depuis la terrasse du clocher aménagé en belvédère on a une vue exceptionnelle sur une bonne partie de la région ; on voit Vesoul et la Motte comme si on pouvait la toucher. Un magnifique escalier en bois permet d'accéder au sommet de ce clocher carré que l'on voit de loin.

L'une des curiosités de Saulx : les puits. Ils sont onze reliés par un labyrinthe souterrain. Ils portent tous un nom parfois curieux : Maiguyot, La Courbière, Gourgeau, la Charrière, la Bascule, le puits Ravaillac… Le ballet des lavandières d'autrefois est remplacé aujourd'hui par celui des automobiles et camions qui n'ont d'autre choix que traverser le sinueux village qui attend depuis des années un contournement !

SCYE

Nombreuses pierres tombales dans la petite église. Des calvaires en pierre mais à la sortie place au bois avec, sur la route de Grattery, le paradis du bois traité autoclave à 14 bars ce qui permet une très longue conservation. L'entreprise CBS (Concept Bois Service) propose un vaste choix de planches, poteaux et mobilier extérieur.

VAUCHOUX

Jean-Michel Turin

Si Vauchoux est aujourd'hui renommé c'est bien grâce à son célèbre chef : Jean-Michel Turin, un étoilé qui a suivi sa bonne étoile et s'est bien incrusté ici dans son petit château du 18e. Ce grand cuisinier qui va régulièrement faire ses courses à Rungis n'a pas son pareil dans la région pour réaliser une belle assiette. Donc on va à Vauchoux pour son fameux restaurant. Le parc du château vaut une petite promenade surtout si le chef vous invite dans sa cave semi-enterrée ; il reste encore quelques grands crus qui étaient à bord du paquebot France !

Source minérale de Velleminfroy

VELLEMINFROY

Le village est réputé pour sa source d'eau minérale. On y venait de loin pour remplir bouteilles et jerrycan du précieux liquide naturel dont les vertus remontent à l'Antiquité : l'Académie de Médecine a donné son approbation en faveur des bienfaits de cette eau en particulier pour les reins, la vessie, le foie, les rhumatismes, l'arthritisme, etc. Les bâtiments de la source d'eau thermale ont longtemps été à l'abandon mais on y venait pour faire le plein d'eau.

Aujourd'hui, le nouveau propriétaire Paul Poulaillon, un boulanger industriel alsacien, a tout transformé et rénové de façon spectaculaire. Il a eu la générosité de laisser un petit tuyau extérieur apparent laissant aux habitués la possibilité de remplir leur bouteille comme autrefois. Le débit n'est pas très violent car les canalisations sont parfois obstruées. L'intérieur (qui se visite uniquement les samedi après-midi et dimanche mais tous les jours d'avril à septembre) a été restauré agréablement à la manière des cités thermales. L'association des amis de la source propose un abonnement de 5 euros qui permet de se servir en eau minérale gratuitement tout au long de l'année. On peut visiter le petit musée où les répliques des machines d'origine fonctionnent. On peut également se restaurer et prendre connaissance de la partie historique de l'établissement. Bref, il y a de quoi passer un bon moment ici et surtout profiter de cette eau minérale reconnue comme eau médicale le 29 décembre 1859.

Un grand projet est plus qu'à l'étude : l'industrialisation de l'eau thermale par la construction d'une usine le long de la RN 19 avec par la suite l'exploitation d'installations ludiques autour de l'eau thermale. Quelques 25 emplois sont envisagés à l'horizon 2012.

VILLERS-LÈS-LUXEUIL

En direction de Mailleroncourt une petite zone de loisirs a été aménagée. De l'autre côté la Grande Fontaine est imposante et toujours en eau. Plusieurs sentiers de randonnée sont proposés ; ils ont des noms alléchants : le trou de la sorcière (14 km) balisage vert, le camp de César (18 km) balisage jaune et le moulin des oiseaux (20 km) balisage bleu. Attention les chemins sont en grande partie en forêt.

VILLERS-SUR-PORT

Le village est renommé grâce à son atelier d'artistes qui viennent régulièrement en résidence mais surtout par sa fonderie d'art. La fonderie Deroyaume s'est forgée une réputation grâce à la maitrise de différentes techniques de moulages où le bronze s'exprime. D'imposantes statues sont déjà sorties de cet atelier dont une à Albertville pour les Jeux Olympiques d'hiver et bien d'autres en Franche-Comté.
L'atelier n'est ouvert aux visites que sur rendez-vous.
Tél. 03 84 91 52 44 - www.deroyaume.com

Villers-lès-Luxeuil

LA RÉGION DE JUSSEY

ABONCOURT-GESINCOURT

La mairie s'est installée dans la chapelle du 17e siècle. Les deux communes se sont réunies en 1964. Un bas relief de saint Hubert se trouve sur une façade d'Aboncourt. Au lieu-dit «La Grosse Borne», on peut voir une pierre imposante dont on ignore l'origine.

Le village est un bon rendez-vous gastronomique. La ferme auberge «La Ludore» bien implantée ici depuis des années propose sur sa carte de bons produits de la ferme naturels. Il vaut mieux réserver au 03 84 68 71 28. On trouve aussi à la Fleurizelle, le samedi matin beurre, crème et yaourts. Il y a même dans le village une pizzeria, « la Fringale » et un petit café « chez Francette ». Encore dans le domaine de la table, mais cette fois en plus grand et en industriel, la fromagerie « Pâturages comtois ».

AISEY-ET-RICHECOURT

Les deux paroisses relevaient du Comté de Champagne. Le château de Richecourt date de 1290. Restent des ruines du château fort. Le château 18e - 19e siècles des Husson de Samoigny accueille une colonie de vacances et des stages de formation. Aisey est longé par la Saône et l'endroit est particulièrement joli par sa sobriété. Un arboretum pédagogique croise celui de Villars-le-Pautel.

AMANCE

Le charme de la petite ville d'Amance est essentiellement dû à son caractère architectural marqué par l'empreinte gothique et son quartier renaissance. Une ceinture fortifiée entourait la ville avec ses dix tours. Aujourd'hui, il ne reste que peu de traces de ces remparts. La maison Bucheron, dans le plus pur style Renaissance attire forcément le regard tant son architecture est conservée et classée aux monuments historiques. L'église du 18e siècle, bâtie sur les plans de l'abbé Loigerot, est imposante ; elle possède un mobilier remarquable : chaire, retable, boiseries, table de communion. Les vitraux y diffusent une lumière chatoyante. La Superbe se jette dans la Saône. La foire de l'Ouillotte, l'avant-dernier dimanche d'août attire la grande foule grâce à ses festivités à thèmes toujours renouvelées.

Amance

ANCHENONCOURT-ET-CHAZEL

La rivière "La Superbe" traverse la commune. Une légende a probablement donné son nom à la Fontaine de la Belle Fille. La fille du châtelain y allait laver son linge ; très jolie, elle aurait été enlevée par des militaires…

BLONDEFONTAINE

C'est le dernier village avant d'entrer en Haute-Marne dont la principale caractéristique est son église octogonale à l'extérieur et circulaire à l'intérieur. Elle fût édifiée entre 1782 et 1788 sur les plans de l'architecte nancéien Valentin André, sur le modèle de la basilique du Saint-Sépulcre de Jérusalem dont elle a les mêmes dimensions. Elle caractérise donc le retour à l'antique en vogue à cette époque. Le sanctuaire se compose d'une vaste coupole ronde qui s'appuie sur sept arcades en plein cintre, elles-mêmes supportées par huit hautes colonnes de pierre ornées de chapiteaux en stuc. Il est éclairé par de grandes baies qui illuminent l'intérieur, comme celles qui surmontent les portails des façades est et sud, délimité par deux avant corps. Une superbe grille en fer forgé était utilisée pour la commu-

L'église octogonale de Blondefontaine

Détail de linteau à Blondefontaine

nion. Cet édifice est unique en France et son architecture singulière permet de tourner en rond autour… Un important cimetière protohistorique gallo-romain et mérovingien se trouvait là et on peut encore voir des vestiges d'habitations antiques.

Dans le village, des linteaux de porte sculptés attirent le regard. Une fontaine un peu abandonnée a probablement connu ses heures d'activité. Une piscine, longtemps la première en zone rurale, attire les amateurs de fraicheur. Le gouffre et le ruisseau de la Jacquenelle, le moulin des Grenouilles ou de la Grogne,… un village paisible.

BOUGEY

Si deux belles fontaines et un curieux fronton d'église attirent le regard à Bougey c'est bien entendu son château qui nous intrigue. La seigneurerie de Bougey apparaît dès 1127 lorsque Guillaume 1er de Pesmes est aussi mentionné Sire de Rupt, Bougey et Oigney. En 1352, les terres de Bougey passent à Béatrix De Bougey, nièce d'Étienne. Les siècles passent et aujourd'hui le château appartient à Jean Guyot de Saint-Michel (né en 1945).

En 1944, lors de la deuxième guerre mondiale, le château est transformé en hôpital clandestin : FFI, allemands et même russes blancs y sont indifféremment soignés ce qui va probablement éviter la destruction totale du château.

André Billy

Fort peu d'éléments restent aujourd'hui de l'aspect originel du château au Moyen Âge. L'unique tour d'angle étant datée de 1584, il ne subsiste plus guère que la tour de guet avec ses portes (piétonne et charretière), son système de pont-levis, ses meurtrières dont une à rotule, enfin son magnifique clocheton sur bretèche, d'où la perspective vers le village de Jussey est imprenable. Un système défensif encore très présent donc, renforcé par un effet de « bossage » en pustules original. Maintes fois malmené pendant les guerres, remodelé au gré de ses différents propriétaires, menacé comme tant d'autres monuments pendant la révolution, transformé en exploitation agricole au 19e et 20e siècles, le bâtiment actuel porte les traces des coups de l'histoire.

Dans les années 60, le château inhabité se dégrade encore plus : portail, communs, tour carrée, four à pain, habitation, chenil et poulailler s'écroulent. Aujourd'hui l'édifice, au prix de travaux et de beaucoup d'efforts est consolidé et reprend belle allure. André Billy, qui participe à la restauration depuis 1993 avec des chantiers de jeunes, en est le sympathique et précieux gardien. Comme le propriétaire, cet homme a l'amour des lieux. La visite est très prenante.

BOURGUIGNON-LÈS-CONFLANS

Il y a deux ponts à l'entrée de Bourguignon-lès-Conflans dont un construit en 1848. Depuis celui-ci, au dessus de la Lanterne, on peut admirer l'église au toit à deux pans en tuiles vernissées et un peu plus loin, sur le même côté, le château féodal avec son enceinte fortifiée des 14e - 15e siècles. Une légende veut que Charles le Téméraire se soit arrêté là avant de trouver la mort devant Nancy le 5 janvier 1477. Marguerite de Bourgogne serait restée prisonnière derrière des barreaux qui existent toujours. Le château est privé.

Bourguignon-les-Conflans

CEMBOING

Tout près de Jussey, les amateurs de vieilles pierres et d'édifices religieux vont se régaler à Cemboing. L'église de l'Assomption construite entre 1780 et 1783 est monumentale. Le chœur fût rebâti en 1847 et sa coupole fut ornée en 1850 d'une magnifique fresque peinte par Menissier. Les trois centres d'intérêts majeurs sont la chaire, la splendide claire-voie en fer forgé et le retable en bois sculpté des 18e et 19e siècles. Le village possède aussi le château de Buyer et quelques demeures anciennes. Soixante quinze d'entre elles furent détruites en 1814 lors d'un incendie particulièrement ravageur. Quelques belles fontaines-lavoirs et surtout de beaux pavages un peu partout. C'est dans ce village que s'est installé l'un des plus importants éleveurs de chevaux comtois.

Cemboing

CENDRECOURT

Le château féodal du 14e siècle avec pont-levis et tours s'impose par sa masse au cœur du village. Le nom de la localité était porté, dès 1151, par une famille noble qui s'éteignit en 1596. L'abbaye de Cherlieu possédait ici la grange de Mievillers et un haut fourneau. En 1900, un élégant pont suspendu est édifié pour franchir la Saône ; il est imposant avec ses quatre piliers monumentaux. Il sera détruit en 1939 pour retarder l'avance allemande. Située au bord de la Saône et du canal de l'est, la commune est connue pour sa tranquillité et son art de vivre en communion avec la rivière. Les habitants, de génération en génération, ont toujours aimé la proximité de la Saône comme par exemple la famille René et Hélène Boullée qui a toujours eu ici un point de rendez-vous.

CHARMES-SAINT-VALBERT

L'eau de la source Saint-Valbert est réputée pour guérir les maladies des yeux. Au centre du village se dresse la grosse colonne octogonale de la fontaine. Sur le Montey, au nord de Charmes on a découvert de vieux murs, des pavés, des tuiles, des mosaïques : probablement un établissement gallo-romain. Un ancien moulin devrait ne pas disparaître et au contraire être restauré.

La Saône vers Charentenay

Les gargouilles et le retable bas-relief de la chapelle Saint-Hubert

CHAUVIREY-LE-CHÂTEL

Au carrefour des voies romaines Neufchâteau-Morey et Alsace-Langres, le village est connu pour sa chapelle castrale magnifique et sa rocambolesque histoire. La fameuse chapelle fût érigée en 1484. De style flamboyant, elle a failli connaître un destin étrange. En effet, en 1936, le gouvernement français la cède à la fondation Rockefeller dont le dirigeant convoitait la reconstruction depuis de nombreuses années, aux Etats-Unis. Toutes les pierres avaient été numérotées et l'édifice devait être démonté et reconstruit aux Etats-Unis.

La vigoureuse réaction des habitants avec l'historien Huguin en tête permit de la conserver sur place. Elle avait été construite pour abriter l'olifant de saint Hubert dont l'épisode de sa conversion miraculeuse constitue le sujet du splendide retable à bas-relief qui orne le sanctuaire, à la riche décoration et dont les lignes de voûtes sont réunies sur les blasons des sires de Chauvirey. La chapelle est toujours là avec ses gargouilles remarquables. Le village a connu une période faste sous l'illustre famille de Chauvirey et ce à partir du 11e siècle. Trois siècles plus tard, la seigneurie se divisa en deux fiefs, chacun ayant son château féodal : le Châtel-Dessous, maison forte médiévale reconstruite et transformée par la suite en ferme et le Châtel-Dessus qui dominait le cours de l'Ougeotte. Il ne subsiste aujourd'hui que quelques vestiges de l'enceinte. En février 1595, les soldats lorrains occupaient le village. L'église du village vaut aussi le coup d'œil. Consacrée à la nativité de Notre-Dame, elle a été bâtie au 14e siècle et en partie reconstruite au 17e sous forme d'un édifice trapu à chevet plat surmonté d'un clocher carré massif. À l'intérieur, quelques pierres tombales et un très beau retable en bois sculpté.

La chapelle Saint-Hubert

Hugues Gaillot dernier sabotier

CHAUVIREY-LE-VIEL

L'histoire de ce groupe de maisons se marie à celle de son illustre voisin. Le village possède un musée des outils d'hier ou près de deux mille cinq cents outils relatifs à trente métiers du bois sont exposés et conservés. Ils ont été utilisés par quatre générations d'artisans depuis 1861 et ont trouvé le repos ici. Une documentation avec des témoignages écrits les fait revivre. On peut assister à la fabrication des sabots.

Grâce à la passion et à la ténacité de Hugues et Béatrice Gaillot, ce sympathique petit musée villageois a pris très belle allure et de plus, il est animé, car de mai à septembre, des démonstrations sont proposées : vue sur le sabotier et l'art de fabriquer les sabots. On peut y voir aussi des meubles massifs, des jeux et jouets en bois. Une boutique permet de trouver de jolis cadeaux artisanaux et on peut même se rafraîchir avec glaces et boissons. Périodiquement expositions de 400 jouets d'autrefois et d'automates des métiers du bois.

Tél. 03 84 68 50 97 - www.museedesoutilsd'hier.com

une petite « affaire de famille » qui vaut parfois bien des grands musées plus « coincés ».

L'étonnant musée de Chauvirey-le-Viel

CINTREY

La dernière commune sur la RN 19 avant d'arriver en Haute-Marne, ancien relais de diligence. On a retrouvé des sarcophages sur les vestiges d'une ancienne commanderie de Templiers. Bien avant le village, en contrebas, se trouve l'étang de Cintrey-Preigney. Une chapelle gothique flamboyant se trouve à la sortie. C'est une habitation.

La Marina de Corre

CORRE

La situation de Corre comme point extrême de la navigabilité sur la rivière rejointe ici par le canal de l'Est, lui valut d'être, dès l'Antiquité, un port important et un lieu de passage fréquenté. Des fouilles ont permis de retrouver de nombreuses stèles funéraires mais aussi des fragments de statues et de monuments aujourd'hui conservés au musée Georges Garret de Vesoul. C'est la plus belle série lapidaire de Franche-Comté. Elles sont de formes diverses, le plus souvent oblongues, réalisées en calcaire ou en grès des Vosges et sont ornées de figures en relief, habillées de costumes gaulois ou romains et représentants les habitants des lieux de toutes catégories sociales. Si toutes ces stèles sont de très belle facture sur le plan artistique, elles se caractérisent surtout par le mysticisme qui ressort des visages des personnages, traduisant le passage vers l'au-delà.

La cité retrouva un nouveau rayonnement à partir de 1280. De ce passé, elle a conservé quelques vieilles demeures : le presbytère, le château Barbey et son église au chevet gothique. On peut voir aussi à Corre le pont en fil de fer sur le Coney et la source de la Minelle. Depuis l'important développement du tourisme fluvial sur la Saône, le port de Corre, installé sur le canal en plein cœur de la cité, connaît une belle activité. Mais comme il était impossible de l'agrandir, une marina moderne et spacieuse ouverte vers la rivière Saône a été créée.

Marina de Corre - Pré le saônier - Tél : 03 84 92 61 61 - Fax : 03 84 92 61 62
www.fluvialoisirs.com

ÉQUEVILLEY

Si vous passez par Équevilley ne manquez pas de toquer à la porte de l'artiste Simon dit Mano. Le personnage est attachant et ce touche-à-tout de l'art vous surprendra : il sait aussi bien restaurer et peindre une horloge comtoise que restituer l'ambiance des paysages haut-saônois, ou sculpter le bois et la pierre. De plus, il habite une belle maison ancienne. Il a déjà organisé des expositions contemporaines dont le fameux « IN SITU » ou de grands artistes internationaux comme Nils Udo s'étaient donné rendez-vous. Le clocher aux tuiles vernissées est original et unique : il est octogonal.

Le port de Fouchecourt

FOUCHECOURT

Un ancien château du 18e siècle, une maison à tourelle du 16e siècle, c'est à Fouchécourt. Mais c'est résolument vers la Saône que nous nous dirigeons à un endroit charmant créé de toutes pièces : le port. Il a été creusé pour abriter les bateaux et ils sont nombreux à faire escale dans cet aménagement moderne bien entretenu et bien fleuri. Un bar restaurant « Le Petit Port », place Huin, est ouvert en permanence. Heidi et Stephan Werndli proposent une cuisine familiale de saison et même des spécialités suisses. C'est calme et bien agréable. *Tél. 03 84 68 77 74. E-mail : lepetitport@orange.fr*

GEVIGNEY-ET-MERCEY

Sa grande et belle église au clocher comtois à tuiles vernissées se voit de très loin. Cet ancien relais de diligence a un joli patrimoine bâti : quelques belles maisons anciennes dont une tour d'angle du 16e et d'anciens châteaux sans compter les nombreux calvaires. Trois anciens moulins situés sur la rivière l'Ougeotte et les ruisseaux fonctionnaient jadis.

Une halte restaurant : «La Fringale», des chambres à la nuit, à la semaine, au mois chez Francette Simonin, un centre horticole Clairejoie, des machines agricoles…

Gevigney et Mercey

Jussey

JUSSEY

Le bourg le plus important de l'ouest haut-saônois s'étire langoureusement au pied d'une grosse colline d'ou l'on découvre tous les toits de la cité. On monte jusqu'à la vierge de Pouligny, une petite silhouette blanche juchée sur la roche face à la plaine. La vigne grimpait autrefois sur ces flancs et de nombreux petits vergers sont visibles. C'est un coin de promenade des Jusséens. La foire de Jussey était encore dernièrement parmi les plus traditionnelles du département avec Saint-Loup-sur-Semouse. Les marchands locaux tirèrent profit de ce commerce et bâtirent de nombreuses maisons bourgeoises ce qui fait que Jussey est aujourd'hui agréable à voir. Grâce à cette embellie commerciale, le bourg s'est étoffé et on a pensé à sa décoration en installant de jolies fontaines dont la plus originale est celle aux lions.

Il y a plusieurs lions à Jussey mais nul ne sait vraiment pourquoi. En se promenant dans Jussey on sera vraiment surpris par toutes ces fontaines qui ont elles aussi souvent été déplacées : la fontaine des rois, celle des anges avec ses bambins en fer forgé, la fontaine de la porte haute celle de Cérès qui coule en toutes saisons et bien entendu celle aux lions. Toutes en eau. Un circuit de 18 fontaines et lavoirs permet de découvrir des travaux gigantesques pour l'époque avaient pour but l'alimentation en eau de toute la ville.

Oui c'est une petite ville, tranquille certes mais avec parfois des allures ambitieuses comme cette avenue de la gare longue de 900 m. La ligne Paris-Bâle passe ici. Le train ne s'y arrête plus beaucoup ! L'ancienne halle aux grains datant de 1867, près de l'église, est imposante ; elle abrite l'office du tourisme. Autre aspect grandiose : la mairie dont les boiseries du bureau du maire sont classées.

L'église monumentale du 18e siècle consacrée à saint Pierre est l'œuvre de l'architecte Nicolas Nicole (1750-1760). Remarquable à l'intérieur, un retable en bois sculpté et un superbe maître-autel en bois doré. Beaucoup de choses à voir dans cette église très spacieuse. L'une des chapelles du sanctuaire, supportée par douze colonnes ioniques, est décorée de faïences en majolique italienne.

On verra aussi un ancien relais de poste (prieuré Saint-Thiébaud) et une Vierge de pitié en pierre, du 17e siècle , placée sous un tilleul de la même époque. Mais Jussey, comme Jonvelle, de par sa position géographique stratégique à l'époque fut l'objet de nombreuses convoitises militaires. La ville fut brûlée et seuls subsistent encore les vestiges d'un ancien couvent élevé en 1622 sur les ruines de l'ancien château.

La fontaine aux lions de Jussey

Il faut voir à Jussey la statue de Marianne brandissant le triangle égalitaire. Elle se trouve place de la Libération (bien sûr) sur une fontaine dite de la République. Dans sa main droite levée vers le ciel, elle brandit le triangle de l'harmonie ou triangle d'égalitaire symbole maçonnique évoquant le progrès triomphant de l'obscurantisme des temps passés. Lors de la révolution de 1848, la commune de Jussey, « véritable repaire de socialistes » selon un rapport de police de 1851, se dote de cette superbe Marianne, l'une des premières. Elle disparaît en 1852 avec l'avènement du second Empire. Vendue aux enchères, elle aurait été rachetée par l'ancien maire républicain. Elle revient à Charles Bontemps, sénateur et maire qui la fait remettre en place sur la fontaine de l'église avant de retrouver sa place actuelle. Une Marianne bien fugueuse qui continue de nos jours avec sa couronne de lauriers et son visage fermé et autoritaire à symboliser Gloire Vertu et Justice. Sa poitrine dévoilée, signe de liberté, n'a pourtant rien à voir avec l'émancipation des femmes que les révolutionnaires refusaient : ils avaient guillotiné en 1793 Olympe de Gouges qui s'était permis d'écrire un manifeste sur les droits de la femme et de la citoyenne conjuguant au féminin les droits de l'homme et du citoyen. On ne plaisantait pas à l'époque.

Le château.

Les jardins ont eu une grande importance ici : ils étaient des lieux de rencontre. Aujourd'hui ils existent encore mais en moins grand nombre.

Pays de foire avec en particulier celle des chevaux : le dernier mardi d'août. Des chevaux comtois et ardennais en grand nombre pour un concours de beauté. Ce concours est un véritable spectacle.

La marianne au sein nu et au triangle égalitaire à Jussey

Mais à Jussey il ne faut pas manquer la promenade qui mène au bord de la Saône. La petite route qui y mène, en partant de la rue du bac (à gauche en sortant de Jussey direction de Gevigney (D13), passe devant quelques petites « résidences » d'été des Josséens qui aiment passer là, pas loin de l'eau, leurs belles soirées d'été. Au bout de la route se trouvait autrefois un gué qui permettait d'aller à Cendrecourt. Dominant la Saône, une très belle demeure, un château, semble faire le guet. Mystérieux. On prétend que le Général De Gaulle voulait venir y vivre et aurait eu l'intention de l'acheter mais c'est finalement à Colombey-les-Deux-Églises qu'il s'installera. On raconte aussi que Peugeot aurait souhaité s'installer à Jussey dans les années… on raconte cela… Dommage pour Jussey tout de même !

On vient parfois de loin pour déguster le fameux Josséen : une pâtisserie Pimont devenue célèbre.

Chevaux comtois dans les environs de Jussey

LA QUARTE

On s'approche de Fayl-Billot, le royaume de l'osiériculture et de la vannerie. Un gros chêne séculaire appelé « Chêne de la Vierge » est en péril juste en bordure de la nationale ! L'hôtel-restaurant le « Vieux Chêne » se trouve en face.

LA ROCHELLE

Rien à voir avec la ville de Charente-Maritime même, si il y a peu de temps, un touriste disons fort distrait s'est retrouvé là en se fiant aveuglément à son GPS. Le château féodal reconstruit en 1703 est fort attirant mais voilà il est privé et donc ne se visite pas : dommage car les pigeonniers, la cuverie, le puits, le portail, tout semble bien beau. Le village possède des fontaines.

MAGNY-LÈS-JUSSEY

Le village est connu pour son magnifique chêne béni, d'une circonférence de 8 m. Une Vierge « pousse » dans son tronc. Mais il y a aussi quelques maisons anciennes et un vieux château.

Montigny-les-Cherlieu

MELIN

Dans ce village : une grande maison-forte du 16e, les vestiges d'un atelier métallurgique gaulois, des restes de mosaïques gallo-romaines, un calvaire de 1623 et une belle pierre tombale adossée au mur de la chapelle de la Vierge. La ferme pédagogique Ligny s'est spécialisée dans les produits bio qui sont en vente à Vesoul et Combeaufontaine.

Ferme pédagogique de Melin

MOLAY

L'église coparoissiale de Laitre appartient à trois communes : Molay, Cintrey et La Rochelle. On la voit de loin perchée sur un mamelon. Son retable est parmi les plus remarquables du département. Une maison semble avoir été construite sur les vestiges du château de Jacques de Molay. Ce dernier, natif de Molay, fut le dernier grand maître des Templiers et élu grand maître du Temple à Chypre en 1293. Il fut brûlé vif en 1314 en plein Paris. Molay se trouve en face du fameux rocher du Pain de Beurre, un promontoire de 6 m de long sur 4 de large, véritable observatoire derrière lequel se cachent dans la forêt les « gorges de César » et le dolmen nommé « pierre mégalithique ».

MONTIGNY-LÈS-CHERLIEU

Ce village est connu pour son abbaye cistercienne de Cherlieu fondée en 1131 par Saint-Bernard. L'abbaye fût l'une des plus riches et des plus grandes de l'ordre et on pense qu'au plus fort de son activité, c'est-à-dire dans la seconde moitié du 12e siècle, près de cinq cent moines vivaient sur place.

L'abbaye étendait sa seigneurie sur trente-deux villages. Un haut fourneau fut créé. L'abbaye subit au printemps 1569 les ravages des soudards du Duc de Deux Ponts. Ceux-ci découvrirent entièrement l'église pour voler le plomb de sa toiture. L'abbaye de Cherlieu disparut à la révolution et à l'inverse de sa « fille » d'Acey, fondée par douze de ses moines, elle ne se releva jamais. Des pierres sculptées des bâtiments abbatiaux ont été réemployées dans les maisons du village.

Il subsiste toutefois quelques vestiges avec des constructions des 17e et 18e siècles bâties sur de belles caves voûtées. Seul un pilier du transept et deux murs ruinés ont été sauvés. Ils donnent une bien maigre idée de ce que pouvait être cette magnifique église abbatiale, du cloître et des dépendances élevées sur le flanc gauche de l'édifice. On pense que le bâtiment s'étendait à perte de vue dans la vallée entourée de forêts où les plus beaux chênes de Haute-Saône atteignent des hauteurs inouïes. De nombreux centenaires se souviennent… Les lieux sont empreints de nostalgie et on se plaît à penser que sans la folie des hommes, il y aurait ici l'un des plus beaux fleurons cisterciens. C'est même un peu rageant.

MONTUREUX-LÈS-BAULAY

En bord de Saône, ce village a du caractère. Depuis le chemin de halage bien ombragé, on voit la belle petite église avec son clocher carré roman couvert en bâtière avec tuiles plates vernissées rouges se mirant dans l'eau. Elle n'est pas la seule à se refléter ainsi dans les eaux de la Saône : un grand château Empire s'y reflète fièrement. L'écluse de Montureux -lès-Baulay est l'une des plus profondes : impressionnant lorsque l'on se trouve au fond à bord d'un petit bateau ! Le village possède également un lavoir à pilastres du 19e siècle. Petit à petit Montureux aménage ses abords, chemins, fleurissement et de temps en temps une animation, comme son grand vides-greniers, attire les foules.

OIGNEY

Un colline domine le village où certaines maisons avaient des portes espagnoles. Le calvaire de l'église Saint-Martin représente les instruments de la passion. L'un des deux lavoirs a été baptisé « l'hôtel des bavardes ».

ORMOY

Joli village tout en longueur épousant les courbes du canal et de la Saône qui sont séparés ici par un talus-digue où il fait bon se promener entre deux eaux. Dans ce village est né Antoine Lumière le 31 mars 1840. Sa maison natale porte une plaque. Une rue est aussi à son nom. Il fût le fondateur de la société Lumière mais surtout le père des frères Lumière, Auguste et Louis nés à Besançon en 1862 et 1864, les créateurs du cinématographe. Tout près du village sur la Saône se trouve l'île du Paradis… sûrement celui des oiseaux. Mais il y a plusieurs rues de l'Enfer en Haute-Saône, en particulier rue d'Enfer à Faverney !

Ormoy

OUGE

C'est le lieu de naissance de l'Ougeotte affluent de la Mance. Tout en longueur à la manière des villages lorrains ou ceux de Haute-Marne toute proche, le village fut totalement détruit en 1636 par les mercenaires suédois de Saxe-Weimar ; il resta désert pendant sept ans. Derrière l'église qui abrite un intéressant mobilier religieux en bois et en fer forgé, s'élève une maison noble à tourelle du 16e siècle. Propriété de l'architecte paysagiste Jean-Louis Bajolet, le château a vu ses jardins complètement réaménagés. Un parc botanique comptant près de 300 pieds de hautes tiges dans 60 espèces différentes et plus de 15 000 arbustes, un joli pigeonnier et au sud-ouest du village, un beau calvaire avec statue-colonne : exceptionnel. Le village d'Ouge a défrayé la chronique il y a quelques années bien gentiment, grâce à son appariteur : c'était une femme.

Ouge

POLAINCOURT-ET-CLAIREFONTAINE

Fondation en 1131 d'un monastère de Cisterciens par l'abbé de Morimond. En 1361, les moines sont massacrés et l'établissement est mis à sac. Il sera incendié en 1569, pillé en 1595 et enfin complètement brûlé en 1636 lors de la Guerre de Dix Ans. Les édifices religieux n'ont pas été épargnés par les troupes venues à la conquête de la province. Il subsiste des bâtiments abbatiaux reconstruits au 18e et les vestiges du cloître roman. L'église paroissiale, plusieurs fois détruite et reconstruite, a conservé sa nef flamboyante du 16e siècle. Elle possède une belle chaire sculptée et deux consoles Louis XV dans le chœur. Un grand hôpital psychiatrique occupe les lieux.

Le calvaire avec statue colonne à Ouge

PREIGNEY

Un petit lac, un petit camping, du pédalo de la pêche et un petit restaurant ouvert l'été, voici l'archétype des vacances vertes et rurales.

RANZEVELLE

Dans la vallée de la Saône, ce village très ancien avec ses maisons d'origine possède un château seigneurial du 18e et un calvaire tout en pierre de 1694.

SAPONCOURT

Insolite restaurant chez Mme Hoyet !

VILLARS-LE-PAUTEL

Aux confins de la Haute-Saône, ce village qui semble un peu isolé possède justement les qualités de cet éloignement avec des ressources peu connues et en particulier sa source ferrugineuse perdue au milieu des bois. Le sentier qui y mène par le bois du Roy et la chapelle Saint-Brice passe par l'ancienne voie romaine et « l'allée des pommiers ». Le sentier Sainte-Colette mène lui à l'arborétum d'Aisey, à une aire de pique-nique et à la statue de sainte Colette. Par le chemin des quatre brigands on revient à la Potrelle (château des poules) et au village. Tout un poème. Sur la place du village se trouve une belle fontaine ovale avec colonne centrale. À voir aussi, deux lavoirs couverts dont l'un possède une façade monumentale.

Vitrey-sur-Mance

VITREY-SUR-MANCE

Ce petit chef-lieu de canton ne manque pas de charme malgré son apparente désertification rurale. Des tuiles à rebord, des céramiques, des monnaies et surtout un magnifique haut relief relatif au culte de Mithra ont été mis à jour.

La belle grande église Saint-Laurent du 16e siècle abrite un splendide maître autel décoré de guirlandes entourant l'agneau pascal, une belle chaire de bois sculpté et surtout un très beau retable en bois sculpté entouré de grandes statues anciennes. D'anciennes halles ont été transformées en un coquet centre commercial. Ce beau gros village rural possède quelques maisons de grand caractère et dans cette région de l'ouest haut-saônois il cherche les idées d'un souffle nouveau.

Vitrey-sur-Mance

LE PAYS des VOSGES SAÔNOISES

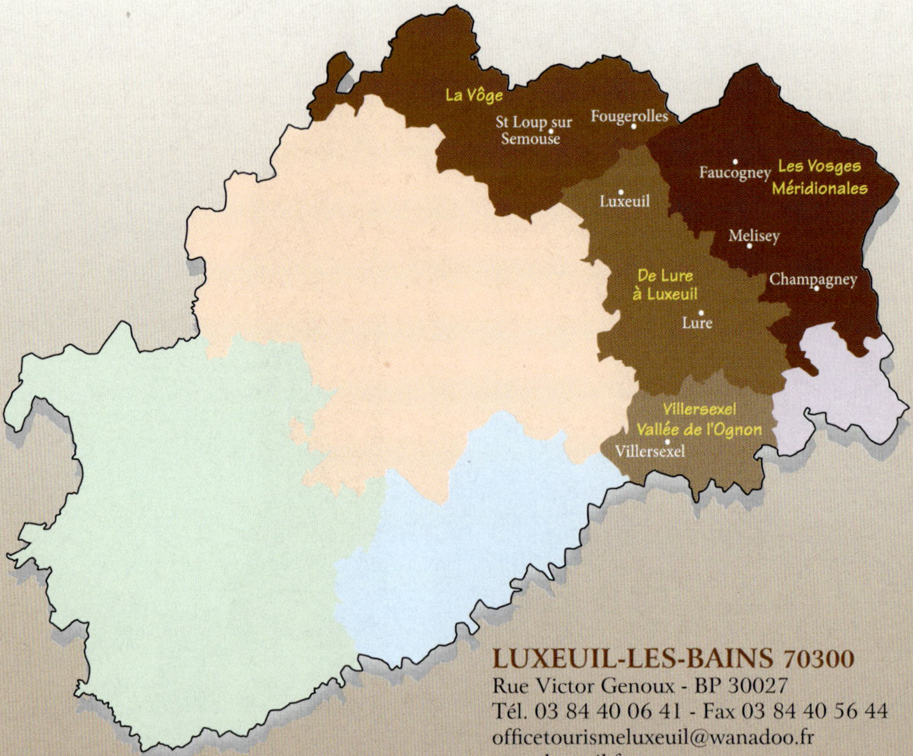

Offices de Tourisme

AILLEVILLERS 70320
1 Place Pierre Bolle
Tél. 03 84 49 21 59 - Fax 03 84 49 22 47

FAUCOGNEY 70310
rue Jeannot Lamboley
Tél. 03 84 49 32 97 - Fax 03 84 49 31 87
OTFaucogney@les1000etangs.com
www.les1000etangs.com

FOUGEROLLES 70220
1 rue de la Gare
Tél./Fax : 03 84 49 12 91
accueil@otsi-fougerolles.net
www.otsi-fougerolles.net

LURE 70200
35 Avenue Carnot
Tél. 03 84 62 80 52 - Fax 03 84 62 74 61
office.tourisme.lure@wanadoo.fr
www.office-tourisme-lure.com

LUXEUIL-LES-BAINS 70300
Rue Victor Genoux - BP 30027
Tél. 03 84 40 06 41 - Fax 03 84 40 56 44
officetourismeluxeuil@wanadoo.fr
www.luxeuil.fr

MELISEY 70270
Place de la gare
Tél. 03 84 63 22 80 - Fax 03 84 63 26 94
office.tourisme.melisey@wanadoo.fr
www.melisey.com

RONCHAMP 70250
14, Place du 14 juillet
Tél./Fax : 03 84 63 50 82
officetourisme.ronchamp@wanadoo.fr
www.tourisme-ronchamp.fr

SAINT-LOUP-SUR-SEMOUSE 70800
14, Place Léon Jacquet - BP 23
Tél./Fax : 03 84 49 02 92
regionsaintloup.free.fr

VILLERSEXEL 70110
33 rue des Cités
Tél. / Fax : 03 84 20 59 59
ot-villersexel@orange.fr
www.cc-pays-villersexel.fr

Vosges Saônoises (ou Vosges sournoises), souvent baignées de ce halo de brume

LE PAYS DES VOSGES SAÔNOISES

Le Pays des Vosges Saônoises est organisé autour de deux villes : Lure et Luxeuil-les-Bains, et de plusieurs bourgs centres dont la population dépasse 4 000 habitants : Saint-Loup-sur-Semouse, Fougerolles, Ronchamp-Champagney. Il regroupe dix communautés de communes : Les Belles Sources, Les Franches Communes, La Haute Vallée de l'Ognon, Les Mille Étangs, Le Pays de Lure, Le Pays de Luxeuil-les-Bains, Le Pays de Villersexel, Rahin et Chérimont, Saône et Coney, Val de Semouse.

Dans ce territoire, la quasi totalité des communes fait partie du Pays qui compte 85 714 habitants.

Le Pays de Vosges Saônoises possède trois atouts :

- un axe économique entre Fougerolles et Héricourt, c'est-à-dire entre les vallées de la Moselle et du Doubs,
- un gisement forestier encore sous-développé et des filières encore à exploiter,
- un patrimoine touristique de haut niveau de Passavant la Rochère à Ronchamp en passant par Luxeuil qui suscite de nouvelles ambitions.

LES VOSGES MÉRIDIONALES

AMAGE

«Le sorcier du Creux-Chêne»

Surnommé ainsi par ses anciens élèves, Gilles Marotel, a fait de la pêche à la mouche, un art consommé à l'instar du vieux maître vésulien Henri Bresson, consacré légende vivante par les pêcheurs du monde entier.

«Le circuit du Pré d'Oro et le circuit des deux Bans»

Deux circuits de randonnée de 8 et 14 km à télécharger sur le site de la Communauté de Communes des 1000 Étangs : http://www.cc-1000etangs.fr

Gilles Marotel, pêche à la mouche dans l'Ognon

AMONT ET EFFRENEY

C'est en vain que l'on cherchera le village, la commune étant constituée de nombreuses fermes et de hameaux disséminés de part et d'autres de la Haute Vallée du Breuchin.

À Ferrière-le-Bas, à la sortie de Faucogney, sur la route de Saint-Bresson, se trouve la Chapelle Saint-Claude, petit édifice trapu avec une belle porte en plein cintre. Elle renferme plusieurs statuettes du 17e siècle, malheureusement mises sous clef pour éviter vols et dégradations. Au-dessus de la Rochotte, bien visible de la vallée, la Vierge blanche de la Corotte-Mathue, dite Vierge de Faucogney est à ce jour encore un lieu de pèlerinage.

Nombreux calvaires, dont celui du Mont-Dahin datant du 16e siècle.

Ferme de La Jonchée

Tenue par un vétérinaire à la retraite, la ferme de la Jonchée accueille depuis peu les cavaliers et leur monture. Pré ou paddock pour les chevaux et deux chambres ainsi qu'un dortoir pour les cavaliers. Marie-Pierre et Guy van Coppenolle, amateurs avertis de chevaux, tombés en amour avec le paysage d'ici, se proposent d'accompagner les cavaliers en randonnées.

Marie-Pierre et Guy van Coppenolle
Tél. 03 84 94 49 12 - http://vosgesacheval.org

BELFAHY

Avec ses 950 mètres au-dessus du niveau de la mer, Belfahy possède la mairie la plus élevée de la Haute-Saône.

Les brimbelles, ces petites baies bleues au parfum inoubliable, lorsqu'elles sont cueillies en montagne, ont donné à Belfahy et à ses forêts une identité nouvelle. On vient de loin pour y déguster ce fruit sous toutes ses formes, lors de la fête des myrtilles, le dernier dimanche du mois de juillet. L'affluence est alors exceptionnelle, tout à l'opposé des autres jours du calendrier ou le promeneur trouvera à Belfahy calme et sérénité.

Gîte refuge du Grand Chêne

Merveilleusement situé à l'écart des grands axes, pour les amoureux des sommets, des crêtes et des vallées profondes, ce refuge appartient à la Compagnie Belfort Loisirs. Nuitées uniquement sur réservation si vous n'êtes pas membre de la C.B.L

Tél. 03 84 23 60 03 - www.cbl-belfort.com.

La tarte aux myrtilles

Auberge de la Chevauchée

Elle est réputée pour sa tarte à la myrtille

Tél. 03 84 23 60 17

Hôtel-Restaurant la Belle Hêtraie

Hôtel-restaurant à l'entrée de Belfahy dont le nom est la traduction moderne de Belfahy. Fahy, le hêtre du latin fagus.

Rue Principale - Tél. 03 84 27 33 49

http://la-belle-hetraie.com/

BELMONT

Ce qui surprend à Belmont, c'est le double emploi que l'architecte a fait de la mairie, conçue au rez-de-chaussée comme un lavoir ouvert sur le devant que coiffe solennellement la mairie, assise sur des colonnes. En haut, «la tête» et le conseil municipal, en bas, «les bras» des lavandières, mais aussi leurs «langues» et leurs remarques avisées.

L'atelier du tapissier

Sonia Perrot est une jeune femme qui n'a pas peur de marier le classique au contemporain.

Tél. 03 84 94 31 23 - 06 66 50 38 84

perrot.sonia@club-internet.fr

Atelier ouvert du lundi au vendredi de 9h à 12h et de 14h à 18h. Visite sur rendez-vous.

AMONT-ET-EFFRENEY

"Pisciculture du Breuchin"

Vente aux particuliers de salmonidés élevés dans l'eau claire du ruisseau d'Effreney.

Christian Parrain

La Rochotte 70310

Amont et Effreney

Tél. 03 84 94 41 20

"Le jardin de Danièle et Hubert Simonin"

Beau jardin ornemental privé, comme dessiné au pinceau par une aquarelliste de talent. Plantes aquatiques et plan d'eau. Ouvert au public lors des manifestations officielles ou sur demande. À Ferrière, sur la rive droite du Breuchin, en remontant la vallée.

Tél. 03 84 49 32 30

Belfahy

BELONCHAMPS

Le village est situé peu après la confluence de l'Ognon et du ruisseau du Raddon, descendant des hauteurs de Fresse. La «maison commune» ou mairie-école a été érigée en 1823, comme nous l'apprend le millésime inscrit sur le linteau de l'entrée.

Une croix au fût octogonal dont le socle, fait de deux marches circulaires surmontées d'un piédestal, porte la date de 1349. Le revers porte un Saint-Sébastien criblé des flèches. Par quel miracle cette haute et élégante croix a-t-elle pu résister pendant 660 années aux invasions !

Le Châtelet et la Tête-du-Château, deux gros mamelons entre lesquels passe la route de Fresse, portent chacun les traces de ruines d'un château qui les couronnait. De part et d'autre, nombreux vestiges d'exploitations minières remontant au 15e siècle.

Au Châtelet, dans une faille, fut trouvé en 1832 un trésor de plus de 500 pièces à l'effigie des empereurs romain, le tout conservé dans un vase. Avec l'étang du Rosbeck, paradis des pêcheurs, la commune possède l'un des plus grands étangs de la région.

BELVERNE

Les fermiers anabaptistes importèrent la culture de la pomme de terre bien avant que Parmentier ne l'ait rendue populaire. Petit village entouré de forêts, Belverne doit son nom à la majesté de ses vernes, «verne» étant l'appellation vernaculaire de l'aulne (du gaulois vernos).

Bâtiments agricoles anciens caractérisés par leur granges en anse de panier. Fontaine monumentale de 1868, au toit à deux pans posé d'un côté sur de larges piliers octogonaux en grès. Un temple protestant et son haut clocher à l'impériale au toit de tuiles vernissées. Ruisseaux du Fau, de première catégorie piscicole. Boulodrome pour les amateurs de pétanque, de jeu de quilles et autres jeux de boules.

La fontaine monumentale

BEULOTTE-SAINT-LAURENT

Beulotte-Saint-Laurent, qui comptait encore 180 habitants au début des années 1970, n'en compte plus aujourd'hui que 68, répartis sur 1920 hectares dont la moitié est plantée en forêt. Beulotte se trouve au centre du plateau le plus élevé.

Presqu'aussi étendue qu'Esmoulières, sa voisine, cette commune du haut pays regroupe sur son territoire cinq hameaux principaux : Beulotte-Saint-Laurent, Breuche-la-Grande, encore nommée Breuche-les-Loups (où le Breuchin prend sa source à 747 m d'altitude), les Cent Sous, le Pré Lorrain et la Saulotte.

Breuche-les-Loups

L'histoire de Breuche-la-Grande dépeint tragiquement le caractère sauvage des anciens habitants de ces montagnes.

C'était dans la nuit du 23 avril 1676, deux ans après le sac de Faucogney et le meurtre des femmes et des enfants pris au piège dans l'incendie de l'église. Un détachement de six dragons royaux, encadrant le collecteur d'impôts et son valet y fut mystérieusement massacré. Il n'y eu qu'un seul survivant, un des dragons de la garde. Comme tout le village avait participé à l'embuscade, les représailles furent sans pitié. Quatre hommes, ayant pu être saisis, furent aussitôt jugés et exécutés. Vingt autres, qui s'étaient cachés, furent condamnés par contumace à être rompus vifs et leurs biens confisqués.

Un an plus tard, une lettre de grâce de Louis XIV, en date du 21 juillet 1677, les a heureusement rétablis dans leurs droits.

Au tournant du 17e siècle furent découverts, dans un marais, des ossements d'hommes et de chevaux.

«Le mystère de la tour voyageuse»

Vous trouverez sur le plateau, entre Esmoulière et Beulotte-Saint-Laurent, un chalet de construction récente, flanqué d'une authentique tour moyenâgeuse.

Un tour pendable en somme, puisque celle-ci occupait encore il y a plus d'une decennie l'arrière d'une maison de Faucogney, adossée à la montagne, vis-à-vis de la mairie…

BEULOTTE-SAINT-LAURENT

«Chez Gaby»
Bistrot de pays
Sylvie, qui a succédé à Gaby, n'a pas failli à la réputation de la maison et vous aurez peut-être la chance de vous retrouver attablés autour d'une boisson chaude avec en prime un plein panier de «bugnes.»
Le pain cuit au feu de bois est fabriqué par son frère Laurent qui perpétue lui aussi la tradition familiale.
Sylvie Daval
Tél. 03 84 94 40 11

«Boulangerie traditionnelle»
Un pain à l'ancienne cuit au bois qui laisse dans la bouche un goût franc dont on ne se rassasie jamais. Brioches et pain de seigle.
Daval Le Village
Tél. 03 84 94 42 92

«Gîte rural en location directe»
Deux magnifiques bâtiments anciens rénovés avec goût.
Clément et Francine Klur
Tél. 03 89 80 94 29

CHAMPAGNEY

Située au pied des Vosges, Champagney y occupe une place stratégique, face à la fameuse trouée de Belfort. En 1674, Turenne y séjourna. Le 21 juin 1683, le Roi Soleil fut l'hôte de passage, ce que commémore une inscription sur le bas-côté gauche de l'église paroissiale. Mais s'il ne reste guère plus de traces de ces illustres voyageurs. L'événement qui marquera à jamais l'histoire de Champagney est l'engagement de ses habitants en faveur de l'abolition de l'esclavage. En 1789, Louis XVI demande que soient rédigés des cahiers de doléances dans chaque village de France. La revendication la plus surprenante sera celle de l'article 29 du cahier de Champagney qui demande l'abolition de l'esclavage. Le texte, unique en son genre, donnera naissance à la maison de la négritude et des droits de l'Homme, qui a connu sa consécration en 1998 lorsque Champagney fut choisie comme site national pour la commémoration du 150e anniversaire de l'abolition de l'esclavage, en présence du premier ministre Lionel Jospin. On trouve dans ce musée situé en face de la mairie, une présentation détaillée de l'esclavage et du long chemin conduisant à son abolition dans les colonies françaises (27 avril 1848), une multitude d'objets, de photos et de dessins. Léopold Sédar Senghor (1906-2001) premier président de la république du Sénégal, accorda son patronage à la maison de Champagney en 1971.

Musée de la Négritude

Maison de la négritude et des droits de l'homme - 24 Grande rue - Tél. 03 84 23 25 45
mailto.negritude.cpy@wanadoo.fr - www.maisondelanegritude.org

À voir à Champagney et aux alentours : les ballastières avec son camping et ses baignades, le bassin de Champagney dont on ne peut malheureusement faire le tour avec sa base de voile et son imposant barrage. Le tumulus du Plat du Chat. L'église reconstruite au 18e possède un carillon de 22 cloches.

Le Pré Serroux

Depuis plusieurs années, cet hôtel-restaurant de renom accueille régulièrement des expositions de peintures. Grâce à Claude Marconot, le maître des lieux, et à Jean Pierre Rémond, l'hôtel est le rendez-vous régulier des artistes de la région. Ce Logis de France 3 étoiles propose une formule « carpe diem » qui est un véritable plaisir : dîner, chambre double, petit déjeuner avec en option : sauna, hammam, piscine intérieure, spa fitness…
Tél. 03 84 23 13 24 / E-mail : lepreserrous@wanadoo.fr
http://www.lepreserroux.com

Valentine Buttard

Il y a sur les hauteurs de Champagney une maison contemporaine, semi-troglodytique, ensachée dans la colline. Elle abrite en son sein, un petit auditorium construit pour le seul amour de la musique. C'est le royaume privé d'une jeune pianiste internationale, née en 1986, d'un père photographe et d'une mère poétesse américaine.
www.lsdmusique.com

Beulotte-Saint-Laurent

Le bassin de Champagney

CHÂTEAU-LAMBERT

La commune de Château-Lambert ne comptait plus que 23 habitants lors de son rattachement en 1972 à la commune du Haut-du-Them.

Il fut un temps où Château-Lambert, anciennement Chastel Humbert, était, comme l'indique son nom, couronné d'une tour quadrangulaire que ceinturaient d'épaisses murailles. Du haut de son promontoire, la petite église au clocher carré à huit pans et son cimetière de familles serré contre ses murs fait fièrement face à la vallée de l'Ognon.

Une cloche de 1742, sur laquelle sont inscrits les noms du parrain et de la marraine, donne à lire : «... Ma sœur et moi par notre son donnons la terreur au démon.» La cloche-sœur fut réquisitionnée à la Révolution pour être fondue et remplacée en 1930 par une cloche provenant du Mont-de-Vannes sur la commune de Fresse. Intéressant mobilier ancien ainsi qu'une Piéta : Notre-Dame-des-Sept-Douleurs, offerte en 1839 par la Reine Marie Amélie à ce village «le plus pauvre de France».

Les mines de Château-Lambert

Ces mines de cuivre, d'argent et de plomb argentifère n'ont cessé d'attiser les convoitises. Vers la fin du 16e siècle, les mines atteignirent leur plus haut rendement. L'activité continua jusqu'en 1768. On peut flâner sur les haldes.

Le musée départemental de la montagne de Château-Lambert

Créé en 1977 par Albert Demard et sa famille, le musée retrace les conditions de vie dans une ferme de montagne au 19e siècle, à travers un parcours qui vous fait traverser la cuisine, l'étable, les chambres et la grange d'une authentique maison montagnarde. Moulin, scierie et industrie savetière, le tout mis naturellement en scène, comme si cela coulait de source. De la hutte du «charbonnier» au chantier du «scieur-de-long» en passant par la loge du «savetier» et le campement des «leveurs d'écorces».

Château-Lambert

Tél. 03 84 20 43 09. Ouvert du 1er avril au 30 septembre, de 9h30 à 12h, et de 14h à 18h.
du 1er octobre au 31 mars de 14h à 17h.
Fermé le mardi, le samedi matin et le dimanche matin.

Maison de la Nature des Vosges Saônoises

La Maison de la Nature des Vosges Saônoises accueille les groupes comme les familles pour un week-end ou à la semaine, dans un site d'exception à flanc de montagne, au départ de belles promenades. Ce refuge pédagogique organise à l'année des randonnées à thèmes (prospection des tourbières, reconnaissance nocturne, initiation à l'astronomie, à la forêt, aux torrents...) animées par des accompagnateurs qualifiés.
Le Belmont - Tél. 03 84 63 89 41 - www.mnvs.fr

Le Fort de la Tête de l'Ours

Aussi nommé fort de Château-Lambert, il assurait la défense du col reliant la haute vallée de l'Ognon à celle de la Moselle jusqu'à la Moselotte et le Col de la Schlucht. C'est une construction sous-terraine, entourée d'un large fossé circulaire très spectaculaire. Il abrite les activités d'un club de painting-ball. Il ne se visite pas.

CHÂTEAU-LAMBERT

Auberge des Sources
Michel Sontot, ardent collectionneur de grenouilles dont il décore son restaurant est réputé pour la qualité des grenouilles qu'il cuisine au printemps.
Tél. 03 84 20 49 10

«Chambres d'hôtes»
Mr et Mme Daniel et Nicole Ely
Tél. 03 84 63 82 01

Espace Nature Culture

Maison de la Nature

Inauguré en automne 2009, ce nouveau bâtiment a été conçu par le Département pour s'intégrer au paysage avec sa toiture végétale vallonnée pour récupérer l'eau de pluie.

Antenne du Parc Naturel Régional des Ballons des Vosges, lieu d'exposition thématique, l'Espace Nature Culture se définit également comme un lieu démonstratif de la construction HQE (Haute Qualité Environnementale) à destination du grand public.

Ouvert en haute saison : du 1er avril au 30 septembre, du lundi au vendredi de 9h30 à 12h30 et de 14h à 18h.
Le week-end de 14h à 18h.
En basse saison : du 1er octobre au 30 mars, tous les jours, sauf le mardi, de 14h à 17h.
Tél. 03 84 20 49 84 - info@parc-ballons-vosges.fr//

CLAIREGOUTTE

Les belles demeures du 18e, toujours visibles, témoignent toutes de cette période industrielle du 17e siècle.

Le village prit réellement de l'ampleur, avec la venue des émigrants protestants, sous la protection du comte de Monbéliard.

Le culte catholique y fut aboli en 1541 au profit du culte luthérien. L'église sous le patronage de Notre-Dame, du 12e siècle fut successivement restaurée au 15e et 17e siècle et presque entièrement reconstruite entre 1734 et 1777, inaugurant ainsi la première église protestante du département. Elle est dotée de huit fontaines du 19e à obélisques.

Anciennes fermes-clouteries classées monuments historiques. Pressoir à huile, moulin… Visite sur demande de l'église luthérienne, la première en Haute-Saône.
S'adresser à Monsieur Mourey, Tél. 03 84 63 02 30.

Maison natale de H. F. Iselin, sculpteur à la cour de Napoléon III.

Les 686 hectares de la forêt domaniale du Chérimont, ancienne dépendance des princes de Montbéliard alimentent en eau potable les communes limitrophes. La forêt est traversée par le GR 59 et le «Sentier des Ducs».

L'ingénieur Maurice Deloraine (1898 - 1991)

«Celui qui, en 1942, a changé le cours de l'histoire». Un square avec une stèle ornée d'un médaillon à son effigie ainsi qu'une plaque commémorative, apposée sur sa maison natale, célèbrent la naissance à Clairegoutte de l'inventeur du radar. Une invention qui en 1942 a changé le cours de l'histoire au moment le plus décisif de la seconde guerre mondiale.

La clouterie Hory de Clairegoutte

Bâtiment massif, bien restauré, accolé à une grange traditionnelle.

Nombreuses randonnées dont plusieurs circuits fléchés : «Blanche-Pierre», «Étangs du Chérimont», circuit historique du «Sentier des Ducs».
Topo-guide disponible à :
Office du Tourisme du Rahin et Chérimont. 14, place du 14 juillet
70250 Ronchamp
Tél. 03 84 63 50 82
www.tourisme-rahin-cherimont.com

Les Musicales de Clairegoutte et du Rahin et Chérimont

Un événement majeur, aux alentours de Pâques : la saison musicale classique. Direction artistique, Thérèse et Phillippe Bussière-Meyer. 15e édition en 2010.

Clairegoutte

CORRAVILLERS

Dernier village de la vallée, sur la rive droite du Breuchin, Corravillers, a presque tout perdu de son passé industriel.

L'usine Clément, une taillanderie spécialisée dans la fabrication d'outils agricoles forgés dans la masse, a déposé, depuis 2004, les armes en stoppant le chant heurté de ses martinets.

Belles maisons, belle église avec son retable baroque de facture naïve, à la polychromie vive et joyeuse. En contrebas, dans une boucle du torrent dévalant de la Rosière, s'étale un merveilleux jardin d'artiste dessiné et fleuri, à l'image de la peinture d'Yves Vuillemard, son heureux propriétaire.

École d'attelage du domaine des 7 lieues

Sur un site naturel de 12 hectares, dominant le Col du Mont de Fourche, avec une vue panoramique sur la vallée de la Moselle et sur la vallée du Beuchin, Olivier Desbraux vous accueille pour des stages à la carte : à la semaine, à la journée, 7 jours sur 7. Du grand art, transmis par un orfèvre en la matière qui sait parler aux chevaux. Hébergement en chambre d'hôtes et restauration possible sur place.

Oivier Desbraux - Le Haut d'Ombré - Col du Mont de Fourche - www.domainedes7lieues.fr

«La chavande»

D'origine païenne, la «chavande» est un bûcher géant, traditionnellement allumé la veille de la Saint-Jean, au solstice d'été, lorsque la nuit est à son plus court.

Corravillers

CORRAVILLERS

Le Bonnefroy chambres d'hôtes
Sur les hauteurs de Corravillers, Anja et Martin van Kermenade proposent aux vacanciers un bol d'oxygène assorti d'une palette de couleurs avec leur cinq chambres et leur table d'hôtes. Un séjour qui s'agrémente, sur demande, d'un stage de peinture animé par Martin.
Tel. 03 84 94 45 95
www.lebonnefroy.com

«Gîte Champ Chequelin»
Dans une ferme traditionnelle, 4 chambres sur 165 m², accessibles aux personnes handicapées
Renseignements et réservations
03 84 94 67 17

«La Haute Fourche»
Meublés de vacances
03 84 94 41 83
www.lahautefourche.com

Derrière le tissage Michel Galmiche
03 89 82 75 72

ÉCHAVANNE

Denis Bissantz
Le peintre et graveur Denis Bissantz a construit sa maison-atelier à Échavanne

Corravillers est réputé pour la magnificence de sa «chavande». Œuvre de pyrotechnie montée par une équipe de bénévoles sous la direction inspirée de Jacques Arapakis, maître charpentier et artiste aux nombreux talents.

«Les Amis de le Forge Clément de Corravillers»
Président : Mr Gérard AUBRY - 25, chemin du Chêne Vert 70270 Melisey. Tél. 03 84 20 96 51 ou 06 82 07 96 21

Une «chavande»

ÉCROMAGNY

Le village d'Écromagny, son église et ses fermes disséminées tout autour dans les creux vallonnés, parsemés d'étangs, domine l'ensemble du plateau à 456 mètres d'altitude.

Au centre du village, un «travail», solide petite construction charpentée en chêne, servait d'appareil de contention pour ferrer les vaches et les bœufs. À droite, au sommet du village, en

Le «travail» à Écromagny

direction de Faucogney, bel exemple d'une clôture faite de «potets». Ces lourdes dalles de pierres, plantées verticalement pour faire palissade, coupaient au printemps la bise en préservant le potager, fraîchement ensemencé, des gelées tardives, tout en réverbérant la chaleur des rayons solaires emmagasinés par la pierre. Elles mettaient aussi le jardin à l'abri des cochons lorsque ceux-ci étaient lâchés dans les prés.

Maisons à tourelle du 16e. Petite tourbière, située aux abords immédiats du village.

L'étang Pelevin

Il est, avec celui du Rosbeck, le plus étendu du plateau et devient en juillet le théâtre d'une compétition internationale de ski nautique.

Sentier des Epoissets

Une promenade aisée de 2h30 sur 7 km à travers la tourbière de Viaux vous mènera jusqu'au moulin Bégeot le long de nombreux étangs à travers bois et clairières.

Topo-guide disponible à l'Office de Tourisme de Melisey.

Ferme du Puizou

Un élevage caprin qui est également une ferme pédagogique. Journée à thème autour de la ferme avec dégustation de fromages. De mai à novembre, tous les lundis de 15h à 18h30. Tous les jeudis, visites et casse-croûte paysan de 16h à 19h.

Franck Haegi - Le Puizou 70270 Écromagny - Tél. 03 84 20 81 05
franck.haegi@aliceadsl.fr - www.lapampille.chez-alice.fr

La Champagne

Perdue en pleine forêt, au calme absolu, cette ferme est devenue une étape appréciée des promeneurs. Spécialités franco-suisses au menu. Chambres et dortoir dans la pure tradition des auberges de montagne.

Mr et Mme Kamm et Mme Frieden - La Champagne 70270 Écromagny
Tél. 03 84 20 04 72 - www.auberge-lachampagne.com

ESMOULIÈRES

Esmoulières, les mouillères, comme son nom l'indique désigne un terrain gorgé d'eau. Située sur la partie haute du plateau, la mairie fédère autour d'elle, du nord au sud et d'est en ouest, une foule de hameaux et de fermes qu'il est plaisant d'énumérer : Le Pont de Pierre, Pré Grimaud, En Platey, La Combiné, Le Mailley, Brumbief, Les Tertres, Chez Jean d'Amont, L'Agiet, les Beutry, En Probin, Essolieu, Peutes Gouttes, Es-Gourmen, Es-Souilleux, Les Conchottes, Pré Feignet, En l'Orme, Feignaudin, Beulotte-la-Guillaume, La Praille, La Toure, Les Feux Prés, La Goutte Feignoré, Es Forge, Le Bois de La Roche, Le Fahy Saint-Jean, Saphoz le

Le Saut du Brigandoux

ESMOULIÈRES

Chambres d'hôtes
Esmoulières (Es Vouhey)
Colette Duchanois
03 84 49 35 55
www.trechoux.com

Céramique et émaux
Potier de talent, Gotthard Pusch est passé maître en émaux et glacis qu'il étale au pinceau sur le «biscuit» avec la finesse d'un émule de Bernard Palissy.
Hameau de Saphoz-le-Bas
Tél. 03 84 49 31 65

FAUCOGNEY-ET-LA-MER

Meublé de vacances
Robert et Régine Maupérin
1, rue des Fossés
Tél. 03 84 49 32 40

Aires de stationnement pour camping-cars
À l'initiative de la communauté de communes des 1000 étangs, l'ensemble du territoire a été équipé de bornes de services avec monnayeur pour le confort et la commodité des voyageurs. Une aire de service, centralisée à Faucogney, est à leur disposition.

Bas, Le Gai, Es Clos, Pré Mougin, Es Reveigney, Les Auveux, Saphoz le Haut, Côte Coroz, Mirodauxe, Es Vouhey, Les Nouveaux, Le Counent, Es Besses, La Journotte en Beuletin... Tout cela sur 2011 ha pour 127 habitants. Une multitude d'étangs, bien plus que d'habitants.

Beulotte-La-Guillaume, le Saut du Brigandoux

Remonter la vallée du Beuletin en direction de Beulotte-La-Guillaume, à partir de Saphoz-le-Bas.

Vous serez intrigués par un grondement qui enfle en cascade : c'est le Saut du Brigandoux que vous rejoindrez en suivant la route après un premier lacet. Le Brigandoux peut vous écraser par la force de son eau s'il vous vient l'idée de vous baigner dans la marmite du diable que sa chute a creusé.

FAUCOGNEY-ET-LA MER

Faucogney-et-la Mer doit son nom composé à la fusion du bourg de Faucogney avec la commune de La Mer en 1806. Mer, du celte moor, qui en français a donné mare et marais, alors que l'éthymologie de Faucogney proviendrait du nom d'une personne d'origine latine : falconius avec le suffixe acum. À cette interprétation classique, nous préférons une autre suggestion qui voit dans l'orthographe de Faucogney la transcription du celte fawr con es : au pied du gros rocher. Le faucon et la colombe, visibles sur les armoiries de la ville, ne doivent pas être confondus avec la famille des Faucogney, disparue à la fin du 13e siècle.

Les jardins en terrasse de Faucogney

Faucogney est un vieux bourg à jamais orphelin de son château dont les maisons se tiennent serrées comme des brebis égarées au pied d'un rocher.

Cette petite ville est pourtant dotée d'un riche patrimoine architectural exceptionnellement cohérent.

Faucogney -et-La-Mer

FAUCOGNEY-ET-LA MER

Bâtie là où se reserre la vallée, à cause du verrou glaciaire qui l'étrangle, la forteresse de Faucogney contrôlait jadis le passage vers la Lorraine. C'est ce qui fit sa fortune et causa ensuite sa ruine.

Le poids de l'histoire et du drame consécutif au saccage de la ville par les troupes de Louis XIV, lors de sa conquête de la Comté, semble encore aujourd'hui écraser les lieux.

Ceux qui s'intéressent à l'histoire de la Franche-Comté, connaissent l'issue tragique de la prise de Faucogney, malgré la vaillance de ses défenseurs, par le marquis de Resnel et les troupes de Louis XIV.

À Faucogney, les 120 bourgeois, auxquels il faut ajouter femmes et enfants, qui se tenaient sur les créneaux, ignorèrent toutes les sommations. 413 français y ont laissé la vie. Après avoir pillé la ville, les assaillants y mirent le feu. Le 31 juillet 1674, Louvois, secrétaire d'état à la guerre, ordonna la destruction totale du château et des fortifications. À sa place, en 1842, une mission catholique y fit élever un calvaire avec un chemin de croix dont on retrouve encore les stations renversées et disséminées le long du parcours. Quand aux ouvrages de défense, il ne reste au bourg que la tour 1015. Une partie du mur d'enceinte, le long de la rue des fossés, s'est trouvée incluse dans la reconstruction qui respectera toutefois le tracé original. Le centre ancien de cette petite cité qu'on appelait encore, il y a peu, Faucogney-la-Jolie, attire aujourd'hui une population d'artistes.

La tour 1015

Visite de Faucogney

Il faut, pour saisir le charme étrange de Faucogney, entrer dans la «ville» par le faubourg Saint-Nicolas. Vous ne tournerez pas à gauche mais ferez une première halte devant la Croix des Morts, ainsi nommée parce qu'elle était, pour le défunt que l'on portait en terre, l'ultime station avant de prendre congé de la ville et de gravir la montagne Saint-Martin où se trouve encore aujourd'hui le cimetière, tout au sommet de la montagne.

Vous laisserez à gauche la tour 1015. Tout de suite à droite, un peu avant la Poste, un chemin escarpé bordé de jardins en terrasse mène sur le promontoire rocheux où se dressait jadis le château. À gauche, en recul de l'alignement des façades, la mairie a été construite à l'endroit de la brèche ouverte dans les remparts par les canons de Louis XIV. Vient ensuite une succession de façades bourgeoises qui, de part et d'autre de la chaussée, constitue l'essentiel du patrimoine bâti de la ville, avec la fontaine, l'église et son clocher à bulbe. Et, pour boucler ce tour, vous reviendrez par la rue des Fossés avec ses maisons construites sur le mur d'enceinte reconnaissable à ses grosses pierres en grès sur lesquelles vous pourrez lire la marque du tâcheron qui les a jadis équarries.

Sur le Champ de Foire, animé tous les samedis après-midi, de fin juin à début septembre par un sympathique marché de pays, vous vous intéresserez plus particulièrement à la grande maison d'un tanneur et à son haut grenier aux pans de bois ajourés.

Office de tourisme - Rue Jeannot Lamboley
Tél. 03 84 49 32 97

Le chemin de croix gravit la montagne Saint-Martin

Montagne et Chapelle Saint-Martin

Si le corbillard hippomobile n'emprunte plus l'ancien chemin des morts qui gravissait par une pente abrupte la montagne Saint-Martin, les gens d'ici demandent toujours à être inhumés là-haut.

« À pied, derrière le corbillard, il fallait soutenir un tel effort, que rendu là-haut, plus personne ne pleurait le mort, tellement nous étions soulagés d'être arrivés ! » dit Nelly Galmiche.

La fontaine centrale de Faucogney

Comment comprendre que ce lieu, où souffle l'esprit, se soit laissé polluer par l'installation d'une antenne relais.

Passons sur les vitraux relativement récents dont l'un, tradition oblige, nous montre saint Martin à cheval en train de partager son manteau avec le tranchant de son épée.

L'autel mérite toute notre attention car il est composé d'un rare «credo apostolique» représentant les douze apôtres, reconnaissables à leurs emblèmes. Un bas-relief de pierre polychrome très ancien et difficile à dater dont l'origine reste inconnue.

La chapelle Saint-Martin

À l'extérieur, sur la face nord du clocher, a été enchâssée une pierre sculptée provenant, dit-on, d'un chancel ou d'un autel carolingien.

De quand date cette pierre ? Il est difficile d'y répondre mais elle est bien antérieure aux murs édifiés au 17e siècle.

Pour clore cette visite, arrêtons-nous un instant à l'avant de l'édifice face au chœur où, à droite de la fenêtre, s'ouvre, sans qu'une quelconque symétrie puisse le justifier, un oculus que protège une étoile en fer forgé dont les branches entrelacées dessinent un parcours en cinq étapes.

Carte Blanche, des cartes pour rêver

«Parcours sensibles». Déplacer l'idée que l'on se fait de l'art en entraînant le promeneur sur le terrain de sa propre expérience, ou le sentir, le vécu du marcheur se substitue à l'approche visuelle de l'œuvre. Voilà l'enjeu de ces parcours créés par des artistes à qui l'association donne carte blanche.

«Carte Blanche» (collectif d'artistes)
2 Place Saint-Georges - Tél. 03 84 49 34 04

Festival mille pas aux 1000 Étangs

Ce festival s'inscrit parfaitement dans le cadre image Nature des 1000 Étangs. Reconnu par tous, alors qu'il n'existe que depuis 2003, Il est le fruit du travail sur le terrain d'associations qui en assurent la pérennité. En 2008, plus de 10 000 marcheurs ont emprunté les sentiers de ce festival.

Tél. 03 84 49 32 97 - www.les1000etangs.com

La Mer

Hameau typique du plateau dont les quelques maisons sont regroupées au fond d'une ancienne cuvette glaciaire qui est vraisemblablement à l'origine de son nom.

Le Christ aux liens de l'oratoire Saint-Ferry

À droite, à la sortie du hameau, dans la montée, sur la route de Servance. Le Christ aux liens de l'oratoire Saint-Ferry (16e ou 17e siècle) succéderait à une statue plus ancienne qui a été volée.

Musique et mémoire

Événement désormais incontournable de la scène baroque, le festival Musique et Mémoire a su se forger une identité originale où les modernités d'hier et d'aujourd'hui se rejoignent dans le mouvement inébranlable de la (re)création artistique. Sans cesse en mouvement, le festival Musique et Mémoire est tout simplement baroque !

Tél. 03 84 49 32 97 - www.musetmemoire.net

Les nains de jardin

À la sortie de Faucogney, sur la route du Saphoz à droite, vous serez agréablement surpris par toute une population de nains qui colonise le versant d'un jardin et d'un pré attenant à une maison de couleurs vives, abondamment fleurie. C'est joyeux et merveilleusement naïf par la profusion des sujets dont la folie d'accumulation fait de ce jardin une halte à savourer.

Festival Musique et Mémoire

Un marché de pays

L'été, du 21 juin au 1er septembre, tous les samedis après-midi, un rendez-vous très prisé pour les amateurs de produits du terroir. Le soir, buvette et repas champêtre au son de l'accordéon.

Comité des Fêtes - Présidente : Martine Poirot - 3, rue de l'Église - Tél. 03 84 49 35 94

FRAHIER-ET-CHATEBIER

Ancienne dépendance de l'abbaye de Lure, Frahier est aujourd'hui un gros bourg prospère, fort de ses 1038 habitants, que traverse la Lizaine qui y reçoit plusieurs ruisseaux.

Église ancienne et mentionnée en 1178, reconstruite en 1857 par l'architecte Félix Grandmougin. Très belle fontaine-lavoir circulaire augmentée de statues hellénisantes.

Frahier possède un port avec une écluse, transformé en aire de pique-nique, construit sur le canal de la Haute-Saône, jamais achevé, dont il reste d'imposants ouvrages. De ce port, un chemin de hallage conduit le promeneur au barrage de Champagney. Sa digue monumentale, en grès rose, témoigne de cet ambitieux projet, mort avant d'avoir vécu, suite, entre autres, au déclin des houillères de Ronchamp.

Foire d'Antan

Cette grande manifestation populaire se tient traditionellement le dernier dimanche de septembre sur les métiers et traditions d'antan. «Augustin le faucheur», une statue en grès offerte au village grâce aux bénéfices de la foire, immortalise la pose traditionnelle du faucheur, jambes écartées, faux en avant, au milieu d'un jardin fleuri.

***Auberge de Frahier** - 21, rue de Belfort - Tél. 03 84 23 96 37*

FRÉDÉRIC-FONTAINE

Frédéric-Fontaine fait partie de ces «villages des bois».

L'histoire raconte que le Prince Frédéric I de Wurtemberg, s'étant égaré dans la vaste forêt de Chérimont, découvrit une source qui le désaltéra. Séduit par l'endroit, il décida d'y fonder un village qui fut baptisé Frédéric-Fontaine en souvenir de cette partie de chasse.

Captée depuis le 19e siècle, cette source alimente au village «La fontaine du Prince». Le temple-mairie-école est un exemple unique de cohabitation heureuse.

Frédéric-Fontaine

La fontaine du Prince

FRESSE

Fresse, étymologiquement de l'ancien français, fraisse, frasse ou frasne : le frêne. Il est vrai que le frêne se plaît sur les versants ombragés de cette belle vallée suspendue, étagée sur deux niveaux, entre les verrous glaciaires du Magny et du Larmet. Cette succession de terrasses, due à l'avancée du glacier, est le reliquat de deux lacs dont les barrages auraient sauté. Le plus important, celui du centre, perdure encore sous forme d'une tourbière, du côté des Viaux, à son point le plus bas.

L'église, sobre et massive, recèle une chaire du 17e siècle délicatement sculptée provenant de l'Abbaye cistercienne de Lucelle. Ses trois faces présentent les trois vertus théologales avec au centre la foi qui a pour attribut une ancre. L'abat-voix porte les armes de l'Abbaye de Lucelle. Rachetée en 1801 par le curé de Fresse, chez un menuisier qui l'avait sauvé de la vindicte révolutionnaire, elle fut convoyée en char à bœufs jusqu'à Fresse pour trouver sa place dans l'église.

FRESSE

L'art à l'Ecole
L'ancienne école du Magny de Fresse abrite sous son préau d'émouvantes sculptures d'un natif qui s'ignore.
Frank Lemporte
24 rue de l'École
Le Magny

La Scierie
Gîte et Chambres d'hôtes dans un ancien moulin du 18e changé en scierie au 19e. Grand jardin. Table d'hôtes avec pains et brioches maison, ainsi que tout un choix de confitures élaborées par la maîtresse des lieux. Accueil de cavaliers avec leurs montures, parcs à chevaux.
Corinne Dague
254, Le Bas
Tél. 03 84 63 33 54
la.scierie@wanadoo.fr
www.lascierie.eu

L'Estompe
Gîte de charme, au coeur d'une nature préservée. Trois chambres personnalisées, jardin, étang. Séjours à thème avec initiation à la peinture. Une visite virtuelle s'impose.
Roland Converset
Le Monteaujeux
Tél. 03 84 63 32 42
http/ lestompe.fr

La croix du Magny

Le roc du Plainet à Fresse

FRESSE

De facture plus récente, les autels latéraux en granit vert, initialement prévus pour meubler la chapelle du Trianon de Versailles (fin 18e), étaient en cours de polissage dans une carrière de la commune lorsque la commande fut annulée.

Belles et émouvantes vierges à l'enfant polychromes, l'une en pierre, l'autre en bois, toutes deux du 15e siècle, provenant du Mont de Vannes.

Nombreux et beaux calvaires.

«Le Mont de Vannes»

Ancien ermitage transformé en pensionnat, puis en ferme. Les 220 hectares de forêts qui l'entourent ont été achetés, après-guerre, par le Comte de Deym de Landau (Allemagne). La Chapelle a été relevée de ses ruines, au début des années soixante, par les actuels propriétaires, en mémoire de l'un de leurs enfants, mort durant l'hiver 1944/45, alors que le front allemand s'était temporairement stabilisé sur les crêtes du massif vosgien. L'artiste, Mme Defurstenberg, cousine de la Comtesse de Deym, en réalisa les vitraux.

«Le Roc du Plainet»

Il nous apparaît comme la corne d'un rhinocéros, culminant sur ce sommet à forte pente. Merveilleux point de vue circulaire sur Ronchamp, Lure et Luxeuil ainsi que sur l'ensemble du massif vosgien, le Ballon d'Alsace et son jumeau, le Ballon de Servance, Belfahy, le Ballon de Saint-Antoine et la Planche des Belles Filles, jusqu'aux Alpes Bernoises, dont les sommets se confondent par beau temps avec la crête des nuages.

La grande croix du Magny

Beau monument, le plus ancien de la commune. Son implantation, haute et droite, en bordure de la vieille route du Magny, nous désigne l'emplacement de l'église-mère de la commune.

L'arrière de ce calvaire, présente une Piéta, figée par la douleur, tenant dans ses bras le corps supplicié de son fils, dos arqué, tête renversée.

À partir du village, balades possibles : La Caleuche, le Monument des Fusillés, le circuit de la Bormillière, tous aussi riches en découvertes, dont la Fontaine Sainte-Barbe, sur le chemin du Mont-de-Vannes, réputée pour guérir les dartres.

Beau camping, chambres d'hôtes et gîtes. Exploitation forestière. Un seul agriculteur.

FRESSE

La Grange à Léon

Gîte et chambres d'hôtes. Accessible aux personnes à mobilité réduite. Petit déjeuner bio et sauna, avec supplément.
286, Les Potets
Tél. 03 84 63 31 95
Tél. 06 81 85 26 20
lagrangealeon.free.fr/index.php

Auberge de La Bormillière

Conçue sur le modèle des fermes-auberges alsaciennes, on y trouve d'excellentes truites à consommer fraîches ou fumées. Grande terrasse ensoleillée.
M. et Mme Harald et Valeska Essler
57, lieu-dit la Bormillière
Tél. 03 84 63 34 18
E-mail : essler.harald@wanadoo.fr

Camping de la Broche**

Étangs pour la pêche et la baignade, réservés aux campeurs. Terrain ombragé et calme. Promenade avec ânes pour les enfants. Location caravanes. Ouvert du 15 avril au 15 octobre.
Alain Ferretti
Le Volvet
Tél. 03 84 63 31 40
www.camping-broche.com

HAUT-DU-THEM-CHÂTEAU-LAMBERT (LE)

Érigé en commune par ordonnance royale du 21 février 1841, sous le règne de Louis-Philippe, le Haut-du-Them faisait partie de la commune de Servance. Elle est, avec le Ballon de Servance (1216 m), le point culminant du département.

Cette position stratégique fut fatale au village, à l'automne 1944, lorsqu'il eut à subir deux mois de bombardements. Le courage des habitants lui valut la Croix de guerre. Le Ballon de Servance, également appelé Montagne de Lure, appartenait jadis à l'abbaye du même nom.

En 1820 fut découvert, dans du porphyre noir, un riche filon de minerai de fer qui, selon les premiers essais, permettait de produire 50 à 60% de métal. Malheureusement, ce minerai s'avéra trop coûteux, ne pouvant être que difficilement fondu. Son exploitation s'arrêta à peine commencée.

Église récente, construite en 1847 dans le style néo-classique. Bel orgue de 8 jeux en provenance de Saint-Jeanne-d'Arc à Besançon.

Le tunnel du tacot

Mis en chantier ne 1909, il fut inauguré le 11 novembre 1912. Long de 1100 m, il contribua à parfaire le développement économique du Haut-du-Them jusqu'aux années 1930 où s'annonça le déclin avec la mise en place d'autres moyens de transport que le «tacot», ce chemin de fer vicinal dont le réseau couvrait alors l'ensemble de la Haute-Saône. Le trafic voyageur cessa en 1937. Le dernier convoi de marchandises emprunta ce tunnel en mars 1938. Il continua à être utilisé par les piétons et les cyclistes jusqu'en 1960.

Il est aujourd'hui transformé en réservoir et alimente 500 foyers en eau potable grâce aux nombreuses sources qui y sont captées.

LA BRUYÈRE

«La Damotte» : Légumes et fruits bio

Myriam et Daniel Bösiger proposent toute l'année un choix exceptionnel de plus de 80 sortes de légumes, y compris toutes sortes de salades et de fines herbes assorties. La ferme de la Damotte se trouve sur le territoire de La Bruyère, après le carrefour des Piquards, à droite, en direction de Lure. Ils sont présents au marché de Remiremont, le mardi matin toute l'année.

Vente à la ferme le lundi et jeudi après-midi de 13h30 à 19h. Tél / fax : 03 84 40 00 42 (également sur commande ou sur rendez-vous).

«Gîte rural»

La Bruyère, Mme Baumann - Tél. 03 84 40 24 29 http://www.locationmaison.fr.

LA LANTERNE-ET-LES-ARMONTS

Curieuse mairie, coiffée d'un clocheton qui fait bizarrement penser à un lampion. De nombreuses fermes isolées et presque autant d'étangs constituent l'essentiel de ce finage agréablement vallonné. Beau puits. En contrebas, un lavoir aux pierres à récurer polies et encore plus bas, la fontaine Mathié. La Lanterne prend sa source au village. L'endroit, très bien fléché vaut une courte promenade. Au dessus d'un bel étang, un filet d'eau sort de terre au milieu des fougères ; le trou formé par la source ressemble à un cœur.

En roulant vers les Armonts, une maison en bois, ronde, contemporaine, nous fait tourner la tête. Attention sur ces petites routes étroites les passages d'écureuils sont fréquents !

La Lanterne et les Armonts doivent leur nom à la rivière La Lanterne et à son premier affluent Les Armonts. Lanterne est un déformation du nom ancien Lentana (la lente). Dans les actes antérieurs au 19e siècle, cette rivière est toujours appelée Lantenne, ce qui correspond à sa définition latine, la lente. Elle coule sur 56 km, ramassant au passage le Breuchin à Ormoiche, le Rupt de Rauge à Briaucourt et la Semouse à Conflans, pour se jetter dans la Saône à Conflandey.

La croix manchotte et le Jésus en pierre

Deux monuments insolites. Le premier, une croix hendée, sommairement taillée, a été amputée d'une branche, d'où son nom. Le second est également une croix, courte, au fût cylindrique, portant un Jésus sculpté à l'allure de nourrisson, avec son ventre rebondi, au nombril saillant, sa grosse tête ronde et son torse allongé qui contraste avec les courtes jambes croisées.

La croix manchotte de La Lanterne et les Armonts

LA LONGINE

La Longine-le-Bas, comme son nom l'indique, s'étire tout en longueur le long de la haute vallée du Breuchin. La Longine doit à son passé industriel l'architecture si caractéristique d'une cité ouvrière en pleine campagne, avec le «château» des patrons derrière les grands arbres en retrait de la grille.

Le paysage change du tout au tout lorsqu'on s'élève vers la Longine-le-Haut. Vallées étroites, encaissées qui débouchent sur de verts pâturages entretenus par des fermes typiquement vosgiennes où l'on peut encore trouver du munster frais.

Beaux calvaires, plus particulièrement celui au centre du village, à la Longine-le-Bas, daté du 16e siècle. Ce monument classé présente de grandes similitudes avec le calvaire de «Chez Héry» à La Rosière, malheureusement très mutilé, et celui du Montdahin à Amont-et-Effreney où, à quelques détails près, figurent les mêmes personnages : saint Pierre, saint

Raddon

Paul, saint Jacques ou saint Nicolas, chacun avec l'attribut qui le définit, que coiffe, entouré de saint Jean et de la Vierge Marie, le Christ en croix qui tourne le dos à une Piéta. Deux belles croix sont érigées sur les hauteurs de la Longine, à La Grange du Châtillon, sous la Voie du Ban, menant de Saint-Bresson à La Montagne.

La Longine

Croix et barreurs

La densité de croix, calvaires, petits oratoires du Pays des Mille Étangs, et plus particulièrement du canton de Faucogney, est la plus élevée de la Haute-Saône. Selon Pierre Bernardin qui, avec Line et Gérard Aubry, Patrick Dévoille, Liliane Pernot, Christiane Theureau, en ont dressé l'inventaire dans leur ouvrage publié en 1999 par la SALSA (Société d'Agriculture, Lettres, Sciences, et Arts), 298 de ces croix sont toujours visibles sur le canton.

Une maison «barrée» présente au-dessus de la porte et des fenêtres une croix blanche peinte à la chaux, du même blanc qui recouvre l'encadrement en pierre de chaque ouverture, afin de mieux capter la lumière.

Cette pratique, que l'on retrouve encore fréquemment aujourd'hui, est sensée barrer le chemin au «mal» en l'empêchant de passer par la porte et les fenêtres.

Les croix, calvaires, petits oratoires du pays des Mille Étangs se répartissent comme suit : Amage : 7 ; Amont-et-Effreney : 34 ; Belotte-Saint-Laurent : 14 ; La Bruyère : 10 ; Corravillers : 14 ; Esmoulières : 28 ; Faucogney-et-la Mer : 20 ; Les Fessey : 3 ; La Longine : 13 ; La Montagne : 14 ; La Proiselière et Langle : 12 ; Raddon-et-Chapendu : 11 ; La Rosière : 21 ; Saint-Bresson : 70 ; Sainte-Marie-en-Chanois : 7 ; La Voivre : 20.

Fromage fermier

Connaissez-vous le munster frais, directement acheté à la ferme ?

Michel Jeanney - Tél. 03 84 94 43 33

Les Grandes Fontaines, gîte et chambres d'hôtes

Au hameau des Grandes Fontaines, ainsi nommé pour l'abondance des sources qui sourdent d'un pré, le propriétaire propose, dans une grande ferme traditionnelle, un ressourcement aussi bien terrestre que spirituel. Jardin bio, pain maison, animaux de la ferme. Vue panoramique assurée.

Tél : 0033 (0)3 84 94 49 39 - Tél mobile : 0033 (0)6 42 39 90 31

E-mail : lesgrandesfontaines@orange.fr - www.lesgrandesfontaines.net

LA MONTAGNE

Cet appellatif désigne un hameau ou un ensemble de hameaux situés sur les «dessus».

La vue y est magnifique, particulièrement à la chapelle de Beauregard, la bien nommée. Charmant édifice champêtre au clocheton pointu, planté au bord d'une route en balcon parmi les genêts et les fougères, elle a, dès son origine, été secrètement prisée par les jeunes filles en quête d'un mari qui s'y rendaient alors en cachette pour y faire un vœu. Si sous leurs pieds, un certain pavé bougeait, le succès leur était assuré.

Bogeyman

Internationalement reconnue par les meilleurs conducteurs de chiens de traîneaux, Bogeyman est une boutique en ligne sécurisée, une entreprise spécialisée dans le «musching» à la pointe du progrès, la seule à proposer des traîneaux en fibre de carbone. C'est aussi un portail internet.

Enfin, Bogeyman c'est aussi un élevage de chiens husky sibérians et alaskans.

Bogeyman - «Le Laurien» - Tél. 03 84 94 40 98 - www.bogeyman.org

LA PROISELIÈRE-ET-LANGLE

Un nom singulier, avec une connotation géométrique faisant référence à un carrefour formant un angle droit, qui tranche avec la morphologie de ce plateau coupé de petites vallées encaissées.

La Montagne

Cette petite commune possède également plus d'une dizaine de calvaires, dont deux élégants oratoires sur colonne, tous d'une facture exceptionnelle, la moitié groupée autour de Langle, le reste disséminé aux alentours.

Le Christ de douleur

Si l'originalité de cette croix, très bien proportionnée, réside dans le renflement sculpté du fût, celle-ci n'a rien perdu de son expressivité, malgré les mutilations du Christ auquel il manque une jambe ainsi qu'une partie des bras.

La ferme à charri

Le charri, du mot char, désigne l'espace réservé entre le grand porche voûté et la grange qui permettait de rentrer le char à foin pour le décharger à l'abri de la pluie. Une sorte de grand vestibule donnant accès à la grange et desservant d'un côté le logis, de l'autre l'écurie, et qui confère à la façade de ces maisons l'aspect si caractéristique de ces fermes.

LA ROSIÈRE

Accrochée à mi-pente, La Rosière se donne une allure alpestre avec ses fermes fièrement campées dans le paysage.

L'association « Carte Blanche » a installé la «table du partage». Auteurs : Francis Cuny, Frank Morzuch.

Ligne du partage, mais aussi frontière militaire comme en témoigne le Fort de Rupt, un ouvrage stratégique qui semble n'avoir jamais servi et fait partie d'une ligne de défense imaginaire telle que la mythique ligne Maginot à jamais obsolète. Ce fort semi-enterré, a été construit à 775 m d'altitude pour communiquer de visu avec le Fort de la Tête de l'Ours ou le Fort de Château-Lambert, sur une ligne de défense qui va d'Epinal à Belfort. Propriété de l'armée, il ne se visite pas.

Vue panoramique sur la vallée de la Moselle et sur toute la chaîne des Hautes Vosges.

Une halte à la mairie de La Rosière s'impose sous le préau de l'ancienne école convertie en petit musée près d'un bassin d'eau fraîche. On y trouve des tables, des jeux de boules et le jeu de quilles.

La croix à la Rouelle

La rouelle, qui cercle intérieurement les quatre branches de la croix, a été taillée en épargne dans le même bloc de grès. Le Christ qui y figure ressemble à un dessin d'enfant et rayonne d'une présence naïve (native) qui embrasse le monde.

Malgré l'érosion du temps, sa force évocatrice reste intacte, paisible et bienveillante,

La croix à la Rouelle

Une tourbière mystérieuse sur les dessus de Melay

Chez Gilberte et Abel Jeanroy à la Goutte du Frêne, Servance : un monde rural attachant

Cascade du Tampa

LA ROSIÈRE

Meublés de vacances

La Rosière

Christian Baland
Tél. 03 84 94 44 75
Tél. 06 82 92 65 99
www.
lechantdupetitpre.com

La Rosière

Cyrille Violle
Tél. 03 29 23 61 74
www.chalet-des-sapins.
com

La Rosière (la hutte)

Mme Dagmar Waldraf
Tél. 03 84 94 46 90

tout en équilibre de formes et de sentiment à l'image de son piètement fait d'un rocher naturel tout juste apprêté emboîté l'un dans l'autre. Elle est située entre Breloufle et La Brosse, à gauche d'une route en lacets, au croisement de la D57, en direction de La Montagne.

La Route des Forts

Au sommet de La Rosière, vous pourrez rejoindre, sur le territoire de la commune, le circuit touristique de la Route des Forts, près du Fort de Rupt, encore appelé Fort Caulaincourt.

Hôtel Restaurant du col du Mont de Fourche

Fabien et Maryline vous reçoivent toute l'année dans leur auberge. La «planchette du bûcheron» est à déguster quelque soit la saison et les grenouilles fraîches du printemps sont incontournables ! 3 chambres, en pension ou demi-pension sont depuis peu proposées à la clientèle.

Fabien Bolmont - Tél. 03 84 94 40 31

Maison Familiale Rurale «La Source du Tampa» : gîte d'étapes

En famille, entre amis, en groupe ou en couple, sur un week-end ou en semaine. 15 chambres en pleine montagne, face au plateau des Mille Étangs, en pension complète ou en gestion libre.

Route des Forts - Tél. 03 84 94 40 40
sourcedutampa@orange.fr - www.sourcedutampa.com

Pays des forêts et des plans d'eau

LA VOIVRE

La commune de la Voivre est composé de plusieurs hameaux séparés par des vallons boisés couverts d'étangs. Le Breuchin y coule d'est en ouest. Au hameau de Breuche, à l'entrée de Faucogney, le long de la D6, quelques belles maisons ont gardé leur toit de laves.

Annegray

Annegray

Annegray, autrefois Anagrates, un large tertre circulaire, suffisamment haut pour dominer les terres grasses et humides de la commune de la Voivre, était jadis occupé par un avant-poste romain. Cette présence romaine se voit confirmée par la découverte d'une statuette de Diane sur la montagne de Saint-Martin qui surplombe les lieux. C'est là, sur les ruines de ce fortin, que le moine irlandais Colomban fonda sa première abbaye.

Ce sont les moines et leur savoir pratique, importé d'Irlande, qui ont appris à la population autochtone l'art de creuser les étangs et de les ensemencer en poissons, l'art de dresser les pierres et d'en palisser les champs pour préserver les semailles de la bise et des gelées tardives.

Saint Colomban

Saint Colomban, dont les lieux et la mémoire sont aujourd'hui entretenus et perpétués par l'association éponyme des Amis de saint Colomban est, à bien des égards, la figure emblématique de la région.

Né en Irlande en 540, il rejoint vers l'âge de 20 ans le monastère de Bangor, au sud de la baie de Belfast. Parti évangéliser la Gaule, en passant par les côtes anglaises, entre 570 et 580 avec 12 compagnons, il se fixera en 587 aux confins du massif vosgien, dans un «désert appelé la Vôge».

C'est là, comme nous le rapporte son chroniqueur Jonas, qu'il fonda son premier monastère sur les ruines d'un fortin romain à Anagrates, aujourd'hui Annegray, sur la commune de La Voivre.

Cette petite communauté grandit si vite qu'il lui fallu bientôt essaimer à Luxeuil, puis à Fontaines, faute de place. En 610, la reine Brunehaut, veuve de Siegebert, à qui Colomban avait publiquement reproché son immoralité, fit arrêter Colomban. Emprisonné à Besançon, il fut exilé et contraint de s'embarquer à Nantes.

La croix cerclée de la Marceline

Cette croix de 1995 mérite une mention, sinon un détour, parce qu'elle perpétue une tradition qui surprend de nos jours. Dressée au croisement du chemin d'Écromagny et du Montanchoux, elle s'intègre judicieusement au paysage. On la doit à M. et Mme André Richard, propriétaires des terres et de l'étang de La Marceline.

Depuis le sommet du ballon de Servance : la ligne bleue des Vosges

LA VOIVRE

Circuit de randonnée pour personnes à mobilité réduite

Ce circuit, d'une boucle de 4 km est à l'étude. Ce sentier de découverte à très faible dénivelé (0,4%), jalonné d'aires de repos agrémentés de panneaux d'interprétation, a pour fil conducteur la découverte de la faune et de la flore, entre le hameau de La Mer et La Marceline, près de l'étang de Plate Pierre, sur la commune de La Voivre.

L'étang de Plate Pierre

Beau plan d'eau qui présente toutes les caractéristiques des étangs du plateau. La «chaussée», qui sert de digue, est traversée par la route forestière menant à la Marceline et signale le point le plus profond par où se fait la vidange. Puis viennent les fougères et leur senteur acide entre les dalles de grès rouge ; ensuite les sphaignes et toutes sortes de mousses d'un vert électrique... L'étang de Plate Pierre, dans sa partie la plus sauvage, se transforme en tourbière.

LES FESSEY

La commune est surtout connue pour la Pierre Mourey, une pierre qui vire, et effectue, selon la croyance populaire, un tour sur elle-même tous les 100 ans. Énorme roche erratique, abandonnée il y a quelques 8 000 ans par le glacier qui l'a roulée, elle veille depuis lors sur le paysage alentour dont elle s'est faite la sentinelle.

Les pierres levées

MELISEY

Melisey, dont le nom évoque la mélisse et la citronnelle, s'orthographiait encore Mylisiaco au début du 12e siècle.

Le bourg se situe au débouché de la haute-vallée de l'Ognon, à la confluence de plusieurs ruisseaux venus du plateau des Mille Étangs dont le ruisseau de La Mer et celui de Mansvillers. Il fut, dès l'origine, un centre d'échanges et de commerce que confirment en 1705 des lettres patentes lui accordant l'établissement d'un marché hebdomadaire ainsi que la tenue de cinq foires annuelles.

L'église actuelle date de 1860. Elle a été bâtie sur les fondations romanes dont l'abside a été transformée en sacristie. Dans les années 1980, des travaux de consolidation autour du sanctuaire ont mis à jour des sarcophages mérovingiens.

Le nouveau Collège des Mille-Étangs, à la ligne audacieuse, vient d'être construit en remplacement de l'ancien, devenu obsolète, dans un environnement contemporain.
Architecte : M. Malcotti. Aménagement extérieur : F. Morzuch

La Route des Mille Étangs

Itinéraire touristique. 60 km balisés, sur route, jalonnés de 14 points d'information. Livre et guide en vente à l'O.T.
Office de Tourisme de la Haute Vallée de l'Ognon
Place de la Gare - 70270 Melisey
Tél. 03 84 63 22 80
www.melisey.com

Zone de loisirs de La Praille

Située au bord de l'Ognon avec, l'été, une piscine ouverte tous les jours, la zone de loisirs de la Praille offre un lieu de détente et de convivialité où il fait bon pique-niquer entre amis ou en famille, avec les enfants, tout en se rafraîchissant les pieds dans le cours de l'Ognon. Jeux, terrain de basket et de volleyball, jeux de pétanque, mini-golf et parcours d'aventure pour petits et grands.
Tél. 03 84 20 02 75

«Le moulin Bégeot»

Entre Melisey et Écromagny, aux Granges Baverey, le moulin Bégeot, du nom de son ancien propriétaire est ouvert au public toute l'année.

Annelies Van der Eijk en est l'heureuse propriétaire. Il faut y venir à l'automne pour déguster le jus de pomme fraîchement pressé par la patronne ! Dehors, autour du moulin, vous trouverez une véritable arche de Noé avec tous les animaux de la ferme, pour la grande joie des enfants. Balades à dos d'âne sur

MELISEY

Manège des Mille Étangs
Adeline Braganti y accueille les cavaliers débutants et confirmés. Chevaux et poneys.
Tél. 06 07 96 47 99

Hôtel-Restaurant du Soleil
1 place de la gare
Tél. 03 84 20 83 49
Fax : 03 84 20 83 79
www.hoteldusoleil70.com

La Doye Habillement
Un magasin d'usine hors du commun, en pleine nature, au bord d'un étang. 550 m² de surface de vente.
Étang de La Doye
Tél. 03 84 20 80 99
www.ladoyehabillement.fr

Le père Christin
Le rencontrer au presbytère est un bonheur pour les amateurs de voyage au Sahara.

Philippe Adréani
Le roi de la tête de veau a pignon sur rue dans son magasin de charcuterie.

Camping la Bergereine*
Gérard Sourdin
17 bis rue des Vosges
Tél. 03 84 20 04 62
Tél. 06 23 36 87 16
campinglabergereine@orange.fr

Le moulin Bégeot

demande. Camping et gîte rustique. Table d'hôtes sur réservation.
Les Granges Baverey - Tél. 03 84 63 25 76
annelies.van-der-eijk@wanadoo.fr - www.moulinbegeot.eu

Gîtes ruraux et meublés

Une quarantaine de gîtes sont disponibles. Liste détaillée à l'Office du Tourisme ou sur www.melisey.com

Gîte du Grand Chêne

Sur un grand terrain avec forêt, étangs pour la pêche. Accueil de cavaliers, avec parc pour chevaux. Camping. Ouvert toute l'année. Accès handicapés.
M. Wieder - 28 Le Bas de la Goulotte
Tél. 03 84 20 08 37 - 06 67 06 23 94

Auberge des Noies Parrons
Tél. 03 84 63 23 34

«La Bergeraine»

Restaurant, à la sortie de Melisey, en direction de Servance. Une cuisine inventive.
Christophe Aubry - 27 route des Vosges
Tél. 03 84 20 82 52 - www.labergeraine.fr

MELISEY

«La Pierre »
*Camping ***
Les Granges Baverey
Tél. 03 84 63 23 08
Tél. 03 84 20 84 38
(mairie)

Le chevet de Mélisey

MELISEY

La ferme des Guidons

Merveilleux endroit que cette vraie ferme des Guidons. Dany et Élisabeth Gavoille sont aux petits soins avec leurs hôtes : crêpes tous les matins au petit déjeuner et confitures maison. Les chambres d'hôtes sont particulièrement agréables et la terrasse en bois donne directement sur les étangs, la vue se perd sur la fin des crêtes des Vosges, quel cadre ! Authentique ferme avec ses vaches montbéliardes. Cinq étangs sont un régal pour les pêcheurs et pendant ce temps-là enfants et épouses profitent de la piscine à bonne température jusqu'à l'automne.
Tél. 03 84 63 20 43
http://www.ferme-des-guidons.fr

Les Guidons

MIELLIN

Ce minuscule village a vu naître des personnages célèbres comme le peintre Lucien Louis Jean Sébastien Schmidt (1825-1891), contemporain de Courbet. Ou, plus proche de nous, Léon Cathlin (1882-1963) poète, romancier et éditeur d'art.

Est-ce les mines de fer et l'installation de hauts fourneaux attestée dès 1563 qui incitèrent l'Ordre du Temple à y construire une annexe à sa Commanderie de Sales dont il ne reste qu'une colonne de grès visible sur un mur à gauche de l'église qui abrite la stèle funéraire du dernier verrier, Irénée Lanoir ?

Saint Blaise est devenu officieusement le patron tutélaire du village puisqu'à Miéllin, ce culte a pris la forme d'une sympathique cohabitation. Ainsi, chaque année, sa statue, préservée sous châsse intègre, à tour de rôle, une maison différente pour y être hébergée, en tout honneur et toute gloire, 365 jours durant. Dans l'église, chemin de croix attribué à Albert Décaris. Devant l'église, belle fontaine en granit gris-bleu des Vosges datant de 1886.

L'eau de saint Blaise tout mal apaise

Humble et mystérieuse chapelle, plantée en pleine forêt, surplombant Miellin. Deux baies en plein cintre en attestent l'ancienneté. La source guérisseuse saura rafraîchir le promeneur.

Saint Blaise est né en l'actuelle Arménie vers 280 ; il apprend la médecine et se consacre à la guérison des

La chapelle Sainte-Blaise

hommes aussi bien qu'à celle des animaux. Pour avoir sauvé de l'asphyxie un enfant à la gorge obstruée par une arête de poisson et pour être mort le cou tranché, saint Blaise est encore aujourd'hui connu pour guérir les maux de gorge.

La scierie Martin

Située le long de la D133 entre Servance et Miellin, sur la Doue de l'Eau, au lieu-dit La Grève. Ce «haut fer» entraîné par une roue à aube est un des derniers témoins d'un patrimoine qui fut largement répandu dans cette vallée. En 1940, on comptait encore 11 scieries entre Servance et Miellin.

Cette «scie à battant» ou «haut fer» n'a pas toujours débité ses planches sur la Doue de l'Eau. Elle a été déplacée en 1872 par Constant Martin qui l'avait rachetée au Larmet, sur la commune de Fresse, pour l'installer à La Grève. Elle fut rachetée par Georges Tuaillon qui la sauva de l'oubli pour en faire un musée vivant ouvert au public.

Georges Tuaillon, Jojo pour les intimes, en fin connaisseur de la Doue de l'Eau, a également créé une pisciculture dont la saveur des truites a porté sa réputation au-delà des vallées.

Le haut fer de Miellin

Gîte d'étape communal

Une chambre et un dortoir à 6 places, cuisine, salle de séjour, salle d'eau avec douche. Accueil chevaux en pâture. Barbecue. Camping. Tennis. Pétanque. Ping-pong. Deux circuits de randonnée pédestre, balisés et aménagés. Ouvert toute l'année.
Mairie de Miellin - Tél. 03 84 63 81 34 / mairie.miellin@orange.fr
Responsable : Mme Mougenot. Tél. 03 84 20 45 36

MONTESSAUX

L'aquarelliste Bernard Jacquin y a planté son chevalet comme on plante un décor. Les maisons de ce village, amoureusement entretenues, rappellent certains de ses dessins croqués avec la même délicatesse. Agréable zone de loisirs près du lotissement des Carrières.

Selon le dictionnaire des communes de la Salsa, Montessaux, anciennement orthographié Mont de Saulx (le Mont des Saules) serait le monastère fantôme dont parle la «Vitae Colombani.»

La Doucine

Atelier de création et de restauration de meubles. Grand choix de marquetteries originales et de revêtements de cuir rare (autruche, crocodile, galuchat...).
Sutter Jeannot - Tél. 03 84 63 28 72
www.amagalerie.com
Ouvert en semaine de 8h à 12h et de 13h à 18h

PLANCHER-BAS

L'église qui date de 1488 a été en partie reconstruite suite à un incendie en 1772.

Une cloche qui est millésimée 1764 porte une inscription latine.

Nombreux gîtes ruraux sur Plancher-Bas : www.ot-ronchamp.fr/gîtes ruraux.php
Chambres et table d'hôtes : «Les Blancs Volets» Tél. 03 84 23 24 92
École de parapente, stages et baptêmes bi-place sur le Ballon d'Alsace. Tél. 03 84 27 39 64

PLANCHER-LES-MINES

Appelé d'abord Plancher-Haut en opposition avec la commune voisine, Plancher-Bas, Plancher-les-Mines doit son nom à la présence dans son sous-sol de filons métallifères : plomb sulfuré, cuivre pyriteux, cuivre gris argentifère et fer sulfuré aurifère. Ce dernier est responsable des paillettes d'or toujours présentes dans le cours du Rahin.

2 559 hectares dont plus de 2 000 sont boisés. Les premiers habitants furent des mineurs.

Les mines

De rendement moyen mais produisant un métal de bonne qualité, les filons argentifères des montagnes environnant Plancher-les-Mines étaient déjà connus et travaillés avant 1458.

Cascade du Grémillot

La Planche-des-Belles-Filles

Le filon le plus prospère était celui de la Grande-Montagne qui produisait un argent natif d'une grande pureté. Vers 1619, ces mines passaient pour être les plus productives de l'Empire. Elles occupaient 500 ouvriers et produisirent 170 kilos d'argent pur.

Au 18ᵉ, dans le sillon de l'exploitation minière en déclin, un industriel du nom de Priqueler, fabriquant de pièces d'horlogerie, développa cette industrie dans la vallée, ce qui très vite occupa plus de 300 ouvriers, soit à l'usine, soit à domicile.

La Planche-des-Belles-Filles (alt. 1050 m à 1150 m)

Mini-station de sport d'hiver, la seule en Haute-Saône. Le site mérite à tous points de vue d'être connu et soutenu par des projets novateurs en accord avec ce paysage d'exception. Situation convenant aussi bien au ski nordique qu'au ski alpin et aux balades en raquettes.

Ski alpin : 3 remontées mécaniques pour 4 km de pentes répartis en 5 pistes.
Ski de fond : 3 pistes, 50 km balisés dont une piste noire de 24 km qui rejoint le Ballon d'Alsace.
Trottin'herbe, Roll'herbe - mercredi, samedi et dimanche après-midi en été.
Le Chalet. Tél. 03 84 27 39 64.

Légende des Belles Filles

Pendant les années sombres de la guerre de dix-ans, vers 1636, les femmes et les jeunes-filles de la vallée, craignant les violences des bandes de mercenaires d'origine suédoise, se seraient réfugiées sur ces hauteurs. Ayant été découvertes, elles préférèrent se jeter du haut d'un rocher dans l'étang qui porte depuis ce nom.

Jan Vaclev Vaneck

Guitariste hors pair totalement habité par son art, cet enfant de Plancher-les-Mines n'a pas renié son village.

Jacques Pissenem

Jacques Pissenem, un autre enfant du pays, se fait connaître depuis quelques années

par ses sculptures monumentales découpées à la tronçonneuse dans d'énormes troncs de sapin, dans une symphonie chorégraphique où la musique rock couvre les stridulants dérapages de la tronçonneuse.

La Haute-Vallée du Rahin

Une halte s'impose à la scierie, un haut-fer récemment restauré et remis en fonction par des passionnés.

La route suit la rivière aux eaux cristallines et cascadantes (cascade du Grémillot). Vous laisserez à droite la route qui monte à la Planche-des-Belles-Filles pour une courte halte à la chapelle Saint-Antoine devenue propriété privée. À la Maison Forestière, vous pourrez vous rendre à pied à la «Goutte des Saules» ou au «Saut de la Truite».

La forêt de Saint-Antoine reste le dernier refuge du grand-tétras. Pour leur préservation, et celui de l'environnement fragile qui les abrite, certains sites, parmi les plus beaux, sont volontairement non-balisés. Ainsi en est-il de la tourbière du «Grand Rosely», merveilleux cirque glaciaire que l'absence de chemins et la présence de profondes fondrières rendent dangereux à parcourir.

Musée de la fête foraine miniature

Musée de la fête foraine

Charmant micro-musée consacré à la fête foraine, dans une maison du village, dont toute la famille se fait un plaisir à vous faire partager l'univers.

6 rue du Pont du Var.
Tél. / Fax : 03 84 23 66 87 - 06 80 32 31 16
Du 1er avril au 30 novembre, tous les dimanches et jours fériés de 14h à 18h ou sur rendez-vous. Entrée gratuite

L'étang des Belles-Filles

RADDON-ET-CHAPENDU

Chapendu, s'il évoque une sinistre pratique de quelques sorciers ruraux, doit uniquement son nom aux fortes pentes, aux champs pentus.

Situé à la confluence de deux rivières, celle du Raddon et du ruisseau de Chapendu avec le Breuchin, le gros bourg de Raddon rassemble aujourd'hui la plupart des commerces de la haute-vallée du Rahin.

«Pierre du Mouton, Pierre aux Sacrifices, Pierre de la Miche», ainsi nommées car elles gardent l'empreinte d'une miche, d'une bouteille et d'un pied d'homme, «Pierre du Moine», qui elle, restitue la forme d'une personne couchée sur le dos, en référence à saint Colomban qui aurait déjeuné et se serait reposé là. Toutes témoignent d'un culte rendu jadis aux pierres.

Fête du Bois

Le dernier dimanche de juillet, tous les deux ans, la fête du bois propose un spectaculaire concours de bûcherons que célèbre le grand totem érigé sur le parvis de la mairie de Raddon.

Fête du bois à Raddon

La brocante de Monsieur Pigeon

L'énorme hangar du moulin reconverti en dépôt recèle un stock, toujours renouvelé, de vieilles portes, meubles, poutres et pierres de taille, ainsi que toutes sortes d'objets, recueillis par M. Pigeon qui font le bonheur des particuliers ou des professionnels.

Lavière (carrières de grès et de laves)

L'usage des toitures en «laves» de grès est spécifique à cette région et constitue une particularité singulière que l'on ne retrouve nulle part ailleurs. Toutes les carrières connues sont à présent fermées ou épuisées, car les laves s'exploitaient en premier dans la couche supérieure du grès dont l'épaisseur des feuilles augmentait à mesure que l'on creusait le banc rocheux, libérant ainsi des dalles beaucoup plus épaisses servant à daller les cuisines ou à dresser des «potets» pour clôturer les jardins.

Carrières de meules

L'étang de Plate Pierre entre Faucogney et Écromagny, sur la commune de La Voivre, et la ferme des Gouttes à Melay sont de parfaits exemples. Le site existait bien avant le creusement de l'étang, comme en témoigne la meule à moitié immergée, abandonnée en cours d'extraction.

Une fois la meule tracée au compas à l'aide d'une corde, le carrier taillait à la pointerole, tout autour, une tranchée circulaire. Lorsque la profondeur voulue était atteinte, on creusait latéralement de profonde encoches sous le bord extérieur de la meule, dans lesquelles était logé un coin de bois qu'il suffisait de noyer sous une couche d'eau pour que le bois, en gonflant, soulève la meule.

RONCHAMP

Quel destin exceptionnel pour cette cité, sur la colline de laquelle veille la chapelle Notre-Dame du Haut, l'un des exemples les plus convaincants de l'architecture contemporaine sacrée, dessinée par Le Corbusier.

Les traces des mines de charbon sont encore bien présentes autour de la colline qui domine ce territoire chargé d'une longue histoire ouvrière. Le gisement de Ronchamp-Champagney a été découvert en 1751. On y a cherché le charbon à des profondeurs encore jamais atteintes. Le puits N° 11 ou puits Arthur de Buyer restera longtemps le plus profond d'Europe, dépassant les mille mètres sous terre. L'exploitation de la houille s'arrête définitivement en 1958 mais le paysage alentours reste marqué par ces deux siècles de labeur. Les traces et témoignages de cette période ont été collectés et sauvés de l'oubli par le dernier médecin des mines le Dr Marcel Maulini. La collecte de cette «œuvre au noir», archives originales, objets et outils qui ont ainsi échappé à la destruction et à la dispertion ressuscitent ce passé dans un musée qu'il a créé et installé à ses frais dans un bâtiment conçu à cet effet au coeur de la cité ouvrière. La commune en a depuis hérité. Renée Gornès, alors gouvernante au château de la Houillère, se souvient de ce temps-là ; elle pourrait parler pendant des heures de la vie des mineurs et des maîtres des houillères.

Sur la butte de Bourlémont, il y a plus de deux milles ans, les celtes invoquaient leurs divinités. Les Romains y établirent un camp pour surveiller la route de la Germanie. Il y a 750 ans, au Moyen Âge, avec la chrétienté, une petite chapelle vient couronner le sommet.

On y monte pour prier Marie. Le site devient un lieu de pèlerinage où l'on se rend aujourd'hui encore tous les 8 septembre (Nativité de Notre Dame). À la révolution, en 1789, la chapelle sera vendue comme bien national et rachetée par quelques citoyens qui s'étaient regroupés dans l'intention d'en éviter la démolition. Elle est restée depuis ce jour la propriété de ce groupe constitué depuis en association «Les Amis de la Chapelle de Notre Dame du Haut». En 1913, un violent orage provoque l'incendie de la chapelle ; elle restera en ruine jusqu'en 1922. Elle est reconstruite, mais 20 ans plus tard en septembre 1944, pendant la guerre, elle est à nouveau détruite. C'est alors que Charles-Édouard Jeanneret dit « Le Corbusier », l'un des plus grands architectes du 20e siècle intervient. L'auteur de la «maison du fada» va réaliser là, l'une des ses plus belles œuvres.

En 1950, c'était alors la suie, les crassiers à vifs qui brûlaient par endroits. La centrale thermique crachait une fumée noire, l'air était chargé de poussière charbonneuse que transperçait l'odeur des forges et du métal chauffé à blanc. Mais la mine va bientôt fermer.

La reconstruction de la chapelle, grâce aux dommages de guerre peut être perçue comme un espoir de renouveau. Le Corbusier réalise une maquette qui va fasciner et intriguer les décideurs. Sa forme répond à l'horizon et aux courbes des monts qui l'environnent. Cette construction futuriste qui n'a pas vraiment l'air d'une église va se heurter à un mur d'incompréhension avec son cortège de critiques et de tracasseries administratives. En 1954, la première pierre est enfin posée. L'aventure soulève l'enthousiasme, la ferraille et le béton viennent renforcer l'édifice et lui donnent encore plus d'audace. Lorsque la tempête se calmera, la nef blanche, ce formidable navire de pierre à la coque renversée, atteindra enfin le port : le chantier est achevé. En juin 1955, Le Corbusier remet officiellement la chapelle à l'Archevêque de Besançon, Monseigneur Dubois : «Excellence, en bâtissant cette chapelle, j'ai voulu créer un lieu de silence, de prière, de paix, de joie intérieure, le sentiment du sacré anima notre effort… je vous remets cette chapelle de béton loyal, pétrie de témérité peut être, de courage certainement avec l'espoir qu'elle trouvera en vous comme en ceux qui monteront sur cette colline, un écho à ce que tous nous y avons inscrit.» L'abbé René Bolle Reddat sera le «veilleur» de l'œuvre jusqu'au début de ce deuxième millénaire. Il avait accueilli une seule fois le retour de Le Corbusier et ce dernier très ému avait seulement dit : «C'est sacré, n'est ce pas ? C'est grand, c'est immense, ça n'a pas de mesure».

Aujourd'hui, la chapelle qui a fêté son cinquantenaire en 2005 est le symbole incontesté du renouveau de l'architecture sacrée contemporaine, mais c'est surtout un lieu vivant qui attire chaque année plus de 100 000 visiteurs venus du monde entier. Elle est une œuvre phare qui illumine de sa blancheur les contreforts des Vosges, la trouée de Belfort, les premiers plateaux du Jura et la plaine de la Saône.

Notre Dame du haut à Ronchamp

Le puits Sainte-Marie à Ronchamp

RONCHAMP

Depuis 2007, la colline vit un nouveau combat. La maison d'accueil est destinée à disparaître et c'est un autre architecte au talent reconnu qui relève le défi : construire un bâtiment sans porter atteinte à la chapelle. Il a dessiné un pavillon d'accueil judicieusement enterré ainsi qu'un petit couvent à flanc de coteau, destiné à accueillir les Soeurs Clarisses de Besançon. Renzo Piano et Le Corbusier, cela ne peut qu'ajouter à la majesté du site !
La chapelle Notre-Dame du Haut se visite - www.ronchamp.com

Le musée de la mine «Marcel Maulini»

Du nom de son fondateur, le docteur Maulini, médecin officiel des Houillères de Ronchamp, qui fut à l'origine de la détection de la silicose. Ce petit musée retrace l'histoire de la mine en rendant hommage aux mineurs. Amateur d'art et collectionneur émérite, il a patiemment recueilli tout au long de sa vie une documentation rare et inédite, concernant la mine et ses maladies. Créé en 1976, ce musée recèle une importante collection originale de lampes, témoins de deux siècles de labeur dans la noirceur du sous-sol.
Le musée de la mine est ouvert du 1er février au 30 novembre sauf le mardi.

Musée de la mine

Hôtel-restaurant
Le Rhien (logis de France). Tél. 03 84 20 62 32

SAINT-BARTHÉLEMY

Séparé de Melisey par un pont sur l'Ognon, Saint-Barthélemy se tient adossé, d'un côté au Mont de Vannes et s'étend, de l'autre, en une plaine verdoyante.

C'est sur le territoire actuel de la commune que s'élevait le château des seigneurs de Melisey. Appelé la Cour des Champs, à cause de sa situation en verte campagne, cette maison forte était retranchée derrière un fossé qu'enjambait un pont-levis. En 1643, Turenne donna l'ordre de ruiner le château.

Sur les pentes du Mont de Vannes qui donnent sur Fresse et le Magny de Fresse,on peut encore suivre les traces d'une intense activité minière, repérables grâce aux haldes, ces tas de détritus pierreux, pareils à du gravier concassé, provenant du percement des galeries creusées à la pointerole. Grâce à ces haldes, un œil exercé saura retrouver l'entrée de certaines galeries de recherches, si étroites qu'elles ne permettent que le passage d'un homme.

Dans la forêt, en remontant vers le Mont de Vannes, vous croiserez les traces de nombreuses occurrences métallifères. Ce sont des filons et des veines exploitées à ciel ouvert qui ont laissé des excavations aux arêtes vives, taillées à même les affleurements rocheux ou dans d'énormes blocs parsemant la forêt, dessinant en négatif des figures abstraites que ne dédaignerait pas un sculpteur contemporain.

SAINT-BARTHÉLEMY

La fontaine Saint-Michel

L'une des plus mystérieuse fontaine des Vosges Saônoises, à la fois fontaine et calvaire. Pour y accéder il faut, soit passer au-dessus de la carrière de porphyre vert, actuellement désaffectée, et suivre le sentier qui longe le ruisseau (la montée est assez rude, mais il est difficile de se perdre car le ruisseau vous mènera tout droit à la fontaine), soit, passer par Fresse et se rendre à l'ermitage du Mont de Vannes d'où l'on pourra rejoindre la fontaine par le haut.

Tout porte à croire que cette fontaine a été fréquentée avant l'époque chrétienne. La veine d'eau qui sort de sous le rocher, à la base du calvaire, descend d'un vallon comblé par un pierrier remontant en ligne droite vers l'ermitage. Elle est une résurgence de la source aménagée en lavoir, dans le sous-sol de la ferme des quatre frères Grandmougin.

L'ensemble tient sans ciment, soudé par son propre poids, dans un équilibre précaire. L'arrière est couvert de graffitis. Quelques uns sont datés ; le plus vieux, encore lisible, remonte au 18e siècle.

Dans un guide touristique, édité par La Société des Chemins de Fer de l'Est à l'usage des curistes de Luxeuil-les-Bains, datant de la fin du 19e siècle, étaient commentées plusieurs «excursions pittoresques», dont l'une menant à «la statue de la fontaine Saint-Michel» !

SAINT-BRESSON

«La Pierre du Mouton»
Gîte d'étape et grande salle de restauration, situé aux Maires d'Avaux.
Une formule agréable pour les sorties entres amis ou en famille.
www.lapierre dumouton.com/
Réservations :
Tél. 03 84 94 63 94

«Le Pré Benons»
Goûters à la ferme délicieusement bio pour les promeneurs gourmands
Tél. 03 84 94 69 01

SAINT-BRESSON

Elle est la plus étendue des communes des 1000 Étangs, avec ses 2 660 hectares, moitié prairie, moitié forêt, pour seulement 423 habitants, soit un habitant pour six hectares qui ont pour nom les «Coboyots», ce qui n'a rien à voir avec le folklore américain ! Les greniers à grain si caractéristique que l'on appelle le «chalot» sont nombreux.

Campée au centre du village, la vaste église carrée en grès rose, sobre et sévère, avec son clocher comtois à bulbe, contraste avec l'élégante architecture néo-gothique de la petite chapelle Saint-Brice, en contrebas, vouée, tout comme l'église paroissiale, à ce saint du même nom.

Les nombreuses carrières de pierre encore actives au début du siècle et dont le granit, disait-on, rivalisait avec les plus beaux marbres, se sont fondues dans le paysage, envahies par la végétation et recouvertes de mousses.

La croix à la couronne

C'est une étrange croix que ce calvaire aux branches reliées entres elles, par une couronne ajourée, taillée dans la même

La fontaine Saint-Michel de Saint-Barthelémy

SAINT-BRESSON

Fromages de la Ferme «Ménigoz»

Un munster réputé, à consommer frais ou affiné
Gaec Ménigoz
Les Granges du Bois
Tél. 03 84 94 00 21

Du pain à l'ancienne

Une épicerie-café-boulangerie restée telle quelle depuis plus de 50 ans, avec des boules de pain et des brioches. Cuisson au feu de bois.
Philippe Duchanoy (le village)
Tél. 03 84 94 61 59

Théâtre à la ferme
«Le Curiosum»

Les Prés Benons

Le décor intérieur est soigné pour recevoir dans le «poêle» ou dans l'ancienne grange un maximum de 30 couverts. Les salles sont meublées et décorées d'objets chinés, afin de conserver l'histoire de cette maison qui date de 1834.
Ouvert lundi, mardi et vendredi midi
Samedi et dimanche : midi et soir
Réservation
Tél. 03 84 94 00 68

pierre et qui porte un Christ stylisé, coiffé d'un bonnet conique, les bras ouverts, les pieds croisés. Elle est située aux Granges du Bois en contrebas de l'école.

La chapelle du Pierrot de Toto

Pierre Grosgean, dit Pierrot d'Toto, vivait aux Granges du Bois, sur le ban de Saint-Bresson. Après avoir successivement perdu plusieurs enfants, dès leur naissance ou en bas âge, il résolut de s'adresser à la Sainte-Mère, promettant de lui élever une chapelle si la Vierge Marie permettait à son épouse de mettre au monde un enfant assuré de vivre. Marie-Joséphie naquit en 1866. En reconnaissance, il bâtit cette chapelle.

Un jardin de curé

Jardin floral de l'ancien presbytère réaménagé début 2003. De nombreuses collections de vivaces et d'arbustes à fleurs. Un jardin blanc en cours d'aménagement.
Renseignements : Tél. 03 84 94 04 65.

Petit lexique local

Chalot : C'est un grenier démontable construit sans clous, avec des montants de chêne assemblés en tenons et mortaises, dont les côtés sont rainurés pour retenir les cloisons en sapin. Construit sur le modèle du «mazot» savoyard d'après un modèle gaulois, il est monté sur de courts pilotis, couronnés d'une dalle de pierre circulaire dont les bords en saillie en interdisent l'accès aux rongeurs. Lorsque un chalot est érigé en plein air il est pourvu d'une forte charpente que recouvre un toit en laves de grès.

On compte encore 350 chalots dans cette partie des Vosges Saônoises, dont 132 sont concentrés sur Fougerolles.

Pieds de chèvres

La charmotte : c'est un panier d'osier dont l'un des côtés est incurvé pour épouser la forme de la hanche de son utilisateur. Suspendue à l'épaule par une courroie de cuir, elle laisse libre les mains du cueilleur.

Le pied de chèvre : c'est une échelle à montant unique traversé de barreaux. Il sert à cueillir des «guignes» sur les hauts cerisiers du pays et peut atteindre plus de 12 mètres de long. Encore utilisé aujourd'hui pour sa stabilité, il a le mérite de ne pas casser ni blesser les branches.

La foire de Saint-Bresson

Tous les ans, le deuxième dimanche d'octobre. Un rendez-vous agricole qui déplace des foules dans une ambiance de foire bon enfant où se perpétuent les traditions.

Foire de Saint-Bresson

Anges et démons

Qu'est-ce qui a poussé Christian Descamps et sa tribu a venir s'installer sur les hauteurs de Saint-Bresson pour y résider à l'année longue, depuis maintenant plus de trente ans ? Cet attachement au territoire se retrouve dans son style musical, peuplé d'anges, d'elfes et de gnomes aux longues barbes de lichen. Le style c'est l'homme.

Fondé à Belfort en 1969, Ange s'imposa définitivement en 1971 dans le paysage musical français, après son passage triomphal au Golf Drouot.

Groupe phare du rock progressif dont il était l'un des précurseurs en affirmant sur scène, comme dans sa musique, une théâtralité quasi baroque, Ange n'a rien perdu de sa verdeur. 40 ans après sa formation, il remplit régulièrement les grandes salles.

Pour en savoir plus : www.masalasound.com

Christian Descamps

Homéopathie pour animaux

Vous trouverez cette étonnante annonce apposée sur le portail d'une ferme, au hameau du Breuchot. La propriétaire y soigne les animaux par des méthodes douces et naturelles. Elle propose également la location d'un gîte indépendant, aménagé dans une annexe en pierre où vous trouverez tout le confort nécessaire à un séjour agréable et authentique, respectueux de son environnement.

Ursula Buttner - «Le Breuchot» - Tél. 03 84 94 67 75

SAINTE-MARIE-EN-CHANOIS

La commune de Sainte-Marie-en-Chanois, dont le nom s'orthographiait au 13e siècle Santa-Maria-des-Chesnois, Sainte-Marie-du-Chêne, abrite dans sa forêt l'ermitage de Saint-Colomban.

L'église de Sainte-Marie est mentionnée dès 1209.

Deux autres chapelles sont recensées sur la commune. Saint-Roch, à la sortie du village en direction d'Amage, à l'origine une simple chapelle en bois édifiée au début du 17e siècle sur le haut d'un tumulus tout en longueur, contenant le reste des victimes de la peste. Elle abritait encore en 1960 deux statues de saint Roch disparues depuis.

Plus haut sur la montagne, se trouve la chapelle Saint-Colomban qui perpétue la retraite du saint dans un abri sous roche qu'il disputa à un ours, selon la légende dorée.

La vue sur la vallée du Breuchin qui s'élargit vers Annegray y est magnifique et le défrichement entrepris ne peut qu'en améliorer la qualité en mettant en évidence les rochers qui couronnent ce site. Sur un mamelon surplombant la carpière qu'alimente la source issue du rocher, est plantée une croix.

Les gens d'ici, lorsqu'ils souffrent du dos, ont coutume de monter là-haut pour s'allonger sur le banquette de pierre que la tradition désigne pour être le lit du saint. Ce banc rocheux, grossièrement taillé, sert de fondation aux murs.

SERVANCE

Avec ses 3 924 hectares actuels, auxquels il faut ajouter les 2 292 hectares du Haut-du-Them, soustraits en 1841, ainsi que les 1 336 hectares attribués à la commune de Miellin, Servance était avant 1821, la commune la plus étendue du département avec un total de 7 353 ha, dont les deux tiers sont encore aujourd'hui boisés. Le village a donné son nom au Ballon éponyme au pied duquel l'Ognon prend sa source. Dans sa traversée de la commune cette rivière y reçoit, au nord, le ruisseau de la Vanoise et au sud celui de la Doue de l'Eau.

«Le Saut de l'Ognon», cette remarquable cascade doit sa forme triangulaire qui la fait ressembler à une barbe blanche taillée en pointe, à la retenue d'eau qui régule son débit, plus large que le fond du canyon où elle se réceptionne 15 mètres plus bas.

Reconstruite en 1689, l'église actuelle existait déjà en 1209, date à laquelle Aymon de Faucogney en remit les dîmes à l'Abbé de Luxeuil. À nouveau rénovée au 16e siècle, elle fut incendiée en juillet 1611. La mairie surprend par sa taille.

Le barrage du Ménisot

Construit à l'origine pour alimenter le «Tissage» sur le cours de la Vanoise, il fut agrandi en 1946 et mis en eau en 1949. La MADEC racheta le «Tissage» en 1962. Mis en danger par les crues, on procéda à l'ouverture d'une brèche en le vidant de son eau.

La croix en pierre

Ce monolithe au fût rectangulaire, taillé en pyramide jusqu'aux croisillons, aux branches courtes et légèrement asymétriques, surprend par la niche oblongue qui en occupe le centre. Cette niche vide en forme de cercueil évoque un Christ fantôme. Elle est située au carrefour de la départementale 263 et de la route de Servanceuil, devant une maison.

Ballon de Servance

SERVANCE

Servance

La Croix du Montandré

Elle s'élève au croisement de la route du Montandré et de la route qui va de Servance à La Mer. Son fût octogonal présente d'un côté un Christ aux bras démesurés dont les deux pieds se touchent par le bout des orteils et de l'autre une Vierge érodée portant l'enfant Jésus.

Le monument est sujet à d'étranges croyances : le haut du fût, légèrement creusé en cupule, était chaque année rempli d'une eau bénite que remplaçait ensuite l'eau de pluie, chargée des mêmes vertus, capables de repousser dans l'ombre les attaques du démon.

Si la croix pouvait parler, elle se souviendrait d'Émile Mougenot, de son pas lent, calqué sur celui des bœufs... de la plainte aiguë des essieux... du souffle rauque des bêtes et de ces paroles étranges murmurées à leur mufle, qui lient dans un commun effort le destin des bêtes à celui des hommes.

Montandré

Domaine des Rouillons

Les Rouillons sont une succession de petits étangs, anciennement destinées à faire rouiller le chanvre, en face desquels Michel Bresson a fait installer d'agréables petites maisons en bois massif, qui en épousent le terrain sans se gêner visuellement. Étang du propriétaire mis à la disposition des locataires (pêche, baignade et barque).

Michel Bresson - Tél. 03 84 20 43 69
E-mail : bresson.michel2@wanadoo.fr
www.les-rouillons.com

L'auberge des Mille Étangs

Au lieu-dit la Goutte Géhant, dans une ancienne ferme de 1750, Franck Chevillat a créé un restaurant chaleureux. L'intérieur est très agrable avec de grands volumes, des poutres apparentes et une décoration soignée, tout comme la cuisine qu'il assure avec Sophie. Selon les saisons, on y trouve des grenouilles, des filets de perche, des écrevisses, des anguilles persillées ou encore l'atrieau de chevreuil. L'été, la terrasse donne directement sur le bel étang ou une tourbière flottante étonne le visiteur. À quelques encablures de là, au lieu-dit Le Monthury, les parents, Michèle et Roger Chevillat, tiennent le lodge du Monthury, un lieu de séjour avec cinq très jolies chambres.

Tél. 03 84 20 48 55 - www. Aubergemilleetangs.fr
Le lodge du Monthury Tél. 03 84 63 82 26

Servance : Les Rouillons

TERNUAY, MELAY ET SAINT-HILAIRE

Les juifs donnèrent à ce site le nom de terra nuda, probablement à cause des grands affleurements rocheux, arasés par le glacier, que l'on rencontre en abondance du côté de Melay.

Saint-Hilaire

Le hameau de Saint-Hilaire doit son nom à l'ancien ermitage dédié au saint évêque de Poitiers, une humble chapelle datée du 18e siècle, mais qui aurait succédé à un établissement plus ancien. La chapelle recèle une statue de saint Colomban et de saint Valbert en pierre polychrome du 18e. Une étonnante et rare statue en bois du Frère Joseph est aujourd'hui disparue.

Au hameau, bel exemple d'un jardin carré, clos d'un large mur de pierres édifié pour préserver les semis et les plants des gelées tardives fréquentes sur ce plateau.

La statue du Frère Joseph

De passage à Saint-Hilaire, ce singulier «fou de dieu» a laissé son nom à la station de sports d'hiver de Ventron (88) près de laquelle il a fini ses jours, en odeur de sainteté.

Ternuay

Melay

Le hameau de Melay est le type même des hameaux du plateau avec son ancienne école flanquée d'un clocheton où l'on sonne encore le glas quand un décès survient dans une ferme des «dessus».

Le calvaire «Jésus de Melay» est une belle croix portant un Christ de facture cubiste.

Ternuay

Les meules de Melay

Aux Oroz, près de «la ferme des Gouttes», au bout d'un chemin, à gauche de la route qui va de Melay à Melisey, le sol rocheux en grès est constellé de cercles. Certains juste ébauchés, d'autres excavés ou en voie d'extraction nous permettent de comprendre la technique employée pour arracher ces meules au rocher. Leur exploitation prit fin en 1856.

Pêche à la mouche sur La Doue de l'eau

Chambres et tables d'hôtes avec la pêche en option

Formule originale que celle d'un séjour dans cette ferme environnée d'étangs amoureusement entretenus par un pêcheur émérite. Pêche à la mouche, en étangs et sur parcours dans les rivières alentours, comptant parmi les plus belles de France que «l'ombre» n'a jamais déserté. Pour pêcheurs confirmés comme pour débutants. Balades en ânes et en calèche pour petits et grands.

Evelyne et Frank Cools - «Les Grattery» - Tél. 03 84 63 81 46

«Les Contances» chambres d'hôtes

Au pied du plateau des Mille Étangs, 4 chambres ont été aménagées dans une ancienne ferme isolée. Située à 2 km du village et accessible par un chemin empierré. Tables d'hôte uniquement sur réservation. Ouvert du 06/03 au 11/11, toute l'année sur demande pour les groupes. Label «Accueil Paysan».

Marlier Françoise - Tél. 03 84 20 41 97

E-mail : les.contances@wanadoo.fr - Site : http://monsite.orange.fr/gite-contances/

LA VÔGE

AILLEVILLERS ET LYOMONT

Situé au confluent de l'Augrone et de la Semouse, sur les derniers contre-forts des Vosges du Sud, Aillevilers se trouve dans la «vallée des forges» où les implantations se succèdent sans interruption jusqu'à Plombières-les-Bains. Quatre prestigieuses usines à fer, parmi les plus importantes de France, s'y trouvaient alors.

Dans l'église, ne subsiste que le grand retable à colonnes torses avec sa grande toile figurant la décapitation de saint Jean-Baptiste.

À l'extérieur, sur le fronton triangulaire, une inscription commémore la générosité imputable à la rigueur esthétique de Napoléon III : «L'Empereur Napoléon III ayant remarqué, dans une de ses promenades autour de Plombières que la flèche n'était pas en rapport avec la flèche du nouvel édifice, S. M. en a voulu la démolition et a donné à la commune 15 000 francs pour l'érection de la flèche qui existe aujourd'hui.»

La vallée des Forges

Une vallée sauvage et grandiose qui relie la Franche-Comté à la Lorraine où s'installèrent, dès le 17e siècle, quelques grandes familles parmi les plus réputées des maîtres de forge. Vous découvrirez successivement le hameau et l'usine à graine de la Branleure, les forges du même nom, les forges de la Chaudeau, la Forgette, la Forge Neuve, la seule postérieure au 18e siècle. De là, prendre la route de Plombières passant par la tréfilerie du Blanc Murger, par un court détour vers la cascade du Gué du Saut, au creux d'un vallon encaissé.

Marie Dauguet, poétesse née à la Chaudeau

Marie Dauguet fit paraître plusieurs recueils de poésie. Son recueil, «Par l'amour» fut couronné par l'Académie française. Elle repose au cimetière d'Hautevelle comme elle l'avait désiré.

www.florilege.free.fr

Roger Munier

Écrivain, traducteur et critique né en 1923 à Nancy. En 1953, il est le premier à traduire Martin Heidegger. Il a dirigé chez Fayard la collection Espace intérieur, avant de se retirer au hameau du Lyomont près d'Aillevillers.

Du Val de Semouse au tiers-monde

Né le 21 décembre 1920 à Aillevillers, Georges Léon Emile Bolandier est l'inventeur avec Alfred Sauvry du concept de tiers-monde. Ce terme, en référence au tiers état français, sous l'ancien régime, désigne les pays du globe considérés en voie de développement.

La Planche des Belles Filles en été

AILLEVILLERS ET LYOMONT

C'est à Conflans-sur-Lanterne que la Semouse se jette dans la Lanterne, drainant ensemble la grande majorité des eaux des Vosges Saônoises et de la Vôge de l'est.

La Lanterne, alimentée par quatre rivières principales que sont la Semouse, l'Augronne, la Combeauté et le Breuchin, atteint alors, à sa confluence avec la Saône, un débit moyen de 22 m^3 seconde.

La Combeauté

C'est au Girmont Val d'Ajol que la Combeauté prend sa source, à 665 mètres d'altitude, sur la ligne de partage des eaux. Ce n'est encore qu'un ruisseau qui se nourrira rapidement de diverses gouttes (Goutte Germandre, Goutte de la Folie, Fontaine des Belges, du côté du Prieuré d'Hérival).

Grossie par le ruisseau du Géant jusqu'à ressembler à un torrent, elle roule ses eaux à travers une étroite vallée, passe à Corbenay puis rejoint la Semouse au sud de Saint-Loup.

L'Augronne

L'Augronne (prononcez «l'eau grogne») prend sa source dans les bois de Remiremont, dans un petit étang qui capte les eaux d'inflitration que sont le Bambois et La Tête de l'Âne.

C'est un maigre filet d'eau que grossit l'étang de la Demoiselle. Elle coule vers le sud-ouest et rejoint une vallée d'où elle se dirige vers Plombières. En creusant cette vallée, elle a facilité l'émergence des 27 sources chaudes, sourdant à des températures entre 60 et 85 degrés, qui font la renommé de Plombières.

Elle se mèlera définitivement aux eaux de la Semouse à Saint-Loup après avoir flirté un grand bout de chemin avec sa partenaire.

Le Château des Fées

Cet amas de pierres dispersées est ce qui reste de la fondation d'une forteresse édifiée vers 1130 sur une terre située aux confins de la Franche-Comté, revendiquée par les Dames de Remiremont.

L'étang de Plate-Pierre

AMBIEVILLERS

Ambievillers est l'héritier direct d'un passé industriel doté de forges, de maréchalerie spécialisées dans la fabrication d'instruments aratoire qui ont fonctionné jusqu'à la fin du 19e siècle ainsi que d'une très vieille verrerie fondée en 1523 et exploitée par la corporation des verriers gentilshommes qui firent la réputation de Passavant.

Mausolée régional de la Libération (Route de Vauvillers)

Inauguré le 12 juin 1955, ce mausolée incarne un double vœu : celui d'honorer les fusillés et déportés du maquis RDB et de rendre grâce à Notre-Dame de la Garde pour avoir protégé la ville lors des combats de la libération. Plus de 500 ex-voto y commémorent le souvenir des résistants haut-saônois et vosgiens.

Deux parcours pédestres

Les 3 calvaires : 4 km

Les 5 calvaires : 8 km

ANJEUX

En 1178 Anjeux s'écrivait Angeos. Le clocher de l'église épaule curieusement une façade asymétrique, percée d'un portail décoré de pinacles à voussures en anse de panier.

Le tympan avec ses trois têtes sous un seul bonnet d'évêque est particulièrement remarquable. Ce triple motif se rencontre à nouveau sur les clefs de voûte décorées d'une sarabande de trois lapins groupés en cercle et dont la tête est surmontée d'un nombre impair d'oreilles. Plus haut, un oculus circulaire, plein de grâce et de mouvement, troue l'austère dissymétrie de cette façade.

L'église d'Anjeux

BASSIGNEY

Gîtes «Le Noël de votre été»

1 à 11 personnes - Tél. 03 84 49 78 99

BOULIGNEY

La fontaine quadrangulaire à pavillon, que surmonte une statue polychrome de Napoléon Bonaparte, a été installée en 1858, sur l'instance de l'ancien vicaire général de Valence, confesseur de l'impératrice Eugénie, en villégiature à Plombières, qui s'est retiré à Bouligney pour y finir ses jours.

Cette marotte semble avoir fait des émules car, en 1880, un réfugié alsacien ayant fuit l'annexion de 1871, venu s'installer à Bouligney, fit don à la mairie d'une horloge à cadran tricolore où deux automates costumés en alsaciens s'activent pour sonner les cloches.

La mairie-lavoir, surmontée de l'horloge à automates et la fontaine Napoléon sont toutes deux inscrites à l'inventaire des monuments historiques. L'église qui domine le village est entourée d'un vieux cimetière.

Un étang de pêche de quatre hectares, au Ruisseau des Ecrevisses (ouvert de mai à septembre), un court de tennis, un terrain de pétanques ainsi qu'un parcours de santé animent ce sympathique village.

CONFLANS-SUR-LANTERNE

Situé, comme son nom l'indique, à la confluence de la Semouse et de la Lanterne, le territoire de Conflans fut longtemps réputé pour son riche gisement de fer.

Incendié par les Suédois en 1636, Conflans mit trente ans à s'en relever. Une statue de sainte Barbe, miraculeusement sauvée des flammes, devint l'objet d'une grande vénération que perpétua une confrérie créée à cette occasion.

Conflans a gardé une maison Renaissance, un couvent du 17e (ancien couvent des Récollets) et des vestiges des fortifications telle que la porte Saint-Nicolas. Sa position stratégique à la confluence de deux rivières lui permet de développer les sports d'eaux vives dont le canoë-kayak avec location de canoës pour des parcours fluviaux romantiques sur la Lanterne.

Conflans-sur-Lanterne héberge une fabrique d'équipement pour automobile du groupe Johnson Controls (200 salariés).

Conflans-sur-Lanterne

DAMPIERRE-LES-CONFLANS

Dampierre s'écrivait Donna Petra vers 1275 ce qui équivaut à Saint-Pierre, à qui l'église actuelle est toujours consacrée.

Reconstruite en 1784 celle-ci se présente comme un édifice halle à trois nefs de cinq travées que supportent de fortes colonnes de grès rose à chapiteaux ioniques.

Au confluent de la Semouse et du Planey, une importante fonderie perdura jusqu'en 1955. Dès 1790, l'usine occupa 250 ouvriers avec un produit annuel de 300 tonnes de fonte. On lui doit la plupart des bornes-fontaines en fonte du département.

La chapelle des anciennes fonderie de Varigney, au confluent du Planey et de la Semouse a été dessinée par Léon Grillot. Son étonnant clocher en fonte est inscrit à l'inventaire des monuments historiques.

D'un poids total de 10 tonnes, il fut coulé d'une seule pièce à la fonderie de Varigney et rend compte de l'extraordinaire savoir-faire de cet établissement au 19e siècle.

Exemple méritoire, le village, reconstruit sur le modèle lorrain, présente aujourd'hui une belle perspective que ne brise aucun réseau électrique.

DEMANGEVELLE

Demangevelle provient étymologiquement de dominica villa, c'est à dire la ferme des maîtres ou la ferme du domaine. Bâti sur un plateau que borde la vallée du Coney, le village de Demangevelle était jadis groupé en cercle autour d'un château du 13e.

La petite église au toit malencontreusement surélevé qui la déséquilibre et qui jure avec le portail en forme d'anse de panier a gardé un chœur gothique et possède un magnifique maître-autel en bois polychrome qui présente, en son centre, le baptême de Clovis par saint Rémy, patron de la paroisse.

Théâtre Jacqueline Bordot.

Il fonctionnait au temps de l'industrie, la salle est classée.

Filatures de Demangevelle

Créée en 1911, la filature de Demangevelle produisait exclusivement des «open end» coton et viscose, principalement pour l'habillement et l'ameublement.

FONTENOIS-LA-VILLE

Fontaneto Villa 1275 en est la plus ancienne appellation, c'est-à-dire le domaine de la source, en réponse à Fontenois-le-Château son proche voisin lorrain.

La commune est partagée en plusieurs hameaux : le Grillot, l'Étang, dont celui des Scies Cossin, anciennement répertorié comme les Sept Cossin sur la carte de Cassini (ce qui n'aurait jamais dû conduire à l'appellation actuelle des Scieries Cossin).

La Superbe traverse, fière et altière, ce beau finage.

Les roulottes

- Un parc de 16 roulottes de 4 à 5 places ainsi que 4 chariots bâchés principalement réservés aux scolaires et adolescents en séminaire.

- 28 chevaux comtois connus pour leur bon caractère.

- Des parcours de 2 - 3 - 5 ou 6 jours, avec accueil à la ferme.

- Un responsable, maître d'attelage et moniteur initiateur au service des vacanciers.

- Une hôtesse d'accueil, Françoise Mantey.

Renseignements :

Tél. 03 84 92 95 80

E-mail :

www.roulottesfontenois.fr

Projet de campement fixe de roulottes, autour du centre aquatique de Fontenois. Sur place, auberge campagnarde, avec d'authentiques produits du terroir.

Les roulottes de Fontenois-la-Ville

Le temps des cerises

FOUGEROLLES

Fougerolles, qui doit son nom à la profusion des fougères a depuis longtemps éradiqué cette plante envahissante au profit des plantations de cerisiers qui lui font au printemps comme une couronne de mariée.

L'implantation humaine, dans ce qui fut jadis une immense forêt où l'on chassait l'ours et le l'auroch, s'est faite d'abord autour du château, édifié sur une butte au milieu de la vallée de la Combeauté (Fougerolles-le-Château) ensuite autour du pont puis de l'église (Fougerolles l'Église).

On recense environ 80 croix et calvaires sur la commune de Fougerolles. Parmi les plus belles, on retiendra :

- au Hameau des Champs, une croix monolithique datée de 1212, avec le Christ, la Vierge et vraisemblablement l'apôtre Jean,
- à Blanzey, dont l'origine serait gallo-romaine, un calvaire du 16e siècle à socle carré sur un fût cylindrique, surmonté d'un groupe en costume d'époque, fait face à une Vierge de Pitié incluse dans le mur d'une maison.

Depuis le 16e siècle, Fougerolles a assis sa notoriété sur la culture de la cerise et la fabrication du kirch, cette eau de vie goûteuse si particulière. Cette tradition agricole s'est transformée au 19e en une véritable industrie à tel point que les 40.000 cerisiers recensés sur Fougerolles plongent le pays, par grands vents au printemps, dans une tempête de pétales de neige soyeuse. On dit alors qu'il neige des cerises.

La Fée verte

Interdit depuis 1915, l'absinthe refait son apparition dans le commerce en vertu d'un décret qui réglemente la teneur en thuyone, qui est le principe actif de la plante, cette «molécule qui rend fou», diabolisée à tort.

Greniers aux alcools à Fougerolles

Fougerolles fut avec Pontarlier, le berceau de l'empire Pernod, l'un des grands centres de production de la fée verte, sur laquelle la ville a bâti sa fortune.

La distillerie Paul Devoille commercialise à nouveau, depuis 2002, plusieurs sortes d'absinthes, « La Blanche » ou « La Verte de Fougerolles » ou « La Libertine. » Toutes se dégustent à l'ancienne, avec de l'eau glacée, versée lentement sur un sucre à travers une cuillère perforée.

Fête des cerises - Le premier dimanche de juillet - Distillerie Paul Devoille
7-9 rue des Moines Hauts - Tél. 03 84 49 10 66

L'écomusée

Il occupe la maison de maître d'un ancien domaine de distillateur, nous retrace l'histoire et le savoir-faire de plusieurs générations de bouilleur de cru dans une muséographie contemporaine, tant visuelle que sonore.

À l'extérieur ; le verger conservatoire entraînera le visiteur dans un parcours riche en saveurs.

L'écomusée de Fougerolles

Ouvert du 16 février au 30 juin, du mercredi au dimanche de 14h à 18h.
Du 1er juillet au 31 août, du lundi au samedi de 11h à 19h, dimanche 14h à 19h.

Cueillette à Blauzey

Environs de Fougerolles

FOUGEROLLES

Philippe Marchal et la revue Travers

«Travers», c'est le titre d'une revue de poésie qui court les chemins de traverse. Elle est éditée et réalisée par Philippe Marchal.

Conçu comme un livre d'artiste patiemment façonné à la main pour être édité à 500 exemplaires, chaque numéro est un objet de collection d'autant plus précieux qu'il est rare et singulier.

Quelques distilleries superbes : Lemercier frères, Émile Coulin, Paul Devoille, la maison des eaux-de-vies au Sarcenot sur la RN 57 et la ferme Chassard sur la même route.

Les griottines, les framboisines, un délice connu dans le monde entier. Ne pas manquer une visite aux Grandes Distilleries Peureux dans un cadre extraordinaire.
Tél. 03 84 49 63 47

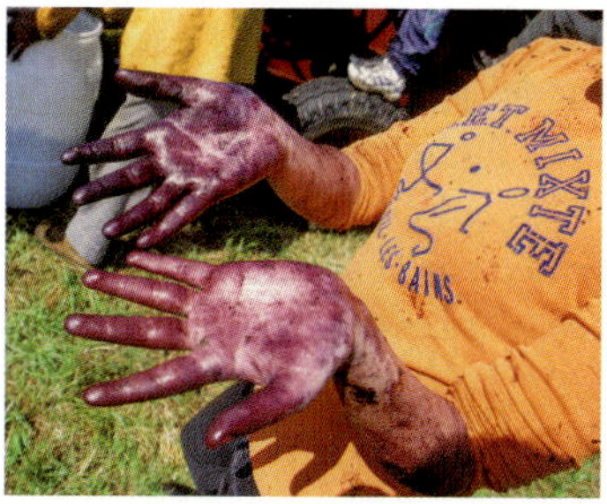

La Marandine

Produits locaux au chalet de la ferme de Jechoux.

Route 57

Un restaurant pas comme les autres : guinguette, concerts rocks, soirées cabarets, dicothèque… Alain et Joëlle Loeb animent l'établissement. Parking géant pouvant accueillir les poids lourds.
Zone artisanale «La Gabiotte» Tél. 03 84 49 86 22

Un chalot

«Au Père Rota»
Restaurant gastronomique dirigé par Jean-Pierre Kuentz

Association «Les Calouettes»
Rando quad des Cerisiers
À la demi-journée ou à la journée, en famille ou entre amis… Sur réservation uniquement.
88, Avenue des Chavannes
Tél. 03 84 49 13 44
06 07 40 37 91
www.randoquad.fr

Circuit patrimonial de Fougerolles-le-Château
Au Petit Moulin, guide d'accompagnement à l'intention des promeneurs.

FRANCALMONT

L'église vouée à saint Nicolas a été reconstruite en 1780.

La maison du Bailli, qui existait en face de l'église, fut démontée au cours du siècle dernier. On retrouve quelques belles pierres de réemploi incluses dans plusieurs bâtiments du village, notamment, dans le mur de l'école où un oculus gothique en forme de trèfle provient de la toute première chapelle, érigée sur la hauteur dominant le village. Ce première édifice fut remplacé en 1878 par une chapelle néo-romane.

HAUTEVELLE

Alta villa en 1275, Hautevelle fut à l'origine, si l'on en croit son étymologie, une exploitation rurale située sur une colline. Ce que confirme diverses céramiques ainsi que des tuileaux gallo-romains de grandes dimensions, retrouvés sur une hauteur voisine.

La tradition orale veut que les premiers boulets de canon furent fondus au Beuchot, où furent installées au 15e siècle, sur le ruisseau de la Rôge, une forge et une fonderie. Cette fonderie, transformée par la suite en tréfilerie, contribuera pendant des siècles à l'essor économique de la commune.

Tréfilerie du Beuchot au bord du barrage du Beuchot, sur la Rôge.

L'observatoire d'Hautevellle

Jasney

JASNEY

À Jasney existait un prieuré bénédictin dont on ne connaît pas la date de fondation. On l'attribue à un groupe de moines colombaniens, venus cultiver les terres reçues de Charlemagne. En 1332, l'abbaye de Luxeuil céda au châtelain de Conflans toutes ses dépendances de Jasney. Le prieuré serait à l'origine de l'ancienne église reconstruite en 1777.

Il y eu à Jasney deux châteaux : l'un fut démoli à la révolution et transformé en exploitation agricole, l'autre, hérité de la famille Mongenet, seigneur de Jasney, abrite aujourd'hui l'école et la mairie.

Allez déguster le petit vin de Jasney chez le sympathique Yves Guay !

Le théâtre amateur a longtemps égayé les soirées d'hiver.

JONVELLE

Alors que d'importants vestiges gallo-romains témoignent d'un passé fort ancien, l'histoire écrite de Jonvelle ne débute qu'au 12e siècle avec l'implantation d'un château au carrefour de plusieurs provinces, érigé pour protéger et sécuriser la traversée de la Saône.

L'église Sainte-Croix vit sa destruction en 1595.

Sur ordre de Richelieu le château fut entièrement démantelé en 1641. Cela sonna le glas de son passé militaire. Tout n'a pourtant pas été effacé et le promeneur prendra plaisir à découvrir l'architecture médiévale de cet important et prestigieux village.

Du Prieuré de Jonvelle fondé en 1130, il reste un long déambulatoire au plafond boisé que surplombe une vielle façade plusieurs fois remaniée.

L'église, au curieux clocher à bulbe surmontée d'un clocheton pointu, avec ses abats-son ouverts aux quatre vents, offre un contraste saisissant lorsqu'on en franchit le seuil. Beau chœur d'une flamboyante luminosité, arcades gothiques.

Dépositaire d'un riche passé, Jonvelle hébergea également entre ses murs quelques personnages célèbres, tel que Louis et Auguste Lumière dont le père était natif d'Ormoy, qui y résidèrent dans une maison ancienne.

Visites guidées du bourg : Mme Peter : 03 84 92 53 52

JONVELLE

Le musée archéologique et agricole

Route de Villars-le-Pautel
Tél. 04 84 92 52 72
Ouvert du 1er avril au 30 septembre, les dimanches et jours fériés.
du 1er juillet au 31 août tous les jours sauf le mardis de 14h à 18h.

La ferme d'Ageot

Ferme pédagogique de 80 laitières.
Christian et Christiane Bernard
Tous les jours de 10h à 19h.
Tél. 03 84 92 51 21.

La mosaïque de Jonvelle

La Vierge du Pont

Sur le pont qui enjambe la Saône un oratoire peint en bleu, que protège une grille en fer forgé avec, en son centre, inscrit dans un cœur, l'anagramme de Marie, abrite une Vierge à l'Enfant.

La reconstruction du pont en 1586 stipulait déjà dans son devis qu'il y aurait au milieu de ce pont un oratoir.

Le musée gallo-romain de Jonvelle

Une villa gallo-romaine du 2e siècle avec ses bains et son four à tuiles (l'un des plus important en Franche-Comté connu à ce jour) a été découverte en 1968 par l'abbé Émile Descouvrières. La "salle de bain" s'impose par la richesse de ses mosaïques qui laissent présumer de la grandeur des bâtiments disparus.

Situé le long de l'ancienne voie romaine allant de Luxeuil à Langres, le musée archéologique partage ses locaux avec le musée agricole et un atelier de fabrication de fromage. Ce parfait ménage à trois est entretenu avec dynamisme par une équipe de bénévoles qui vient de fêter vaillamment son demi-siècle d'existence.

LA PISSEURE

Oui, vous avez bien lu, ce n'est pas une faute d'orthographe ! Il s'agit bien de «la» Pisseure, Pisseure provient de l'ancien français « pescheüre » qui désigne une pêcherie ou un étang ensemencé en poissons.

Cette commune de 230 habitants recèle, dans son sous-sol, des trésors cachés. En 1738, un laboureur exhuma dans un champ de vigne un taureau de bronze d'un poids si considérable qu'il choisit de le briser en menus morceaux qu'il vendit. Un oreille seule, pesant quatre kilos a été conservée, et cela fait regretter la perte de ce beau monument.

En 1824, d'un souterrain à moitié comblé, furent retirées quantité de pièces d'or mêlées d'armes et d'ossements humains. Toujours du côté des anciennes vignes, près des vestiges d'une villa romaine, de nombreuses médailles datant du siècle d'Auguste furent également mises à jour. Un petit chemin forestier mène à l'étonnante source du Planey. Une belle promenade pour découvrir un bassin aux couleurs exceptionnelles.

La source du Planey

MAILLERONCOURT-SAINT-PANCRAS

À Mailleroncourt-Saint-Pancras, c'est une étonnante mairie-lavoir-égayoir (bain à chevaux) qui coiffe la résurgence qui alimente en eau le village. L'étage de la mairie est supporté, sous son pourtour, par une rangée de solides piliers carrés.

Au hameau de Freland, à cheval sur la commune d'Ambievillers, s'élevait jadis une forge. La production de fer avoisinait 400 tonnes. De nombreuses maisons du 17e et 18e siècles attestent de cette période faste.

Une importante fromagerie a longtemps fait la réputation du village.

Depuis peu, Alain Madeleine y a transporté ses fourneaux. Ce chef se sert d'une cuillère en bois comme d'une baguette magique. C'est le fondateur de l'Institut de la Gastronomie Française ; Chevalier de l'Ordre du Mérite.

L'étang communal propose des parties de pêche contre l'achat d'un ticket, les mercredis, samedis et tous les jours fériés.

MONTDORÉ

La position stratégique de cette butte fut choisie dès le 10e siècle pour y ériger un château fort, propriété des sirs de Faucogney.

Saint Martin, à qui l'église est dédiée, témoigne de sa grande ancienneté. Montdoré était autrefois connu pour son vignoble et ses puits. Point de vue circulaire exceptionnel.

PASSAVANT-LA-ROCHÈRE

Avant 1790, Passavant était composée de 4 municipalités distinctes. Le village conserve une tour et un donjon ainsi qu'une vieille forge avec son étang.

Fondée en 1475 sous l'impulsion des Ducs de Lorraine, soucieux de s'ancrer dans la région, la verrerie de La Rochère est la plus ancienne verrerie en activité. Elle doit son implantation à la qualité des sables présents dans le sous-sol ainsi qu'à la profusion du bois pour alimenter les fours et à la présence des fougères dont les cendres riches en potasse étaient utilisées comme fondant.

Restructurée au début du 18e siècle pour produire la gobeleterie (verre à boire, carafes, fioles, flacons et bocaux...) l'usine sera reprise en 1859 par François-Xavier Fouillot, premier dirigeant-négociant, non affilié au grandes familles du verre, qui débute la fabrication de tuiles et de dalles de verre toujours existantes.

Mais La Rochère doit sa renommée à ses produits cristallins, soufflés bouche, fait main, et à ses vases et lampes en pâte de verre multicolore, hérités des maîtres verriers lorrains de l'art nouveau.

Une visite à la verrerie permet :

- d'observer la magie du verre en fusion façonné par le souffle des artisans,
- de découvrir l'exposition permanente «de sable et de souffle, le travail du verre»,
- de visiter le caveau Saint-Valbert abritant une collection de verres anciens et de tapisserie d'Aubusson,
- de visiter la galerie d'art contemporain ainsi qu'une collection de lampes gravées avant de faire le tour du «jardin japonais» (à côté de la galerie).

Visites libres, non commentées et gratuites.
Magasin d'exposition-vente. Vue sur les verriers.
Tél. 03 84 78 61 13 - www.larochere.com - contact@larochere.net
Attention la verrerie n'est pas ouverte en hiver, mais de mars à octobre.

MAILLERONCOURT SAINT-PANCRAS

Auberge «Saint Pancras»
M. et Mme Bachman
12 rue Rigole
Tél. 03 84 92 91 02

Chambres et tables d'hôtes «Le Mouton qui Rit»
Cornelis Robat -
15 rue Fontenois
Tél. 03 84 74 39 07
www.lemoutonquirit.eu

Mairie-lavoir de Mailleroncourt Saint-Pancras

Les verriers de La Rochère

SAINT-LOUP-SUR-SEMOUSE

L'église actuelle date de 1790. Vaste édifice de type halle qui recèle quelques belles statues du 16e siècle ainsi qu'un rare Vierge à l'Enfant en bois polychrome du 14e siècle.

L'état de surséance fut donc salutaire à l'économie de Saint-Loup : fileuses de chanvre, tisserands, dont on recensera plus de cent métiers, auxquels il faut ajouter les teinturiers, voituriers et courtiers de commerce. Les nombreuses tanneries de cuir, installées au bord de l'eau, furent à l'origine de l'industrie de la chaussure. D'abords pratiquée dans des ateliers artisanaux, celle-ci se transforma, dès le milieu du 19e siècle, en manufactures de cordonnerie qui firent la renommé de Saint-Loup. Elles disparurent en 1959, remplacées par l'industrie mobilière, dont les meubles Parisot sont l'exemple consacrée d'une parfaite réussite.

Le presbytère de Saint-loup

Marie-Jo Gallorini, soprano, et Claude Gallorini, musicien, compositeur et professeur au Conservatoire vivent dans l'ancien presbytère.

Marie-Jo et Claude Gallorini - 3, rue de la Cure
Tél. 03 84 93 71 22. Contact : c.gallorini@free.fr

Saint-Loup-sur-Semouse

SELLES

L'histoire connue ne confirme pas l'étymologie de Selles issue du latin cella (qui a donné cellule, en référence aux cellules monacales) mais la fondation du bourg est antérieure au village de bateliers.

L'église a été remaniée en 1828. L'ancien chœur, en arc-brisé du 12e, les fenêtres romanes et sa piscine attestent encore de son ancienneté.

Longtemps village de bateliers, jusqu'à la fin du 19e siècle, Selles est aujourd'hui une halte privilégiée pour les «plaisanciers» avec ses cinq pontons aménagés permettant un accostage aisé.

Un chantier de construction de barges existait jadis sur le port, ce qui avait permis le développement d'activités annexes telles que la production de chanvre et la corderie. Le pont tournant, réalisé en 1881 à l'entrée du village permet tour à tour l'utilisation de la route et du canal grâce à sa fonction pivotante sur un roulement de galets, lors de sa rotation. 13 fontaines et lavoirs, la plupart toujours en activité, placent définitivement Selles sous le signe de l'eau.

«Fromagerie Jean Roussey (30 salariés) et musée du fromage»
3 place de la Fontaine - Tél. 03 84 92 47 97 - fromagerie.roussey@wanadoo.fr
Ouvert du 01-07 au 31-08 du lundi au samedi de 10h à 12h et de 14h30 à 18h30.
Dimanche et jours fériés de 14h30 à18 h30 - Entrée gratuite.
Tarif dégustation : 5 euros. Vente de produits

VAUVILLERS

Vauvillers a été classée Petite Cité Comtoise de caractère.

Le château

Construit en 1715 par Gaspard de Clairmont-Tonnerre, il fut mis à sac par les paysans du canton le 25 juillet 1789. Sauvé de justesse, le château avec son grand toit à la Mansart et ses tuiles vernissées fut plus ou moins laissé à l'abandon jusqu'à ce que la commune le rachète aux époux Gaspard Aynard de Clermont-Tonnerre.

Les halles de Vauvillers

Ses murs hébergèrent d'abord la maréchaussée, la mairie et les écoles primaires. Il fut doté à l'origine d'un jardin à la française dont subsiste la pièce d'eau, les escaliers et les balustres.

Une curieuse sculpture représentant un enfant nu a été intégrée dans la façade de l'angle sud du bâtiment. Celle-ci fait pendant à un sosie incorporé à une maison au nord-est du bourg, sans que l'on en connaisse la véritable raison.

Anciennes halles datant du 17e, les seules sur toute la Haute-Saône, avec une imposante charpente supportant un grand toit à forte pente.

Belle église bien intégrée dans l'ensemble architectural du bourg, malgré son imposante façade à la rigoureuse symétrie. Remarquable triptyque du 17e siècle, relatant la vie de saint Jean avec, pour panneau central, son martyre miraculeux, qui le voit sortir indemne du chaudron bouillant auquel on l'avait condamné.

VAUVILLERS

Camping municipal
Grande rue
Par RD 434
Tél. 03 84 92 82 88

Hôtel-Restaurant du Château
25 Grande rue
Tél. 03 84 92 90 06
Cuisine familiale, terrasse dans la cour du château.
6 chambres.

DE LURE À LUXEUIL

ADELANS-ET-LE-VAL-DE-BITHAINE

Adelans et le Val de Bithaine résultent d'une fusion, en 1994, qui a permis aux vingt derniers habitants de Bithaine-et-le-Val de rejoindre les quelques 200 habitants d'Adelans.

Bithaine doit son nom à un vœu fait par Aymé de Faucogney, captif des Sarrasins à Béthanie en Terre Sainte, lors d'une croisade, promettant d'ériger un monastère à la Vierge Marie s'il lui était permis de retourner sain et sauf chez lui. La légende ajoute qu'il fut aussitôt transporté dans le Val de Bithaine. Le monastère fut placé sous le vocable de sainte Marie de Bithaine et donna son nom à ce riant vallon.

Adelans était connu au 12e siècle par sa Maison du Temple du Val de Gouhenans et d'Adelans. L'église fut plusieurs fois reconstruite avant d'adopter vers 1850 le style néo-gothique. Curieux lavoir avec sa fontaine coiffée d'un toit de pierre en forme de pagode, surmonté d'une croix de fer, le tout sur 4 piliers monumentaux.

Une tour près de l'abbaye de Bithaine

L'abbaye de Bithaine

L'église abbatiale de l'abbaye cistercienne Sainte-Marie-de-Bithaine fut démolie. Les bâtiments annexes tombèrent en ruines. Ne subsista que la maison de l'abbé, une partie du cloître et la sacristie englobés dans un bâtiment de ferme.

C'est à peu près dans cet état que le trouvèrent Jeannine et Jean Berthet, deux artistes, alors enseignants à Lure, lorsqu'ils acquirent cette propriété au début des années 1970.

Pendant les beaux jours, «la Maison de l'Abbé» s'ouvre au public et revit au rythme d'une exposition estivale. Jean Berthet est renommé pour ses caisses d'horloges peintes. Jeannine est une dessinatrice hors pair.

AILLONCOURT

Broderie du Paquis

Broderie, marquage à façon et piquage d'art
Chappuis Martial. 85, rue du Paquis - Tél. 03 84 94 76 89.

Appâts pour la pêche

Un choix incroyable d'arômes, allant de la noix de coco au ver de vase, en passant par le caviar et la pomme de terre. Plus de 300 arômes avec une gamme de bouillettes et d'huiles de trempage pour professionnels et amateurs.

Ailloncourt

Le paradis du pêcheur (de la boutique) en ligne !
GUERL - Laboratoire Gauthier
46 rue de la Corne - Tél. 03 84 94 77 10.
Ouvert du lundi au vendredi de 8h à 17h30. http://guerl.com/

L'art dans le Pré

Trois jours d'art non-stop organisés et animés par Richard et Sharon Baker, dans le pré de leur ferme d'Ailloncourt. Richard est sculpteur, modeleur, mouleur et fondeur.
58, Grand'rue - Tél. 06 30 87 73 47 ou 03 84 94 79 23. www.frogaroo.fr

AMBLANS-ET-VELOTTE

«Le Coup de Bol»

Cuisine du terroir, réputée pour son excellente friture de perche dans un cadre actuel et plaisant.
Elisabeth et Damien Gouellan - 10, route Nationale - Tél. 03 84 30 01 46

ARPENANS

Ses habitants se nomment les Catalans sans que l'on sache pourquoi.

BAUDONCOURT

Les seigneurs de Baudoncourt tiennent leur lignée d'un ancêtre chevalier-brigand, Jacques de Saint-Rémy qui, sous le nom de Baudoncourt, se mit à la tête des «routiers» avec lesquels il se livra à des pillages mémorables avant de mourir sur l'échafaud.

L'ancien château de Baudoncourt servit à abriter les archives de l'Abbaye de Luxeuil, avant qu'il ne soit brûlé et démantelé au 13e siècle.

Le ruisseau de «Cher Temps»

Appelé «Fontaine de Disette» lorsqu'il se met à couler, le ruisseau du Cher Temps est un véritable baromètre !

Une héronnière

Des dizaines de nids de hérons tressés en couronnes sur les grands chênes du bois de Corcelles, au sud du village.

BOUHANS-LÈS-LURE

Beau lavoir couvert, toujours en eau. Étang communal, sentiers de randonnées.

«L'auberge rouge» Gîte du hameau de la Brosse

Au milieu des prairies, ce charmant et paisible gîte, aménagé dans une ancienne ferme rénovée avec goût, dément la réputation sulfureuse du hameau de la Brosse connu pour sa «Ferme Rouge», qui défraya la chronique au 17e siècle. L'aubergiste Joseph Vendange fut condamné en 1766 à mourir publiquement à Vesoul, roué de coups, pour avoir détroussé et tué un boucher porteur d'une bourse bien garnie, hébergé une nuit dans son auberge.

Fontaine-lavoir de Breuche-les-Luxeuil

BREUCHE-LES-LUXEUIL

La fontaine-lavoir de Breuche, plantée face à l'église, a l'air d'un kiosque à musique. Un bassin circulaire surmonté d'une statue de fonte vert-de-grisé, représentant un éphèbe grec, vêtu d'une courte tunique, surprend par son plaisant anachronisme.

L'église possède une Vierge à l'Enfant du 11e siècle, provenant de la chapelle du château de la Fère, dans l'Aisne, encore appelé château de Coucy.

Le château de style Louis XIII et son parc, construits au bord du Breuchin en 1890, méritent le détour.

Breuche est aujourd'hui un village prospère connu et apprécié des amateurs de charcuterie comtoise dont le célèbre jambon fumé de Luxeuil.

André Bazin S.A. - 1 rue Ste Marie - Tél. 03 84 93 33 00

BREUCHOTTE

Papinet

Le brocanteur-paysan décédé en 2008 tenait dans sa ferme près d'un étang une sorte de caverne d'Ali Baba pleine de trésors rustiques ramassés dans les fermes alentours.

«La maison Mathieu», une école de pêche

Fondée en 1999, l'école de pêche Jean Stevenot forme les jeunes pêcheurs à partir de sept ans et les initie aux différentes techniques. 233 kilomètres de parcours dont 200 en 1ère catégorie piscicole.

Atelier pêche nature et découverte du milieu aquatique pour les 9 - 12 ans. Atelier pêche à la mouche pour les 14 ans et plus.
Maîtres de stage : Roland Bresson et Claude Stevenot.
École de pêche Jean Stevenot - 4 rue des Ecoles
Tél. 03 84 94 63 40
www.aappma-breuchin-lanterne.com

BREUCHOTTE

Au fil de l'eau

Un gîte 3***,
en bordure de rivière.

Monique et Jean-Pierre Henry - Impasse des Combes
Tél. 03 84 94 01 79
monique.henry70@orange.fr

BROTTE-LES-LUXEUIL

On y trouve encore les vestiges d'un château fort en contre-bas de l'église. Derrière celle-ci coule une fontaine à l'eau abondante.

Rol Brultey, l'auteur-compositeur et chanteur emblématique du groupe «Rictus», originaire de Froideconche, possède une vigne et produit son fameux «Bonum Brotum» qu'il récolte et déguste entre amis.

http://brultey.club.fr

CITERS

L'église actuelle, construite en 1854 se lézarda rapidement et dut être reconstruite sur un terrain plus stable.

Citers possède douze fontaines dont la Fontaine du Chêne, avec sa statue centrale en fonte, flanquée de deux piliers latéraux, surmontés d'un vase.

DAMBENOIT-LÈS-COLOMBE

Dambenoit doit son nom à saint Benigne (Domnus Benignus) assimilé par la suite à saint Benoît. La Colombine prend sa source au nord de ce hameau dont elle a pris le nom.

Trois circuits vélo et un circuit équestre ont été mis en place, avec un beau point de vue.

Ferme avicole

Élevage de volaille de race pure. Poules rares dont plusieurs ont été distinguées.

Schouwey Christian - 9, route de Luxeuil - Tél. 03 84 94 71 19

CITERS

Auberge «La Trinquotte»

Une auberge de campagne, à l'écart du monde
Les Hauts de La Trincotte
Tél. 03 84 94 77 89

DAMBENOIT-LÈS-COLOMBE

Dambenois Airsoft Club

Proche du paintball les projectiles ne contiennent pas de peinture et le jeu repose sur l'honnêteté des joueurs qui doivent reconnaître avec fairplay avoir été touchés ou non.
http://dasc70.forumactif.net

FAYMONT

Gîte rural

Terrasse ouverte et vaste verger sur une vue dégagée.
Jean-Pierre Pernot
2, rue du Chanois
Tél. 03 84 97 10 80

FRANCHEVELLE

Une léproserie aurait existé sur la commune. L'agglomération est citée en 1415 comme faisant partie des cinq villes les plus aisées de la terre de Faucogney.

Jusqu'à la construction de l'église actuelle en 1849, les offices étaient célébrés dans une chapelle du 18e, accolée au mur du château.

Ferme de la Charmoye

Spécialisée dans la culture des myrtilles à cueillir sur place ou à déguster sous forme de confitures.

Les Terres Fleuries du Bois-Derrière

«Les Terres Fleuries» est le nom d'une ferme traditionnelle du hameau de Bois-Derrière, aménagée en gîte et table d'hôtes. Grands espaces agrémentés de fleurs, plan d'eau. Accueil de groupes.

Chambres d'hôtes

Marie-Thérèse et Michel Duguet
Route de Citers - Hameau de Bois-Derrière - Tél. 03 84 61 70 02
contact@lesterresfleuries.com - www.lesterresfleuries.com

FROIDECONCHE

Littéralement froide-cuvette.

Église, sous le vocable de la Sainte-Trinité, construite en 1836 au centre du village. Beau calvaire ancien du 17e avec le Christ et la Vierge.

La Grange de l'Hôpital, un hameau forestier entre Chapendu et Saint-Valbert, appartenait jadis à l'Hôpital Saint-Romaric. Il s'y trouve encore un riche calvaire du 17e.

Vocation industrielle jadis, avec des moulins à papier et aujourd'hui plusieurs usines.

Les Chroniques de la Luxiotte

Alain Jean André, c'est plus que trois prénoms. Sa poésie, faite de mots ordinaires, est pleine de musique. Elle est le «plat du jour» d'un cuisinier de génie.

«Du côté des montagnes bleues», «Quelques pas dans un pays»... nous parlent de ces Vosges Saônoises auprès desquelles il a planté sa maison pour ne plus les perdre de vue. Il anime depuis 2001 une chronique électronique consacrée à la littérature et aux arts.
www.luxiotte.net)

Fonderie d'art Galmiche

Héritier d'une longue tradition solidement implantée en Haute-Saône au siècle dernier, Serge Galmiche fait partie des derniers représentants de ces maîtres de la duplication des formes. Sacré meilleur ouvrier fondeur de France, il a, depuis, transmis le flambeau à son fils. Le bronze est coulé dans des moules en sable, faits d'un sable si fin qu'il est capable de reproduire une empreinte digitale. Cette fonderie d'art coopère avec de nombreux artistes.

Fonderie du Bois d'Émery - Serge Galmiche - rue du Bois d'Émery - Tél : 03 84 93 81 90

FROIDETERRE

Hôtel San-Val'eau

Mariage réussi entre tradition et modernité, l'hôtel San-Val'eau propose 5 pavillons au confort raffiné avec sauna et Spa en terrasse. Un hôtel de charme planté en pleine nature, dont les 5 chambres, aux allures de ruches en transhumance au bord d'un étang, tombées amoureuses de leur reflet, se nourrissent de la rosée du matin.

4 rue des Grands Bois - Tél. 03 84 30 34 72

Fermeture annuelle du 05/01 09 au 12/01 09

Les pavillons sur l'eau de Froideterre

Hostellerie des Sources

Restaurant gastronomique, en pleine nature, à l'ouest du village entre Lure et Saint-Germain. Jardin ombragé et repas servis en terrasse. Fermé le lundi.

4 rue du Grand Bois - Tél. 03 84 30 34 72 - www.hostellerie-des-sources.com

GENEVREUILLE

Ferme du Château Gaillard

Gîte et camping à la ferme, promenade avec ânes bâtés,
location de chevaux et de VTT.

Margueritte Pierrel - Ferme Château Gaillard - Tél. 03 84 74 35 29

LES AYNANS

Situé à la confluence du Rahin et de l'Ognon, les Aynans sont connus pour être le paradis des pêcheurs.

Le Patis

Camping international sur les bord de l'Ognon.

Bottond Gödri

Dans une île sur l'Ognon, Bottond Gödri, artiste suisse d'origine hongroise, y a transplanté son cadre de vie dans une ancienne usine transformée en atelier.

LURE

Petite ville fortifiée, bridée par ses remparts jusqu'à la fin du 17e où, sous l'ordre de Louis XIV, les murs furent abattus, Lure ne commença réellement à se développer qu'après 1870 grâce aux capitaux d'industriels alsaciens soucieux de rester proches de leur pays récemment annexé. Cette proximité de la frontière contribua également à l'installation d'un régiment de Dragons.

Lure est aujourd'hui une petite ville accueillante dont le dynamisme est à la fois économique et culturel. Le centre culturel abrite le centre de ressources photographiques et un auditorium.

Curiosité : le parc de l'Abbaye, récemment ouvert au cœur de la ville.

L'Abbaye de Lure fut fondée vers 613 par saint Desle, compagnon d'exil de saint Colomban.

L'église Saint-Martin

Église dédiée à saint Martin, construite en 1740 sur l'emplacement d'une église plus ancienne datant de 1556. Une châsse contient les reliques mêlées des deux premiers abbés de Lure, saint Desle et son successeur saint Colomban.

L'actuelle sous-préfecture a été amputée d'un tiers de sa longueur, 20 ans après sa construction, parce que cette aile nouvellement édifiée, qui devait rétablir l'harmonie de l'ensemble, risquait de s'effondrer à cause du terrain trop meuble pour en supporter le poids. C'est ce qui explique le décrochement d'une partie de sa façade, conçue à l'origine pour se trouver au centre d'un ensemble architectural qui lui faisait pendant.

L'étang de la Font

Par grand froid, l'étang se met à fumer mais ne gèle pas. En vérité, cette eau qui se re-

La sous préfecture et l'étang de La Font à Lure

nouvelle rapidement grâce à un débit de 2 m^3 par seconde est une résurgence venue des profondeurs du sous-sol d'où elle sourd avec une température constante, fraîche en été et chaude en hiver.

Le centre culturel François Mitterrand

Le Sapeur Camember

Héros d'une des premières bandes dessinées, les tribulations du sapeur Camember, de sa fiancée Mademoiselle Victoire et de son ami Cancrelat, d'abord parues en feuilleton à partir de 1890 dans «Le Petit Français Illustré» relatent avec une verdeur désopilante les aventures naïves d'une jeune recrue des campagnes tout frais émoulue, affublée du prestigieux uniforme des Sapeurs.

Son créateur Georges Colomb (1856 - 1945) qui signa de son nom de plume Christophe, est né à Lure. Il est l'auteur de la Famille Fenouillard, du Sapeur Camember, du Savant Cosinus et de Pic et Ploc, autant d'ouvrages qui firent les beaux jours de la bande dessinée tout juste sortie du berceau.

Statue Ledermann

Christophe était le digne fils du Principal du collège de la ville. Monté à Paris, il devint chroniqueur scientifique à Radio Paris et fut élu Prince du micro pour l'année 1933.

Vous trouverez dans Lure une statue sur pied du Sapeur Camember. L'œuvre est de Mme Françoise Faure-Couty, sculpteur à Lure.

«Franches Conteries»
Festival des arts du récit

Rendez-vous phare de l'été, le festival des arts du récit.

Un voyage poétique, ouvert aux autres et aux cultures d'ailleurs qui va du conte traditionnel jusqu'au slam et à la chanson française en passant par les récits de tous genres, satiriques, érotiques...

Pour en savoir plus :
http://franches-conteries70.blogspot.com

Buste de Desault

Ateliers d'artistes

Quatre ateliers d'artistes installés dans les anciennes écuries du «Royal Dragon» complètent un espace collectif d'exposition ainsi qu'un atelier temporaire. Créés par la municipalité et mis à la disposition, pour deux années renouvelables, à des artistes professionnels.

Le sapeur Camember

«Le Chapitre» chambres d'hôtes

Dans le quartier historique de la Font, à Lure, une maison dédiée à l'art contemporain... Grand parc arboré calme et accueillant. Pour esthètes assurément.
8, rue Kléber
Tél. 03 84 30 43 11.
www.le-chapitre.com

Restaurant Le Pont sur l'Ognon

Table comtoise, cuisine régionale
Ouvert toute l'année, fermé le jeudi soir.
4 route de la Saline
Tél. 03 84 30 25 05

LURE

Depuis 2006, cinq artistes travaillent dans les Écuries «Royal Dragon». Par ordre d'ancienneté : Sonja Brissoni, Jacques Verdier, Giovanni Aramini, Mélaine Richert et Fabienne Guetlin.
13 rue Jean Girardot - www.les-ecuries.org
E-mail : les.ecuries@yahoo.fr

Espace Mélies

Cinéma inauguré en 2004, comprenant deux salles avec programmation et animations de choix s'adressant aussi bien à des cinéphiles avertis qu'au grand public.
16, Esplanade Charles de Gaulle - Tél. 03 84 30 21 66

Base de Loisirs de la Saline

Sur le site d'anciennes gravières en pleine nature, 3 aires de jeux sont réparties selon les âges, de dix-huit mois à six ans et plus. Promenade autour des plans d'eau, aménagés pour les familles. Aire de pique-nique et départ de randonnée. Camping intercommunal.

Petit guide des sentiers disponible à l'accueil de la CCPL et à l'Office de Tourisme.
35 Avenue Carnot - Tél. 03.84.62.80.52
E-mail : office.tourisme.lure@wanadoo.fr

École d'équitation

Centre équestre «l'R cheval», au sud de Lure, à proximité du camping intercommunal, près de la base de loisirs. Cours et lecons découvertes d'une heure à poney ou à cheval toute l'année sur rendez-vous.
Daniel Roussey - 30, route de la Saline - Tél. 03 84 62 91 93

Corral Ranch

À Roye, le Corral Ranch vous propose des promenades.
M. Rodolphe Ghilsalba - Route de l'Aérodrome
Tél. 06 07 19 58 29

La pêche

Fédération de la Haute-Saône des AAPPMA
Tél. 03 84 76 51 41

La Gaule Luronne (École de pêche) : Tél. 03 84 62 94 43

Association de Pêche des Plans d'eau de la Saline (Lure) : Tél. 03 84 62 94 43
- Étang communal La côte : Tél. 03 84 30 26 16
- Plan d'eau Roye : Tél. 03 84 30 10 97
- Étang des Monts Revaux, Saint-Germain : Tél. 03 84 30 10 97

LUXEUIL-LES-BAINS

Statue de saint Colomban

Luxeuil est une ville d'art et de culture.

La Tour des Échevins abrite le musée. Les 146 marches qui mènent au sommet y déroulent un long phylactère, lisible d'en bas jusqu'en haut. La vue panoramique porte sur toutes les directions, au-delà des Vosges, jusqu'au Jura et les Alpes suisses.

Le musée de la ville renferme une belle collection de stèles funéraires gallo-romaines. Une salle entière est consacrée à Jules Adler (1865-1952) surnommé le peintre des humbles.

La mairie occupe le palais abbatial. Le cloître, même amputé d'une aile et privé de la plupart de ses colonnettes, n'empêche pas le visiteur de se plonger dans une déambulation calme et méditative. en plein centre ville.

Les origines

C'est le dieu gaulois Luxovus, un avatar de Lug, le dieu solaire aux longues mains, gardien des thermes avec la déesse Brixia, qui aurait légué son nom à l'antique cité de Luxeuil, selon les inscriptions lapidaires dont une double dédicace à Lussoius et Bricta est visible dans le vestibule de l'actuel établissement thermal.

L'église abbatiale ancienne basilique

Saint Colomban

Le futur abbé de Luxeuil résidait encore à Annegray lorsqu'il décida de s'installer sur les ruines de Luxeuil. Le grand homme se mit à construire un monastère.

Quand le bienheureux Colomban vit que les gens accouraient en foule, il fit l'essai d'un autre lieu qui jouissait d'eaux abondantes et construisit un autre monastère qu'il appela «Fontaines». (Jonas Vitae Colombani).»

Un peu d'histoire

À partir de sa fondation en 590, la chronique de l'abbaye de Luxeuil nous relate, chapitre après chapitre, l'histoire du monastère. Le fils naturel de Charlemagne, Drogon, nommé abbé de Luxeuil en 834, se serait noyé dans l'Ognon en poursuivant un poisson monstrueux. En 998, la population du monastère était tombée à 16 moines.

L'église Saint-Pierre et Saint-Paul

L'église abbatiale Saint-Pierre et Saint-Paul, édifiée à l'emplacement d'une basilique romane, commencée en 1255, ne fut terminée qu'en 1330 faute de moyens. En la restaurant en 1858, on s'évertua à préserver son aspect primitif en se servant des pierres anciennes encore utilisables.

Le poids des siècles l'a enfoncée dans la terre et les remaniements successifs ont déplacé l'entrée principale vers la gauche en faussant son centre de gravité.

Beau mobilier dont on retiendra plus particulièrement la statue de notre Dame de Pitié. La statue énigmatique de saint Pierre, affublé d'un chapeau conique, assis sur un trône à l'allure de sphinx, ornait auparavant l'entrée extérieure.

La statue récente du saint fondateur de l'abbaye de Luxeuil est du sculpteur Claude Grange qui signe là une œuvre forte, digne du meilleur Rodin.

Fouilles archéologiques - place de la République

À quelques pieds sous le bitume dormait une nécropole mérovingienne, place de la République à Luxeuil, à l'emplacement de l'ancienne église paroissiale Saint-Martin qui fut démolie au premier temps de la Révolution pour céder la place à l'établissement d'un marché hebdomadaire. Combien de bals du 14 juillet se sont tenus joyeusement sur cette place. Aujourd'hui on parle d'en faire un musée. L'enjeu est de taille. Ces fouilles récentes n'ont cessé de passionner la foule : plus de 80 sarcophages, serrés comme des sardines en boite, à quelques centimètres sous terre.

Nécropole mérovingienne mise à jour récemment en plein cœur de la ville

Les fouilles de 2008 et 2009 ont mis à jour les fondations et la crypte de l'église Saint-Martin. Cette crypte entourée d'une légion de sarcophages souvent trapézoïdaux, avec un logement céphalique, est une découverte majeure. Elles nous ont appris que les toutes premières inhumations datent du 4e siècle soit bien avant l'arrivée du moine Colomban et de ses disciples irlandais. La crypte dite de Saint-Valbert (670) a été modifiée vers l'an 1000 par l'ajout d'un transept.

Ces fouilles ont été menées sous la direction de Sébastien Bully, archéologue au CNRS.

L'onciale de Luxeuil

On doit à l'abbaye de Luxeuil, connue dès le 7e siècle pour son scriptorium, la naissance de la première écriture calligraphique en minuscules, influencée par le graphisme irlandais. Le «Lection-

La tour des Échevins à Luxeuil-les-Bains

tionnaire» de Luxeuil, aujourd'hui à la Bibliothèque Nationale de Paris, est un des rares manuscrits datés, grâce auquel les paléographes ont réussi à retracer l'origine de cette écriture mérovingienne.

Le cloître de Luxeuil-les-Bains

Les thermes

Les sources dont les plus chaudes remontent des profondeurs de la croûte terrestre à une température de 60° se sont chargées du gaz et des minéraux salutaires à plusieurs affections (rhumatologie, gynécologie et phlébologie). Belle architecture néoclassique en grès rose.

3 rue des Thermes - Tél. 03 84 40 44 22 - Fax 03 84 40 31 91
http://www.chainethermale.fr/cures/stations-thermales/luxeuil-les-bains.html

Parc thermal de Luxeuil-les-Bains

C'est un véritable poumon vert, romantique, traversé par le ruisseau de la Miredondaine. Plus loin, le Lac des 7 chevaux attire les pêcheurs avec ses 8 hectares d'eau.

Le casino

Le casino de Luxeuil c'est 2 restaurants, 1 hôtel 3 étoiles, du strass et tout le firmament des machines à sous, de la roulette et du poker...
16 Avenue des Thermes - Tél. 03 84 93 90 90

Forêt du Banney

Cette grande forêt aux hêtres centenaires est le rendez-vous dominical des Luxoviens.

Les thermes de Luxeuil-les-Bains

Les thermes de Luxeuil-les-Bains

Vous y trouverez une profusion de fontaines aux noms évocateurs : fontaine du Miroir, où le ruisseau de la Miredondaine prend sa source, fontaine des Moines, fontaine de l'Évêque et ses bassins en triple cascade, fontaine du Tonneau au système de captage hérité des romains, fontaine des Baraques et fontaines de Bons Cousins qui nous plongent dans l'univers mystérieux des charbonniers et de leurs réunions secrètes.

On trouve dans les forêts alentour des aires circulaires d'un diamètre de 5 à 6 mètres, avec parfois un muret sommaire fait de pierres sèches agencées en terrasses lorsque l'aire est établie dans une pente. Il suffit de gratter le sol sous les feuilles mortes pour y retrouver les débris de charbon que leur carbonisation a préservés de la décomposition.

Festivals

«**Les Pluralies**» Festival des arts en scène qui débute la saison estivale en juillet .
www.pluralies.net.

«**Le rendez-vous au bord de l'eau**» Fête champêtre, feu d'artifice, bal et jeux intercommunaux, le 15 août, au cœur de l'été, au bord du lac des Sept Chevaux.

«**L'Art dans la Rue**» Le premier week-end de septembre, manifestation dédiée à la création plastique.

(www.artdanslarue.fr)

«**Festivités Renaissance**» La cité replonge durant un week-end au temps de François 1er, à l'instar du bâtiment du même nom, de la Maison du Bailli ou de la Maison du Cardinal Jouffroy, toutes des 15e et 16e siècles.

LYOFFANS

Gaec Anagalis

Horticulture, plantes à massifs et plantes vivaces.
Tél. 03 84 63 07 27

MAGNIVRAY

Moitié bois, moitié prés, la commune de Magnivray, essentiellement agricole, était jadis réputée pour la qualité de ses paniers tressés.

MAGNY-D'ANIGON

Dans cet ancien village de potiers, on trouve un temple protestant édifié en 1868, en remplacement de l'ancienne église de 1503 déjà affectée au culte luthérien.

Poterie, Établissement Jacques
Rue du Moulin - Tél. 08 77 64 56 62

Puits Arthur de Buyer

Considéré longtemps comme le puits le plus profond d'Europe avec plus de 1000 mètres de dénivelé, ce puits, dont il reste d'imposantes ruines, a cessé de fonctionner en 1950.

Puits Arthur de Buyer

MAGNY-JOBERT

La Chapelle des Cornottes

Chambres et tables d'hôtes. Charmante ferme de 1824, classée trois épis, qui doit son nom à une chapelle aujourd'hui ruinée édifiée sur la propriété par Xavier Banget. Il édifia, en 1855, la Chapelle des Cornottes près d'une source dont l'eau était réputée guérir de la cécité. Pains et brioches chaudes dans l'ancien four à bois domestique.

Jeanne et Thiebaud Comte - 3 rue du Lavoir - Tél. 03 84 63 15 81.
http://site.voila.fr/cornottes

MALBOUHANS

Il y avait jadis à Malbouhans deux verreries : l'une au village, l'autre à la Saulmaire qui fabriquaient du verre en feuilles jusqu'à la fin du 19e siècle.

Malbouhans est connu pour son ancien camp militaire désaffecté, l'aérodrome Lure-Malbouhans souvent réquisitionné pour des manifestations d'envergure. Ce terrain de 244 hectares a été acquis en 2005 par le Conseil Général de la Haute-Saône.

MOFFANS-ET-VACHERESSE

Il faut se donner le temps d'arpenter ce village rempli de détails pittoresques qui vont de l'ancienne quincaillerie au bistrot avec son toit en dents de scie.

Fontaine sous pavillon, lavoir à pilastres carrés du 19e, tout un «étonnant petit patrimoine» à découvrir.

Le «Sentier de la Sylve» a pour thème la gestion forestière (680 hectares de forêt sur un total de 1403 hectares) décliné en 3 panneaux thématiques. Ce sentier long de 10 km relie Moffans et Vacheresse aux communes de Frotey-lès-Lure et de Vouhenans.

Recommandé aux amateurs de VTT.

Arrêt de rigueur au «chêne des Chasseurs», répertorié sur les cartes d'État Major. Ce chêne pédonculé, âgé de 250 ans, avec un diamètre de 1,58 m et une circonférence de 4,95 m à 1,75 m du sol, fait partie du patrimoine classé et mérite à lui seul le parcours.

Bernard Folinais

Bernard Folinais, rue de l'Athée... Voilà une adresse qui convient à merveille à ce sympatique peintre.

Rue de l'Athée - Tél. 03 84 63 10 7 - www.folinais.com

MOLLANS

Mollans est réputé pour ses fontaines, parmi les plus belles du département (le village possède à lui seul 4 fontaines-lavoirs et plusieurs abreuvoirs).

Cette profusion de fontaines et de lavoirs est-elle une réponse au violent incendie qui réduisit en cendres, en l'espace d'une heure, 41 maisons de ce coquet village l'été 1818 ?

Église du17e siècle reconstruite en 1725. Parmi le riche mobilier, deux bâtons de confrérie de vignerons en bois doré, décorés de raisins.

Château de 1850 de la famille Detroyes, élevé à la place de l'ancien château seigneurial. Le Hameu de la Nitrière tire son nom d'un atelier de fabrication de salpêtre.

Mollans

Pomoy

ORMOICHE

C'est sur la commune d'Ormoiche que le Breuchin se jette dans la Lanterne. Un important établissement gallo-romain, situé à la confluence de ces deux rivières, a jadis prospéré à cet endroit, comme le rappellent les médailles, les tuileaux, les tessons de céramique et les pierres taillées, trouvés sur place.

Fête du pain et vide-grenier

Dernier dimanche du mois de juin

Martial Henry : Tél. 03 84 93 80 22

Au Cabanon

Restaurant, menu traditionnel : Tél. 03 84 40 37 50

PALANTE

Chambres d'hôtes, 3 épis

Denis Danek - 4 rue du Champ Lallemand

Tél. 03 84 63 03 48 - Réservations : ste.genevieve@tele2.fr

POMOY

Pomoy, de par son étymologie nous renvoie à un lieu planté de pommes, ce qui convient parfaitement à cette commune riche en arbres fruitiers.

Sébastien Guillier, apiculteur

Miel, pain d'épice, pollen et autres produits dérivés de la ruche. Dégustation gratuite tout les jours de 14h à 18h. On y découvre deux ruches vitrées à travers lesquelles on peut suivre la vie et le travail des abeilles.

4 rue du Montoillot - Tél. 03 84 74 30 65

sebastien.guillier@wanadoo.fr

ROYE

Roye partage avec Lure l'exploitation de gravières.

«Sentier de la Semée» (de Roye à Lure).

Long de 9,5 km ce sentier permet de partir à la découverte de la faune et de la flore aquatique dans une zone de réhabilitation de gravières. Une quinzaine de plans d'eau sur environ 120 hectares. Panneaux thématiques et aires de pique-nique.

Renseignements à l'Office du Tourisme de Lure

SAINT-GERMAIN

Saint-Germain ouvre l'accès à la haute vallée de l'Ognon. C'est aussi la limite géologique entre le grès vosgien et le calcaire. L'ancienne voie romaine avait 16 m de large comme l'attestent les traces à certains endroits.

« La Fontaine Saint-Desle »

Dans un ancien pré transformé en aulnaie, entre les bois de Marcoudan, des hauts prés et du Tertre, coule la fontaine Saint-Desle. C'était, il y a encore 60 ans, un pélerinage

QUERS

Élevage de chevaux «Haras des Vernes»

6 chemin de la Maladière

Tél. 03 84 63 70 10

RIGNOVELLE

L'Éden Parc

Rignovelle est encore plus connue par les noctambules pour sa discothèque, l'Éden Parc.

Club 30 - Route Boiche

Tél. 03 84 40 37 05

ROYE

Corral Ranch

Pour des promenades à cheval accompagné

Rodolphe Ghilsalba

Route de l'Aérodrome

Tél. 06 07 19 58 29

Pizzeria de Chalet

Route d'Héricourt

Tél. 03 84 30 13 74

Fermé le lundi et samedi 12 h.

fréquenté dont la source était réputée par delà la région pour soigner les enfants atteints de convulsions.

« La légende de la Fontaine Saint-Desle »

On dit que saint Desle, ayant quitté Colomban, erra longtemps dans les bois lorsqu'il rencontra un jeune pâtre au milieu de ses bêtes. Le saint s'enquit du chemin pour sortir de ces bois. Le pâtre répondit qu'il ne lui était pas possible de le guider, ne pouvant abandonner ses bêtes. Saint Desles planta alors son bâton en terre ; il en jaillit une source autour de laquelle se regroupa le troupeau pour se désaltérer. «Depuis elle arrose et fertilise tous les alentours.» Les reliques de saint Desle reposent en l'église de Lure.

Circuit de randonnée «L'eau et la pierre» qui traverse la tourbière de la Grande Pile. Étang des Monts Reveaux ou du Grand Saint-Maurice, ouvert au public pour la pêche. *Renseignements : Tél. 03 84 30 10 97.*

« La Grande Pile »

La tourbière de la Grande Pile passe pour être l'un des sites scientifiques référents d'Europe quant aux informations climatiques qu'elle livre à la communauté des savants.

Les sphaignes, ces éponges de mousses végétales qui en se développant absorbent l'eau, empêchent la décomposition des matières végétales mortes dont l'accumulation donne la tourbe, jadis exploitée comme combustible de moindre qualité. On dit que dix centimètres de tourbe renferment un siècle d'histoire. La Grande Pile, avec ses 37 hectares de tourbière, est parmi les plus importantes d'Europe. La couche de tourbe atteint par endroit plus de 18 mètres d'épaisseur. Cela vient du fait que, contrairement aux tourbières du plateau, la dernière glaciation a épargné ce site, trop en aval du glacier.

SAINT-SAUVEUR

Saint-Sauveur est situé dans la plaine du Breuchin dont les alluvions fluvio-glaciaires forment une vaste terrasse sur laquelle s'est construit le bourg ainsi qu'une partie du camp d'aviation militaire que le glacier du Breuchin a passé au rouleau compresseur en laminant avec 10 000 ans d'avance le terrain du futur aérodrome.

L'église fut entièrement reconstruite entre 1831 et 1835 sur l'emplacement de l'ancienne qui datait du 12e siècle.

La base aérienne 116 de Luxeuil-Saint-Sauveur

La base aérienne 116, «Lieutenant Colonel Papin» de Luxeuil-Saint-Sauveur, avec sa superficie totale de 477 hectares, a été créée au cours de la première guerre mondiale pour accueillir la célèbre formation des volontaires américains connue sous le nom d'«escadrille La Fayette». Pendant l'entre-deux guerres, l'activité y fut réduite et ne reprit qu'avec le début du conflit en 1939-1940 où, suite à la capitulation, elle fut occupée par l'armée de l'air allemande, puis reconquise en 1944-1945 avant d'être remaniée en une grande base du type O.T.A.N., au début des années 1950.

Environ 1700 personnes dépendent encore à ce jour de l'économie de cette base qui possède la double vocation nucléaire, stratégique et tactique. Elle est, après les usines Peugeot de Vesoul, le second employeur de Haute-Saône.

La fontaine Sainte-Vaudre

La fontaine Sainte-Vaudre ou Sainte-Ursule sourd de terre en trois points différents à

Sur la base aérienne 116 de Luxeuil-Saint-Sauveur

Dans le parc animalier de Saint-Valbert

l'endroit où la jeune martyre était tombée trois fois, sa quenouille à la main, pendant que ses ennemis la pourchassaient.

Ces trois sources, formant les deux yeux et la bouche, dessinent au sol un visage humain vaguement familier. L'eau qui en sort a le pouvoir, dit-on, de guérir les fièvres intermittentes. Pour s'y rendre, il faut suivre la C.D. 74 en direction de Lantenot. Environ 1 km après le hameau de Brest, à mi-chemin entre Brest et les Fouillies de Brest, prendre un chemin forestier à droite d'une aire de pique-nique. Après 700 mètres, prendre le chemin de gauche.

SAINT-VALBERT

Le village doit son nom à l'ermitage de saint Valbert, devenu le troisième abbé de Luxeuil.

L'église, reconstruite en 1852, a hérité d'une cloche ancienne datée de 1563, dédiée à saint Valbert et provenant de son ermitage. Très beau mobilier dont une Vierge à l'Enfant en pierre polychrome du 14e qui repose sur un piédestal pris dans la même pierre richement décorée, supportant le Christ et ses apôtres.

Statues en bois de saint Colomban, saint Romaric et saint Valbert du 18e.

Près de l'église, lavoir octogonal couvert d'une charpente monumentale reposant sur 8 piliers de pierre.

La source de Saint-Valbert

Saint Valbert, l'homme et le lieu

Né aux environs de Meaux, il délaissa le métier des armes pour se consacrer à Dieu et se retira vers 620 dans un abri sous roche de la vallée de la Roge. Après sa mort en 670, son ermitage devint vite un lieu de pèlerinage populaire.

En 1567, les bénédictins de Luxeuil aménagèrent la grotte en chapelle souterraine. Celle-ci, recouverte d'une énorme dalle rocheuse posée sur de larges rochers, fait penser à un dolmen d'origine naturelle. La colombe du Saint-Esprit, sculptée en bas relief, qui déploie ses ailes sur le plafond de la grotte date, elle aussi, de cette époque. Une source coule du rocher, naïvement aménagée par un sculpteur au siècle dernier.

Ouvert toute l'année. Tél. 03 84 49 54 87

Parc animalier

Essentiellement composé de cervidés présentés dans leur milieu naturel avec les autres animaux de la forêt. Un sentier piétonnier de 5 km fait le tour du parc avec une entrée à l'ermitage. Plusieurs miradors jalonnent ce parcours.

L'ermitage de Saint-Valbert

VOUHENANS

Beau calvaire, planté face à l'église construite en 1716 et complété en 1830 par deux chapelles latérales sur l'emplacement d'un ancien oratoire dédié à la Vierge de Pitié.

Si les carrières de gypse et la culture de la vigne furent abandonnées il y a plus d'un siècle, l'exploitation de la chaux et sa transformation en carbonate de calcium perdura jusqu'en 1950.

«Fours à chaux»

Peter van Hertz, un industriel hollandais, construisit vers 1850 sur la butte de Vouhenans le premier four à chaux dont le carbonate de calcium fut utilisé comme liant pour la maçonnerie et comme amendement pour les champs et les prés trop acides.

Gîte «La Grange de la Vigne»
Marianne Niederhauser - Tél. 03 84 62 92 64

VY-LÈS-LURE

Les Hôtes du Parc

Chambres et tables d'hôtes. Une demeure bourgeoise des années 1890 située dans un parc d'un hectare, associant le carré d'ifs et le jardin des fleurs, bordé de buis taillés, à un jardin dessiné par l'architecte paysagiste André Gayraud.

23 Grande Rue - Tél. 03 84 63 93 43 - www.hotesduparc.com

VILLERSEXEL - VALLÉE DE L'OGNON

AILLEVANS

Découvertes en 1961 à la lisière du bois de Blussuret sur la commune d'Aillevans, ce sont trois tombes collectives de l'âge du cuivre (2000 ans avant JC) qui figurent sous l'appellation dolmen. L'une de ces tombes a livré quelques objets intéressants conservés au musée de Besançon : poignard, artefacts en cuir et bronze, pointes de flèches en silex ainsi qu'un grand nombre d'ossements remarquablement conservés.

ATHESANS-ÉTROITEFONTAINE

Le château à droite de l'église fut transformé en pensionnat de jeunes filles. 1er dimanche de septembre, foire d'automne. Le village possède une fontaine du 19e siècle. Une source d'eau salée sourd près du bois de Bouron. Randonnée : la voie du Tacot ; départ Athesans 6 km.

Renseignements à l'Office de Tourisme de Villersexel. Tél. 03 84 20 59 59

AUTREY-LE-VAY

Autrey-le-Vay s'entendait autrefois comme Autrey-le-Gué puisque le village était situé près d'un gué permettant la traversée à pied de la rivière Ognon. Fidèle à son passé, Autrey-le-Vay reste une étape agréable pour les canoéistes, les randonneurs, les campeurs et les pêcheurs. Buvette au camping municipal. Belles fermes anciennes et vieux calvaires.

Camping municipal

Location de chalets - Mairie : 03 84 63 40 83.

BONNAL

Voir CHASSEY-LES-MONTBOZON pages 147 à 152

COURCHATON

Deux châteaux et une maison forte dans la commune.

On trouve derrière le chevet de l'église, inclus dans la maçonnerie, un chapiteau décoré de 3 têtes monstrueuses et des entrelacs datant du 13e siècle. Plusieurs arpents de vignes, dont le vin ferait honneur à un conservatoire des goûts, y sont amoureusement entretenus par Jean Sordelet. On y trouve à profusion des mirabelliers qui livrent à la mi-août leurs petits fruits dorés, tachetés de rouge.

Groupée autour de Robert et Christiane Wedig, l'association des Amis de la Grenelle organise, dans une ancienne cave vigneronne, des concerts, expositions et spectacles de cabarets qui déplacent régulièrement une foule d'amateurs. Un poney club, Le Picotin, est installé à la sortie du village, côté Doubs.

CREVANS ET LA CHAPELLE-LES-GRANGES

La Chapelle-les-Granges fut réunie à Crevans en 1807. Fontaine circulaire due à l'architecte F. Grandmougin, ingénieusement conçue avec l'abreuvoir à l'extérieur et le lavoir et le rinçoir à l'intérieur. Deux colonnes fleuries en marquent l'entrée.

Une Vierge contemporaine, œuvre du sculpteur Georges Oudot, veille avec grâce sur les habitants du bourg. Chaque année, l'association «Haute-Saône Cheval Loisirs» propose au printemps et à l'automne une « Fête du Cheval », avec de nombreuses animations.

La fontaine circulaire de Crevans

ÉHUNS

Éhuns se singularise par son patrimoine construit : mairie haute et étroite, plantée au centre du village, avec de larges marches d'accès flanquées de deux vasques en fonte. Plusieurs fontaines monumentales dont l'une circulaire, l'autre carrée ou en demi-lune, «fontaine périptère en demi-lune du 19e siècle», ajoutent à la singularité de ce village au nom équivoque et dont les habitants se nomment les Pieumottes.

L'étymologie d'Éhuns reste encore sujette à caution. La première mention de ce village, en 1189 donne Aon, transformé par la suite en Ahuns puis en Eshuns en 1535, ou encore village-des-Huns. Ce qui a suffit pour qu'on en attribue la fondation à Attila et à ses cavaliers montés sur leurs petits chevaux.

Des sabres et casques brisés, fers à chevaux, boulets, ossements groupés, etc ont été exhumés au camp de César. Le festival d'Éhuns fut un temps… insolite.

Un mandat municipal de plus de 70 ans !

L'ancien député-maire, Charles Edmond Mathis (1852-1953) figure au livre des records pour être resté le premier magistrat de sa commune pendant 71 ans révolus. Il est décédé en fonction dans sa 102ème année.

ESPRELS

Le bourg est entouré de 600 ha de forêt. De belles vieilles maisons et surtout sur la place une ferme avec un porche et un toit pointu aux tuiles vernissées agrémentent un ensemble bien ordonné autour de l'église reconstruite au 18e siècle. La source de Saint-Desle était autrefois le but d'un pélerinage.

Éhuns la charpente de la fontaine

ESPRELS

Meubles Mourey

Excellente renommée de l'entreprise Mourey ; on y fabrique toujours des meubles de grande qualité. Éric Mourey, le frère de Jean-Luc directeur de l'entreprise, est un artiste. Il est facteur d'orgues reconnu (il a beaucoup exercé au Japon) mais il sait travailler le bois comme personne et en plus il a un talent de designer hors du commun.

1 rue Buissenot - Tél. 03 84 20 54 31
www meublesmourey.fr

Éric Mourey

Le hameau des Patey

Ferme tuilerie et le Creux-Mourot (8 m de diamètre), un entonnoir allant à plus de 300 m en sous sol.

ESPRELS

Gîte des Counottes
Ferme rénovée par
Mme Millot et M. Ruch
Les Pateys
Tél. 03 84 21 31 26
piruch@wanaddo.fr

Restaurant
Le Saint-Desle
Bistrot de Pays
36, rue de Vesoul
Tél. 03 84 20 51 95

Randonnées
Circuit le prieuré de
Marast et le Lauzin
Départ d'Ésprels
13 km.
Circuit autour du
Montaigu et Mont Jésus
Départ d'Ésprels
23 km
Office de Tourisme de
Villersexel.
Tél. 03 84 20 59 59.

FALLON

De son prestigieux passé il ne reste qu'un château du 19e.

À propos d'un lieu-dit appelé «Pré qu'on danse», il se colporte une curieuse histoire tirée des minutes d'un procès datant du 17e siècle : le jour de la Pentecôte les jeunes gens de Fallon étaient tenus de danser dans ce pré et d'offrir une rose au seigneur. Plus personne ne sacrifie à cette coutume. Guillaume de Raincourt érigea en 1711 un haut fourneau qui occupa en 1790 deux cents ouvriers. L'usine se transforma en fabrique de fourneaux et fit la réputation de Fallon mais elle ferma ses portes en 1939.

Belle et grande fontaine-lavoir datant de 1763, l'une des plus anciennes de Haute-Saône. Récemment restaurée, elle offre au regard un bassin de 20 mètres alimenté par une source que protège un édicule en grès rose. Les prairies en pentes douces entourant le village abritent les mirabelliers. Eau-de-vie ou de «Chiquand'li», un singulier chocolat fourré à la mirabelle.

La fontaine de Fallon

FALLON

Randonnée
Circuit des Mirabelles
départ de Fallon
10,5 km.
Office de Tourisme de Villersexel.
Tél. 03 84 20 59 59.

Mirabelles eau-de-vie
La Ferme du Château
2, rue de la Mairie
Tél. 03 84 20 27 32

LES MAGNY

Auberge du Rullet
Tél. 03 84 63 47 06

LONGEVELLE

Gîte de Longevelle
3 épis - 6 personnes
3 chambres
Tél. 03 84 97 10 80
réservation@destination70.com
www.destination70.com

GRAMMONT

Point culminant du Pays de Villersexel avec 517 mètres d'altitude, la motte de Grammont fut occupée dès l'âge du fer par un oppidum. Elle offre un large panoramique sur les contreforts des Vosges, ainsi que sur la plaine qui s'étale à ses pieds.

De nombreuses maisons anciennes du 15e et 16e siècle avec tourelles octogonales témoignent encore de la grandeur du bourg.

Plusieurs foires fort anciennes crées en 1502 attestent de l'importance de cette commune. La plus connue, celle du dernier samedi de février se tient encore tous les ans. Elle est l'une des plus anciennes foire de la Haute-Saône.

GRANGES-LE-BOURG

Du château admirablement fortifié qui compte parmi les plus anciens du comté de Bourgogne, il ne subsiste que quelques traces. C'était une double forteresse, constituée par l'enceinte du bourg englobant celle du château. Elle fut démolie sur ordre de Louis XIV, comme la majorité des places fortes franccomtoises.

Malgré les guerres, les sièges et l'outrage causé par le temps, Granges-le-Bourg a conservé quelques-unes de ses plus belles maisons dont celle du bailli avec sa tour carrée, ses arcades et ses fenêtres Renaissance.

Des visites guidées du village sont proposées par l'Association Renaissance des Deux Granges. Renseignements chez M. Cudey au 03 84 20 21 88.

Les restes du château de Granges-le-Bourg

MARAST

La prospérité du Prieuré s'affirma rapidement sous la protection des sires de Villersexel. Vendu en 1792 comme bien national et transformé en petit séminaire en 1809, il fut transféré trois ans plus tard à Luxeuil.

En 1835, la Congrégation des Frères de Marie y installa un pensionnat qui disparut lui aussi en 1905. Il en subsiste l'église du 12e siècle, dédiée à Marie-Madeleine, ainsi que les bâtiments claustraux datant de 1520, transformés en bâtiments agricoles.

En 1965, le Président de la Société d'Agriculture s'évertua à restituer ce qui pouvait encore l'être du caractère primitif de cette église aux belles proportions, en la débarrassant du plancher et des cloisonnements intérieurs qui l'avaient transformée en école et en pensionnat.

Sa magnifique charpente, unique en Franche-Comté, remarquablement assemblée, fait d'emblée penser à un vaisseau renversé.

Le prieuré de Marast

Vieille pierre tombale, très bien conservée d'Isabeau de Mailley. Sa pierre voisine avec celle d'Aymé de Faucogney, représenté en chevalier, vêtu d'une cotte de maille, coiffé d'un casque conique et armé d'un bouclier et d'une longue épée.

L'église est aujourd'hui la propriété du Conseil Général de la Haute-Saône. L'association des Amis de Marast veille à la réhabilitation du lieu en y organisant des concerts, spectacles et expositions.

Galerie Georges Mathieu

Originaire du Doubs, le peintre Georges Mathieu semble avoir trouvé à Marast l'inspiration des paysages comtois qui le caractérise.

1 Rue de Compostelle - Tél. 03 84 20 31 22
www.peintre-mathieu.fr

MOIMAY

Il faut prendre le temps de se promener dans Moimay pour y découvrir ses maisons anciennes et la fontaine circulaire à l'allure d'un manège d'enfants, astucieusement aménagée avec ses piliers de fonte qui récupèrent l'eau du toit pour la redistribuer au bassin. L'église, massive, courte et trapue, au clocher engoncé dans le toit, recèle de nombreuses pierres tombales du 18e siècle.

MARAST

Miel Gamet
Père et Fils
Tél. 03 84 20 54 26
ou 03 84 63 92 20

MIGNAVILLERS

Randonnée
La Balade de la Seigneurie de Granges : départ Mignavillers
15 km
Office de Tourisme de Villersexel.
Tél. 03 84 20 59 59.

MOIMAY

«Vélo rail»
M. et Mme Marthey
19 rue des Vosges
Tél. 03 84 20 54 88
1800 mètres de vélo rail en bordure de rivière, parcours ombragé.
Sur réservation.

Gîte de Moimay
3 épis - 4 à 6 personnes
2 chambres
M. et Mme Mourey
Rue de la Liberté
Tél. 03 84 40 15 57
ou 03 84 20 55 79

En 1789, les habitants allaient faire taire les grenouilles du bord du Lauzin et de l'Ognon qui empêchaient au printemps les seigneurs de dormir. Un pont romain enjambe le Lauzin. Joli oratoire du 18e siècle.

«La Ferme des Essarts»

Pour tout apprendre sur le cheval et admirer les poulains destinés à la compétition.

Visite gratuite sur rendez-vous. - Tél. 03 84 20 51 23

OPPENANS

Gîte «Aux Quatre Fontaines»
3 épis - 5 personnes
2 chambres
M. et Mme Becker
Rue de la Gare
Tél. 03 84 78 70 18

La Miellerie des «Quatre Fontaines»
Une plongée dans le monde fascinant des abeilles. Point de vente, visites gratuites sur rendez-vous au 03 84 78 70 18

«Ecomusée» de la Ferme d'Antan
Ouvert du 15 juin au 15 septembre
Samedi et dimanche de 14h à 17h ou sur rendez-vous
Tél. 03 84 78 71 76
ou 03 84 78 71 33

ORICOURT

Oricourt est un beau village aux maisons en pierres ocres, appareillées avec soin.

On ne connaît qu'un seul descendant de la famille d'Oricourt : Gaucher d'Aurea Curte qui tenait le château en arrière fief, du temps des sires de Faucogney.

Guillaume Nicolas Rolin transformera Oricourt en l'embellissant d'un logis seigneurial, dans le style gothique bourguignon. Un blason, fait de 3 clefs, se lit toujours sur la façade percée de belles fenêtres à meneaux croisés, surmontées d'une flamme.

Imposant témoin de l'architecture militaire, le château était défendu par sept tours carrées ; il en subsiste deux. C'est une place forte à double enceinte : la basse cour, englobant la ferme et la haute cour avec son logis seigneurial. Admirablement rénové par l'association des Amis d'Oricourt, avec l'indéfectible soutien de ses actuels propriétaires, il est aujourd'hui le château fort le mieux conservé en Franche-Comté, devenant de ce fait un lieu pédagogique sans égal pour les scolaires et visiteurs.

Vous y découvrirez un ensemble de bâtiments du 12e et 15e siècle, une grande cuisine-salle à manger, une boulangerie, des caves, une citerne, un puits et un ingénieux colombier à l'extérieur dans une tour ronde.

Accueilli par le propriétaire, le visiteur profitera, s'il le désire, des services d'un guide-conférencier agréé.
Ouvert du 1er mars au 15 novembre de 14h à 18h.
Du 14 juin au 31 août de 10h à 12h et de 14h à 19h.
Sur rendez-vous hors saison.
Jean-Pierre et Colette Cornevaux - 1 rue Nicolas Rolin
Tél. 03 84 78 74 35. chateau@oricourt.com - www.oricourt.com

Randonnée

Circuit des Monts : une boucle de 13 km et deux boucles de 7 km. Office de Tourisme de Villersexel. Tél. 03 84 20 59 59.

PONT-SUR-L'OGNON

Le Presbytère
Chambre d'hôtes. 3 épis
M. Barthod Michel
Tél. 03 84 20 56 05
ou 06 87 48 72 95
barthod.jean-pierre@wanadoo.fr - www.chambreslepresbytere.com

Le château-fort

PONT-SUR-L'OGNON

L'ancien château féodal (privé) possède deux tours carrées et de jolies fenêtres mansardées. Les bords de l'Ognon sont une halte ombragée et reposante pour les sportifs en canoë en direction de Bonnal.

TRESSANDANS

Tressandans, c'est pour beaucoup les bords de l'Ognon que l'on peut traverser sur un pont de pierre plus que centenaire. Belle fontaine, reconstruite en 1776 et augmentée d'un abreuvoir et d'un lavoir en 1883.

VILLAFANS

Dans la forêt de Villafans a été érigée une stèle américaine en mémoire des alliés morts dans le crash de leur B17 en 1944.

Randonnée

La Voie du Sel et du Charbon : 13,7 km.
Office de Tourisme de Villersexel Tél. 03 84 20 59 59.

TRESSANDANS

Gîte de Tressandans
3 épis - 8 personnes
2 chambres
Tél. 06 08 21 51 27
ou 03 81 86 90 17

VILLAFANS

Chambres d'hôtes
3 épis - Mme Mochel
30 Grande Rue
Tél. 03 84 20 10 78
lescigales70@free.fr
http://lescigales70.free.fr

Le château deVillersexel côté est

VILLERSEXEL

Villersexel fut un temps appelé Villers-le-Château par opposition à Villers-la-Ville. La rivière Ognon traverse la commune et y reçoit le Scey.

Sous l'impulsion des seigneurs de Grammont (1699 à 1790), Villersexel prospéra un siècle durant. Les forges fonctionnèrent jusqu'après la guerre de 1870. Les bâtiments transformés en exploitation agricole sont toujours visibles sur la rive droite de l'Ognon, à proximité des biefs qui alimentaient «l'usine à fer».

En 1768, le marquis Ferdinand de Grammond fonda un hôpital aujourd'hui transformé en maison de retraite desservie par les Sœurs de Sainte-Marthe. À l'initiative de l'Office du tourisme, des visites de l'ancien hôpital sont organisées. On y découvre l'apothicairerie avec ses fioles, pots et flacons, ses instruments chirurgicaux, son mobilier ainsi que les cuisines, la lingerie et la chapelle restées en leur état depuis le 18e siècle.

En 1871, Villersexel fut le siège d'une mémorable bataille dont la victoire, chèrement payée, du général Bourbaki sur les Prussiens, fut sans lendemain et ruina le château, érigé au 18e siècle sur l'emplacement d'une héroïque forteresse. Incendié de fond en combles durant l'assaut, il a été reconstruit en 1880, légèrement en retrait de son emplacement initial.

Classée Petite Cité Comtoise de caractère, Villersexel est aujourd'hui un bourg plaisant, groupé autour d'une église au traditionnel clocher à bulbe et de l'hôtel de ville, assis sur les arcades d'une ancienne halle aux grains.

Les visites guidées

Visite de l'ancien hôpital, mercredi à 16h.

Visite du vieux bourg, jeudi à 17h.

Une promenade entre le «Bourg en Haut» et le «Bourg en Bas» à la découverte des monuments et de l'histoire de la cité.

Visites thématiques «Villesexel au Moyen-Âge» et «L'eau à Villersexel» sur rendez-vous à l'Office du Tourisme.

Office de Tourisme du Pays de Villersexel
33, rue des Cités - Tél. 03 84 20 59 59
tourisme.villersexel@wanadoo.fr
www.cc-pays-villersexel.fr

Aire de jeux pour enfants dans le jardin de la Cure, derrière le presbytère, à côté de la Poste.

Le château de Villersexel

Le château actuel, qui est une propriété privée, a été érigé par Félix-Théodule de Grammont en 1880. De style Louis XIII, en brique rouge et en pierre blanche, il est coiffé d'un toit en ardoise mansardé. Les colonnes alternées du frontispice d'entrée au château ainsi que celles des anciennes écuries rappellent la Saline Royale d'Arc et Senans de Nicolas Ledoux. Une tour

Détail de porte au château de Villersexel

crénelée datant elle aussi du 19e siècle commémore l'ancienne forteresse détruite par l'incendie.

On raconte que l'ancien château, restructuré en 1713 par Michel Dorothée de Grammont, était si vaste qu'il aurait eu 365 fenêtres, c'est-à-dire autant d'ouvertures qu'il y a de jours dans l'année ! Un labyrinthe en occupait le parc. Le parc actuel est à l'anglaise et comprend une orangerie et une cuverie du 18e siècle.

Statue en façade

L'intérieur du château est un véritable musée avec de précieuses collections : objets d'art, tapisserie des Gobelins, mobilier du 19e siècle, placés là comme si ils n'en avaient jamais bougé.

Classée Monument Historique, cette demeure est meublée à l'identique de ce qu'elle était au 19e siècle. Les chambres, fastueuses, aux noms chargés d'histoire sont à la disposition des invités qui peuvent faire honneur à la piscine extérieure, visiter les appartements privés ou encore prendre l'apéritif et le goûter avec les propriétaires qui savent recevoir avec grande gentillesse et simplicité. M. Potet, l'érudit propriétaire est étonnant.

Visites guidées le dimanche à 15h30 du Château, hôtel, table d'hôtes. Tél. 03 84 20 51 53
www.chateau.villersexel.com - chateau@villersexel.com

Manoir Saint-Pierre

Chambres d'hôtes - Bed and breakfast dans une maison du 15e siècle en retrait du centre-ville en haut d'un parc en terrasse avec une très belle vue sur la partie basse de la ville et la vallée de l'Ognon.

Grand salon de musique avec deux pianos à queue et un clavecin flamand, jardin, parc avec piscine et bassins d'agrément. 2 chambres double, une chambre simple.

Pascal et Philippe - 23 rue François de Grammont
manoirsaintpierre@yahoo.fr

Loisirs d'été et sites de plein air

Descente de rivières en canoë kayak, de la demi-journée à quelques jours en famille ou entre sportifs.

Sur réservation - Tél. 03 84 20 52 26
Pan sarl - 47 rue de la Forge
www.pan-sarl.eu - pan.sarl@hotmail.fr

Gîte d'étape et de séjour

Ouvert du 01/02 au 15/12, capacité d'accueil de 34 personnes. Cuisine équipée chambres de 2, 4 et 5 lits, à proximité du camping en bord de rivière.

Réservation : 03 84 63 40 60

Camping «Le Chapeau Chinois»

Location de Bungalows - Ouvert du 01/04 au 30/09 en bordure de rivière
Tél. 03 84 63 40 60 - villersexelcamp@aol.com

VILLERSEXEL

Plaisir Équitation

Rue des Chailles
Tél. 03 84 20 37 69
Initiation, cours et stage. Balades encadrées sur réservation. Poney à partir de 4 ans.

Hôtel-Restaurant de la Terrasse

1 rue du Quai Militaire
Tél. 03 84 20 52 11
www.laterrasse-villersexel.com

Hôtel du Commerce

1 rue du 13 septembre 1944
Tél. 03 84 20 50 50
commviller@aol.com
www.hotelcommerce-villersexel.fr

Mobile-homes

Tél. 03 84 97 10 80
reservation@destination70.com
www.destination70.com

L'apothicairerie de l'ancien hôpital de Villersexel se visite

L'AIRE URBAINE

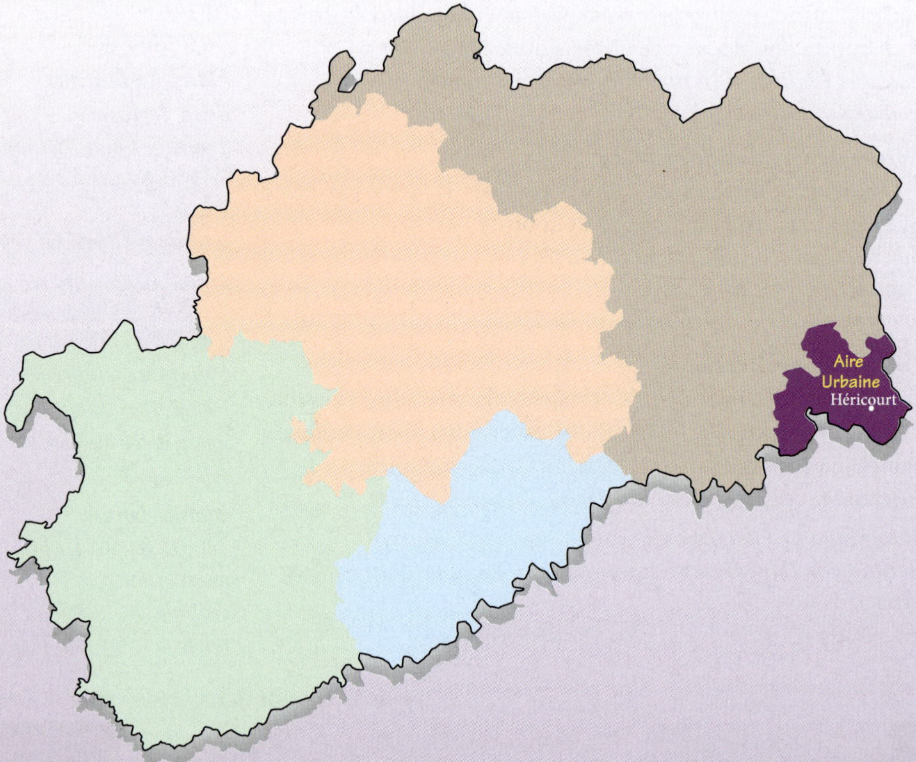

Une ville fleurie et haute en couleurs : Héricourt

L'AIRE URBAINE

La communauté de communes du pays d'Héricourt avec ses 18 775 habitants, fait partie d'un vaste territoire, le plus important de Franche-Comté puisqu'il compte 303 000 habitants. Il regroupe, en effet, les communautés d'agglomérations de Belfort, de Montbéliard, ainsi que les communautés de communes du Pays d'Héricourt et du Sud Territoire à Delle.

Les enjeux dans ce territoire se situent dans l'excellence industrielle et technologique, la recherche et la formation et la diversification par le tourisme.

Au sein de l'Aire Urbaine, le Pays d'Héricourt propose une alternative à un cadre de vie très urbain en offrant la qualité d'une ville verte. C'est par la rénovation de son centre ville, le traitement des friches industrielles et militaires, le maintien d'un tissu commercial et l'amélioration de l'offre des services qu'Héricourt a décidé de relever ce pari.

Une action très importante est menée à l'échelle communautaire : la mise en place coordonnée de l'accueil périscolaire. Le Pays d'Héricourt s'associe aussi à de grands projets de l'Aire Urbaine : notamment la boucle à haut débit.

Le dolmen de Brévillers

La pierre des gaulois

BRÉVILLERS

Cette paroisse protestante possède quelques sites remarquables et en particulier un sentier historique et préhistorique jalonné par huit bornes limitant les territoires de Haute-Saône et du Territoire de Belfort marquant ainsi la frontière avec l'empire des Halsbourg. Deux autres bornes marquent le territoire avec le Comté de Montbéliard tout proche. Dans le bois des Issières, on a protégé un dolmen sépulture collective de l'âge de bronze. Le site un peu ingrat avec son hangar (indispensable pour sauvegarder le dolmen) est de mieux en mieux aménagé avec en particulier un cheminement en bois très heureux qui permet de toucher des yeux ces étranges pierres dressées là par des hommes qui n'avaient pas les engins d'aujourd'hui ! Dans le cœur du village, tout près de la maison commune, une très belle fontaine-lavoir couverte est superbement entretenue.

CHAGEY ET GENECHIER

L'horniau de Chagey

Le passé sidérurgique est encore un peu visible ici avec l'ancienne halle à charbon, la forge et le haut fourneau. : l'horniau. Celui-ci a chauffé de 1586 à 1883 et s'il n'en reste pratiquement rien, la commune a eu la bonne idée d'exposer un bloc issu du haut fourneau après une fusion. En 1790, on produisait 700 tonnes de fonte à Chagey. Le monument aux morts est curieux tout comme ces pierres qui « poussent » dans les bois : la pierre Saint-Desle (dite faussement menhir), délimitant jadis la principauté de Lure avec son étrange croix tournée vers l'ouest juste à côté de la petite maison du geai et la pierre des Gaulois, sorte de bloc mégalithique utilisé comme pierre aux sacrifices. Elle se cache en haut de la forêt sous une belle couche de mousse. On rencontre des vététistes, des randonneurs et souvent des cavaliers comme Alexandra, Michel et Charles Coulon qui ont à cœur de faire découvrir cette région peu connue grâce à leur centre de loisirs équestres.

Équiloisirs

Hameau de Chagey - Tél. 06 71 30 63 43

Forêt de Chagey et Genechier

Chalonvillars : le «travail»

CHALONVILLARS

C'est aujourd'hui un gros bourg dont la proximité avec Belfort explique l'attirance pour le 90 plutôt que le 70 ! Le canal de Montbéliard à la Haute-Saône traverse la commune. Au pied de l'église qui se dresse sur son promontoire, on a restauré un « travail » cette structure en bois datant de 1949 permettait autrefois d'attacher les bœufs pour les ferrer en toute sécurité. La croix au couperet daterait du 15e siècle. La grande fontaine-lavoir du 19e est imposante avec ses colonnes et son péristyle. Une autre fontaine, celle de la Baraque, se trouve à l'extérieur. La source Sainte-Radegonde était renommée pour guérir les maladies des yeux. Une table connue le long de l'actuelle RN 19 : l'auberge Fleurie.

CHAMPEY

Ici, tout tourne autour de la fameuse pierre qui tourne. Pas facile à trouver sur le Mont Tronchet ce mégalithe ! Personne ne peut bouger cette pierre, mais tous les cent ans, le jour de Noël, elle tourne toute seule et découvre ses trésors cachés ! L'établissement scolaire a été baptisé « l'école de la pierre qui tourne. » Le village s'est beaucoup étendu de part et d'autre de l'ancienne voie du tacot. Beaucoup de maisons neuves, beaucoup d'employés Peugeot ou Alsthom. On vous recommande la jolie boulangerie et son millefeuille…

CHAVANNE

On a retrouvé des traces d'un cimetière mérovingien. Chavanne a souffert en 1944. La forêt est importante : 21 ha sur la commune, 282 ha sur le territoire de Saulnot. Les principales curiosités de Chavanne sont sa fontaine (1884), le marais et le lagunage (épuration des eaux usées par des végétaux) et depuis peu de temps le tunnel. En effet, entre Le Vernois et Chavanne, la ligne ferroviaire à grande vitesse passe sous un tunnel de 2 km de longueur. Le creusement de ce tunnel dans des roches calcaires dures avec des veines d'eau a été l'un des plus coriaces à réaliser. Il a employé 200 personnes pendant près de deux ans, les équipes se relayant jour et nuit. Après creusement, la roche a été étanchéifiée par une voûte de bêton de 120 000 m^3. La circulation des trains en toute sécurité y est prévue à 270 km/h ! Le marais, en bas du village mentionné sur les cartes très anciennes. En 1863, année de sécheresse mémorable, alors que plus rien ne poussait et que les vaches mouraient de faim, le marais a sauvé les paysans de Chavanne grâce aux regains. Aujourd'hui, la nature a repris ses droits : la roselière et la forêt d'aulnes envahissent le marais, paradis des grenouilles.

COISEVAUX

Ce village a suivi l'élan des communes de l'Aire Urbaine en rénovant ses structures et en particulier la place de la mairie. On y trouve une maison intercommunale des arts et

Chagey : la pierre Saint-Desle

loisirs, une aire de jeux et un terrain multi-sports. Trois plans d'eau dont l'étang Réchal permettent la pêche. Des céramiques de l'âge de bronze ont été trouvées dans la grotte des Sarrasins.

Au centre, la place de la fontaine aux Dames. Un peu à l'extérieur, le pôle des écoles liées et le pôle périscolaire des Petits Volons dans le plus pur style pratique et contemporain avec sa petite plaine de jeux.

COURMONT

Le village s'étire dans une verte vallée où coule le ruisseau Courmont. Plusieurs hameaux composent la commune dont la maison commune est imposante sous sa couleur rose : les Terriers, la Vieille Verrière, les Hautes et les Basses Vallettes, la Côte des Chênes et le Bourg. Le sentier des Ducs passe par là. On y trouve un café brasserie. Depuis la route de Belverne on traverse une très belle vallée boisée et encaissée avec une succession d'étangs. La Grande Verrière est un lieu-dit qui parle au passé.

COUTHENANS

Couthenans est à la fois victime et bénéficiaire des différents contournements. Autrefois la D 438 traversait le village avec tous ses désagréments. Aujourd'hui, la future RN 19 avec son « deux fois deux voies » va passer tout près du village sans ombre pour sa tranquillité. Seul le relais routier « Chez Pierrette » restera en bonne position à l'embranchement des routes de Lure, Villersexel et Héricourt. Une place stratégique pour se restaurer sans perdre de temps. Avec son Coq Chantant, sa rue Barbara et sa salle Charlie Chaplin, sans oublier ce chauffeur de bus ressemblant étrangement à François Mitterrand ou à Toulouse Lautrec (il assure régulièrement les liaisons de ramassage scolaire !), ce petit bourg acquiert un style « artiste ». Si les grands axes routiers du département se rejoignent ici, les sentiers de randonnée semblent les imiter. En effet, le GR 5 reliant le mer du Nord à la Méditerranée et le GR 99 reliant les Vosges au Jura se côtoient aussi ici. À voir le kiosque de huit mètres de diamètre résolument contemporain datant de 2005, place de la Fraternité. À la belle saison, on y organise des rencontres musicales. En direction de Héricourt on ne peut manquer l'ancienne usine des Chevrets, imposante. On y trouve sous l'usine Eurofa un grand magasin d'habillement et aussi le restaurant le Moulin de Chevrets.

Avec son imposante ferme Graber on se remémore l'histoire du monde agricole : Couthenans a été le berceau de la race Montbéliarde.

ÉCHENANS-SOUS-MONT-VAUDOIS

Le village porte bien son nom puisqu'il s'étale au pied du Mont Vaudois coiffé par le fort que l'on ne voit pas mais qu'on devine bien caché dans une forêt qui ne cesse de grimper à l'assaut de cet imposant édifice. La petite église du village est presque dans la cour de l'école. Station néolithique au lieu-dit «Aux Échanges».

Le village d'Étobon

ÉTOBON

Village d'exception de par son histoire riche et émouvante et de par sa situation au cœur d'un relief accidenté d'une grande beauté naturelle. Au sommet de la colline (575 m), surplombant la commune, a été construit un château fort dans les années 1223. Il fut détruit en 1519, il ne reste que quelques traces. Un avion de la ligne Paris-Bâle s'est écrasé au sommet le 31 octobre 1933. Depuis ce belvédère, une vue panoramique s'étend de la Forêt Noire aux Alpes Suisses. Un joli parcours (35 min) a été aménagé avec tables d'orientation et de pique-nique. Vous pouvez ainsi partir sur les pas de la légendaire Tante Arie, la fée bienfaitrice du Pays de Montbéliard. Très attachée à Étobon, elle a laissé des indices de son passage, mais soyez attentifs, ils sont souvent fondus dans le décor naturel… Étobon a aussi été marqué par la guerre. En 1944, de violents combats se sont déroulés dans les alentours. Des maquisards ont été fusillés et un mémorial a été dressé sur la route D127A en direction de Chenebier. Une cérémonie officielle a lieu chaque année le 27 septembre. Étobon « s'en art dit » avec une poterie route de Chenebier et « art expo Étobon Deball'Arts. »

Le mémorial des maquisards

En toile de fond de l'Aire Urbaine, la ligne bleue des Vosges

Un détail du fort du Mont Vaudois

HÉRICOURT

Deuxième ville de Haute-Saône par sa population d'environ 10 500 habitants Héricourt est la commune qui a connu ces dernières années non seulement la plus forte augmentation démographique mais aussi la plus forte transformation visuelle de la ville. Cette ancienne cité industrielle dans le domaine du textile était aussi une ville militaire. Aujourd'hui, la ville a favorisé l'implantation d'industries variées bien placées avec la proximité d'importants axes routiers (RN19 et A 36). La ville construite au pied du Mont Vaudois est logiquement tournée vers Montbéliard et Belfort tous proches. Elle est traversée par la Lizaine.

Le château, dont il ne reste aujourd'hui que l'imposante tour carrée du 14e avec son escalier en pierre, était une véritable forteresse du Moyen Âge mentionné au 12e siècle dominant la ville avec un rempart de 12 m de haut et 4 de large, longé par un fossé profond de 8 m rempli d'eau. L'hôtel de ville date du 18e tout comme la fontaine du Savourot. Le musée minal situé près de l'église néo-gothique accueille régulièrement des expositions. La ville se transforme constamment avec des aménagements modernes : jets d'eau, cheminements piétonniers en bois et elle se colorise avec hardiesse. Son commissariat de police

Héricourt et ses maisons colorées. Ici le commissariat

a innové dans le genre avec des couleurs chatoyantes qui contrastent avec la grisaille du passé. En effet, ceux qui ont connu la ville il y a une trentaine d'années seront surpris par sa jeunesse actuelle. Des bâtiments contemporains surgissent de terre et font de cette ville la plus moderne du département. Quelques bâtiments qui valent le coup d'œil pour les amateurs d'architecture moderne.

La tour du château d'Héricourt
et la flèche d'une des églises

HÉRICOURT

Le fort du Mont Vaudois

Ce fort, construit de 1874 à 1877, était destiné à maîtriser depuis ses 544 m de hauteur, les vallées en contrebas et protéger ainsi les communications avec Montbéliard. C'était une articulation avec les nombreux ouvrages du genre vers Belfort. Il fait l'objet actuellement d'un ambitieux plan de restauration et une belle équipe de bénévoles a déjà réalisé un fabuleux travail. Il ne se visite que sur rendez-vous d'avril à novembre, uniquement le premier mercredi de chaque mois. Donc attention, cette visite se mérite et vaut vraiment le coup avec en prime une vue panoramique exceptionnelle. *Tél. 03 84 46 03 30.*

La roseraie d'Héricourt

Le musée minal d'Héricourt

Le viaduc de la LGV passe entre Héricourt et Vyans

LUZE

Luze est traversé par la Lizaine. Le village fut complètement brûlé en 1636 par les soldats du Duc de Lorraine et décimé par la peste. La mairie du 18e siècle est un ancien pavillon de chasse des Comtes de Wurtemberg. Le temple 1864 est d'inspiration romano-gothique. Pierre Carmien est né à Luze en 1834. C'est l'inventeur du « piano à écrire » de la montre à remontoir et du roulement à billes. Il inventa ensuite « la roue libre » pour bicyclettes. Luze est surtout connue pour sa foire aux pommes, chaque année, le troisième dimanche d'octobre. De toute la Franche-Comté, les croqueurs de pommes affluent ici où ils peuvent trouver toutes les « races » de pommes. Une jolie fête où chacun repart avec sa cagette de pommes.

Saulnot

MANDREVILLARS

Une curiosité pas facile à trouver depuis le GR 5 : la croix des femmes érigée en 1792 à l'endroit où trois femmes furent tuées par la foudre. Il y a aussi un ancien puits à balancier et un verger de sauvegarde à côté de la maison de convivialité.

La croix des femmes

SAULNOT

Le nom de Saulnot vient du sel. Toute l'histoire de Saulnot est liée aux sources salées. Une « guerre » du sel oppose en Franche-Comté Salins à Saulnot. En 1615, la saline produisait 160 quintaux de sel par semaine ; en 1770, 250 quintaux. La cuite au bois entraînait une consommation excessive de rondins et de fagots. Dès 1589, on essaya d'exploiter une mine de houille à Corcelles. Les salines furent brûlées en 1474 par les troupes de Charles le Téméraire, duc de Bourgogne. L'eau douce envahit les salines et celles-ci disparaissent.

Le bourg s'est doté d'un petit centre commercial. Devant la mairie, la statue du monument aux morts attire le regard ; elle est toujours bien entretenue et d'un bleu éclatant. Dans les prairies humides, autour de Saulnot se complaisent oiseaux, papillons, libellules et la musaraigne aquatique. Le forgeron Émile Jacotey vivait ici. Il fut la vedette d'un des disques du groupe ANGE dont il illustrait la pochette avec un portrait dessiné d'après une photo de Marc Paygnard. À la sortie de Saulnot, juste après le rond-point en direction d'Héricourt, un petit panneau routier nous intrigue avec son petit avion : c'est un aérodrome privé. Malval, Corcelles et Gonvillars ont été rattachés à Saulnot.

Il ne reste plus rien des salines malheureusement. Quelques curiosités sont à voir : l'église reconstruite en 1847 et 1946, la fontaine-lavoir en grès rose du 19e, la grotte de la Baume et les marais. Pour ceux qui s'intéressent aux énergies naturelles : la chaufferie bois, construite en 1998, valorisant les sous-produits forestiers sous forme de plaquettes. La chaleur est distribuée aux bâtiments communaux et à des maisons privées.

TAVEY

L'établi - Atelier de design artisanal, meubles, objets, bois.
Anne Bergerfurth et Hugo Delavette. Tél. 06 34 62 77 02

TREMOINS

Plusieurs lavoirs avec leur pierre à linge d'origine sont en eau. L'église en surplomb est bordée d'un très vieux cimetière dont les pierres tombales se dressent sur un petit terrain bien vert. Le village qui est en limite du Doubs comporte plusieurs monuments aux morts.

Le Chari : *Ouvert vendredi et samedi soir, dimanche midi et soir. Le restaurant est très accueillant. Chantal Darey y propose des patates, des saucisses de Montbéliard, du Mont d'or et de la friture. Pataterie à l'origine, la carte s'est étoffée en restant bien franc-comtoise :*
Tél. 03 84 46 05 54

VERLANS

Les Verlanais, appelés aussi les Grebeuses selon certains voisins qui pensaient que les écrevisses marchaient à reculons, ont justement choisi l'écrevisse comme emblème sur leur blason. Le village a plutôt tendance à avancer bien droit en se transformant d'année en année d'une manière démographique exemplaire ce qui entraîne de nombreuses constructions neuves, mais aussi sur le plan architectural avec beaucoup de restauration urbaine. Le petit clocher construit en 1870 au-dessus du bâtiment communal devenu mairie en 1936. Le maire Luc Boullée, supporter du FC Sochaux, très attaché à son village (le plus petit de l'Aire Urbaine), habite en face de l'ancien relais de chasse des princes de Wurtemberg. Deux fontaines viennent d'être rénovées. Le ruisseau de l'étang était réellement connu pour ses écrevisses… Entre Verlans et Coisevaux, on peut voir des bornes domaniales portant des ramures de cerf emblème des Wurtemberg.

Verlans

VILLERS-SUR-SAULNOT

La grotte de la Baume avec ses stalactites et son ruisseau souterrain est bien connue des spéléologues. La fontaine «La Conre» (1878) est surmontée d'une belle statue. La forge d'Isidore est une auberge au cadre rustique et chaleureux. Un autre restaurant : Restobus Chez Yvonne se trouve sur la D 33.

Villers-sur-Saulnot

VYANS-LE-VAL

Si un classement des plus beaux villages de l'Aire Urbaine existait, celui-ci serait probablement dans le peloton de tête. Il est très joli non seulement par son aspect géographique vallonné mais aussi par la qualité de l'entretien des bâtiments et de leur mise en valeur. En 1565, l'église commune aux habitants de Vyans-le-Val et de Bussurel passe à la réforme protestante. En 1674, le village est rattaché à la France. Un tissage de coton à bras a fonctionné de 1823 à 1848. Le 15 janvier 1871, dans un mètre de neige, 8000 soldats français sous les ordres du général Busseroles vont tenter une offensive depuis Vyans-le-Val contre les Prussiens stationnés derrière la rivière Lizaine. Malgré le soutien de 80 canons placés sur les hauteurs du village, l'armée souffrant terriblement du froid (jusqu'à - 19°) devra renoncer ; mais Belfort tiendra ! À voir : la fontaine-lavoir-abreuvoir en pierre de taille établie en 1824, reconstruite en 1888. L'ancienne église catholique affectée au culte protestant. Son clocher en pierre construit en 1838 est coiffé d'un toit à tuiles vernissées restauré en 1989. La cloche a été fondue en 1890. La commune a créé un circuit promenade autour du village d'une durée d'une bonne heure. Le GR 5 passe aussi par là. Un centre équestre est bien placé, les forêts environnantes étant propices aux balades.

La fontaine de 1824

La Saône

Vacances **Haute-Saône** sacrée nature

30 Journées à thèmes

Découvrir la Haute-Saône à pied, à vélo, en voiture, à cheval, en balade familiale ou entre amis le long des chemins de halage, faire du canoë-kayak sur l'Ognon, une croisière à bord d'un bateau sans permis, une escapade en chariot bâché ou en roulotte... les possibilités sont multiples !
Quel que soit le moyen que vous choisirez pour parcourir la Haute-Saône, vous aurez de toute façon la possibilité de satisfaire votre curiosité. En effet, du nord au sud, d'est en ouest, le département abrite un patrimoine paysager, touristique, architectural, culturel et religieux impressionnant. Nombreux sont les sites qui façonnent une belle image de la Haute-Saône, pour n'en citer que quelques-uns : la Chapelle Notre-Dame du Haut à Ronchamp érigée par Le Corbusier, la verrerie-cristallerie de Passavant-la-Rochère fondée en 1475, le Musée départemental de Champlitte situé dans un bourg pittoresque... Tous ces sites qui composent la Haute-Saône vont vous permettre d'inscrire le partage au cœur de votre circuit et ce guide de découverte vous sera très utile pour approfondir vos connaissances, tout en vivant un moment de lecture sympathique.

Michel Désiré,
Président de Destination 70.
Agence de Développement et Réservation Touristique de la Haute-Saône.

Destination 70
Maison de l'Économie et du Tourisme
Zone Vesoul Technologia - 1 Rue Max Devaux - BP 20057
70001 VESOUL cedex
Tél. 03 84 97 10 70 www.destination70.com

destination 70
DÉVELOPPEMENT TOURISTIQUE
Haute-Saône

Le lac de Vesoul-Vaivre

Découvrez Vesoul au rythme de vos envies

LOCALISATION *Vesoul*

Vesoul, terre de vie et capitale de la Haute-Saône, est surtout le chef-lieu d'un département où la nature est restée intacte. Vesoul sait accueillir et retenir touristes et nouveaux arrivants : une ville à taille humaine avec toutes les commodités dans un rayon de 5 km. Vesoul, c'est aussi le plaisir de son musée, de son théâtre et de ses tables généreuses. Vesoul révèle à qui sait le percevoir et s'y attarder tous les trésors cachés d'un savoir-vivre riche en savoir-faire !

Visite Guidée de la ville

Blotti au pied de la colline de la Motte, le Vieux Vesoul offre un bel ensemble architectural, représentatif de l'histoire de la cité. Fondée au Moyen-âge, peu après la construction d'un château fort sur la colline de la Motte, la ville de Vesoul s'est développée au rythme des siècles. Ruinée à la fin du 15e, elle fut reconstruite le siècle suivant. De beaux hôtels de style gothique, finement sculptés, témoignent encore de cette époque. Au 18e siècle, la ville prend son aspect actuel. Autour de l'église se construisent de nombreux hôtels particuliers. Les faubourgs font peu à peu leur apparition et deviendront au 19e siècle le centre de la ville. Le centre du Vieux Vesoul a été rénové en 2003 entre l'église Saint Georges et le palais de justice. Les larges trottoirs et l'original mobilier urbain mettent en valeur les élégants hôtels particuliers de ce centre ancien plein de charme.

Prendre contact avec l'Office de Tourisme du Pays de Vesoul Tél. 03 84 97 10 85. www.ot-vesoul.fr.

Musée Georges Garret

Le musée municipal de Vesoul, fondé en 1882 par le peintre Jeanneney, est installé dans l'ancien couvent des Ursulines restauré en 1981. De l'époque gallo-romaine, il présente une importante collection de stèles provenant pour la plupart de Corre. La salle consacrée aux 17e et 18e siècles est l'une des plus belles du musée. Le musée possède le plus important ensemble d'œuvres de Jean-Léon Gérôme (1824-1904) né à Vesoul : dessins, peintures et sculptures. Le petit plus : Découverte du musée pour les enfants par différents jeux.

1 rue des ursulines Tél. 03 84 76 51 54. Ouvert toute l'année, tous les jours de 14h à 18h sauf mardi et jours fériés. Entrée gratuite.

Église Saint-Georges

Réouverte depuis décembre 2008. Superbement rénovée. Construite à l'emplacement d'une ancienne chapelle dont l'origine remonte au 11e siècle, l'église Saint-Georges est un exemple très intéressant de l'architecture religieuse du début du 18e siècle en Haute-Saône.

Accès libre. Office de Tourisme du Pays de Vesoul Tél. 03 84 97 10 85. www.ot-vesoul.fr

Visite du Jardin Anglais

Le site est aménagé en nouvelles promenades en 1792 puis en jardin public. A l'heure actuelle, ce jardin dessiné à l'anglaise offre aux regards des promeneurs de magnifiques massifs de fleurs, une roseraie avec pergola et un ensemble de jeux pour enfants.

Accès libre. Office de Tourisme du Pays de Vesoul Tél. 03 84 97 10 85. www.ot-vesoul.fr

Lac de Vesoul-Vaivre-et-Montoille

Promenade pédestre « tour du Lac » sur le sentier des Courlis.

A 3 km du centre ville, le lac de Vesoul-Vaivre s'étend sur 93 ha et fait partie d'un important complexe de loisirs. Sentier (5km) le long de berges avec zones de repos et bancs. Aire de jeux pour les enfants, côté camping. Réserve ornithologique avec différentes espèces d'oiseaux migrateurs (explication sur des panneaux didactiques, le long du chemin pédestre). Le club ornithologique organise des animations de reconnaissance des oiseaux pendant l'année.

Possibilité de location de vélo à la base VTT du camping du lac ou de pédalos à la base nautique.

Possibilité de Location de catamarans, planches à voile, lasers, canoë-kayak à la base de voile.

Lac de Vesoul-Vaivre :

Location de matériels nautiques au lac :
du 1er avril au 30 octobre. Tél. 03 84 76 50 80.

Location de vélos à la Base VTT FFCT :

toute l'année. Tél. 03 84 76 22 86.

Réserve ornithologique :

accès libre. Tél. 03 84 96 95 95.

Parc aquatique Le Ludolac

Sur une surface de 3 ha, espace de détente pour toute la famille avec toboggan (10 m de haut, 50 m de long), bassin de 50 m, petit bain avec rivière rapide, canon à eau, bassin de détente avec bulles d'air, jets massants, pataugeoire pour les petits, espace pique-nique, restauration rapide, buvette.

Ouvert de juin à septembre. Tél. 03 84 97 50 50.

Chariez

Dégustez Nature

LOCALISATION *Chariez, Pusy-et-Epenoux, Mailleroncourt-Charrette, La Creuse, Frotey-lès-Vesoul)*

La ville à la campagne… la ville de Vesoul est toute proche et pourtant vous êtes en pleine nature ! Histoire, patrimoine, lieu naturel, produit du terroir : un concentré de la Haute-Saône à quelques minutes de la vie citadine !

Le village de Chariez

Ancien village de vignerons. Le plateau, dominant la vallée du Durgeon, a été occupé à l'époque préhistorique. Maisons des 15e et 18e siècles. L'église (1783) abrite, entre autres, une vierge de piété bourguignonne du 16e, un intéressant rosaire du 17e et une très belle toile « la Vierge et l'Enfant » de Jean-Léon Gérôme.

Office de Tourisme du Pays de Vesoul
Tél. 03 84 97 10 85. www.ot-vesoul.fr

Saulx-de-Vesoul

Le village de Pusy-et-Epenoux

Route des retables : église avec chœur et boiseries 16e. Magnifique retable en bois sculpté polychrome du 17e siècle. Vieux centre du village avec maisons du 16e, lavoir, puits, fontaine et château 18e siècle.

Office de Tourisme du Pays de Vesoul
Tél. 03 84 97 10 85. www.ot-vesoul.fr

Parc à l'anglaise « la Cude » à Mailleroncourt-Charette

Au pied des Vosges, l'arboretum, il vient d'obtenir le label « Jardin remarquable », préserve arbres et arbustes et perpétue l'histoire d'une famille. Au cours d'une promenade commentée sur 2 km de chemins ombragés, François Folley vous fera découvrir les 3000 arbres et arbustes, les 500 espèces différentes, dans un parc de 5 ha.

Arboretum : François Folley Tél. 03 84 95 83 93.

Le village de Saulx

Visite de l'église de Saulx, avec visite du clocher et vue imprenable sur la vallée.
Promenade sur les sentiers balisés du secteur de Saulx

Sentiers balisés + églises : Syndicat d'initiative du Pays de Saulx Tél. 03 84 95 91 27.

Visite de La Ferme d'Alizée à La Creuse

Dans un petit village niché au fond d'un vallon, Jean Luc vous mitonne 60 à 70 sortes de confitures cuites à l'ancienne en bassine de cuivre.

http://www.lafermedalizee-70.com/
Tél. 03 84 74 36 76.

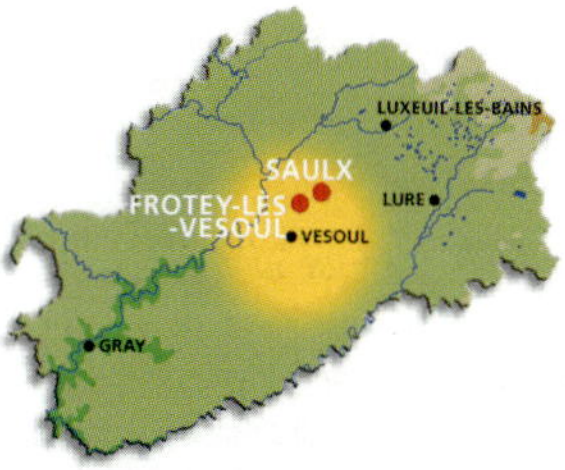

Promenade dans la réserve naturelle du Sabot de Frotey-lès-Vesoul

Réserve naturelle (végétation riche et variée, faune typique des plateaux calcaires). Dominant la falaise, en face de la Motte, sur le rebord de la colline en calcaire, les vents, les pluies et le gel ont sculpté la roche en forme de sabot. Beau point de vue. Promenade balisée sur ce plateau.

Office de Tourisme du Pays de Vesoul
Tél. 03 84 97 10 85. www.ot-vesoul.fr

Saône : chemin de halage

Les Rives de Saône

LOCALISATION *Scey-sur-Saône, Rupt-sur-Saône, Noidans-le-Ferroux, Baignes*

Amoureux des promenades au bord de l'eau, laissez-vous entraîner sur l'itinéraire «Rives de Saône», ancien chemin de halage réhabilité pour les loisirs. Goûtez à la beauté et à la quiétude des paysages traversés. Suivez les panneaux pour accéder à la Saône. Près de 80 km aménagés et praticables à pied, à vélo ou à cheval vous révéleront de jolis villages.

Rives de Saône : www.tourisme-scey-valdesaone.fr
Office de Tourisme des Combes à la Saône Tél. 03 84 68 89 04.

Tunnel de Saint-Albin

Le village de Scey-sur-Saône dispose d'un des joyaux du Val de Saône avec le canal souterrain de Saint-Albin long de 681 mètres construit au 19e siècle.

Office de Tourisme des Combes à la Saône
Tél. 03 84 68 89 04.
www.tourisme-scey-valdesaone.fr

Scey-sur-Saône

Visite du village classé « Petite Cité Comtoise de Caractère ».
Bâtie en amphithéâtre en bord de Saône, la cité se décompose en deux sites. Le quartier de la Prouse, construit autour d'une remarquable église du 18e siècle, domine le bourg situé en bord de Saône qui au hasard des ruelles permet de découvrir de nombreuses maisons à tour.

Office de Tourisme des Combes à la Saône
Tél. 03 84 68 89 04.
www.tourisme-scey-valdesaone.fr

À faire aussi à Scey-sur-Saône : promenade insolite dans le Parc du Château au poney-club des Boulingrins. Visite de la mini-ferme.

Poney club : Sophie Devaux Tél. 03 84 92 70 25.

Rupt-sur-Saône

Très beau village de caractère sur les rives de Saône. Rupt est également appelé le village aux trois collines. Visitez son château constitué d'un donjon du début 12e siècle, d'une habitation incluse dans les remparts (12 - 15e), d'une gentilhommière (19e), d'un pavillon de chasse néogothique (1870), des communs : cuverie (15e siècle), ferme italienne, chenil et serre orangerie (19e siècle). L'église date du 18e siècle. Depuis la Saône : 3 circuits vous sont proposés pour découvrir un patrimoine riche et varié.

Rupt-sur-Saône

Église et Château-Parc de Rupt-sur-Saône : Ouvert les samedis, dimanches et jours fériés du 1er avril au 31 octobre et chaque jour du 14 juillet au 31 juillet.
Office de Tourisme des Combes à la Saône
Tél. 03 84 68 89 04.

Saône Valley à Traves

Location de bateaux à la demi-journée, de barques, canoës, pédalos et VTT.

Ouvert d'avril à octobre
Tél. 03 84 92 72 70. www.saonevalley.com

Les Jardins de l'Étang à Noidans-le-Ferroux

Complexe aquatique ludique pour toute la famille, 2 parcours de swin-golf accessibles à tous, étang de pêche, tennis, aire de jeux.

Baignes

Les Jardins de l'Étang Tél. 03 84 68 41 05.
Ouvert du 14 juin au 2 septembre.
www.jardins-etang.org

Les forges de Baignes

Un site et une architecture unique en France. L'activité a débuté au 16e siècle et a cessé en 1961. Les extérieurs sont encore visibles. Le bâtiment en arc de cercle, appelé aussi le magasin, est sans aucun doute le plus remarquable.

Office de Tourisme des Combes à la Saône
Tél. 03 84 68 89 04.
www.tourisme-scey-valdesaone.fr

Port-sur-Saône

Nature et découverte

LOCALISATION *Faverney, Breurey-lès-Faverney, Port-sur-Saône*

Au départ de Faverney, Petite Cité Comtoise de Caractère où se célèbre depuis 5 siècles, à la Pentecôte, le miracle de la Sainte Hostie, rejoignez le village de Breurey-lès-Faverney et visitez ensuite le village de Port-sur-Saône qui sait allier à la fois patrimoine architectural et milieu naturel préservé où la Saône et son canal de dérivation traversent la cité dans un magnifique écrin de verdure.

PETITES CITÉS COMTOISES DE CARACTÈRE

Faverney

Petite Cité Comtoise de Caractère, connue pour son «miracle» : un ostentatoire est resté suspendu dans les airs pendant 33 heures, légèrement incliné, immobile dans l'espace avant de se redresser pour se poser de lui-même sur le corporel.

Visites guidées de l'abbaye, du centre ancien et de l'église abbatiale sur demande à la mairie Tél. 03 84 91 30 71.

Balade à vélo à Faverney

Circuit n° 3 du topoguide Pays de Vesoul - Val de Saône (52 km)

Topoguide de 46 circuits détaillés dont 32 pédestres, 8 cyclos et 6 VTT. En vente à l'Office de Tourisme de Vesoul et aux environs au prix de 3€.

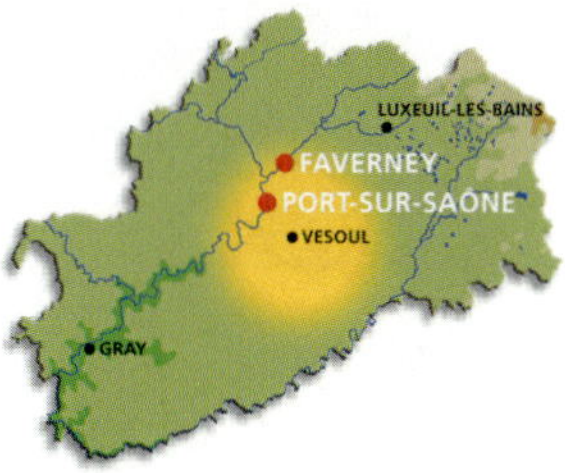

Balade à cheval à Faverney

Club équestre de Paddington.

Lieu-dit Pré Marat. Tél. 03 84 91 32 00.

Parc animalier de la Maladière à Port-sur-Saône

Parc avec daims en bordure de Saône - visite libre

Office du tourisme de Port-sur-Saône Tél. 03 84 78 10 66.

Promenade à bord du Cadet Rousselle à Port-sur-Saône

Croisière ou croisière-repas

Laurent Jacquel Tél. 03 29 36 27 46

Port-sur-Saône

Thermes de Luxeuil-les-Bains

Destination détente dans la cité thermale

LOCALISATION *Luxeuil-lès-Bains*

Ville historique et thermale, alternant entre modernité et pierres anciennes, les activités à Luxeuil-les-Bains sont nombreuses : sorties ludiques avec le Casino, sorties patrimoniales avec la visite de la ville, sorties bien-être avec l'espace de remise en forme au sein même de l'établissement thermal. Sans oublier les rendez-vous culturels et gastronomiques !

Thermes de Luxeuil-les-Bains

Visite guidée de la ville

C'est parti pour 1h30 de visite avec l'historique de la ville, du centre thermal au centre ancien, la découverte de la Basilique St Pierre et de son buffet d'orgues. La visite est suivie d'une dégustation du terroir.

D'avril à fin octobre, tous les jeudis à partir de 15h sur réservation auprès de l'Office de Tourisme de Luxeuil-les-Bains Tél. 03 84 40 06 41.
Visite payante : 4€ (gratuité jusqu'à 12 ans, 2€ la dégustation du terroir. Inscription recommandée.
Possibilité en langues étrangères : anglais, allemand et hollandais.
www.luxeuil.fr

Visite du Conservatoire de la Dentelle

Visite incontournable

Conservation du patrimoine, enseignement traditionnel de la dentelle et nouvelles conceptions.

Entrée libre : Salle des moines, Place de L'Abbaye
Tél. 03 84 93 61 11. www.dentelledeluxeuil.com.
Ouvert les mardis et vendredis de 14h à 17h30.
Visite guidée avec les dentelières au travail.

Les thermes et son espace détente

C'est le moment de penser à vous : retrouvez rapidement sa vitalité, se sentir bien dans son corps et sa tête, se reposer, réapprendre à respirer, se laisser caresser par les eaux chaudes, retrouver l'équilibre, se réhydrater... Remise en forme avec espace esthétique, drainage lymphatique, enveloppements d'algue et de boue, massages à la carte, piscine, jacuzzi, hydroxeur, hammam, aquagym. Les eaux de Luxeuil-lès-Bains sont uniques en France : eaux hyperthermales chlorurées sodiques, légèrement siliceuses, alcalines, sulfatées.

Complexe thermal - 3 rue des Thermes
Tél. 03 84 40 44 22. Ouvert de mars à novembre, du lundi au vendredi y compris jours fériés.

Soirée casino

Le casino offre 100 machines à sous, roulette française, roulette anglaise, black jack et stud poker. Son piano-bar est un rendez-vous incontournable et son restaurant entièrement redécoré dans un esprit contemporain propose de savoureuses spécialités.

16 rue des thermes Tél. 03 84 93 90 90.
Ouverture tous les jours à 10 heures. L'entrée des salles de jeux est réservée aux personnes majeures.
Présentation obligatoire d'une pièce d'identité.
www.joa-casino.com/Nos-casinos/JOACASINO-Luxeuil

Escapade gourmande

LOCALISATION *Saint-Bresson*

Situé dans un environnement de bois et d'étangs, niché au creux de la vallée du Raddon, Saint-Bresson est entouré sur les hauteurs par 27 hameaux et s'inscrit sur la Route des Chalots. Ses villageois sont les «Coboyots» !

Le jardin floral de l'ancien presbytère

Ancien jardin de curé, réaménagé début 2003, situé au pied des Vosges Saônoises.

De nombreuses collections de vivaces et d'arbustes à fleurs. Un jardin blanc en cours de réaménagement.

Tél. 03 84 94 04 65.

Ouvert de début juin à fin octobre.

Apiculteur Guy Dirand

La ferme est spécialisée en apiculture et se consacre à l'élevage des abeilles, la transhumance des ruches et la production de miel : miels acacia, toutes fleurs, forêt, tilleul, sapin, gelée royale et fabrication de pains d'épices. Vente à la ferme.

Au village Tél. 03 84 94 67 99, tous les jours sur rendez-vous. guy.dirand@tiscali.fr

Produits et Goûters à la ferme

Retrouvez des saveurs oubliées… Le goûter à la ferme a pour but de faire connaître les produits du terroir tout en échangeant sur le métier d'agriculteur et en visitant son exploitation.

Christine et Gilles Galmiche : venez découvrir une ferme laitière en agriculture biologique située dans les Vosges Saônoises. Après avoir vu vaches et chèvres, vous pourrez au cours d'une promenade visiter l'ancien moulin encore en activité, le four à pain et le chalot, « grenier » traditionnel de la région. Au goûter, les produits de la ferme sont à l'honneur : fromage blanc et fromage de chèvre servis sur des tartines !

Les Prés Benons Tél. 03 84 94 69 01. Ouverture tout l'été sur réservation. www.sous-le-bois.com

Agnès et Yves Vançon : dans le Parc Naturel Régional des Ballons des Vosges, ferme traditionnelle avec des vaches laitières, de race rustique « vosgienne », accompagnées de chevaux comtois. Agnès et Yves vous attendent au cœur d'un paysage de prairies et de forêts pour vous parler de leur métier d'agriculteur ainsi que de son évolution. Puis un goûter vous sera servi : lard grillé, fromage blanc, confitures, sirops.

Les Hanguelles Tél. 03 84 94 44 18.

Ouverture en juin, juillet et août sur réservation.

Visite de la ferme GAEC Ménigoz

Fabrication fromagère : munster fermier AOC, kirsch, fromage frais, faisselle.

Possibilité d'achat tous les jours & visite sur rendez-vous.

Lieu-dit « Granges du bois » Tél. 03 84 94 00 21.

Visite de la boulangerie de Philippe Duchanoy

Au village, fabrication à l'ancienne et cuisson au feu de bois de pains de campagne et brioches, épicerie, café.

Tél. 03 84 94 02 97.

Randonnée pédestre

Thème : La vallée du Raddon et ses ressources.

Circuit de 8,5 km, durée d'environ 2h15.

Dénivelé : 180 mètres, difficulté : facile.

Départ : place de l'église.

Document disponible à l'office de Tourisme de Faucogney-et-la-Mer Tél. 03 84 49 32 97. www.les1000etangs.com

Visite d'un chalot

Le chalot est une construction en bois «annexe de la ferme» utilisé comme grenier pour la conservation du grain, de l'alcool, de la nourriture et des trésors de famille.

Programme disponible dans les Offices de tourisme.

Saut de l'Ognon

À la découverte des Mille Étangs

LOCALISATION *Melisey, Servance*

Paradis de la randonnée sous toutes ses formes, les Mille étangs sont un lieu idéal pour les amoureux de la nature : véritable curiosité géologique, ce cousin des forêts canadiennes est le joyau de la Haute-Saône. C'est un patrimoine unique en Europe constitué de forêts et d'étangs.

La route des étangs à vélo

Circuit de 46 km

Melisey -Écromagny - Annegray - Faucogney - Saphoz - Esmoulières - La Saulotte - La vierge du Reposou - Beulotte-Saint-Laurent - Les Rouillons - Servance - Étang du Boffy - La Mer - Melay - Melisey

Livret guide (3 €) disponible en français, anglais et allemand auprès de l'Office de Tourisme de Melisey Tél. 03 84 63 22 80.

Le Saut de l'Ognon à Servance

À ne pas manquer !

L'Ognon, rivière de montagne, tumultueuse, traverse Servance et vient se jeter sans retenue en une magnifique chute d'eau de 14 mètres. Pour y accéder : sur la gauche, à l'entrée du village en venant de Lure (D486), garez-vous sur le parking prévu à cet effet, et accédez à pied au site, distant de 400 mètres.

À Servance, pensez aussi à voir le retable de l'église de l'Assomption en bois sculpté du 17e siècle. Église ouverte tous les jours. Livret explicatif à l'entrée (3 euros).

Base de loisirs de la Praille à Melisey

Située sur les rives de la rivière de l'Ognon, à la sortie de Melisey direction Servance, vous pourrez y pratiquer de nombreuses activités : terrains de basket, pétanque, mini-golf et tables de pique-nique sont à votre disposition. En été, sur place : boisson et petite restauration ! Sans oublier la piscine

Ouverte tous les jours du 13 juin au 31 août
Tél. 03 84 20 02 75.

En face de la base de loisirs, un centre équestre, "Le manège des Mille Étangs" accueille les amoureux des chevaux.

Zone de la Praille à Melisey

Sur la trace des métiers d'antan

LOCALISATION *Fougerolles, Faucogney, le Haut-du-Them*

Fougerolles vient d'obtenir le 3 mai 2010 une AOC pour le kirsch.

Bienvenue au royaume de la cerise ! Au 19e siècle, le pays fougerollais comptait 60 000 cerisiers et 40 distilleries. La cerise, avec laquelle on fabrique le kirsch, était une véritable industrie. Il reste aujourd'hui 35 000 arbres, 5 distilleries auxquelles s'ajoutent les différents agriculteurs distillateurs réunis en SICA.

Ecomusée du Pays de la Cerise à Fougerolles

Visite incontournable

Nouvelle muséographie avec un parcours de visite innovant : de la fleur à l'alambic. A consommer sans modération ! Il permet de découvrir la vie traditionnelle, les manières d'habiter, de travailler, de se marier ou de boire. Il apprend les croyances et les symboles associés à la distillation et ses implications économiques et sociales sur la vie locale.

Visite semi-guidée d'1h30 environ.
Le petit Fahys 206 Tél. 03 84 49 52 50.
www.musees-des-techniques.org.
Ouvert du 15 février au 30 juin et du 1er septembre au 15 novembre.

Faucogney, cité héroïque

Pas moins de 3 circuits vous invitent à parcourir ce lieu incomparable. De la nature, le circuit de Rochenoz se fait guide avec ses avancées en sous-bois et son point de vue sur la vallée du Breuchin tandis que le circuit Saint-Martin vous mènera à travers des allées champêtres jusqu'à la majestueuse chapelle du même nom, qui depuis le 12e siècle place la ville sous sa protection pour que, désormais au crépuscule, le promontoire qui l'accueille s'illumine de sa présence. De ce lieu dominant, vous pourrez admirer les rues formant le circuit historique, de la fontaine Gruyer, aux maisons de maître en passant par la tour 1015.

Livret au tarif de 1,50 € en vente à l'Office de tourisme de Faucogney-et-la-Mer
Tél. 03 84 49 32 97.
www.les1000etangs.com

Visite du musée de la Montagne Château-Lambert à Le Haut-du-Them

Visite incontournable

Le musée de la Montagne est une vitrine de la société rurale au début du 20e siècle, qu'il s'agisse des activités de la ferme ou du moulin, de l'importance de la forêt, du bois ou de celle de la mine. Les visiteurs musardent quotidiennement entre les habitations de l'époque, partiellement reconstruites à partir de bâtiments récupérés dans des villages voisins. Au cours d'une visite en plein air, le promeneur découvre l'étonnante cabane rudimentaire forestière appelée «baccu», la hutte du sabotier de tradition celtique ou encore le quotidien d'une famille de paysans mineurs, en pénétrant à l'intérieur d'une ferme vieille de près de deux siècles.

Tél. 03 84 20 43 09. Ouvert du 1er avril au 30 septembre de 9h30 à 12h et de 14h à 18h. Du 1er octobre au 31 mars de 14h à 17h, fermé le mardi, samedi matin et dimanche matin (sauf groupes annoncés).
www.cg70.fr/decouvertes/musee/montagne/indexmontagnefr.htm

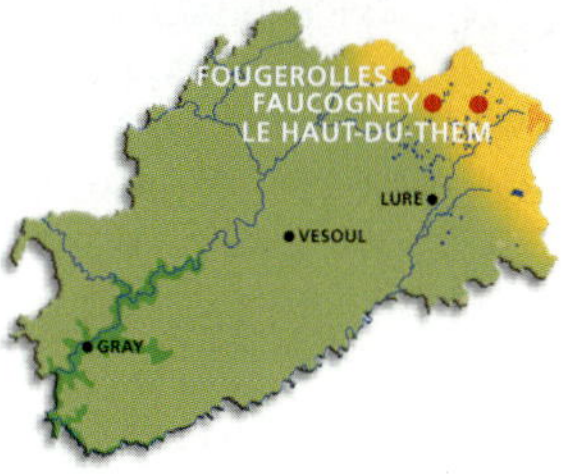

Lure

Plaisir des yeux en Pays Luron

LOCALISATION *Lure*

Ville porte du Parc Naturel Régional des Ballons des Vosges, Lure est aussi la sous-préfecture de la Haute-Saône. Une ville dynamique où commerces et richesses touristiques se mêlent. Gastronomie et artisanat complètent le panel des activités de détente ! C'est aussi à Lure que Georges Colomb, alias Christophe, père de la BD, a créé entre autre le personnage du Sapeur Camember.

Visite du Vieux Lure en 22 étapes

Départ : Place de la Libération au centre culturel puis étang de la Font et Sous-Préfecture, ensuite la rue Pasteur et l'église, continuez sur l'Avenue de la République, retour Place de la Libération et fin du parcours Place de la Gare. Durée : une heure environ.

Découvrir «le Vieux Lure» : document réalisé grâce aux écrits de l'historien luron Jean Girardot, disponible à l'Office de Tourisme de Lure Tél. 03 84 62 80 52. Possibilité de visite guidée sur demande à l'office de tourisme : durée 2h, 2 € par personne.

Base de loisirs «la Saline»

La base de loisirs et les plans d'eau de la Saline accueillent toute l'année celles et ceux qui souhaitent prendre leur temps et profiter des installations mises à disposition : jeux pour les enfants, terrains de pétanque, sentiers, plan d'eau pour la pêche, coins pique-nique.
Route de la Saline. Accès libre.

Randonnées pédestres

L'occasion de découvrir la faune et la flore au milieu d'anciennes gravières, de profiter de sentiers dessinés en forêt pour le grand plaisir des marcheurs et adeptes de VTT et de découvrir de superbes points de vue. 6 circuits au choix au départ de Lure : le Semé (7 km), l'Onde (10 km), A la découverte de Faymont (7 km), la Reigne (3km), la Vierge du Mont Gédry (2 km), les essarts (10 km).

Document disponible à l'Office du Tourisme de Lure Tél. 03 84 62 80 52.
www.office-tourisme-lure.com

Sur la Route des Villages Fleuris

Au départ de Saint-Germain, découvrez une partie de la Route des Villages Fleuris. Cette route, comme son nom l'indique, relie des villes et villages pour lesquels le fleurissement n'est pas un vain mot. Les fleurs sont loin d'être les seuls attraits de cette promenade. En effet paysage, patrimoine, activité et gastronomie font partie des autres plaisirs !

La Route des Villages Fleuris : Saint-Germain, Roye, Frotey-lès-Lure, Lyoffans, Magny-Jobert, Vouhenans.

Dépliant gratuit disponible en français, allemand et anglais auprès de l'Office de Tourisme de Lure Tél. 03 84 62 80 52.

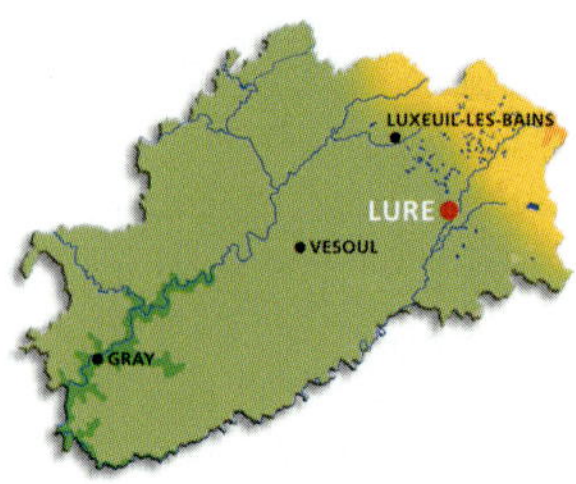

Ronchamp

Voyage dans le temps

LOCALISATION *Ronchamp*

Partez à la découverte des principaux lieux du patrimoine de Ronchamp, de l'art sacré aux traces les plus visibles du passé minier.

La Chapelle Notre-Dame du Haut
Visite incontournable

Construite par le célèbre architecte Le Corbusier, elle est le symbole de l'Art Sacré contemporain. Située sur une colline haute de 472 mètres, la chapelle impressionne par la pureté plastique de ses formes curvilignes. Entièrement construite en béton avec ses formes galbées, ses tours chapelle, ses jeux de lumière et de couleur, il y règne une atmosphère particulière qui ne peut laisser indifférent.

13 rue de la chapelle Tél. 03 84 20 65 13.
www.chapellederonchamp.fr
Ouverture au public : du 1er avril au 30 septembre : tous les jours de 9h30 à 19h. Du 1er au 31 octobre et du 1er au 30 mars : tous les jours de 10h à 17h. Du 1er novembre au 28 février : de 10h à 16h. Fermé le 1er janvier.

Le puits de mine Sainte Marie

Ce puits est situé sur la droite en bas de la route qui mène à la Chapelle. Le fonçage du puits commence le 1er avril 1864. D'une profondeur de 359 mètres, il ne produira que peu de charbon et deviendra en 1880 le puits d'aérage principal entre les puits voisins Au plus fort de l'exploitation, en 1875, 1 500 mineurs sont employés sur le site pour en extraire, chaque année, 200.000 tonnes de charbon, jusqu'à la fermeture en 1958.

Des informations sur les aspects miniers sont disponibles dans le livret «le charbon de Ronchamp» à l'Office de Tourisme de Ronchamp Tél. 03 84 63 50 82.

Le musée de la Mine Marcel Maulini

Dès le 16e siècle, les gisements de charbon présents sur le territoire furent exploités du milieu du 18e à 1958, faisant vivre des générations de mineurs. La maison de la Mine en témoigne et raconte la dure vie de ces hommes. Le musée retrace 200 ans d'activité minière à Ronchamp.

33 place de la mairie : Tél. 03 84 20 70 50.
Ouvert en mars-avril-octobre et novembre tous les jours sauf mardi de 14h à 18h - du 1er mai au 30 septembre tous les jours sauf mardi de 10h à 12h et de 14h à 18h. Fermé les 8 mai et 14 juillet.

Randonnées pédestres

Avec 4 circuits au choix au départ de Ronchamp de 1h à 3h de marche : le circuit du souvenir (3h), art et histoire (1h) mines et forêt (2h), les cités ouvrières (2h). Pour tout connaître du passé militaire, minier et historique de la ville de Ronchamp.

Office de Tourisme de Ronchamp
Tél. 03 84 63 50 82.
www.tourisme-rahin-cherimont.com

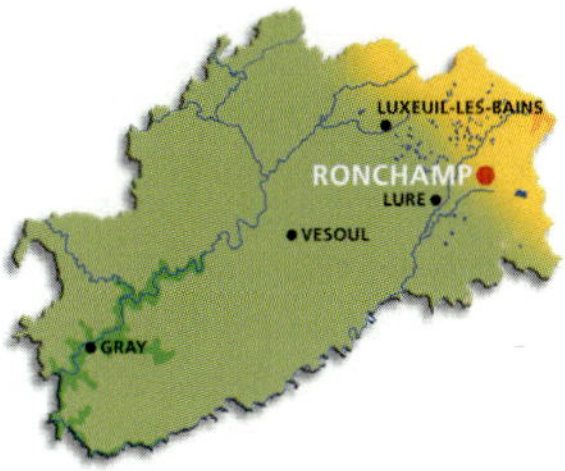

En pleine nature, détente, loisirs et rendez-vous gourmand

LOCALISATION *Planche des belles Filles, Plancher-les-Mines, Belfahy, Miellin, Ballon de Servance*

Respirez, vous êtes dans le Parc Naturel Régional des Ballons des Vosges. Une communion avec la nature dans ce qu'elle a de plus beau : paysages pittoresques, parsemés d'étangs et de tourbières, de chaumes et de forêts. Profitez-en aussi pour découvrir une tradition ou un festival, par exemple la fête des myrtilles à Belfahy ou le festival Musique et Mémoire des Vosges Saônoises.

PLANCHE des Belles Filles

- À 1 050 m d'altitude, domaine skiable : stade de neige avec 5 pistes de ski alpin et 3 pistes de ski de fond, 2 circuits de raquettes à neige (débutant & famille de 3,5 km et sportif de 8 km / 3h30).
- Le sentier d'interprétation est un circuit de 3,5 km où se découvrent nature, flore, faune et histoire locale et ce, au travers de 9 tables de lecture. Itinéraire avec double départ : soit près du local de billetterie du site soit à proximité du chalet d'accueil.

La Planche des Belles Filles Tél. 03 84 23 62 11 et Restaurant du chalet Tél. 03 84 27 45 34. www.stationdelaplanche.fr

Bon à savoir : La Planche des Belles Filles aurait été le théâtre d'un abominable massacre au cours de la Guerre de Trente Ans (1618-1648). En 1635, pendant l'hiver neigeux, les Suédois aux ordres de Mansfeld, chef de guerre brutal agissant pour Richelieu, remontent la vallée du Rahin pour cantonner à Plancher-les-Mines. Les paysans des vallées du Rahin et de la Savoureuse (côté Belfort) se sauvent dans la montagne de Saint-Antoine avec leurs pauvres biens et leur maigre bétail. Les épouses et les filles, qui avaient encore plus à craindre des Suédois, continuent leur chemin dans la neige jusqu'au plus haut sommet du ballon d'Auxelles où elles pensaient être en sécurité. Mais une trahison mena les Suédois jusqu'au refuge des paysans. Le massacre dure jusqu'à l'aube et ils sont tous tués, seul un enfant réussit à s'échapper et court vers les chaumes (sommet du ballon) pour alerter les femmes. Mais dans la neige, ses traces sont faciles à suivre et les soldats sont déjà derrière lui. Les femmes comprennent le danger et savent ce qui les attend, d'horribles tortures et la mort. Pour les éviter, elles dévalent les pentes abruptes du ballon et se jettent dans un étang aux eaux noires. Seule une jeune fille aurait échappé à la noyade et aurait raconté ce récit. On dit que c'est depuis ce temps que l'étang et la planche qui les surplombe portent ce nom de «Belles Filles».

PLANCHER les Mines

Découverte de la cascade « la Goutte des Saules » par les rives du Rahin, des armées de sapin, une grande rasade de chemins : la formule magique pour un accès direct sur les hauteurs de la cascade !

Belfahy

Perchée à 900 mètres d'altitude, Belfahy est la plus haute commune de Haute-Saône et du Massif des Vosges. Chaque année en juillet, le village de Belfahy organise la fête de la myrtille. L'occasion de savourer la brimbelle sous toutes ses formes en tartes, crêpes, beignets, sorbets, confitures, sirops, bonbons, en apéritif (crème de myrtille et vin rosé sec) et même nature avec du sucre ou de la chantilly.

Fête de la myrtille, entrée gratuite. Organisée par l'association Belfahy Nature Tél. 03 84 23 60 17.

Miellin

Son village, son église et son site boisé sans oublier la scierie Martin : dernier bastion des demeures qui peuplaient, au lieu-dit la Grève, la magistrale roue à aubes au mécanisme médiéval de la scierie Martin n'en finit pas de faire s'écouler l'eau du Plateau des Mille Étangs. Laissée à l'abandon, 2 années de travaux acharnés, ont permis de remettre en activité une scierie de montagne datant de la 1ère moitié du 20e siècle.

Visites organisées par la Maison de la Nature des Vosges Saônoises Tél. 03 84 63 89 41. www.mnvs.fr

La chapelle Saint-Blaise : «Eau de Saint-Blaise, tout mal apaise !». Cette belle promesse donne des ailes à qui veut rallier la chapelle et sa source magique. Des visiteurs de toute nationalité se rendent en ce lieu tout au long de l'année.

Tél. 03 84 20 44 94. Visite libre en été.

Servance

Son village, son église, son site boisé et la scierie Martin : au lieu-dit « la grève » : elle est la dernière survivante de la dizaine de scieries qui jalonnaient le parcours de la Doue : petit torrent de montagne, affluent de l'Ognon. La roue de la scierie patiemment restaurée, fait encore fonctionner aujourd'hui le haut-fer pour le plaisir des visiteurs.

Visites organisées par l'office de tourisme de Melisey Tél 03 84 63 22 80 et la Maison de la Nature des Vosges Saônoises - Tél 03 84 63 89 41 ou www.mnvs.fr

Champagney

Étapes sympathiques

LOCALISATION *Champagney*

Au pied des Vosges Saônoises, dans le Parc Naturel Régional des Ballons des Vosges, Champagney est une cité de mémoire avec la Maison de la Négritude et des Droits de l'Homme. De plus, elle est proche du site touristique le plus visité de la Haute-Saône : la Chapelle Notre-Dame du Haut bâtie par Le Corbusier.

MAISON de la Négritude et des Droits de l'Homme

Visite incontournable

En 1789, Champagney comptait 2000 habitants, assez pauvres pour la plupart. C'est ici, sur une terre ingrate au climat rude, à des milliers de kilomètres des contrées africaines que le 19 mars 1789, les Champagnerots décidèrent de réclamer l'abolition de l'esclavage dans le Cahier de Doléances adressé au Roi Louis XVI. Pourtant, la seule connaissance qu'ils avaient de l'homme noir se limitait à la représentation d'un roi mage sur un tableau dans l'église. La Maison de la Négritude est l'un des quatre sites de la Route des Abolitions.

Ouvert du 1er avril au 31 octobre du mercredi au samedi de 10h à 12h et de 14h à 18h et les dimanche et mardi de 14h à 18h.
24 grande rue Tél. 03 84 23 25 45.
www.abolitions.org

RANDONNÉES pédestres

Avec 6 circuits au choix au départ de Champagney de 1h30 à 3h30. De niveau facile à difficile, vous pourrez ainsi découvrir la géologie, la forêt, la flore et l'histoire locale. Richesses industrielles, hydrauliques et beaux points de vue sont au rendez-vous.

Document disponible à l'Office de Tourisme de Ronchamp Tél. 03 84 63 50 82.
www.tourisme-rahin-cherimont.com

ZONE DE LOISIRS Les Ballastières

En bordure d'un étang dans un cadre unique et calme : baignade surveillée, pédalos, canoës, voiles et planches à voile. Animations.

Les Ballastières. Entrée gratuite.

La digue du bassin de Champagney

LE BARRAGE RÉSERVOIR : histoire d'un canal inachevé

Accédez au bassin de Champagney par le hameau «le Ban de Champagney». Les travaux ont démarré en 1882 et la 1ère mise en eau s'est faite en 1938 : soit 56 ans après ! Sa digue est longue de 785 mètres et le mur qui s'élève de 36 mètres au dessus du sol s'enfonce dans celui-ci de 9,50 mètres.

Le Bassin de Champagney : document disponible à l'Office de Tourisme de Ronchamp
Tél. 03 84 63 50 82.
www.tourisme-rahin-cherimont.com

Soirée animée à l'hôtel du Pré Serroux

Héricourt

Détour par le Pays d'Héricourt

LOCALISATION *Héricourt*

Toute proche des frontières suisses et allemandes, Héricourt est la deuxième ville de Haute-Saône par sa population (10 433 habitants). Ancienne cité textile, la ville se situe au cœur de la zone de production des sociétés automobiles Peugeot et Alsthom. Construite au pied du Mont Vaudois : son patrimoine et ses sites remarquables méritent plus qu'une simple traversée.

Le musée minal

Situé devant l'église, le musée minal accueille ponctuellement des expositions de photos, peintures, sculptures, artisanat, travaux d'élèves, ainsi que des expositions à thèmes

Tél. 03 84 46 10 88 (mairie).
www.hericourt.com

Fort du Mont Vaudois et panorama

Altitude de 544 m. C'est une articulation entre le camp retranché de Belfort et le rideau défensif sud. Ce fort construit de 1874 à 1877 était destiné à maîtriser la vallée en contrebas et à protéger les communications avec Montbéliard.

Mont Vaudois

Tél. 03 84 46 03 30. Visite d'avril à novembre les 1er mercredis de chaque mois sur réservation uniquement. Départ 14h, durée : 2h. Tarif de 3 € par personne.

La tour du château

Le château, véritable forteresse du Moyen-Age est mentionné au 17e siècle. Dominant la ville par un rempart de 12 mètres de haut et longé par un fossé de 8 mètres d'eau douce, il n'en reste aujourd'hui que la grosse tour du 14e siècle (classée Monument Historique) avec son escalier en pierre.

Rue de l'église Tél. 03 84 46 10 88 (mairie).

Circuits de randonnée : Tous les circuits débutent à la Tour du château d'Héricourt. La source de la Charmille (11,5 km) , la Pierre Plate (11,5 km), Le Tour du Mont Vaudois (15,5km).

Contacts : Communauté de communes du Pays d'Héricourt Tél. 03 84 46 98 70 ou www.cc-pays-hericourt.fr et mairie du Pays d'Héricourt Tél. 03 84 46 10 88. www.hericourt.com

Toute proche la ville de Belfort avec sa citadelle et ses fortifications, le Lion de Bartholdi, les musées de Belfort, la base nautique du Malsaucy, le petit train touristique et le musée Peugeot à Sochaux.

Contact : Communauté de communes du Pays d'Héricourt Tél. 03 84 46 98 70. www.cc-pays-hericourt.fr et mairie du Pays d'Héricourt Tél. 03 84 46 10 88. www.hericourt.com

Héricourt

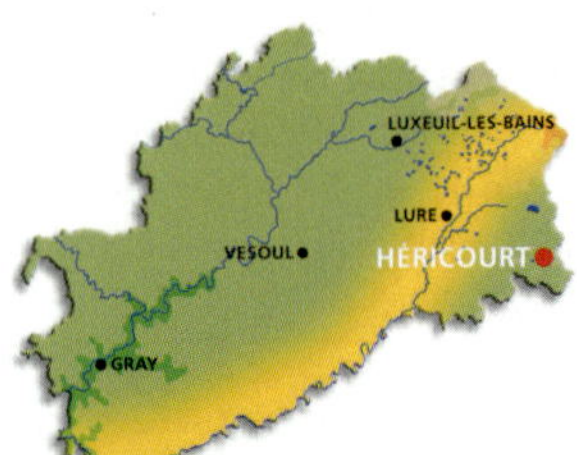

Fallon

Flânerie au Pays des Seigneurs de Grammont

LOCALISATION *Villersexel, Fallon*

Petite Cité Comtoise de Caractère de 1 500 habitants, dominant les cours d'eau de l'Ognon et du Scey, Villersexel est installée dans un écrin de verdure. Sa position et sa force de caractère en font un lieu incontournable où visites, animations et activités sont au rendez-vous !

PETITES CITÉS COMTOISES DE CARACTÈRE

Le bourg castral de Villersexel

Ancien bourg castral dominant le confluent de l'Ognon et du Scey. Le château, l'église avec son clocher comtois et l'hôpital de Grammont constituent le «Bourg en haut», autrefois quartier des artisans et des commerçants. Le «Bourg en bas» qui s'étend à flanc de colline est constitué d'anciennes fermes avec leurs porches cintrés et leurs petits jardins donnant sur la rue.

Visites guidées du bourg, de l'ancien hôpital et visites thématiques organisées par l'Office de tourisme du Pays de Villersexel
Tél. 03 84 20 59 59. www.cc-pays-villersexel.fr

Le château de Grammont à Villersexel

Cette demeure classée Monument Historique est meublée à l'identique de ce qu'elle était il y a un siècle. Un personnage historique de renom, le Marquis de La Fayette, y vécut avant de faire voile vers les Amériques. Ce château abrite des chambres aux noms chargés d'histoire : Empire, Honneur, Rotonde, Montebello… Détruit lors de la bataille de Villersexel en janvier 1871, il sera reconstruit en 1880.

Visites guidées chaque dimanche à 15h30
Tél. 03 84 20 51 53. www.villersexel.com

Balade pédestre sur le sentier de la mirabelle à Fallon

Fallon est une commune productrice de mirabelles. Les mirabelles locales sont petites, très sucrées et parfumées, et se déclinent volontiers en tartes, confitures, eau de vie ou en «Chiquand'li» (chocolat fourré à la mirabelle). Boucle Nord de 6 km et boucle Sud de 10 km. Une table d'orientation, 5 tables de lecture.

Renseignements à l'Office de Tourisme de Villersexel
Tél. 03 84 20 59 59. www.cc-pays-villersexel.fr

Circuits de randonnée pédestre

Sentier du Tacot à Athesans (6 km) - Seigneurie de Granges à Granges-le-Bourg (19,7 km) - La voie du sel à Gouhenans (13,7 km).

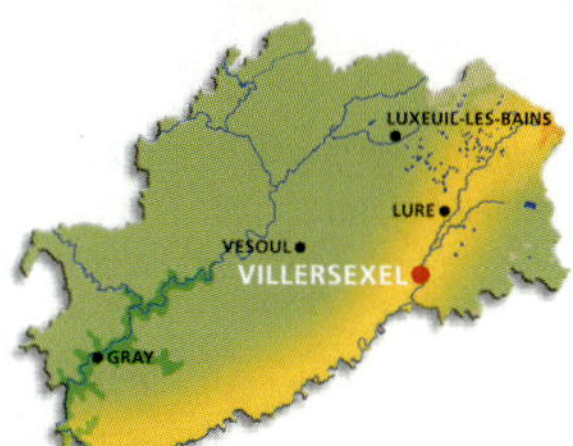

Château de Villersexel

Bonnal

Plaisirs des sens en Pays de Villersexel

LOCALISATION *Marast, Oppenans, Bonnal*

Jolis points de vue, fontaines-lavoirs, salle d'exposition du peintre Mathieu qui invite à découvrir ses paysages franc-comtois. Ambiances variées et diversité sont les maîtres-mots de ce circuit.

L'Église du prieuré de Marast

Prieuré fondé en 1120. L'église achevée en 1150 est le seul bâtiment primitif qui subsiste. La nef comporte huit travées dont les grandes arcades en plein cintre reposent alternativement sur des pilastres quadrangulaires ou des colonnes rondes.

Visite écrite disponible sur place ou à l'Office de Tourisme de Villersexel Tél. 03 84 20 59 59 ou 03 84 20 31 22. Visite libre tous les jours de Pâques à octobre.

Découverte de la galerie de peinture Mathieu à Marast

Galerie d'exposition de paysages francs-comtois.

Salle ouverte toute l'année, tous les jours à partir de 10h ou sur RDV. Association des Hommes et des Traditions Tél. 03 84 20 31 22.

Passage par la miellerie des Quatre Fontaines à Oppenans

Découverte du monde fascinant des abeilles et de la fabrication de leur trésor : le miel. Point de vente.

Visite gratuite sur RDV au Tél. 03 84 78 70 18.
Association Borplacal
Tél. 03 84 78 71 33 ou 03 84 78 71 76.

Visite du musée agricole "La ferme d'antan" à Oppenans

Exposition de matériel agricole d'autrefois.

Ouvert du 15/06 au 15/09 le samedi et le dimanche de 14 h à 18 h et sur rendez-vous.
Association Borplacal
Tél. 03 84 78 71 33 ou 03 84 78 71 76.
www.oppenans.com

Baignade à Bonnal

150 hectares de verdure et d'eau, un lac aménagé pour la baignade, deux lacs de pêche, un lac pour le ski nautique et un lac réserve d'oiseaux. Aire de repos et de pique-nique. Chemins de promenade.

Zone de loisirs Tél. 03 81 86 95 14. Chiens interdits. Entrée payante. Possibilité de location de kartings 200 cm³ et de voiturettes électriques pour enfants (renseignements au Tél. 06 08 09 65 79).

Oricourt

Sensations et traditions en Pays de Villersexel

LOCALISATION *Villersexel, Oricourt*

Un circuit pour tous et tous les goûts : loisirs actifs, site historique et gourmandise ! Et temps fort : le 1er week-end de juillet, tous les ans, le village d'Oricourt remonte le temps et organise les Journées Médiévales. Les rues du village se transforment en une fête joyeuse et colorée : une des plus belles manifestations historiques de Franche-Comté !

Acro'pitchoune, canoë-kayak ou trempoline au PAN à Villersexel

Canoë-kayak : plusieurs parcours accessibles à tous, pour la demi-journée.

Descente de rivière à partir de 5 ans - réservation conseillée

Plein Air et Nautisme. 47, rue de la Forge
Tél. 03 84 20 52 26. www.pan-sarl.eu

Visite du Château médiéval d'Oricourt

Visite incontournable

L'un des plus imposants témoins de l'architecture militaire médiévale en Franche-Comté. Tours carrées, courtines, fossés, puits, salles, colombier.

Visite guidée sur demande. Ouvert du 1er mars au 15 novembre tous les jours sauf le mardi de 14h à 18h. Tél. 03 84 78 74 35. www.oricourt.com

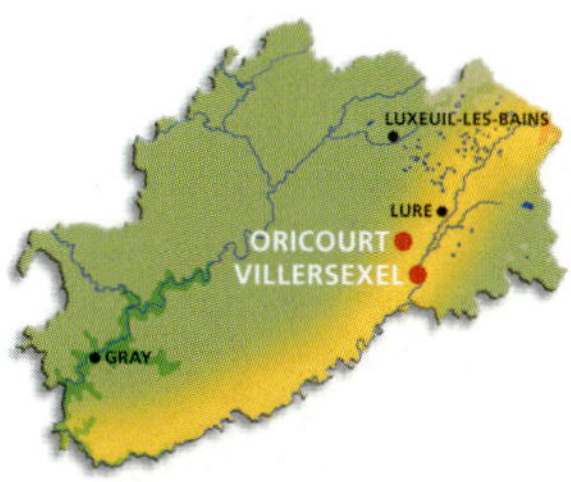

Villersexel

Thiénans

Échappées belles au Pays des 7 Rivières

LOCALISATION *Thiénans, Montbozon, Rioz, Sorans-lès-Breurey*

Au cœur de la Franche-Comté, découvrez quelques-uns des 83 villages qui composent le Pays des 7 Rivières. La rivière l'Ognon dessine une frontière naturelle entre la Haute-Saône et le Doubs. Toute en méandres, tumultueuse en amont, la rivière devient ensuite paisible. Nature authentique, préservée, patrimoine et gastronomie sont alors au rendez-vous.

Acro cîmes Parc à Thiénans

Acro'cîmes Parc, parc boisé d'un hectare, 6 parcours dont 3 adaptés aux enfants.

Ouvert tous les jours pendant les vacances scolaires 9h à 12h et 13h30 à 18h. Buvette sur place. Uniquement sur réservation Tél. 03 84 20 52 26 ou 06 79 28 99 16. www.pan-sarl.eu

Initiation au canoë-kayak à Montbozon

Location à la journée ou à la demi-journée pour individuels et groupes de canoë-kayak.

Ouvert d'avril à septembre. Rue du Pont Tél. 03 84 20 52 26. www.pan-sarl.eu

Biscuiterie Lanternier à Montbozon

Le biscuit de Montbozon est une spécialité de pâtisserie locale. Ce sont des biscuits légèrement glacés, de forme ovale et allongée, collés deux à deux, peu sucrés, au parfum caractéristique de fleur d'oranger et fondant en bouche.

40, rue Chenevières. Tél. 03 84 92 32 02 ou 06 07 30 27 71. Ouvert le lundi de 14h à 18h, du mardi au vendredi de 9h à 12h et de 14h à 18h, samedi de 9h à 12h.

Piscine à Rioz

Bassin familial, toboggan aquatique, pataugeoire, aire de repos en herbe, jeux pour enfants

Ouverture du dernier week-end de mai au 1er week-end de septembre de 10h30 à 19h30 (nocturnes les mardis et vendredis jusqu'à 22h). Renseignements à l'Office de Tourisme du Pays des 7 Rivières Tél. 03 84 91 84 94. www.pays-des-7-rivières.org

La ferme bio de They à Sorans-lès-Breurey

Passez à la ferme bio, diversifiée en agriculture biologique. Vente de pommes de terre, viandes fermières... Elevage de 8 juments poulinières comtoises. Location de cheval possible (jument de selle, ponette ou comtoise) pour balade non accompagnée ou en carrière : le mercredi et le samedi après-midi, sur réservation. Balade en calèche tirée par un cheval ou en chariot bâché tiré par 2 comtoises : le samedi sur réservation pour groupe de 6 personnes minimum.
À la fois gîte écologique et camping à la ferme. Possibilité d'étape pour les randonneurs à cheval.

Ouvert les vendredis et samedis après-midi Tél. 03 84 91 81 33. http://monsite.orange.fr/they-bio/

Circuits de randonnée pédestre

La Goutte d'eau à Montbozon (4 km) - Groupements végétaux à Loulans-les-Forges (21 km) - Les lavoirs à Montbozon (19 km)

Fondremand

Patrimoine et traditions au Pays des 7 Rivières

LOCALISATION *Filain, Fondremand*

Vieilles pierres, nature et mise à l'honneur des gestes et savoir-faire ancestraux font du circuit un intéressant mélange d'hier et d'aujourd'hui.

Balade pédestre à Filain

Circuit des Panoramas de 17 kilomètres, durée 5h. Jolis panoramas.

Renseignements : Office de Tourisme du Pays des 7 Rivières Tél. 03 84 91 84 98. www.pays-des-7-rivieres.org

PETITES CITÉS COMTOISES DE CARACTÈRE

Flânerie dans Fondremand, Petite Cité Comtoise de Caractère

Visite incontournable

Le donjon du 11e siècle, bâti par les Comtes de Bourgogne, domine la source de la Romaine qui naît sous le rocher. Aller à Fondremand, c'est s'écarter des grands axes, découvrir un paysage vallonné de cultures et d'élevage et un site médiéval intact. Le parcours urbain vous fera découvrir notamment quelques vieilles maisons du Moyen-Age, une église romane, des pigeonniers, un ancien hôtel des Monnaies du 15e et un lavoir aménagé en 1584 et rebâti en 1831.

Renseignements à l'Office de Tourisme du Pays des 7 Rivières Tél. 03 84 91 84 98. www.pays-des-7-rivières.org

Visite de l'huilerie - moulin de Fondremand

Visite incontournable

Réhabilité dans sa totalité, bâtiment et mécanisme, c'est un patrimoine unique lié à huit siècles d'histoire, où la meunière a su retrouver les méthodes de travail ancestrales pour la fabrication de la farine de blé et de l'huile de noix. Cette production se complète, selon les saisons, de confitures, de plantes à infusion ou de jus de pommes frais. En saison, de nombreuses activités sont proposées aux enfants (séances de tamisage, jeux découverte, coloriage, fiches pédagogiques...).

Claudie Jacquin-Fraisse Tél. 03 84 78 25 67. www.fondremand.com. Ouvert toute l'année (sauf le lundi) de14h à 18h30.

Circuits de randonnée pédestre

Circuit à Fondremand (2,5 km) - Circuit des fontaines et pelouses à Chaux-la-Lotière (11 km) - Les anciens moulins à Rioz (17 km) - Circuit des hauts du Mont à Boulot (8 km) - Découverte des 3 villages comtois à Boult (14 km) - Circuit panoramique à Recologne-les-Rioz (14 km) - Sous-bois et monuments à Voray-sur-l'Ognon (16,5 km)

Filain

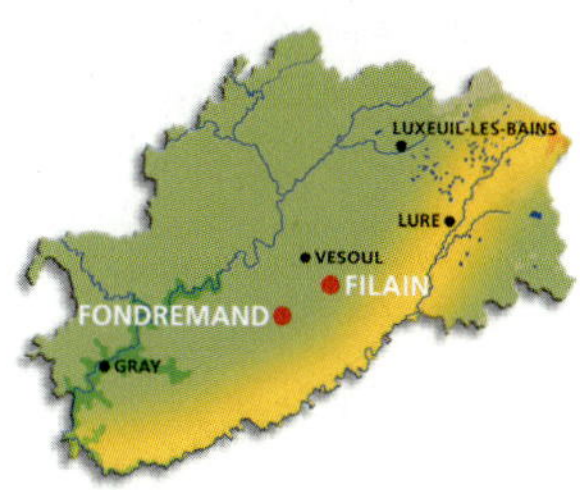

Vallerois-le-Bois

Entre monts et châteaux

LOCALISATION *Dampierre-sur-Linotte, Vallerois-le-Bois*

Une palette de découvertes entre loisirs actifs, farniente et visites. Les choix sont multiples….

BALADE sur le circuit des Monts

Boucle pédestre ouest de 13 km - 3h30. Passage par Oricourt, Montjustin, Autrey-les-Cerre, Borey et Oppenans

Circuit du Borplacal : renseignements à l'Office de Tourisme de Vesoul. Tél. 03 84 97 10 85.

PISCINE de Dampierre-sur-Linotte

Après-midi farniente à la piscine extérieure découverte, entièrement réhabilitée en 2009. Ouverture de 14h à 19h

Renseignements à l'Office de Tourisme du Pays des 7 Rivières. Tél. 03 84 91 84 98 ou à la Communauté de communes du Pays de Montbozon au Tél. 03 84 92 34 70.

CHÂTEAU de Vallerois-le-Bois

Visite du château, classé Monument Historique, de style Louis XIII, toujours meublé et habité. Il possède notamment une magnifique bibliothèque et des tapisseries des Gobelins.

Ouvert du 14 juillet au 15 août tous les jours de 14h à 19h. Du 15 avril au 15 octobre le dimanche de 14h à 18h.
Tél. 03 84 78 37 16 ou 03 84 30 15 07.

Oppenans

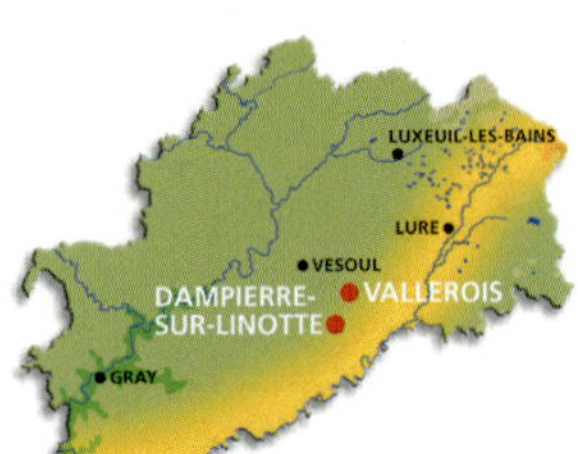

Gray

La cité de la Saône

LOCALISATION *Gray*

Au Moyen-âge, le port de Gray était le principal centre marchand de la Franche-Comté. Les harengs saurs venus de la mer du Nord par la Moselle y croisaient les vins du Midi remontés par la vallée du Rhône. On entreposait sur les quais les céréales de la plaine grayloise, les fers et fontes des haut-fourneaux locaux qui approvisionnaient le marché de Lyon. De ces activités naquit la richesse de la ville de Gray.

La vieille ville

Visite de la ville, de ses monuments : maisons du 16e, Hôtel de ville de style Renaissance, Chapelle des Carmélites, de la Basilique du 15e et 16e avec sa statuette de la Vierge et les reliques de Saint-Pierre Fourier, célèbre prédicateur lorrain du 17e, le retable de l'église. Passez aussi par le Muséum d'histoire naturelle et le Nacia Espèranto Muzeo (Musée national de l'Espèranto), les quais de la Saône, bâtis au 18e du temps où Gray était un important port fluvial.

Ne pas oublier de vous rendre au magasin d'usine « Gray Mode » : grandes marques de vêtements (Naf Naf, Christine Laure...) linges de maison, horlogerie, chaussures, sportwear...

Se renseigner à l'Office du Tourisme de Gray, et demander le dépliant du réseau des Petites Cités Comtoises de Caractère. Visite libre gratuite ou visite guidée payante.
Place Charles de Gaulle et Ile Sauzay
Tél. 03 84 65 14 24. www.ville-gray.fr

Le Musée Baron Martin

Collections archéologiques et de peinture : Van Loo, Boucher, Brueghel II, Tissot, Claus de Werve...

Exposition annuelle de peinture et / ou de sculpture, organisée par la Ville de Gray au Musée.

Ouvert tous les jours sauf le mardi
6, rue Pigalle. Tél. 03 84 65 69 10.
www.musees-franchecomte.com

Le Ronfleur

Promenade sur la Saône, à bord d'un bateau aménagé.

A partir du 1er avril sur demande, à l'heure ou à la journée. Capacité 10 personnes maximum.

Embarcadère sur le quai Mavia, à côté du camping.
Information : Tél. 06 22 43 34 43
http://ronfleur.centerblog.net.

Baignade au bassin nautique

Deux bassins climatisés avec un toboggan de 43 mètres de glisse, plage.

Ouvert du juin à août
Route de la plage. Tél. 03 84 65 02 45.
www.ville-gray.fr.

Gray

Brasserie la rente rouge à Chargey-lès-Gray

Situé à l'écart du village dans une ancienne ferme totalement réaménagée, la brasserie de la Rente Rouge produit des bières artisanales suivant les méthodes traditionnelles de brassage dans des petites cuves de 150 litres ! Venez decouvrir les "Chargeoise" !

Tél. 06 84 41 70 29
Ouvert les Mardi et Jeudi : 17h - 19h -
Vendredi et Samedi : 14h30 - 19h.

Pesmes

L'un des 152 plus beaux villages de France

LOCALISATION *Pesmes*

Classé parmi les plus beaux villages de France et Petite Cité Comtoise de Caractère d'origine médiévale, Pesmes se situe au carrefour de la Haute-Saône, du Doubs (45 km de Besançon), du Jura (22 km de Dole) et de la Côte d'Or (45 km de Dijon).

La cité

Ancien bourg castral, remparts, église saint-Hilaire avec sa chapelle d'Andelot, mais également ses châteaux et belles demeures datant du 15e au 18e siècle, promenade au bord de l'Ognon. À voir aussi :
l'Hôtel Mouchet de châteaurouillaud, le château, l'église etc.

Possibilité de visites guidées : s'adresser à l'Office de Tourisme du Val de Pesmes.
19, Rue Jacques Prévost Tél. 03 84 31 23 37
(ou Tél. 06 87 73 13 05). Demandez également le dépliant du réseau des Cités Patrimoine et des Petites Cités Comtoises de Caractère.

Les anciennes forges

Cité industrielle, manufacture de sécateurs avec logements des ouvriers et son musée présentant d'anciennes machines. Anciennes forges de 1660 où l'on travaillait le fer pour produire bombes, grenades et balles à canon pour les arsenaux voisins. À partir de 1860, on y fabriqua des outils.

Visites guidées sur demande de mars à novembre.
Chemin des Forges Tél. 06 87 73 13 05 ou
Tél. 03 84 31 23 37.
Courriel : ot.vpesmes@free.fr
Site : http://otvaldepesmes.fr.gd

La Maison Royale

Ancienne maison forte rénovée par un particulier. Expositions de pièces et souvenirs achetés par les propriétaires au cours de leurs voyages.

Visites guidées sur rendez-vous du 1er avril au 30 septembre à 15h-16h et 17h - Tél. 03 84 31 23 23.

Pesmes

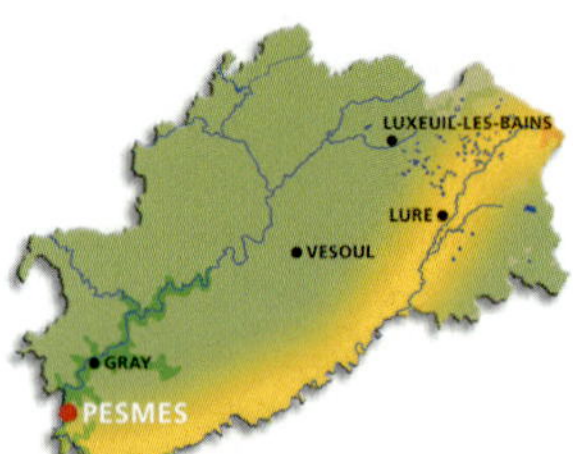

Pesmes

Château de Gy

Les cités patrimoniales des Monts de Gy et leur vignoble

LOCALISATION *Gy, Bucey-lès-Gy, Charcenne*

Petite Cité Comtoise de Caractère, Gy possède une architecture vigneronne tout comme Bucey-lès-Gy : fermes de polyculture avec caves à demi-enterrées et de magnifiques maisons bourgeoises dont les façades ont été remaniées au 18e siècle. Le visiteur pourra admirer des monuments remarquables tels que la fontaine à pavillon et la mairie toutes deux du 19e siècle. Une flânerie dans le vieux bourg permet de découvrir un habitat vigneron encore bien préservé.

La cité de Gy

Ancien bourg castral, fontaines - lavoir, mairie monumentale d'inspiration néoclassique, demeures des 17e et 18e siècles, église Saint-Symphorien et son retable.

Le village de Bucey-lès-Gy

Petite Cité Comtoise de Caractère, le village possède une architecture typique de la région gyloise : fermes de polyculture avec caves à demi enterrées, cour intérieure et de magnifiques maisons bourgeoises qui appartenaient autrefois aux riches propriétaires terriens. L'église a été reconstruite au 18e siècle et la mairie-lavoir, de style 1er empire, est bâtie en pierres de taille finement moulurées. Un calvaire biface du 17e siècle est situé dans la rue du Saint-Rocher.

Possibilité de visites guidées : s'adresser à l'Office du Tourisme des Monts de Gy et Bucey-lès-Gy Tél. 03 84 32 93 93. Demandez aussi le dépliant du réseau des Cités Patrimoines et des Petites Cités Comtoises de Caractère.

Le Château de Gy

Monument classé, ce fut la résidence des archevêques de Besançon du 11e siècle jusqu'à la Révolution. L'actuel propriétaire en a restitué les intérieurs tels qu'ils étaient au 18e siècle. Un musée du vin a été créé dans les caves du château.

Ouvert de Pâques à la Toussaint, les week-end et jours fériés. Ouvert du 1er juillet au 30 août. Tous les jours sauf mardi et jeudi. Visite guidée sur rendez-vous Tél. 03 84 32 14 10.

Vignoble Guillaume à Charcenne

Charcenne est un ancien vignoble des archevêques de Besançon, vins faits avec les cépages de Chardonnay, Pinot Noir, Gamay, Sauvignon, Auxerrois et Savagnin. Visite des chais. Dégustation et vente de vins de pays. Visite commentée de la cave sur réservation et possibilité de dégustation de produits locaux.

Route de Gy. Tél. 03 84 32 80 55. Ouvert toute l'année. Visite de la cave sur rendez-vous. Dégustation et vente à la pépinière tous les jours (sauf dimanche et jours fériés) de 9h à 11h30 et de 14h à 18h. www.guillaume.fr

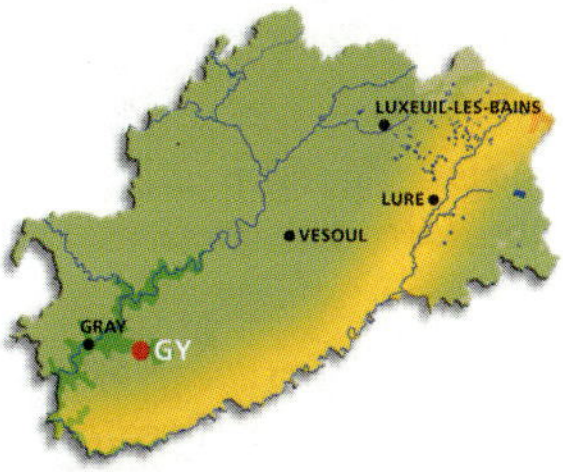

Charcenne

Loisirs et détente dans le Pays Gylois

LOCALISATION *Monts de Gy*

Les Monts de Gy sont un massif calcaire, idéal pour la randonnée pédestre, situés entre la plaine de la Saône et la vallée de l'Ognon, s'étendant du Nord au Sud sur 25 km. Ce site naturel est caractérisé par les coteaux des anciens vignobles, des pelouses arides, des forêts de feuillus, des petits vallons isolés et des villages groupés au pied des monts. Cette zone naturelle d'intérêt écologique faunistique et floristique abrite des orchidées sauvages (interdiction de les cueillir), œillets des chartreux, lézards verts, engoulevents d'Europe...

Vélo dans le Pays Gylois

À la découverte de ses villages : circuit de 65 km.

Randonnées pédestres du Pays Gylois

Sentier de découverte des Pelouses à Bucey-lès-Gy : 12 km. Boucle de Bellevue sur Gy

Documentation disponible à l'Office duTourisme de Gy Tél. 03 84 32 93 93. Dépliants spécifiques sur demande.

VTT sur les monts de Gy

7 circuits de 7 à 45 km. Cartes Espace VTT disponible à l'Office de tourisme de Gy. Location VTT possible

Circuits vélo et VTT de l'Espace FFCT - FFC des Monts de Gy .

Demander les dépliants spécifiques auprès de l'Office du tourisme de Gy Tél. 03 84 32 93 93.

Course d'orientation

Initiation dans la forêt de la Vaivre

Course d'orientation FFCO du site de Choye.

Demande de carte disponible à l'Office de Tourisme des Monts de Gy Tél. 03 84 32 93 93.

Karting à Autoreille

Circuit de 1 200 mètres doté de 17 virages. Terrasse, bar, et salles de réunions, possibilité de déjeuner.

Bourquard Racing Kart Tél. 03 84 32 96 03. www.planetekarting.com

Marnay

Cité active et patrimoniale de l'Ognon

LOCALISATION *Marnay*

Un caractère affirmé et un héritage patrimonial sont les points forts de cette Petite Cité Comtoise de Caractère. Idéalement placée aux portes de la Haute-Saône et du Doubs, Marnay est bordée par l'Ognon (rivière appréciée des pêcheurs, des promeneurs en barque, des amateurs de canoë-kayak) et d'un plan d'eau de 20 ha (planche à voile).

La cité de Marnay

Ancien bourg stratégique situé en bordure de l'Ognon, château du 16e, église du 16e et 17e, mairie du 16e, église Saint-Symphorien, maisons anciennes de caractère.

Se renseigner auprès de l'Office du tourisme de Marnay Tél. 03 84 31 90 91. Demandez le dépliant du réseau des Cités Patrimoine et des Petites Cités Comtoises de Caractère.
www.marnay70.com

Activités de loisirs

Initiation et pratique d'activités sportives variées à Marnay : tir à l'arc, canoë-kayak, VTT, parcours acrobatique, mini-golf, escalade.

Camping Le Vert Lagon, route de Besançon Tél. 03 84 31 73 16. www.camping-doubs.fr

Circuits de randonnée pédestre

La balade marnaysienne (11 km) - les bois de Brussey (10 km).

Se renseigner auprès de l'Office du tourisme de Marnay Tél. 03 84 31 90 91

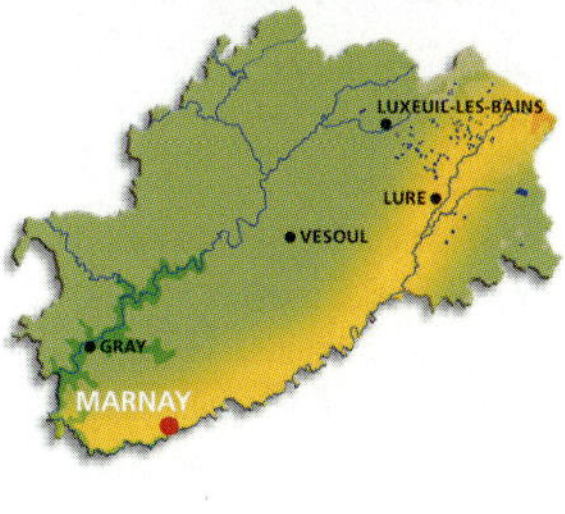

Champlitte

Balade chanitoise

LOCALISATION *Champlitte*

Arpentant et flânant au cours des ruelles intemporelles qui abritent maisons de style espagnoles ou demeures vigneronnes, vous tomberez alors face à la magnifique façade du Château de Champlitte. Cette imposante demeure abrite aujourd'hui le Musée Départemental des Arts et Traditions Populaires.

Champlitte, Petite Cité Comtoise de Caractère

Au milieu d'un vignoble et de pelouses sèches, Champlitte rayonne par son château-musée du 16e 17e siècles et ses musées. La cité ouvre aussi de nombreuses perspectives : sur l'église, la vallée du Salon ou sur des ruelles encore pavées. Places élégantes avec fontaines à obélisque, rues, ruelles, impasses aux noms évocateurs. L'ancien tracé des remparts, la présence de couverts et le rythme des maisons sur caves créent une ambiance particulière. À la Saint-Vincent, la convivialité Chanitoise s'exprime pleinement et le vin coule à flots.

Visite libre gratuite. S'informer à l'Office de Tourisme de Champlitte Tél. 03 84 67 67 19.

Musée départemental des Arts et Traditions Populaires

Visite incontournable

Fondé en 1957 par Albert et Félicie Demard, ce musée évoque le monde rural à la fin du 19e siècle. La vie paysanne, le travail des artisans, l'évocation des lieux communautaires, les métiers ambulants, permettent de comprendre la société traditionnelle de cette époque.

Tél. 03 84 67 82 00. Ouvert toute l'année sauf 1er mai, 1er et 11 novembre et congés scolaires de fin d'année. Visites guidées sur réservation obligatoire. www.cg70.fr/decouvertes/musee/index.htm.

Musée des Arts et Techniques

Visite incontournable

La vie d'un bourg rural entre 1900 et 1920 avec ses mutations techniques est évoquée le long de deux rues commerçantes, où les artisans traditionnels (boulanger, charron, fromager, sabotier, cordonnier et chaudronnier) et les plus novateurs (garagiste, grainetier…) s'affairent.

Tél. 03 84 67 62 90. Ouvert toute l'année sauf mardi, samedi et dimanche matin, et les 1er mai, 1er et 11 novembre et congés scolaires de fin d'année. www.cg70.fr/decouvertes/musee/index.htm.

Couvent des Augustins

À partir d'un manoir médiéval, les Ermites de Saint Augustin édifièrent un cloître et une église au début du 15e siècle, le couvent fut remanié et l'enclos, entouré d'un mur en pierres sèches, fut agrandi. À la suite de l'expulsion des religieux au temps de la Révolution, la moitié du cloître, l'église et le clocher, furent abattus.

Tél. 03 84 67 62 42 sur rendez-vous.

Visite de cave

Les Côteaux de Champlitte

Exploitation viticole de 34 ha. Production de vins de pays Franche-Comté et pétillants.

Route de Champlitte-la-Ville. Tél. 03 84 67 65 09. http://pagesperso-orange.fr/gvc.champlitte

Vignes biologiques Henriot

Accueil, découverte et dégustation des vins des coteaux de Champlitte issus d'une exploitation en culture biologique.

5 rue des capucins, toute l'année sur rendez-vous Tél. 03 84 67 68 85.

Promenades sur le site des Lavières

Anciens jardins et vieilles vignes entourés de murs en pierres sèches avec caborde (cabane de pierres).

Office de Tourisme de Champlitte Tél. 03 84 67 67 19.

Point de vue à Margilley

Superbe panorama sur la Vallée du Salon et sur le bourg de Champlitte.

Office de Tourisme de Champlitte Tél. 03 84 67 67 19

Nombreux circuits de randonnée pédestre

Office de Tourisme de Champlitte Tél. 03 84 67 67 19

Ray-sur-Saône

Flânerie culturelle

LOCALISATION *Renaucourt, Theuley-lès-Lavoncourt, Ray-sur-Saône*

Venue des Vosges, la Saône part pour un long trajet qui la mène jusqu'au Rhône, la Saône déborde d'activités et offre 130 km de rivière navigable aux plaisanciers. Elle peut aussi se découvrir de bien d'autres façons, à pied, à vélo, en voiture ou même à cheval.

PISCINE aux fées à Renaucourt

Piscine en plein-air jouxtant un camping 3 étoiles, un étang et un espace pour pique-niquer. Elle est située dans un cadre verdoyant et calme. Sur place vous trouverez une aire de jeux pour enfants et des activités à pratiquer (circuit VTT, tennis de table, volley-ball, activité de paint-ball...).

Ouvert du 30 juin au 02 septembre.
Tél. 03 84 92 06 22

PAINTBALL à Renaucourt

Dans un cadre chaleureux et convivial, 2 terrains dont l'un est en herbe et l'autre boisé. Rens au 03 84 92 68 00

www.renaucourt-paintball.com

VISITE DE Theuley-lès-Lavoncourt

Saviez-vous qu'à Theuley-les-Lavoncourt se situe le mémorial Jules Rimet ? C'est là qu'est né l'inventeur de la Coupe du Monde de Football le 28 octobre 1873. Fondateur du Red Star à Paris en 1897, il devient Président de la Fédération Française de Football en 1919, puis de la Fédération Internationale de Football en 1921. La première édition de la Coupe du Monde, créée sous sa présidence, eu lieu en Uruguay, où le premier but de la compétition fut marqué par un Comtois ! À partir de 1946, la compétition porta le nom de Jules Rimet. Il décéda à Suresnes, dans les Hauts de Seine, le 15 octobre 1956.

Mémorial Jules Rimet : contactez l'Office de Tourisme de Dampierre-sur-Salon
Tél. 03 84 67 16 94.

Visite sur rendez-vous du retable de l'église Saint-Valentin : l'un des joyaux de l'art baroque en Haute-Saône mis en place dans le premier tiers du 18e siècle, le retable a été réalisé en bois polychromé et doré. Le corps central illustre un épisode de la vie de Saint-Valentin, patron de la paroisse, surmonté d'une Colombe du Saint-Esprit et flanqué des statues de Saint-Joseph (à gauche) et de Saint-Antoine (à droite). Dans les ailes, se trouvent les statues de deux saints évêques.

PETITES CITÉS COMTOISES DE CARACTÈRE

RAY-SUR-SAÔNE : son château et son village

Le parc à l'anglaise domine la Saône, occupant un site abrupt (près de 60 mètres). Le parc paysager met en valeur de belles essences d'arbres centenaires. La visite du château comprend le hall (armes anciennes), la tour (souvenirs de guerres), le salon (tenues de chasse à cour), la chapelle, le sous-sol, la cuisine et le puits. Visite libre du parc.

Château ouvert de Pâques au 30 septembre le mercredi et dimanche et le Parc est ouvert de Pâques au 30 septembre. Tél. 03 84 78 42 44 ou 03 84 78 02 91. http://pagesperso-orange.fr/alain.mey/ray-sur-saone/chateauhr.html

BALADE le long des Rives de Saône

Amoureux des promenades au bord de l'eau, laissez-vous entraîner sur l'itinéraire « Rives de Saône », ancien chemin de halage réhabilité pour les loisirs. Goûtez à la beauté et à la quiétude des paysages traversés. Suivez les panneaux pour accéder à la Saône. Près de 80 kilomètres aménagés et praticables à pied, à vélo ou à cheval vous révéleront de jolis villages. Nous vous suggérons la balade « des portes de garde de Seveux » jusqu'à l'écluse de sortie du tunnel de Savoyeux (7 km aller/retour). Doc disponible sur demande auprès des Offices de tourisme de Port-sur-Saône, Scey-sur-Saône, Dampierre-sur-Salon et Gray

LA VOIE du tacot

Circuit de randonnée pédestre de 12,8 km. Départ de Lavoncourt.

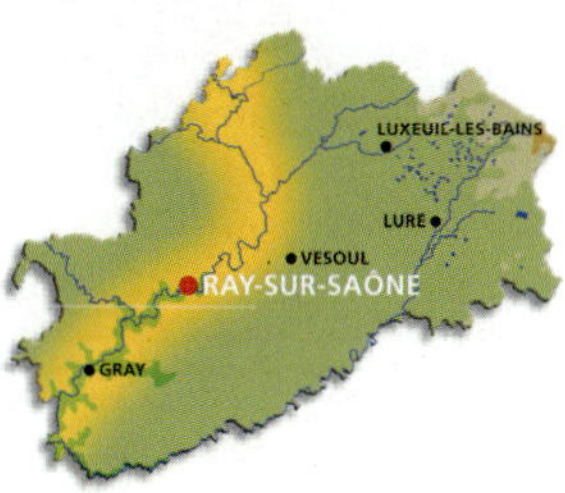

Surprises et gourmandises

LOCALISATION *Soing / Fresne-St-Mamès / Vellexon Dampierre-sur-Salon / Vereux / Autet*

Région authentique de forêts, de montagnes et d'eau, la Haute-Saône est une terre de traditions et en particulier des traditions culinaires. Un panier bien garni : salaisons, fromages, vins, alcools blancs et confiseries… La gamme est complète et le plaisir assuré.

À Soing

Circuit pédestre « La Fontaine des Ormoy ». Sous les fenêtres de Soing, la Saône dessine de jolies boucles et des chemins qui s'évadent vers la fontaine des Ormois (1780) nichée sous les ombrages. Associant lavoir et abreuvoir, celle-ci fait admirer l'ovale, tout en douceur, de ses bassins. Balade de 6,5 km.

Office de Tourisme de Dampierre-sur-Salon Tél. 03 84 67 16 94.

La Tour Eiffel !

Non vous ne rêvez pas ! La tour Eiffel est (aussi) en Haute-Saône ! Le village de Soing possède

une réplique parfaite de la célèbre Tour Eiffel de Paris, au 1/20e. Ce monument local de 18 mètres de haut fut construit en 1992, par une équipe d'habitants, pour participer à une fête régionale dont le thème était l'Europe. Soing était chargé de représenter la France !

Verger de la Roche des Carmes à Fresne-Saint-Mamès

Médaille d'argent en 2006, médaille d'or en 2007 des Talents d'Or au Concours Franche-Comté de la Chambre Régionale d'Agriculture. Produits régionaux de Franche-Comté, Josette vous propose la découverte de ses recettes dans son atelier où la cuisinière à bois cuit les confitures, confit de vin, chutney et la cave aux vinaigres.

Josette Choinel Tél. 03 84 78 42 18. Ouvert toute l'année.

L'Escargotière de la Romaine à Vellexon

Elevage de « gros gris » en plein air, de la naissance à la vente, en passant par l'engraissement et la transformation.

Annabelle Cornue Tél. 03 84 78 01 47

Visite libre du village de Dampierre-sur-Salon

Mairie lavoir + exposition à l'Office de Tourisme.

Office de Tourisme de Dampierre-sur-Salon Tél. 03 84 67 16 94.

Ferme de la Marquise à Dampierre-sur-Salon

80 hectares accueillent aux abords de Dampierre-sur-Salon, un élevage de bisons tout droit venus du Canada. C'est la Ferme de la Marquise, véritable interface entre cette contrée outre-atlantique et la Haute-Saône, qui se fait fort d'égrainer ici les produits du terroir canadien. Véritable havre de respect et de cure pour ces animaux aux normes imposantes, les bovidés peuvent ici profiter d'un climat et d'un cadre boisé qui semble plus que clément à leur développement. Fort de cet élevage naturel et respectueux qui compte pas moins de 60 têtes et dont les mises bas se font le plus naturellement du monde, la Ferme de la Marquise a ainsi la capacité de faire commerce d'une viande de bison de qualité dont la renommée se lit aux nombres de ses commandes.

Planet' Bison Tél. 03 84 67 13 06 www.planet-bison.fr. Ouvert toute l'année.

Balade à dos d'âne poney et chariot bâché à Dampierre-sur-Salon

Location à l'heure, à la demi-journée ou à la journée d'ânes ou poneys. Pour les chariots bâchés, location à la demi-journée et à la journée, avec ou sans accompagnateur.

Roulottes du tacot -Chemin du tacot Tél. 06 60 25 91 42

Plage surveillée d'Autet

Zone de baignade naturelle en bord de Saône dans un site Natura 2000. Avec la constitution du réseau « Natura 2000 », l'Europe s'est lancée dans la réalisation d'un ambitieux réseau de sites écologiques dont les deux objectifs sont de préserver la diversité biologique et valoriser le patrimoine naturel des territoires.

Baignade surveillée du 22 juin au 17 août, l'après-midi 7 jours sur 7. Accès gratuit. Tél. 03 84 67 10 67 (mairie).

Jonvelle

L'eau, source de vie

LOCALISATION *Jussey / Jonvelle / Blondefontaine / Conflans-sur-Lanterne Bourguignon-lès-Conflans / Mailleroncourt-Saint-Pancras*

L'eau est présente dans les très nombreuses fontaines et lavoirs qui agrémentent les villages de Haute-Saône, ces pierres de mémoire ont d'ailleurs récemment connu un programme de restauration et elles sont aujourd'hui un vrai attrait touristique.

PETITES CITÉS COMTOISES DE CARACTÈRE

Le Bourg de Jussey : Petite cité comtoise de caractère

Il faut visiter l'église Saint-Pierre du 18e siècle rénovée et les remarquables maisons de style espagnol dans la vieille ville. L'avenue de la gare est exceptionnellement longue, 900 mètres, elle est plantée d'une magnifique haie de platanes classés. Circuit des 19 fontaines, lavoirs et abreuvoirs. Musée du beurre et du fromage. Promenade à pied sur le sentier de la Baladine, : 9 km dont la moitié en bord de Saône.

Office deTourisme de Jussey, Place de l'église
Tél. 03 84 92 21 42.
www.tourismehautvaldesaone.com

Jussey

Jonvelle

Visite du village et de son église, le musée agricole et archéologique qui abrite une mosaïque du 2e siècle.

Musée agricole et archéologique
Tél. 03 84 92 54 37 ou 03 84 92 52 72.
Visite du 1er juillet au 31 août tous les jours sauf le mardi de 14h à 18h. Du 1er avril au 1er juillet et du 1er au 30 septembre, les dimanches et jours fériés de 14h à 18h.

bienvenue à la ferme

La ferme d'Ajeot à Jonvelle

Christian Bernard vous accueille pour vous faire découvrir un élevage de chèvres laitières. Vous saurez tout sur le fromage pur fermier (palets, buchettes, pyramides, tomes) au cours d'une visite fort sympathique.

Tél 03 84 92 51 21

Retour sur Blondefontaine

Pour une fin de journée détente à la piscine.

Route de Barges à Blondefontaine
Tél. 03 84 68 03 16. Ouverte du 28 juin au 31 août tous les matins de 10h à 12h (sauf lundi, jeudi et vendredi) et tous les après-midis de 15h à 19h.

Canoë-kayak à Conflans-sur-Lanterne

Label club FFCK**EFCK. Chemin du stade

Tél. 03 84 49 82 19. Location de juillet à septembre.

Découverte du village de Bourguignon-les-Conflans

Maisons du 18e et début du 19e, pont classé du 19e siècle.

Balade autour de la source du Planey à Anjeux

Village d'Anjeux, son église gothique, rue du Chanoy et du Durgeon, gouffre et source du Planey.

Mailleroncourt-Saint-Pancras

Visite libre de l'église, mairie-lavoir, sentier pédagogique de 3 km avec panneaux de lecture.

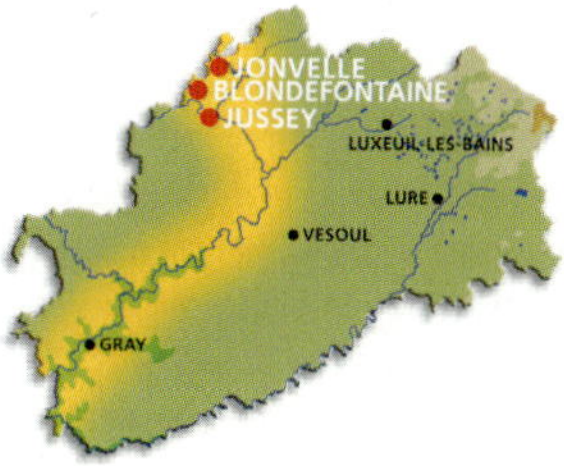

Passavant-la-Rochère

Les savoir-faire

LOCALISATION *Passavant-la-Rochère, Selles, Vauvillers, Fontenois-la-Ville*

Les savoir-faire, témoignage d'un temps révolu, font aujourd'hui la richesse touristique de la Haute-Saône. De la verrerie-cristallerie, un lieu magique où l'on peut voir la matière en fusion se transformer en objets rares et prestigieux, en passant par les arts de la bouche et ceux de la nature, tout est ici prétexte à la découverte...

Cristallerie - Verrerie à Passavant-la-Rochère

Visite incontournable

Fondée en 1475, la Rochère est la plus ancienne verrerie d'art de France encore en activité. Les visiteurs ont une vue sur les verriers au travail. Ils peuvent observer les différentes phases de travail du verre suivant la méthode traditionnelle « fait main » et « soufflé bouche ». Un ancien bâtiment dont la charpente en bois date de 1840, sert de cadre au magasin d'exposition-vente. La galerie Saint-Valbert, derrière les ateliers, est un antique caveau voûté d'arêtes, bâti en pierre de grès de la forêt voisine au 17e siècle. Un programme audiovisuel et un exposé retraçant l'histoire du verre depuis l'Antiquité jusqu'à nos jours, complètent la visite. Un jardin de type japonais est situé dans l'enceinte de l'entreprise.

Vue sur les verriers
Magasin d'exposition - vente
D'avril à octobre
Tél. 03 84 78 61 00. www.larochere.com.

Visite libre de la fromagerie Roussey à Selles

Entreprise familiale, la fromagerie Roussey ouvre ses portes avec la visite d'un musée présentant la vie des paysans et des fromagers à la fin du 19e siècle. Découvrir les gestes d'aujourd'hui et les étapes de fabrication des bries, gruyères, emmentals et autres fromages façonnés ici depuis 1943. Convivialité et fierté de production obligent, c'est une dégustation du «plateau des saveurs» et d'un verre de vin de la région qui clôturera votre visite dans l'atelier fromager de Jean Roussey.

Place de la fontaine à Selles Tél. 03 84 92 47 97 ou 03 84 92 42 44. Ouvert du 1er juillet au 31 août du lundi au samedi de 10h à 12h et de 14h30 à 18h30 et les dimanches et jours fériés de 14h30 à 18h30 pour la vente de produits régionaux uniquement.

PETITES CITÉS COMTOISES DE CARACTÈRE

Vauvillers

Découverte de la Petite Cité Comtoise de Caractère avec le château des Clermont-Tonnerre, le centre ancien, l'église et la halle.

Office de tourisme de Jussey - Place de l'Église
Tél. 03 84 92 21 42.

Fontenois-la-Ville

Pour une balade en chariot bâché.

Centre touristique, Rue du pont à Fontenois-la-Ville Tél. 03 84 92 90 00.

Circuit de randonnée

Circuit des Tuileries à Passavant-la-Rochère (10 km)

Souffleurs de verre à La-Rochère

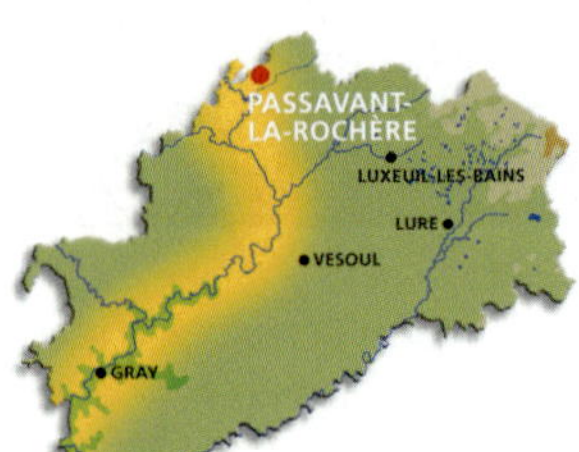

Chauvirey-le-Viel

Des cistériens à aujourd'hui

LOCALISATION *Bougey, Cherlieu, Chauvirey-le-Vieil, Chauvirey-le-Châtel, Lavigney*

À proximité de l'imposante forêt de Cherlieu et au travers des prairies et champs ouverts, partez à la découverte des vestiges de l'histoire haut-saônoise et de la Ferme du lama sans oublier de vous désaltérer, avec modération, à la Brasserie Redoutey.

Visite du Château de Bougey

Maison forte à la double influence champenoise et lorraine.

Tél. 03 84 68 04 01 ou 04 72 66 60 74.
Ouvert toute l'année tous les jours y compris jours fériés de 10h à 12h et de 14h à 18h à l'exception du dernier mardi de chaque mois. Visites payantes et guidées. Prise de rendez-vous conseillée.

Vestiges de l'Abbaye de Cherlieu

Cherlieu

Ancienne abbaye cistercienne romane dont il ne reste que quelques vestiges en pleine campagne, mais qui n'en demeure pas moins impressionnante. Pour se rendre compte de l'ampleur de l'édifice, sachez qu'elle mesure 100 m de long soit l'équivalent d'un terrain de football ! Ce fut la plus importante abbaye de Franche-Comté avec près de 580 moines. Une maquette de l'abbaye est disponible à l'église de Montigny-les-Cherlieu (ouverte le dimanche).

Rens au 03 84 68 51 98 - http://pagesperso.orange.fr/jean-rene/cherlieu.html

Musée des outils d'hier à Chauvirey-le-Vieil

Visite incontournable

Découverte d'une impressionnante collection personnelle d'outils liés aux métiers du bois, fabrication artisanale de sabots, jouets en bois, souvenirs.

Route de Preigney. En visite libre toute l'année
Tél. 03 84 68 50 97.
http://museedesoutilsdhier.com

Église et Chapelle Saint-Hubert à Chauvirey-le-Châtel

Construite en 1484 dans le style flamboyant pour servir d'écrin au précieux ofilant de Saint-Hubert.

Église ouverte tous les jours. Contactez Madame Huguin pour les conditions d'accès. Visites guidées gratuites, sur réservation. Tél. 03 84 68 55 39.
www.tourismehautvaldesaone.com

Visite de la Ferme du Lama Gourmand à Lavigney

Ferme spécialisée dans la culture et la cueillette de plantes aromatiques et médicinales et de petits fruits cueillis dans les bois et prairies à l'entour ou cultivés par les propriétaires de la ferme. Visite du séchoir. Dégustation gratuite. Balades et goûters avec les lamas.

4 rue franche Tél. 03 84 92 11 65 ou 06 77 94 06 64. www.lamagourmand.eu

Brasserie artisanale Redoutey à Lavigney

Atelier de fabrication : toutes les bières sont fabriquées uniquement avec du malt, de l'eau, du houblon et des levures de fermentation. Tous les arômes se développent jour après jour en cuve, puis en bouteille pendant trente jours.

Ouvert les lundis, mardis (jour de brassage) et samedis toute la journée et le vendredi
Rue du Chanois Tél. 03 84 92 14 97.
www.brasserieredoutey.com

Camp néolithique à Bourguignon-les-Morey et maison du patrimoine

Un lieu avec un bon contenu pédagogique et une approche famille : jeu du petit archéologue, balade possible entre la maison du patrimoine et le camp néolithique.

Ouvert du 15/07 au 31/08 du jeudi au dimanche de 14h à 18h - Tél. 03 84 91 01 38

Circuits de randonnée pédestre

Cherlieu à Montigny-lès-Cherlieu (18 km)
La Montagne de la Roche à Morey (13,5 km)

CONSEIL GÉNÉRAL DE LA HAUTE-SAÔNE

LA HAUTE-SAÔNE à VÉLO

Circuits balisés

sur routes à faible trafic

Oigney

Pour la découverte de notre département, de sa richesse et de sa qualité de vie, le Conseil Général a mis en place un premier balisage de 11 circuits sur des routes à faible trafic.

Sur les routes partagées, quelques recommandations :

- Prudence
- Respect du code de la route
- Respect de l'environnement

Bonne randonnée.

haute saône CONSEIL GENERAL

CONSEIL GÉNÉRAL
DE LA HAUTE-SAÔNE
Direction de l'Aménagement et du Développement durables
23 rue de la Préfecture - BP 20349
70006 VESOUL CEDEX
www.cg70.fr

Boucle 1
AMANCE
44 km

La Haute-Saône à Vélo

❶ AMANCE

Hôtel de ville
Maison Renaissance dîte Bucheron
Retable de l'église Saint Laurent
Tour ouest
Village et maisons anciennes

❷ Baulay

La tranchée de Baulay

❸ Montureux-lès-Baulay

Halte fluviale

❹ Magny-lès-Jussey

Chêne, arbre remarquable
Retable de l'église Saint Étienne

❺ Polaincourt-et-Clairefontaine

Ancienne abbaye-château

❻ Menoux

Village fleuri

❼ Faverney

Ancienne abbaye bénédictine et son jardin
Ancienne caserne et gendarmerie
Halles du XVIIIe siécle
Bourg et ancien quartier abbatial
Croix en pierre du XVe siécle
Église Notre Dame XVIIIe siécle et son mobilier
Hôtel de ville
Maison des Hôtes (rue Thiers et Place Gudel)
Maison du XVIe siécle (17 rue Thiers)
Pont des Bénédictins

Monthureux-lès-Baulay

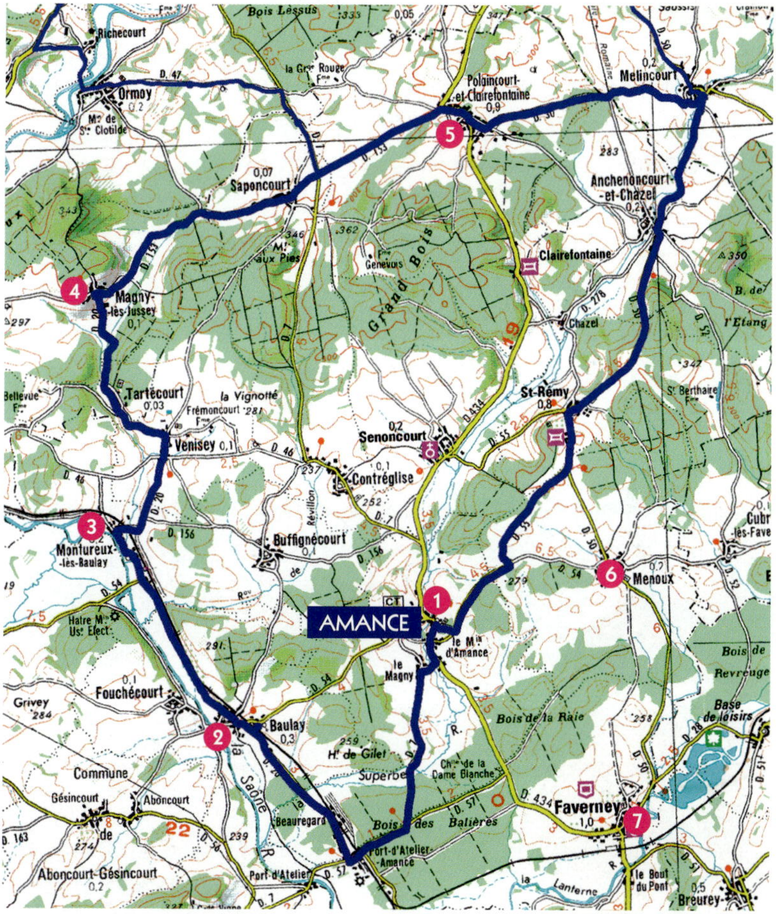

Carte réalisée à partir du SCAN 100®
©IGN - Paris 2010 - Autorisation n° 5210-022
reproduction interdite

Services

Alimentation générale	Amance, Port d'Atelier
Boulangerie-pâtisserie	Amance, Port d'Atelier
Café	Amance, Baulay, Saponcourt
Restauration	Baulay, Polaincourt, Saponcourt
Pharmacie	Amance
Poste	Amance, Polaincourt

Office de Tourisme

Place de l'Eglise
BP 32 - 70500 JUSSEY
Tél. : 03 84 92 21 42
www.tourismehautvaldesaone.com

Mairie de Faverney

70160 FAVERNEY
Tél. : 03 84 91 30 71

La Haute-Saône à Vélo

❶ COMBEAUFONTAINE
Église du XVIIIe siécle
avec de belles tuiles d'origine
Calvaires

❷ ARBECEY
Fontaine-lavoir

❸ LAMBREY
Croix du cimetière, modèle très
répandu au XVIIe Siècle
dans le Val de Saône
Portique de l'ancien château

❹ BOUGEY
Château de Bougey

❺ OIGNEY
Église datant de 1239
Mobilier de l'Église
classée du XVIIIe siécle

❻ SEMMADON
Calvaire de 1631
Église du XIIe siécle,
remaniée au XVIIIe siécle
Fontaine circulaire de 1846,
de l'architecte LEBOEUFFE
Grange cistercienne des Charmes
(parties romanes)
Statue de Saint-Valère

Semmadon

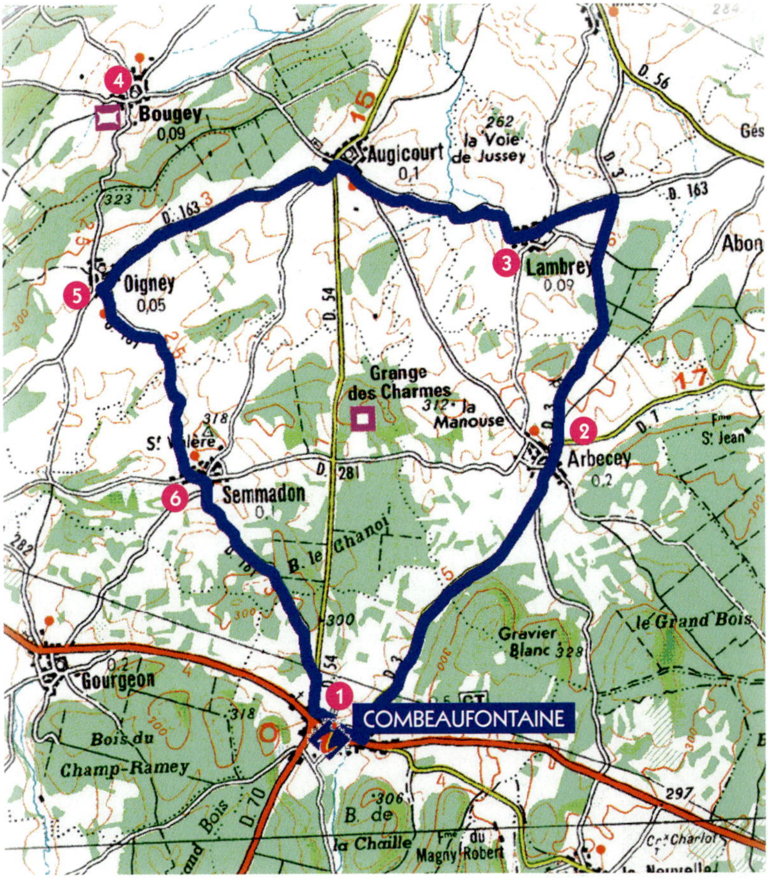

Carte réalisée à partir du SCAN 100®
©IGN - Paris 2010 - Autorisation n° 5210-022
reproduction interdite

SERVICES

Alimentation générale Boulangerie-pâtisserie Boucherie-charcuterie Café Restaurationt Pharmacie Poste	COMBEAUFONTAINE

Syndicat d'Initiative

42 Grande Rue
70120 COMBEAUFONTAINE
Tél. : 03 84 92 11 80

BOUCLE 3
des CHAMPS
28 KM

❶ CLAIREGOUTTE

❷ RONCHAMP

Chapelle Notre Dame du Haut
École en bois
Musée de la Mine
Puits d'aération de mine

❸ CHAMPAGNEY

Maison de la Négritude
et des Droits de l'Homme
Base de loisirs

❹ FROTEY-LÈS-LURE

Église
Village fleuri

❺ MOFFANS-ET-VACHERESSE

Calvaire de Vacheresse
Village fleuri 4 fleurs
Village fleuri

Clairegoutte

Champagney 3

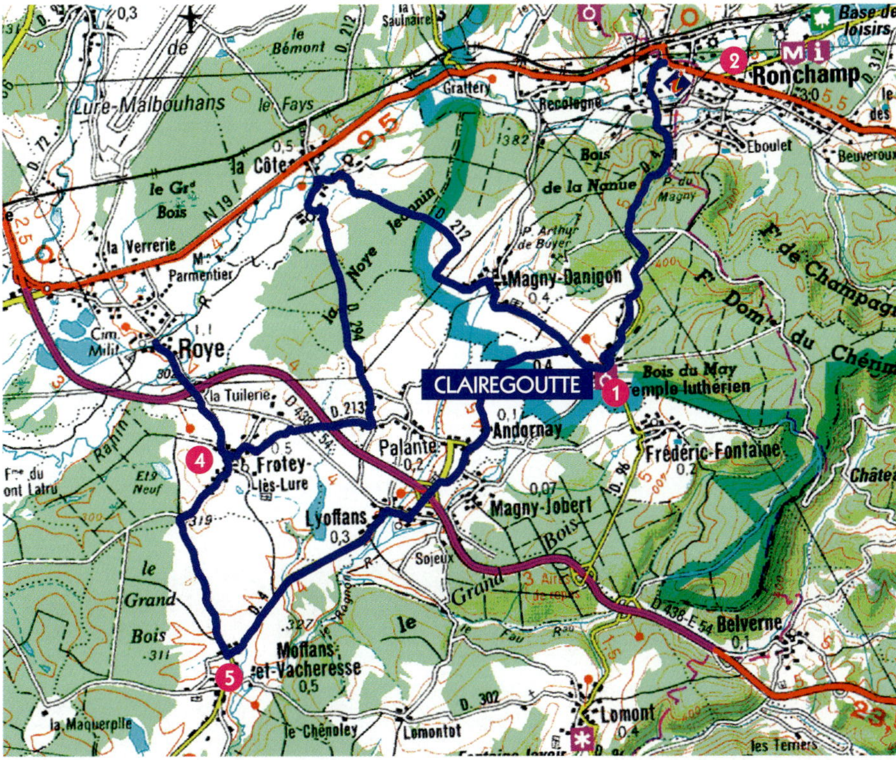

Services

Alimentation générale	Ronchamp
Boucherie-charcuterie	Ronchamp
Boulangerie-pâtisserie	Ronchamp - Clairegoutte
Café	Ronchamp
Restauration	Ronchamp
Pharmacie	Ronchamp
Poste	Ronchamp

Offices de Tourisme

14 Place du 14 Juillet
70250 RONCHAMP
Tél. : 03 84 63 50 82
www.tourisme-ronchamp.fr

Région de Lure
35 rue Carnot
70200 LURE
Tél. : 03 84 62 80 52
www.office-tourisme-lure.com

❶ **MELISEY**
Église, chevet roman
Village Fleuri

❷ **Faucogney-et-la-Mer**
Église
Tour 1015
Site de Saint-Martin

❸ **Annegray**
Site de Saint-Colomban

❹ **Écromagny**
Travail du maréchal ferrant

La Mer

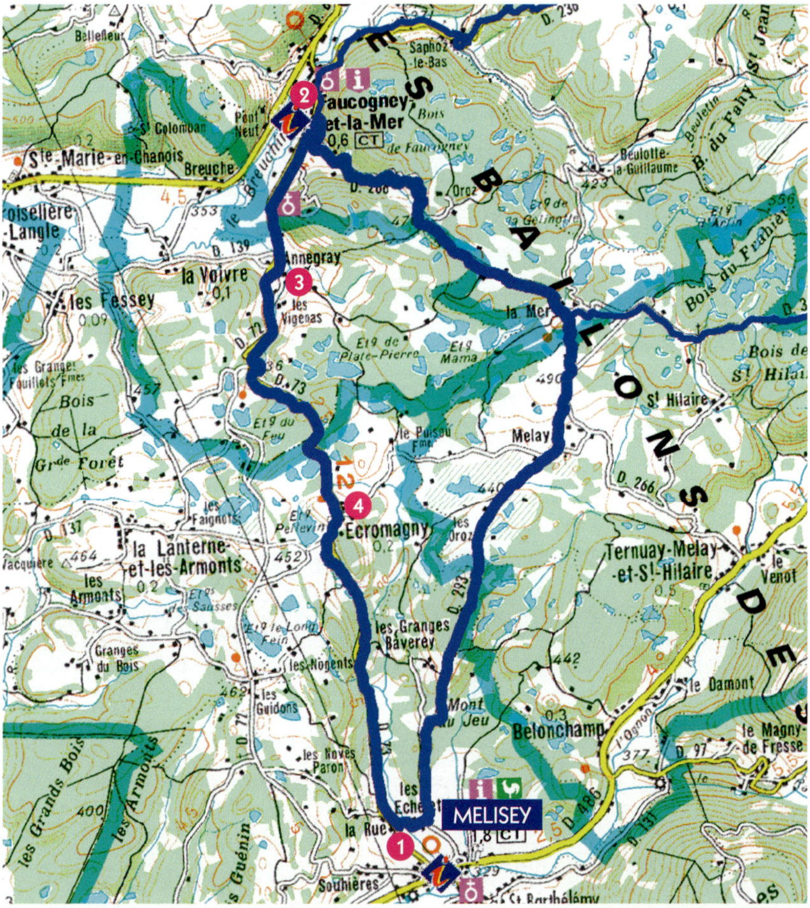

Carte réalisée à partir du SCAN 100°
©IGN - Paris 2010 - Autorisation n° 5210-022
reproduction interdite

Services

- Alimentation générale
- Boucherie-charcuterie
- Boulangerie-pâtisserie
- Café
- Restauration
- Pharmacie
- Poste

} Melisey et Faucogney et la Mer

Offices de Tourisme

Rue Jeannot Lamboley
70310 FAUCOGNEY
Tél : 03 84 49 32 97

www.Les1000Etangs.com

Place de la Gare
70270 MELISEY
Tél : 03 84 63 22 80

www.melisey.com

Boucle 5
Les Côtes des Granges
46 km

❶ Rioz
Fontaine-lavoir
Lac
Piscine

❷ Fondremand
Petite cité Comtoise de caractère
Site du village et maisons anciennes
Château-donjon (Musée)
Village fleuri

❸ Boult
Grande fontaine
Retable de l'église Saint Maurice
Château et son parc
Orgue

❹ Chaux-la-Lotière
Piscine

❺ Boulot
Château

❻ Bussières
Fontaine-lavoir

❼ Voray-sur-L'Ognon
Église du XVIIIe

❽ Buthiers
Château et son parc

❾ Cromary
Village fleuri
Église
Mairie-Lavoir

❿ Chambornay-lès-Bellevaux
Chapelle du XI-XIIe
Église et son mobilier

⓫ Cirey-lès-Bellevaux
Église du XVIIIe
Ancienne abbaye de Bellevaux
Site de l'abbaye de Bellevaux

Bussières

Services

Alimentation générale	Rioz
Boucherie-charcuterie	Rioz
Boulangerie-pâtisserie	Rioz - Boult - Voray-sur-l'Ognon
Café	Rioz - Boult
Restauration	Rioz - Cirey-lès-Bellevaux
Pharmacie	Rioz - Voray-sur-l'Ognon
Poste	Rioz

Office de Tourisme du Pays des 7 Rivières

Place du Souvenir Francais
BP 26 - 70190 RIOZ
Tél : 03 84 91 84 98

Fax : 03 84 91 88 34

www.tourisme-pays7rivieres.org

Boucle 6 des Verriers 41 km

❶ VAUVILLERS

Petite cité comtoise de caractère
Arbre du champ de foire
Ensemble du bourg
Halles
Hôtel de Ville
Château des Clermont-Tonnerre
Maison du Cardinal Sommier

❷ Mailleroncourt-Saint-Pancras

Mairie-lavoir
Église du XVIIIe

❸ Selles

Pont tournant à la main

❹ Passavant-la-Rochère

Chapelle Saint-Antoine
Donjon
Tour de l'entrée du bourg

❺ La Rochère

Cristallerie d'art

❻ Vougécourt

Château
Église Saint-Jacques

❼ Corre

Halte fluviale
Église et son mobilier

❽ Aisey-et-Richecourt

Ruines du château

❾ Ormoy

Ensemble du village
Hôtel de Ville
Fontaine
Statue de la République

❿ Polaincourt-et-Clairefontaine

Ancienne abbaye de Clairefontaine

Selles

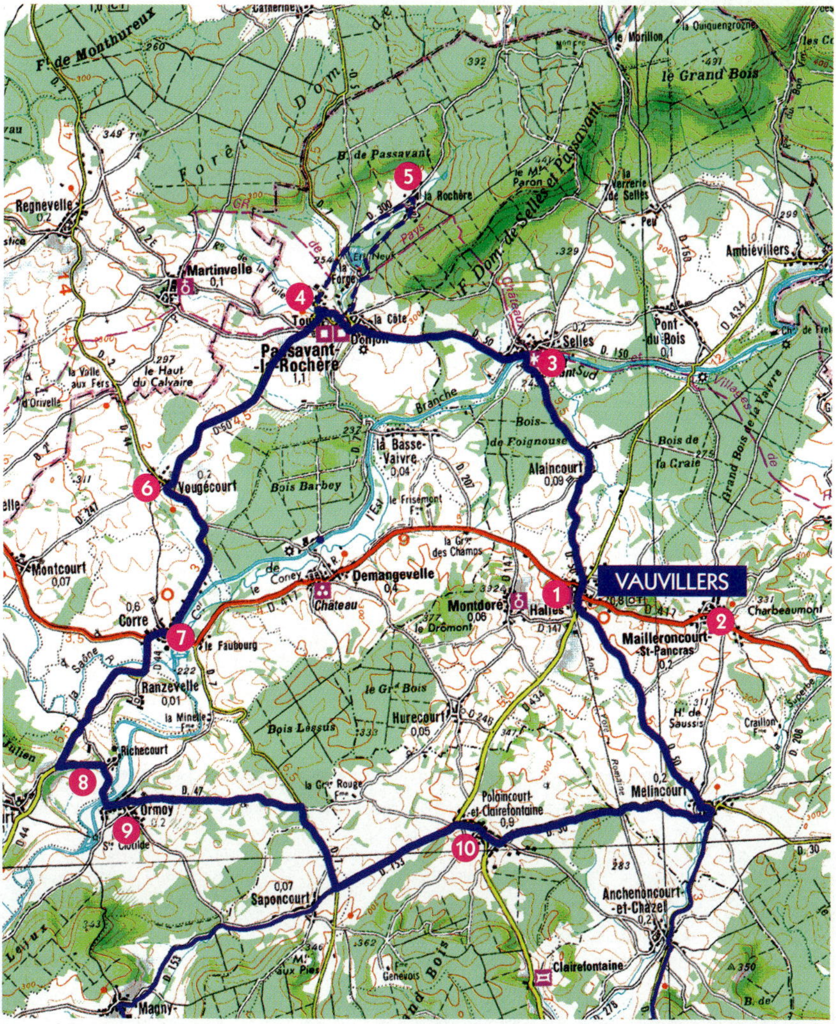

Services

Alimentation générale	Corre - Passavant - Vauvillers
Boulangerie-pâtisserie	Corre - Passavant - Polaincourt - Selles-Vauvillers
Café	Corre - Passavant - Polaincourt - Vauvillers
Restauration	Corre - Passavant - Polaincourt - Selles-Vauvillers
Pharmacie	Corre - Passavant - Polaincourt - Vauvillers
Poste	Corre - Passavant - Polaincourt - Vauvillers

Office de Tourisme

Place de l'Église
BP 32 - 70500 JUSSEY
Tél : 03 84 92 21 42
www.tourismehautvaldesaone.com

❶ VAIVRE ET MONTOILLE

Croix
Église - mobilier - retable
Hôtel de Ville
Base de loisir du Ludolac
Vélorail

❷ Noidans-lès-Vesoul

Église
«Villes et Villages Fleuris» 3 fleurs

❸ Vesoul

Vieille ville de Vesoul
Maisons et hôtels particuliers
Église Saint-Georges
Hôtel de Ville et ses fresques
Chapelle du collège du Marteroy
Fontaine
Jardin anglais
Musée Georges Garret
Palais de Justice
Site de la Motte
«Villes et Villages Fleuris» 3 fleurs

❹ Montigny-lès-Vesoul

Croix en pierre de 1592
Retable de l'abbaye des Nobles-Dames
Ancienne abbaye des Clarisses-urbanistes
Croix de chemin - Nord du village
Église Saint-Laurent et retable
Jardins des maisons canoniales de l'ancienne abbaye

❺ Port-sur-Saône

Église Saint-Étienne
Pont sur la Saône
Bâtiments de l'Exposition Universelle
Fontaine-lavoir

❻ Scey-sur-Saône et Saint-Albin

Petite Cité Comtoise de caractère
Église Saint-Martin - Retable
Calvaire Sainte-Anne de Saint-Albin
Hôtel de Ville
Anciennes écuries du château
Musée du Costume
Tunnel de Saint-Albin

❼ Chemilly

Château et donjon
Pont et statue de Saint-Jean Nepomucène

❽ Baignes

Anciennes forges
Logements d'ouvriers

Chemilly

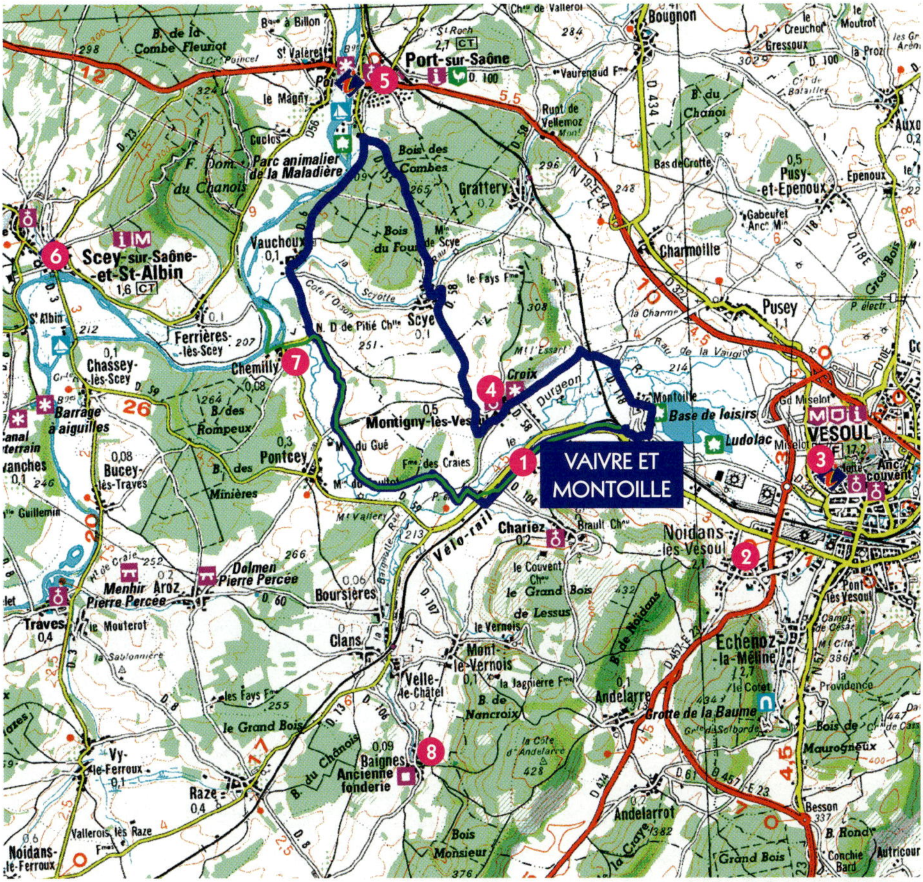

Carte réalisée à partir du SCAN 100®

Services

Tous commerces et services	Noidans-lès-Vesoul - Port-sur-Saône Scey-sur-Saône - Vaivre et Montoille Vesoul
Boucherie-charcuterie	Velle-le-Châtel
Café	Chariez - Montigny-lès-Vesoul
Restauration	Vauchoux

Offices de Tourisme

2, Rue Gevrey
70002 VESOUL CEDEX
Tél : 03 84 97 10 85
www.ot-vesoul.fr

67 rue François Mitterand
70170 PORT-SUR-SAÔNE
Tél : 03 84 78 10 66
www.ville-port-sur-saone.fr

12, rue Paulmard
70360 SCEY-SUR-SAÔNE
Tél : 03 84 68 89 04
www.tourisme-scey-valdesaone.fr

Boucle 8 Chanitoise
31 km

❶ **CHAMPLITTE**
Petite cité comtoise de caractère
Château et ses jardins
Ancienne orangerie du Château
Musées Albert et Félicie Demard :
Arts et Traditions poupulaires,
Arts et Techniques et Arts sacrés
Couvent des Augustins
Église Saint-Christophe
Tour des Annonciades
Ensemble du bourg ancien
Maisons vigneronnes et de marchands
Pelouses sèches, lavières
Sentier des Pierres Sèches

❷ **Champlitte-la-Ville**
Église Saint-Christophe

❸ **Margilley**
Fontaine-lavoir
Point de vue sur la vallée

❹ **Neuvelle-les-Champlitte**
Monument Petitjean au cimetière
Lavoir

❺ **Framont**
Église et place

❻ **Achey**
Église et peintures murales
Retable de l'Eglise St-Martin

❼ **Larret**
Église
Étang des Marnières

❽ **Pierrecourt**
Ancienne Commanderie
Saint-Antoine d'Aumonières
Église et lavoir du Magny

❾ **Argillières**
Village fleuri

❿ **Frettes**
Église
Fontaine

Margilley

Services

Boucherie, boulangerie, café, hôtel-restaurant, restaurant, tabac-presse, supermarché, pharmacie, maison de santé, poste — Champlitte

Offices de Tourisme

Allée du Sainfoin
70600 CHAMPLITTE
Tél. : 03 84 67 67 19

2 bis, rue Jean Mourey
70180 DAMPIERRE-sur-SALON
Tél. : 03 84 67 16 94
www.entresaoneetsalon.fr

Boucle 9 des Portes du Lion 23 km

La Haute-Saône à Vélo

❶ **HÉRICOURT**
Église et temple
Musée minal
Fontaine-lavoir du Savourot
Arbre Jaracanda ou Metasequoia
Tour du château
Fort du Mont Vaudois
Roseraie

❷ **BRÉVILLIERS**
Fontaine-lavoir

❸ **ÉCHENANS-SOUS-MONT-VAUDOIS**
Temple
Orgue dans l'église (1858)

❹ **MANDREVILLARS**
Chapelle du XVIIIe siècle

❺ **CHALONVILLARS**
Fontaine-lavoir

❻ **CHAGEY**
Monument aux morts (La Diaichotte)
Fontaine-lavoir

❼ **LUZE**
Mairie (ancienne maison de chasse de la famille des Wurtemberg)

Chalonvillars

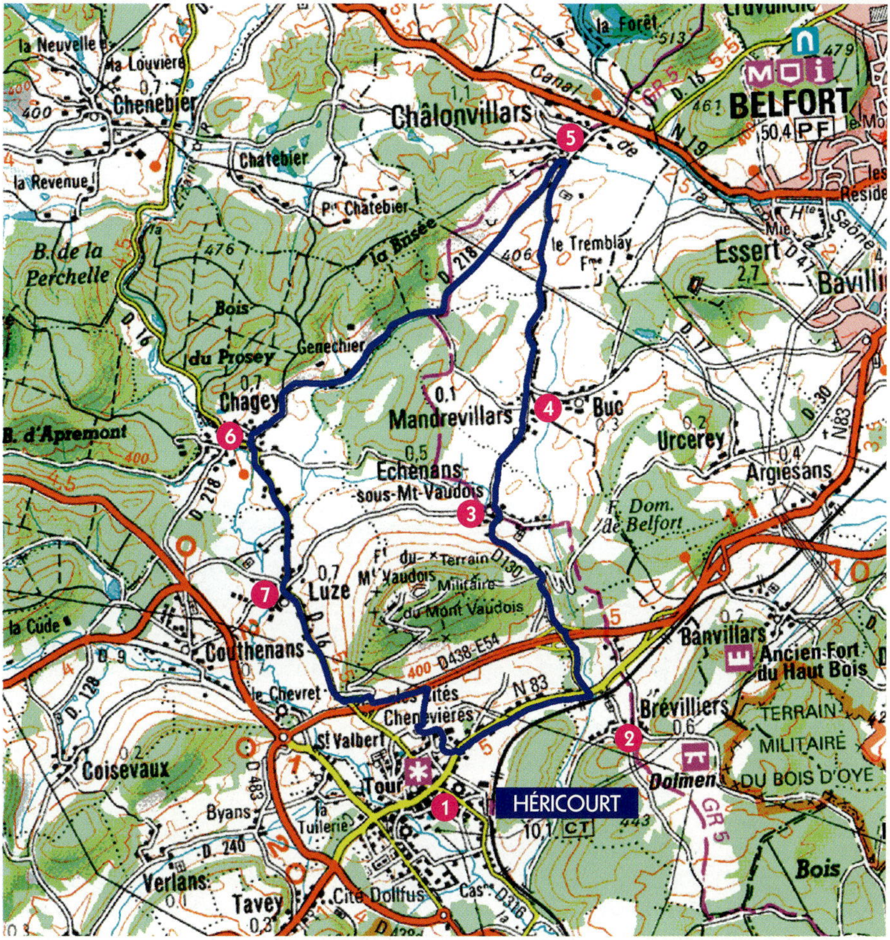

Services

Alimentation générale	Brévilliers - Chalonvillars Echenans-sous-Mont-Vaudois
Boulangerie-pâtisserie	Chagey - Chalonvillars
Café-restaurant	Luze
Restaurant	Brévilliers
Poste	Mandrevillars
Tous commerces et services	Héricourt

Informations

Mairie d'HÉRICOURT
Rue du Général de Gaulle
70400 HÉRICOURT

Tél. : 03 84 46 10 88

BOUCLE 10 de l'AVANT DOUBS 32 KM

La Haute-Saône à Vélo

❶ MONTBOZON
Château
Église
Ancienne maison Rousselot
Fontaine du Cygne
Village et maisons anciennes
Acro'Cimes Parc

❷ FONTENOIS-LÈS-MONTBOZON
Fontaines-lavoirs

❸ DAMPIERRE-SUR-LINOTTE
Fontaine-lavoir
Piscine - complexe aquatique

❹ FILAIN
Château et son jardin
Source de la Filaine
Tilleul

❺ AUTHOISON
Retable de l'église Saint-Étienne

❻ BEAUMOTTE-AUBERTANS
Clocher au sol
Maison des maîtres de forges

Dampierre-sur-Linotte

Services

Alimentation générale	Dampierre-sur-Linotte Loulans-Verchamp
Boulangerie-pâtisserie	Dampierre-sur-Linotte Loulans-Verchamps Montbozon - Authoison Filain
Boucherie	Dampierre-sur-Linotte Loulans-Verchamps Montbozon
Biscuiterie	Montbozon
Café-Restaurant	Dampierre-sur-Linotte Loulans-Verchamps Montbozon
Poste	Dampierre-sur-Linotte Montbozon

Office de Tourisme du Pays des 7 Rivières

Place du Souvenir Francais
BP 26 - 70190 RIOZ
Tél : 03 84 91 84 98
Fax : 03 84 91 88 34

www.tourisme-pays7rivieres.org

BOUCLE 11

32 KM

du MONT VAULOT

La Haute-Saône à Vélo

❶ **SAULX de VESOUL**

Panorama depuis
le belvédère du clocher
Circuits des puits
Château et son colombier
(XVIIIe siècle)

❷ **GENEVREY**

Golf de Luxeuil-Bellevue

❸ **MAILLERONCOURT-CHARETTE**

Arboretum de la Cude
Bâtiment ancien haut fourneau
XIXe siècle
Chapelle Saint-Léger

❹ **MEURCOURT**

Grande fontaine avec égayoir
à chevaux

❺ **LA VILLEDIEU-EN-FONTENETTE**

Ancienne Commanderie des
Templiers

❻ **ÉQUEVILLEY**

Ruines gallo-romaines
Clocher octogonal unique
en Haute-Saône

❼ **NEUREY-EN-VAUX**

Anciennes terres de
l'abbaye de Luxeuil
Patrie de l'inventeur de la randonnée
Église Saint-Valbert et son retable
Croix des pestes - XVIIe siècle

❽ **LE VAL-SAINT-ÉLOI**

Eglise fondée aux VIIe et VIIIe siècles
par les moines de Luxeuil (?)

❾ **FLAGY**

Pisciculture
Une très belle maison
du XVIe siècle parmi les plus
anciennes de Franche-Comté

❿ **VELLEFRIE**

Église de l'Asomption (1735)
avec sur la façade une statue de
Sainte-Barbe

Meurcourt

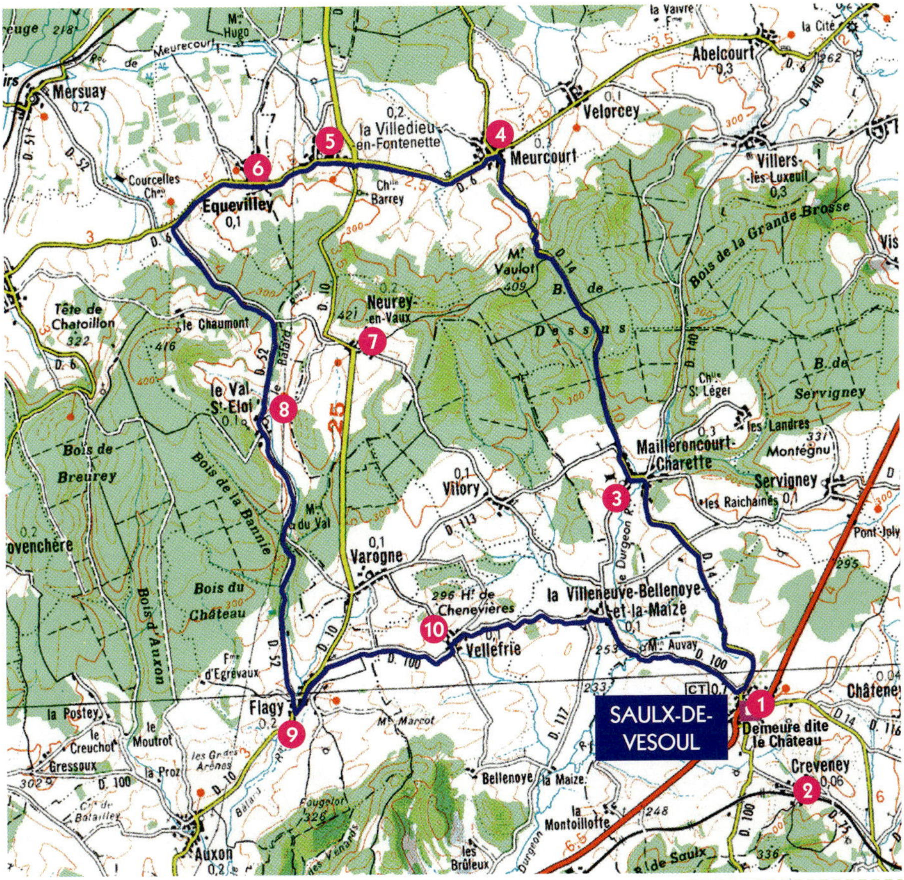

Carte réalisée à partir du SCAN 100®
©IGN - Paris 2010 - Autorisation n° 5210-022
reproduction interdite

Services

Boulangerie-pâtisserie	Flagy - Saulx-de-Vesoul Mailleroncourt-Charette
Boucherie-charcuterie	Saulx-de-Vesoul
Café	Saulx-de-Vesoul
Restauration	Le Val-Saint-Éloi Saulx-de-Vesoul
Pharmacie	Saulx-de-Vesoul
Poste	Saulx-de-Vesoul

Syndicat d'Initiative du Pays de Saulx

30 Place des Grands Puits
70240 SAULX

Tél. : 03 84 95 91 27

http://sipaysdesaulx.free.fr

INDEX DES COMMUNES

A

B

C

M

N

O

P

Q

R

Achevé d'imprimer
en juin 2010
en CEE
pour le compte des Éditions Noires Terres
1ère édition
Dépôt légal : 2ème trimestre 2010